COMICS ZEICHNEN LEICHT GEMACHT

Zum Download:

- Manga-Bastelbögen (Seite 53, 56)
- Übungsvorlagen (Seite 47, 48, 50, 51, 55, 63–64, 93, 103, 107, 122–123, 142–143)

www.dpunkt.de/comics

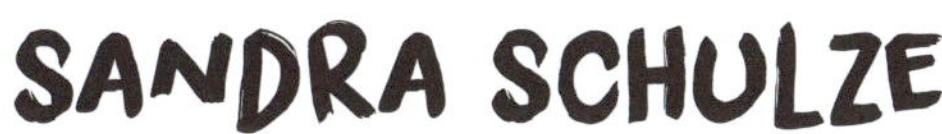

COMICS ZEICHNEN LEICHT GEMACHT

FIGUREN · STORY · UMGEBUNG · PANELGESTALTUNG · PERSPEKTIVE

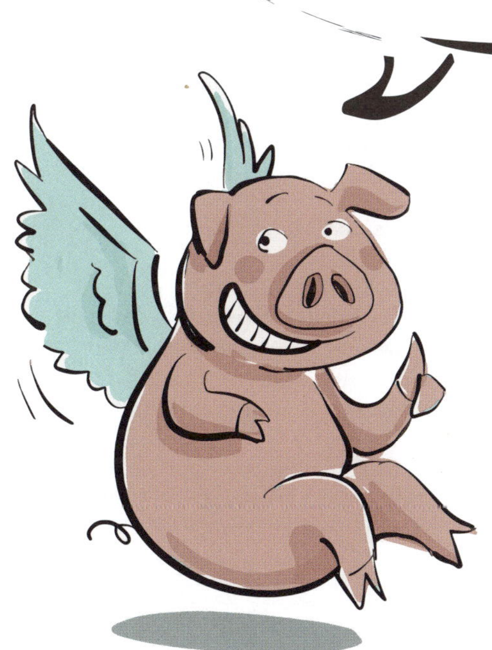

Sandra Schulze

Lektorat: Barbara Lauer, Bonn
Copy-Editing: Sandra Gottmann, Wasserburg
Satz: Ulrich Borstelmann, *www.borstelmann.de*
Herstellung: Stefanie Weidner
Umschlaggestaltung: Janine May
Druck und Bindung: mediaprint solutions GmbH, 33100 Paderborn

Bibliografische Information der Deutschen Nationalbibliothek
Die Deutsche Nationalbibliothek verzeichnet diese Publikation in der Deutschen Nationalbibliografie; detaillierte bibliografische Daten sind im Internet über *http://dnb.d-nb.de* abrufbar.

ISBN:
Print 978-3-86490-635-0
PDF 978-3-96088-680-8

1. Auflage 2019

Wieblinger Weg 17
69123 Heidelberg

Hinweis:
Dieses Buch wurde auf PEFC-zertifiziertem Papier aus nachhaltiger Waldwirtschaft gedruckt. Der Umwelt zuliebe verzichten wir zusätzlich auf die Einschweißfolie.

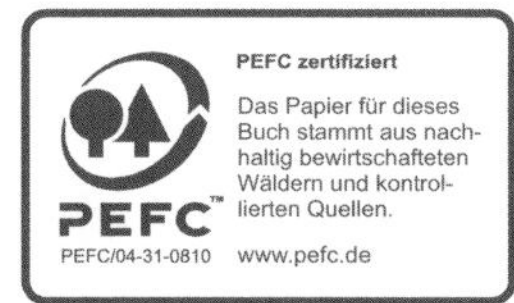

Schreiben Sie uns:
Falls Sie Anregungen, Wünsche und Kommentare haben, lassen Sie es uns wissen: hallo@dpunkt.de.

5 4 3 2 1

Inhalt

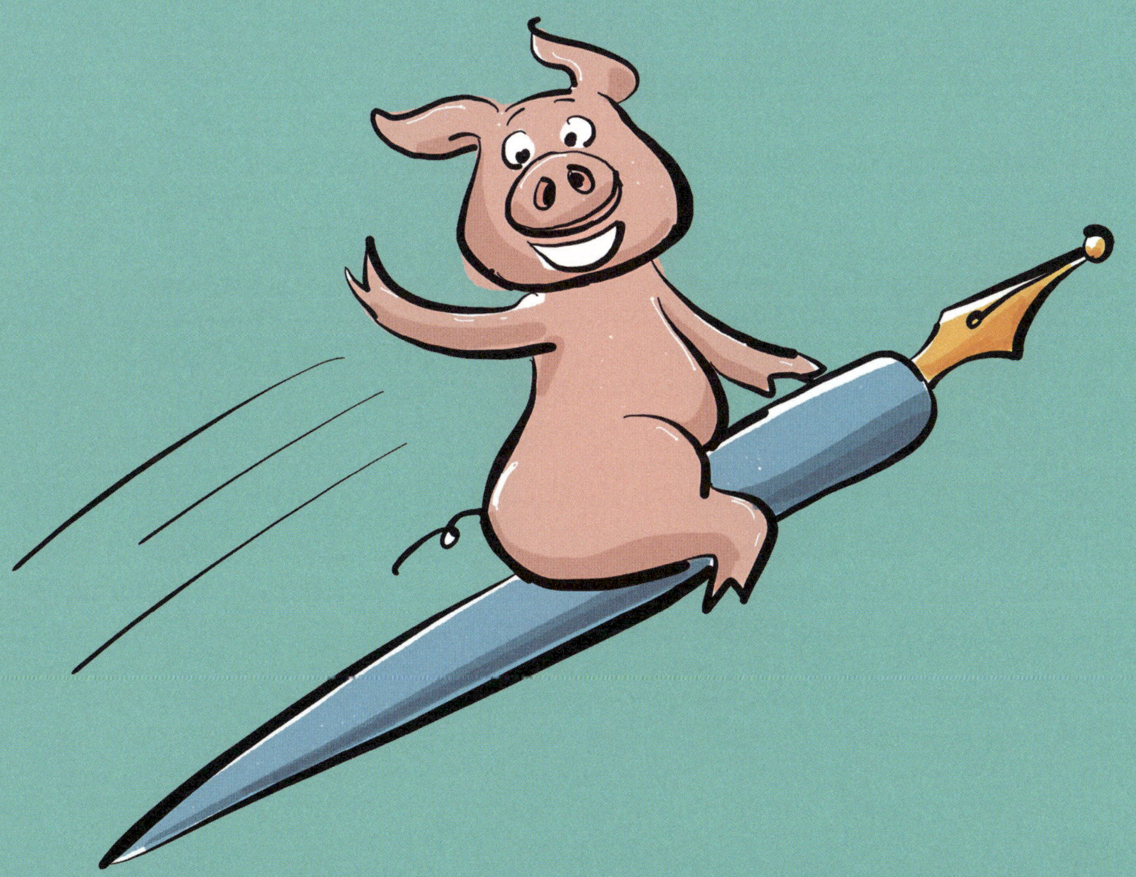

1 Intro 11

2 Figuren und Charaktiere 22

3 Story! – Welche Story? 90

4 Layout – Szenen in Panels 108

5 Stadt, Land, Fluss – Landschaften erschaffen 126

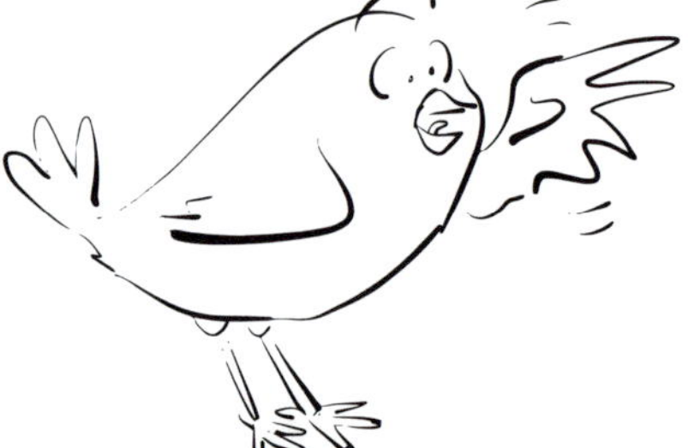

6 Von der Skizze zum fertigen Comic 144

7 Übrigens ... 182

Gästeliste 196

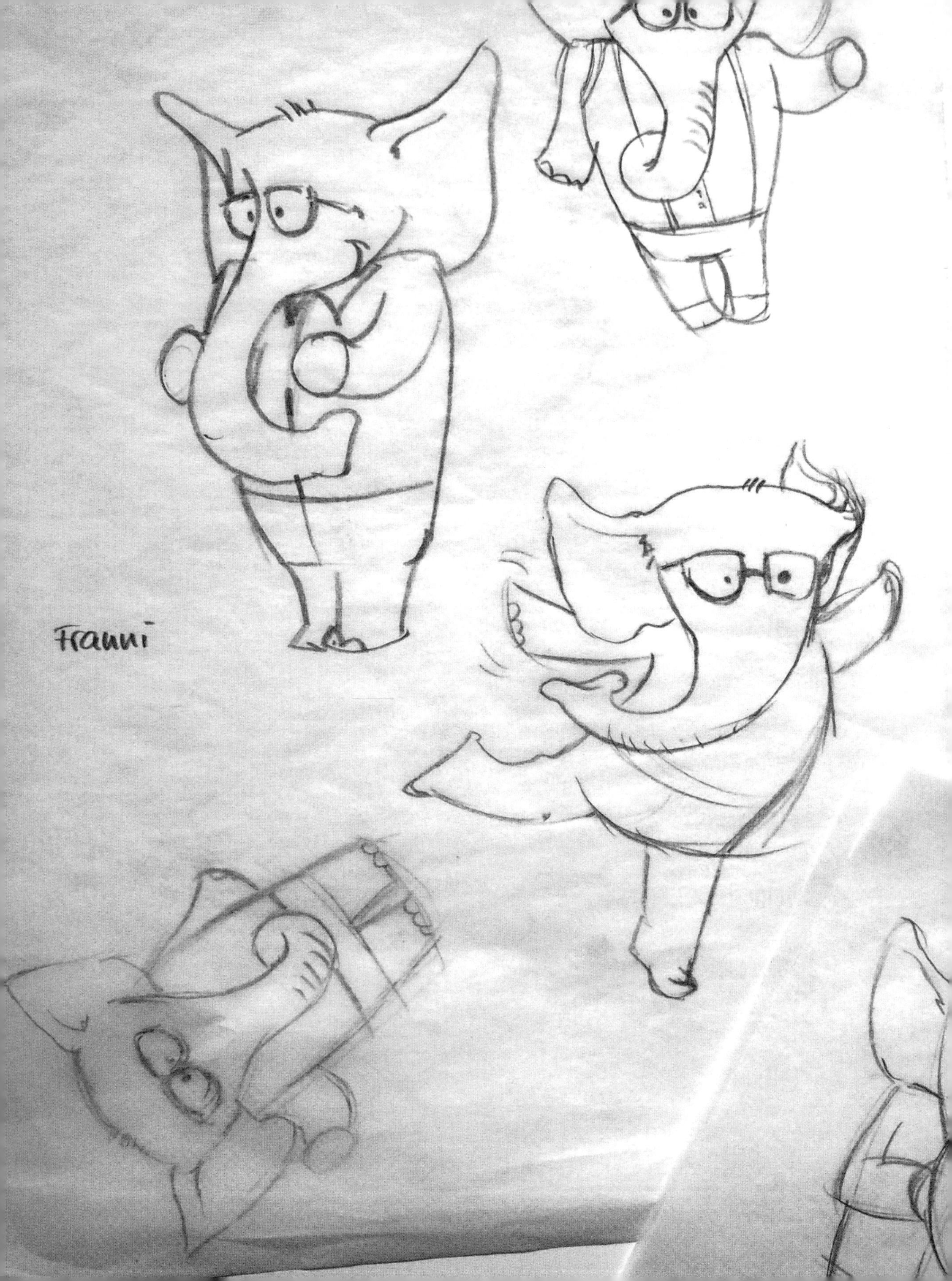
Franni

1 Intro

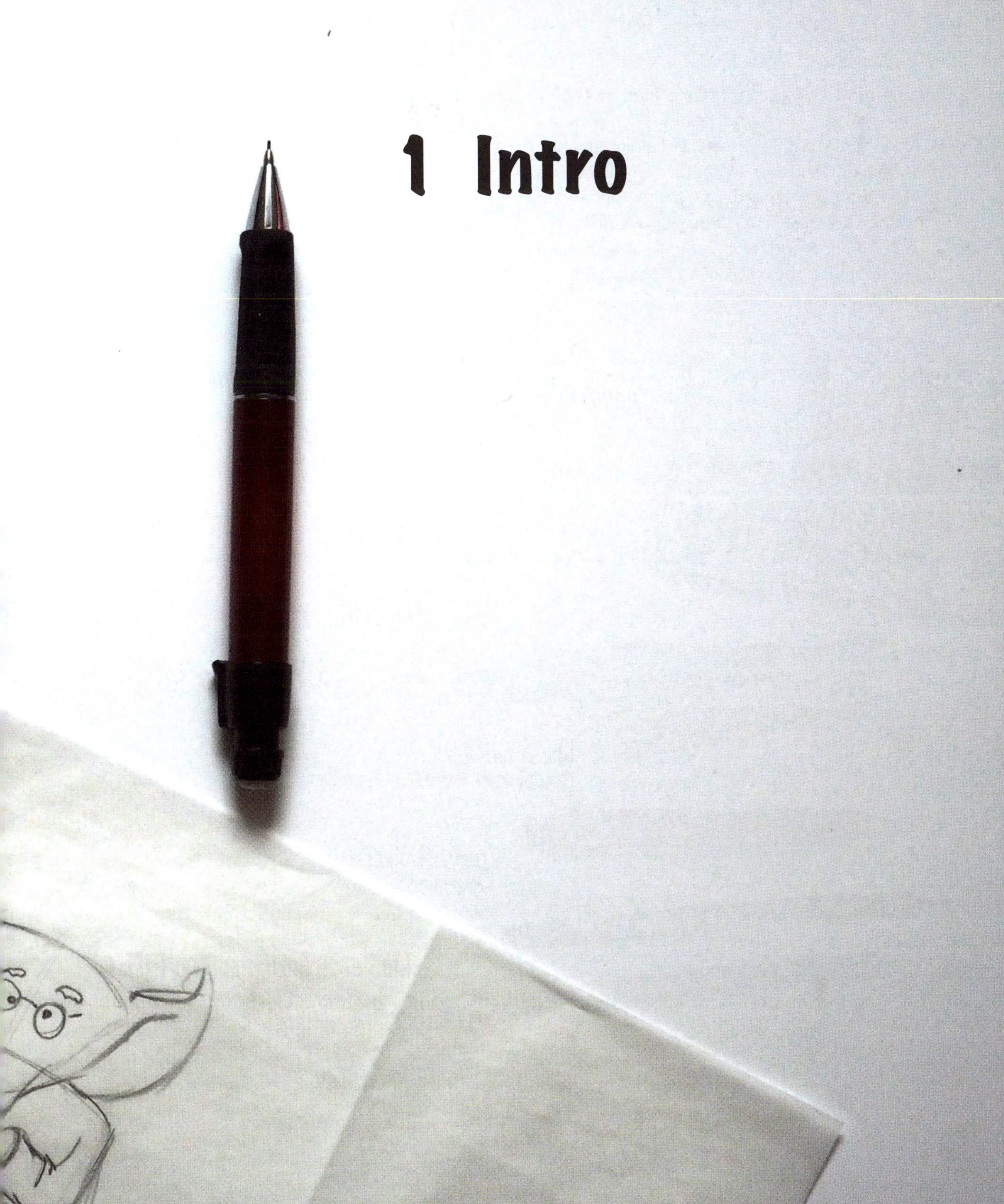

Was Sie erwartet

Nachdem Sie sich durch dieses Buch »gearbeitet« haben, können Sie aus Textausschnitten und Kurzgeschichten Bilder zeichnen, die laufen lernen und Erzählungen emotional verstärken: Sie entwickeln einen eigenen Charakter und gehen die ersten Schritte in Richtung Storyboarding. Darauf aufbauend lernen Sie spielerisch Werkzeuge kennen, die Ihre individuelle Technik unterstützen, um Erzählungen souverän in ausdrucksstarke Geschichten zu verwandeln.

In den ersten zwei Kapiteln werden spielerisch und interaktiv die Grundlagen vermittelt – anhand anschaulicher Beispiele und hilfreicher Übungen zu den Themen:

- kleines Monster, erste Figur
- Menschen: Köpfe, Körper, Emotionen
- Charaktiere
- eigene Heldenfiguren definieren
- Schrift und Sprechblasen

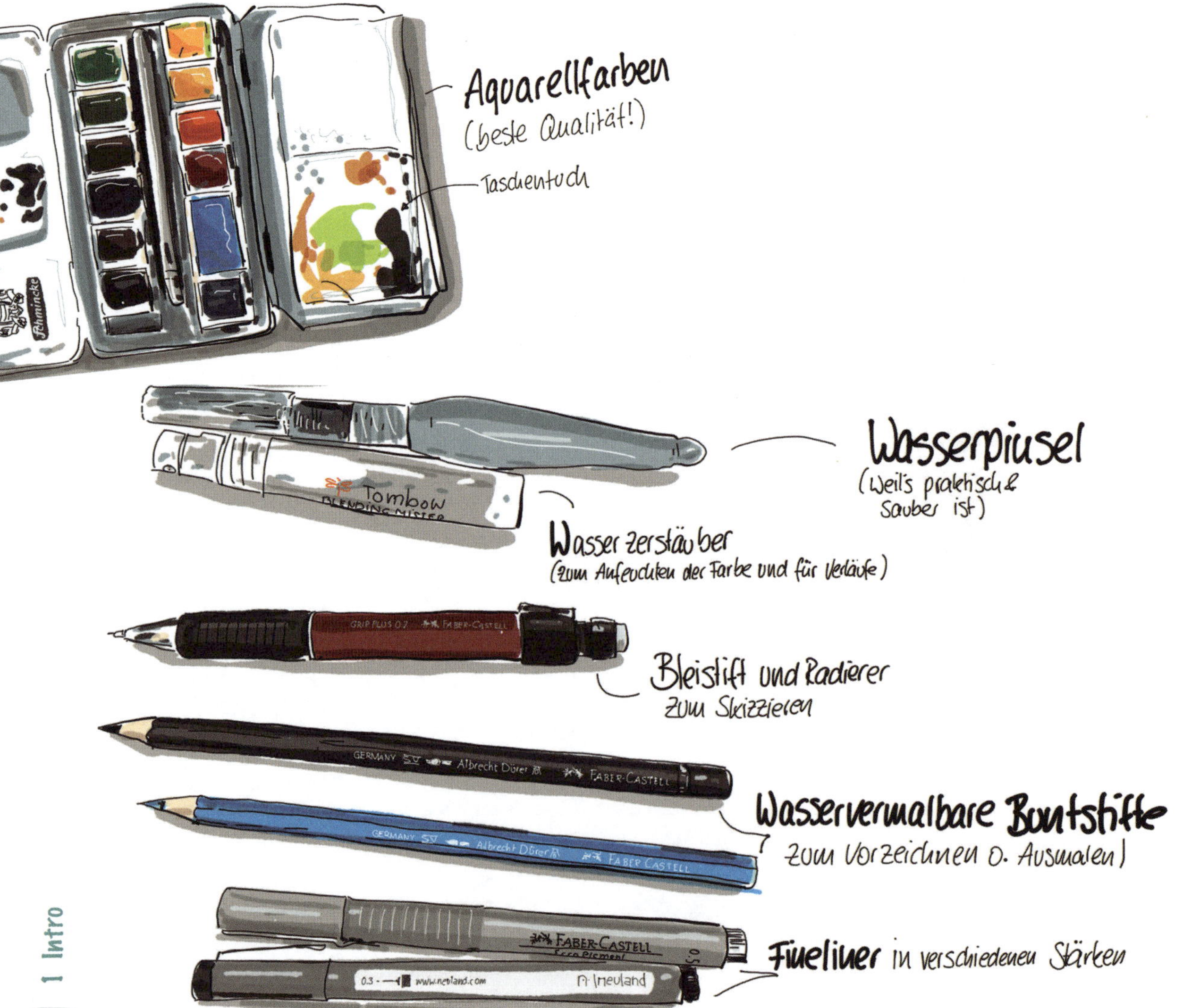

Die Umsetzung:

Wie fange ich an? Wie baue ich eine Geschichte bildlich auf? Welchen Stil wähle ich? Hier führe ich Ihre Hand nur ein wenig, denn Ihre individuelle Umsetzung macht jedes Werk besonders und ausdrucksstark. Freies Arbeiten ist der Hauptteil des Buches.

Voraussetzung:

Vorkenntnisse sind nicht erforderlich. Ein wenig künstlerische Erfahrung kann helfen, Kino- und Comicfans sind im Vorteil, genauso wie Dichter und Denker. Es geht um den Spaß und den Ehrgeiz, eine Geschichte umzusetzen, und Ihre persönliche Freiheit dabei.

Ziele:

Eine Geschichte oder den Teil einer Geschichte als Bildergeschichte aussdrucksstark und individuell umzusetzen, ist unser gemeinsames Ziel. Die Texte können vorher selbst erstellt worden sein oder sich spontan entwickeln. Ich empfehle, mit einem Text aus einem Buch, einem Gedicht oder einem Teil eines Romans (drei bis vier Seiten Text sind wunderbar) zu starten.

Material:

Sie benötigen A4- und A3-Papier, Permanent-Fineliner, Bleistifte, Lineal, Radierer, Tipp-Ex, Klebestifte, Transparentpapier, Schneidewerkzeuge, Farbstifte und Farbpapiere in Ihren Lieblingsfarben und Ihr Lieblingsmaterial (Aquarell, Acryl oder ein Zeichenprogramm auf dem Tablet oder Computer).

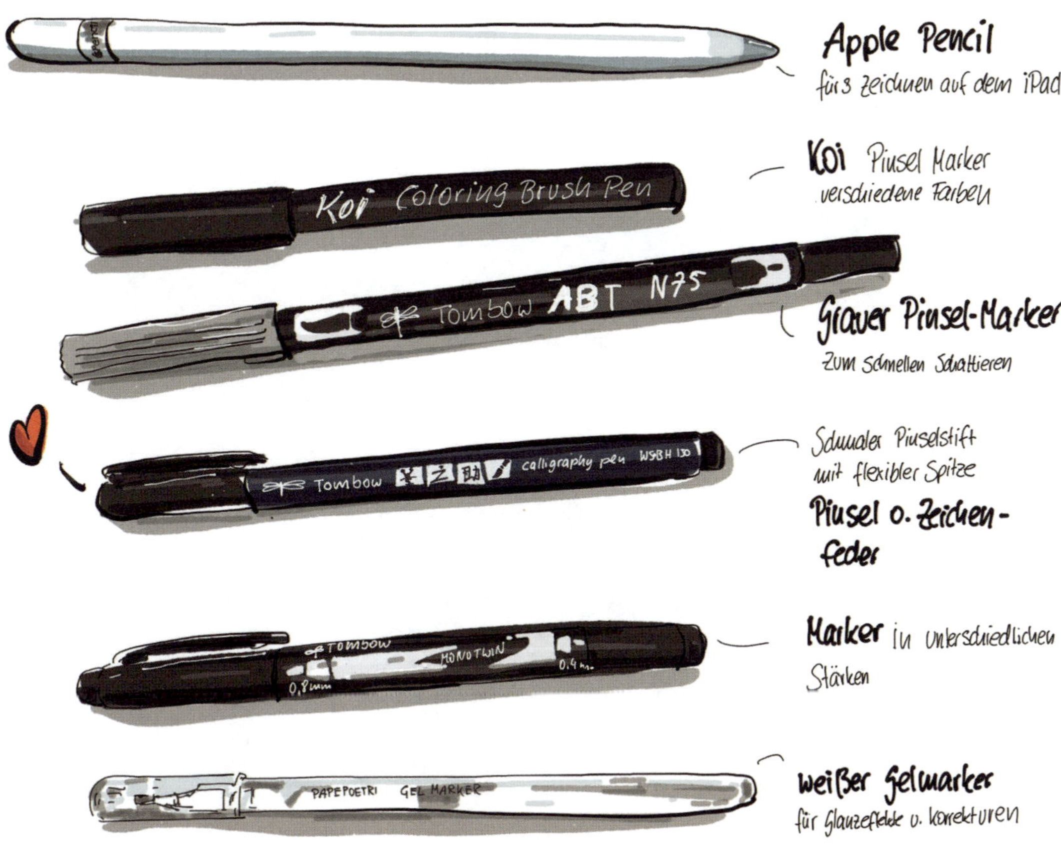

Monsterparade

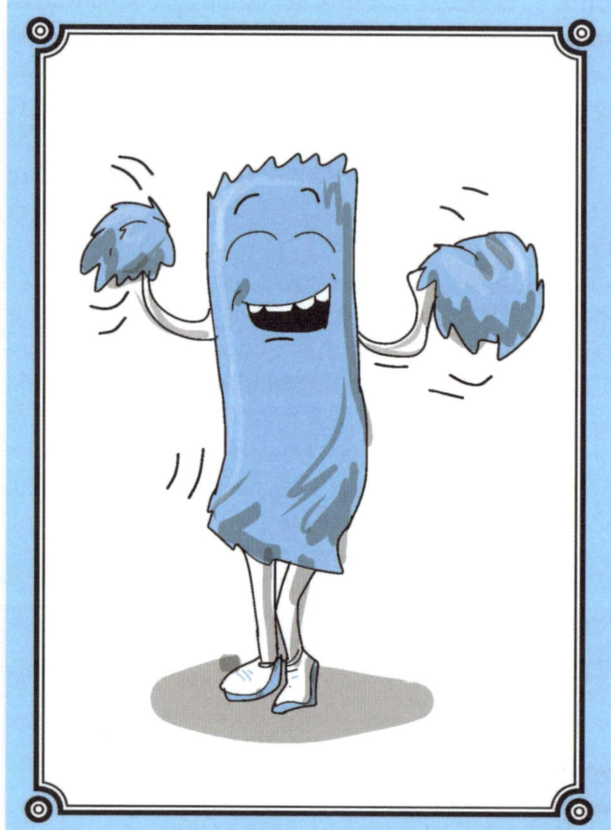

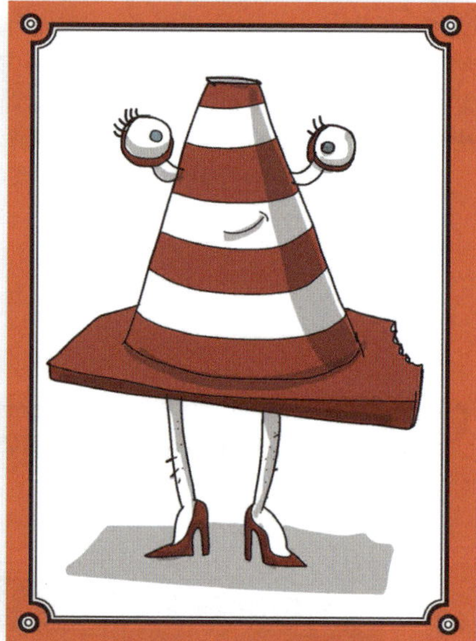

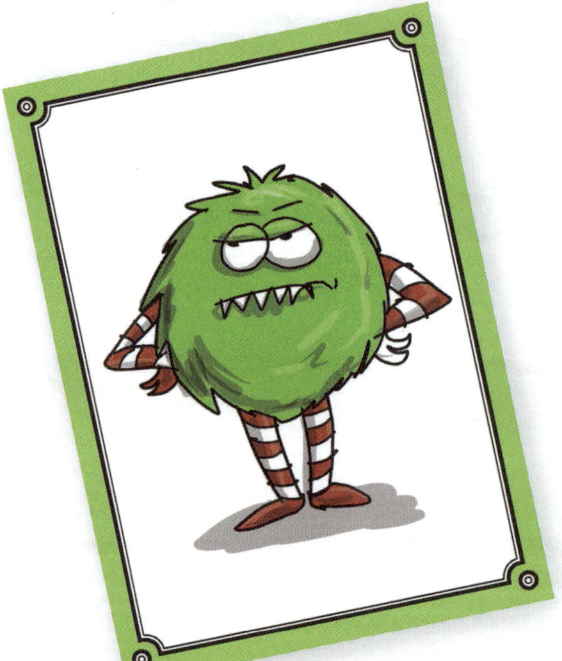

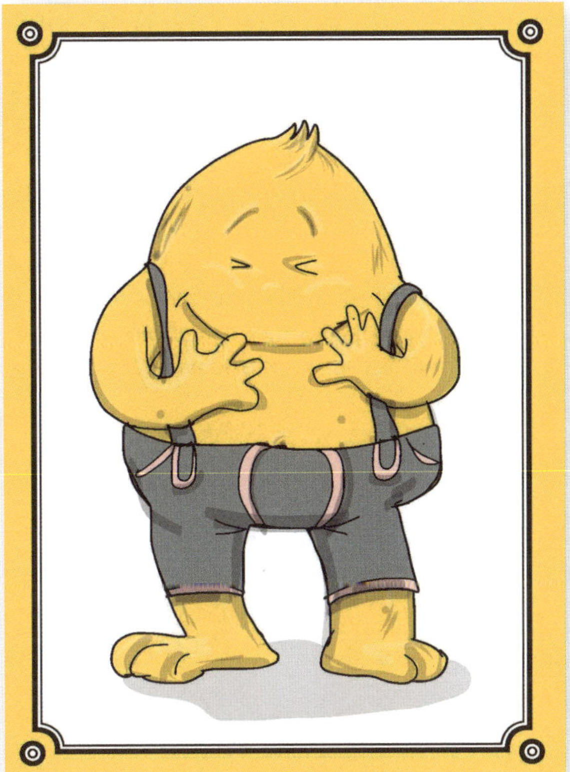

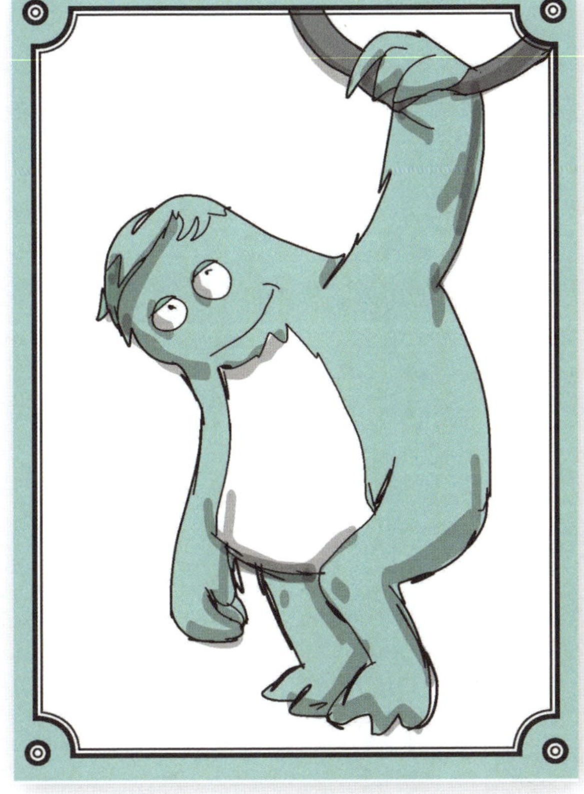

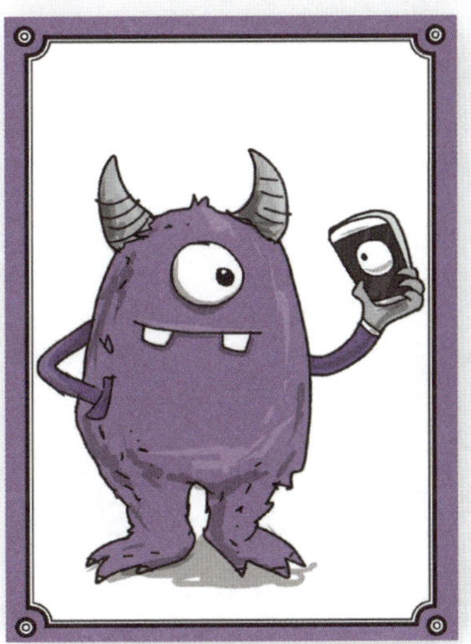

Die Grundformen und deren Eigenschaften

Es beginnt alles mit einfachen geometrischen Formen: Rechteck, Oval, Kreis und Dreieck. Daraus entstehen sonderbare Kreaturen mit ganz eigenem Charakter und Eigenschaften. Wir assoziieren mit Formen Charaktereigenschaften. Eckige und spitze Konturen stellen gefährliche oder schlecht gelaunte Wesen dar, ovale und flauschige Formen wirken deutlich sympathischer, kreisrund wirkt ausgeglichen.

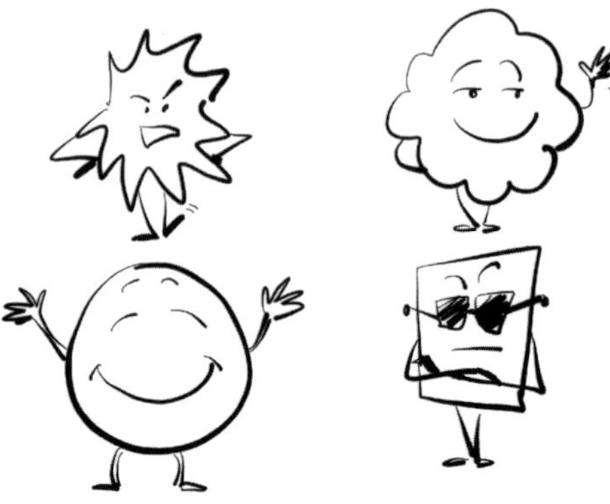

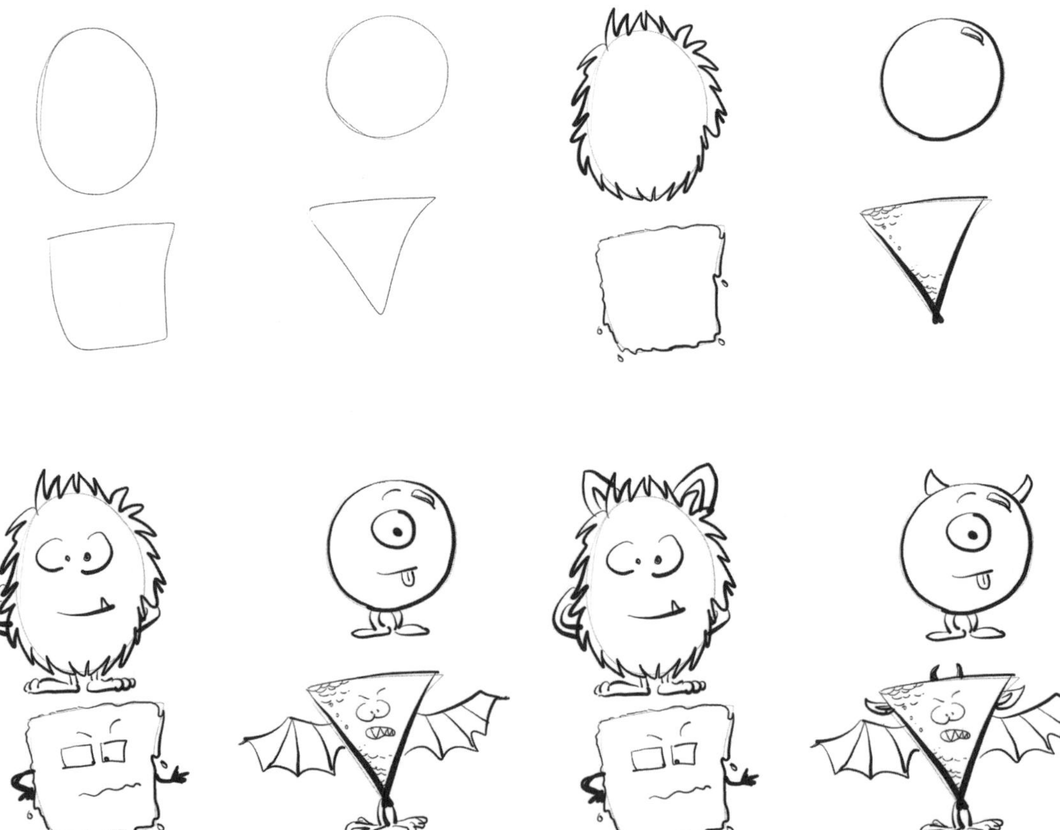

Und jetzt Sie!

Probieren Sie es doch gleich mal aus: Ich habe Ihnen bereits ein paar Formen vorbereitet. Ergänzen Sie Arme und Beine, Augen und Ohren, vielleicht auch noch Hörner oder Flügel … viel Spaß dabei!

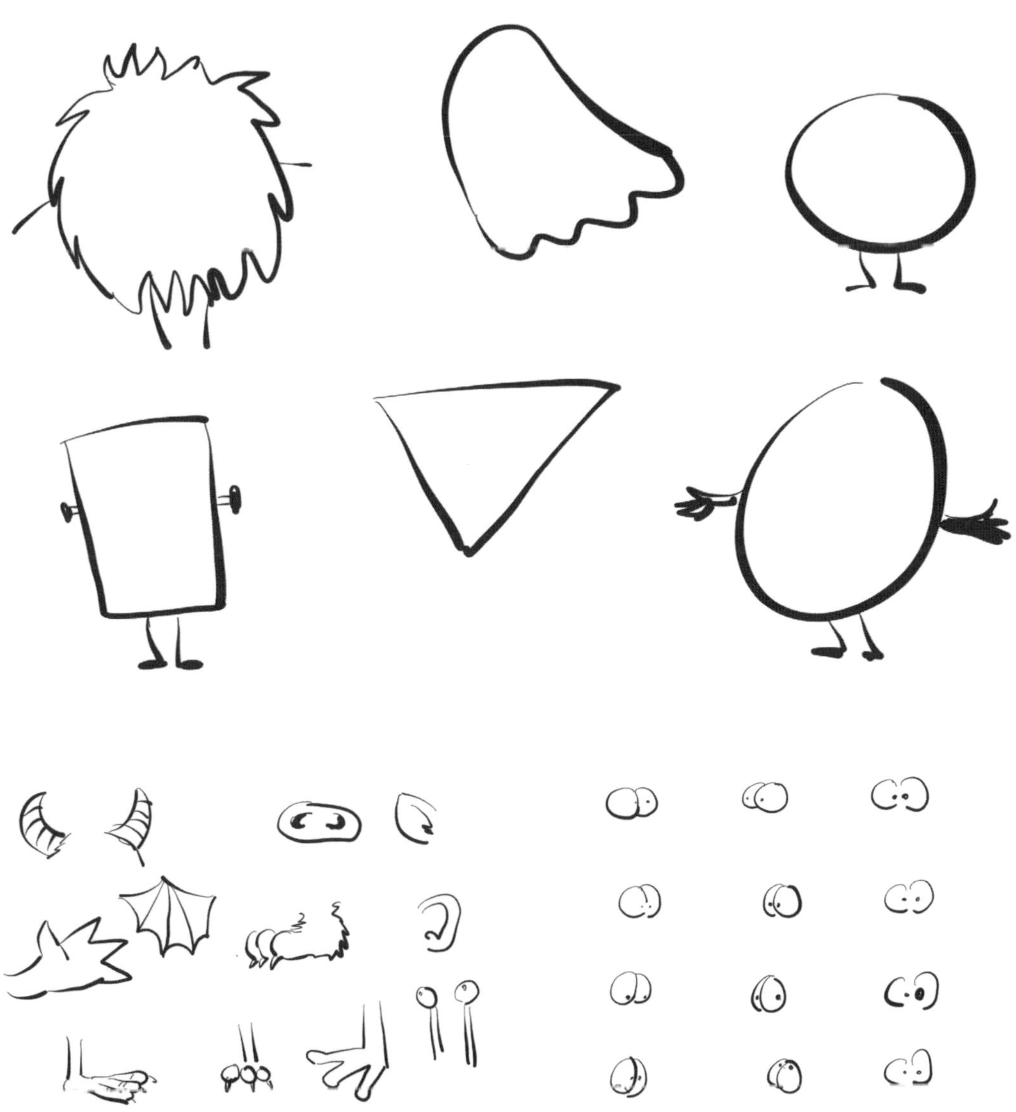

Können diese Augen lügen?

Wahrscheinlich nicht. Ich zeige Ihnen hier ein paar einfache Augenpaare. Auf der nächsten Seite finden Sie weitere Alternativen.

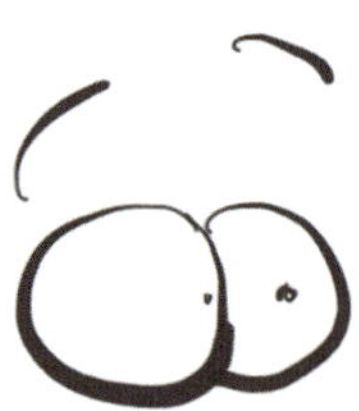
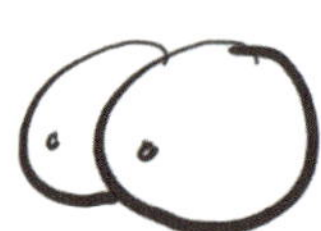
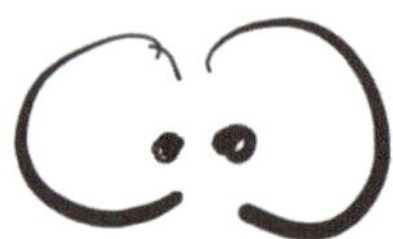
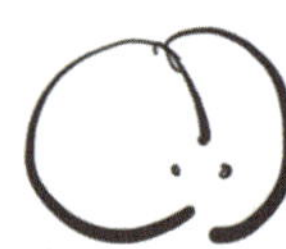

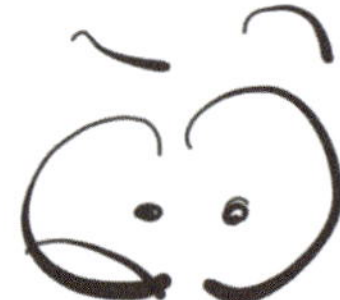
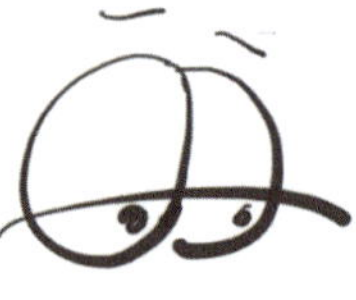
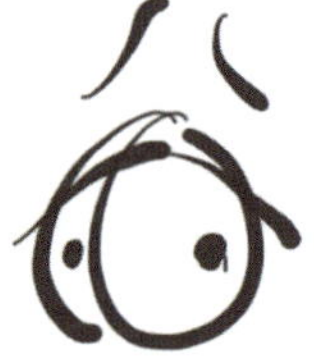
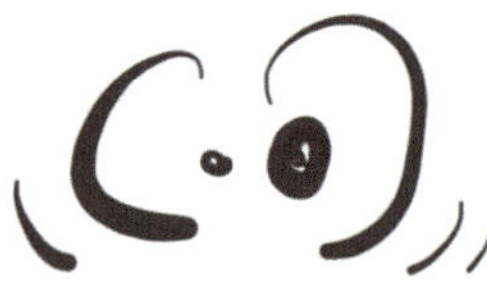
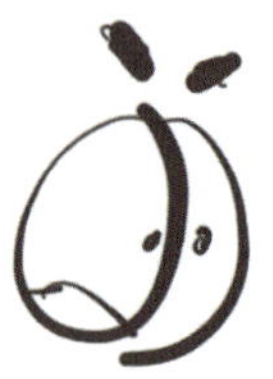
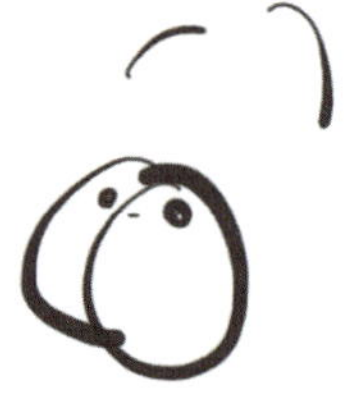
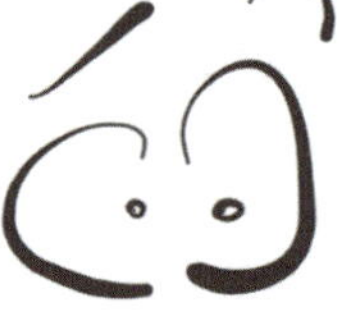
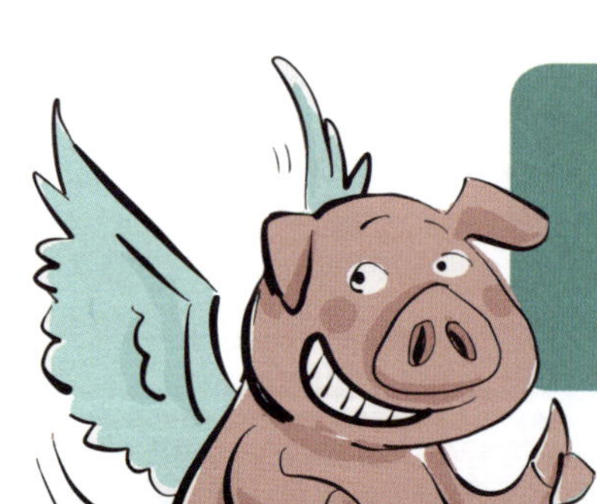

Augen können noch mehr ausdrücken, wenn Sie Augenbrauen dazuzeichnen.

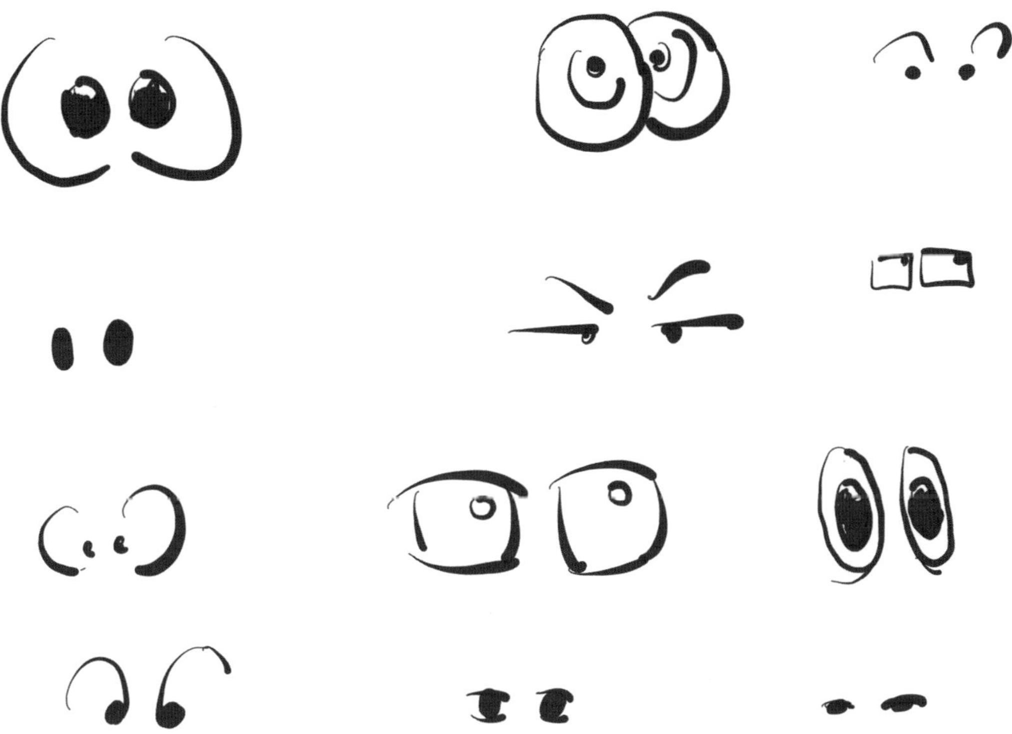

Es gibt unzählige Varianten, Augenpaare zu zeichnen: Glubschaugen, Punkte, Striche, Ovale, Rechtecke …

Die Art, wie Sie die Augen zeichnen, definiert Ihre Charakterfigur: Was geht Ihnen leichter von der Hand? Was wirkt stimmiger?

Eng zusammenliegende Augen erscheinen niedlicher, weit auseinanderstehende Augen weniger schlau. Schielen oder gar unterschiedlich große Pupillen können sehr freakig aussehen – was hin und wieder hilfreich für einen Charakter sein kann. Große Pupillen wirken sehr kindlich und können Betrachter dahinschmelzen lassen. Wer kann jemals den Blick vom Gestiefelten Kater in dem gleichnamigen Disney- Film vergessen? Awwwww!

Kleine Augen, als Punkte oder Striche gezeichnet, wirken erwachsen und passen gut zu Figuren, die sehr locker und doch realistisch gezeichnet sind. Glubschaugen, finde ich, passen gut zu reduzierten und abgewandelten Formen, zum Beispiel bei Ottifanten.

Welche Variante Sie auch benutzen, die Augen geben den Figuren erst die Seele. Ob es ein verschmitzter, ein herzlicher, ein raffinierter Charakter oder ein aufgewecktes Kerlchen ist, alles ist eine Frage der Augenform. Schauen Sie sich um und schauen Sie sich in die Augen.

Ein kleines Monster ist geboren

So einfach geht's. Mit ein paar Glubschaugen, einer geometrischen Form und Armen und Beinen haben Sie sich schon eine erste Figur erstellt.

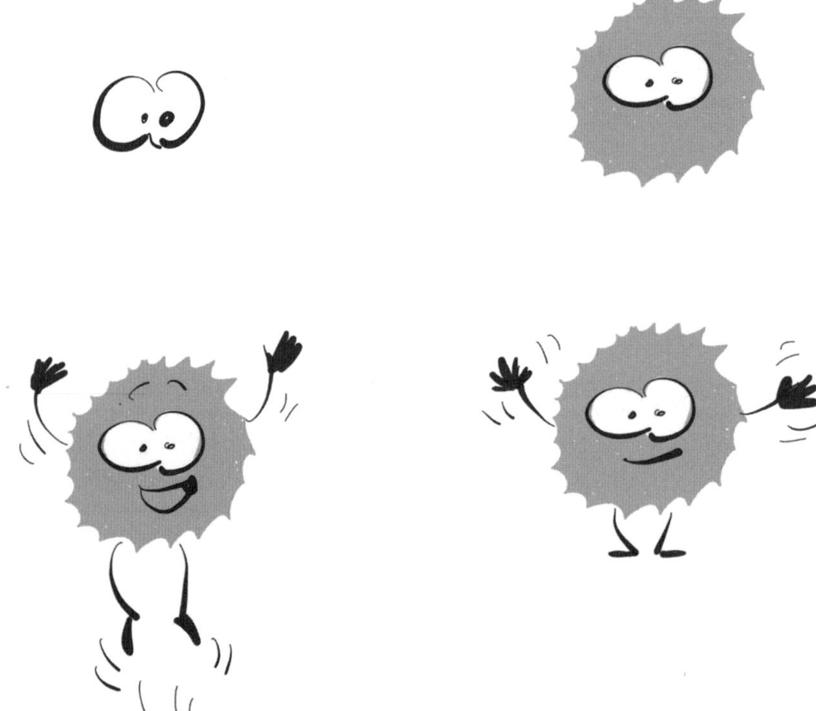

Laufen lernen

Ihr kleines Monster kann sich schon gut bewegen. Je nachdem, wo Sie die Augen platzieren, schaut Ihr Monster nach oben, nach unten und zur Seite. Einfache gebogene Linien werden zu Armen und Beinen. Ganz schön lebendig, das kleine Kerlchen, was?

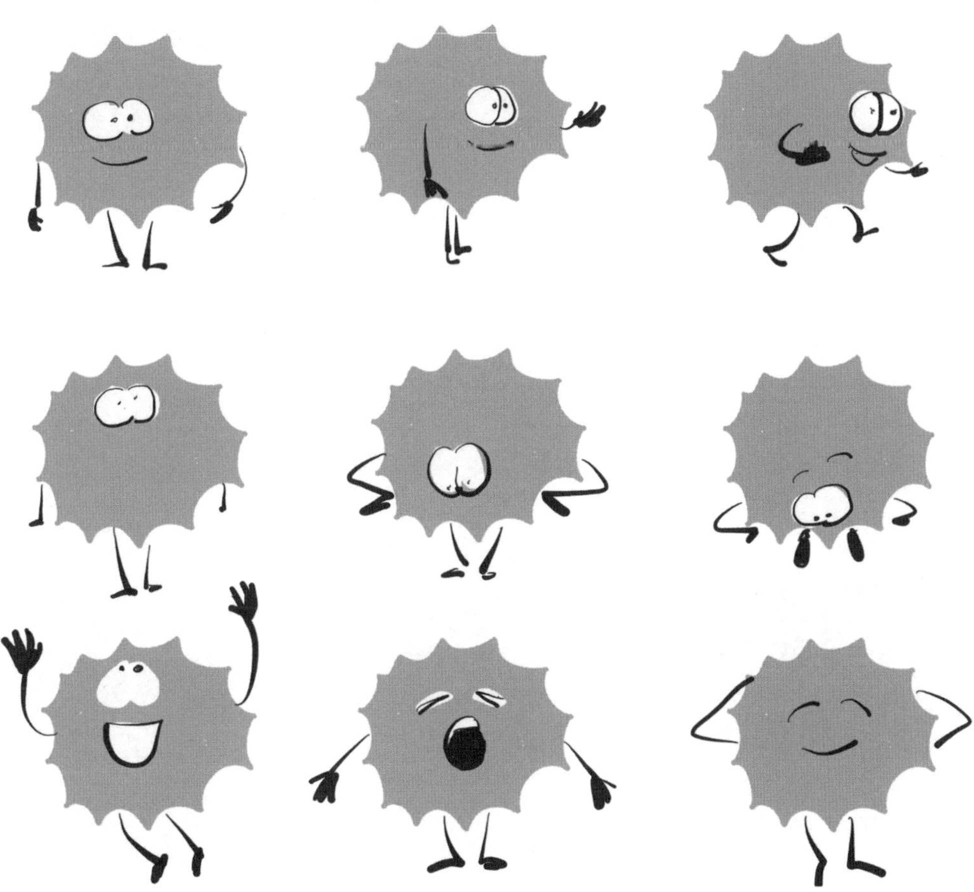

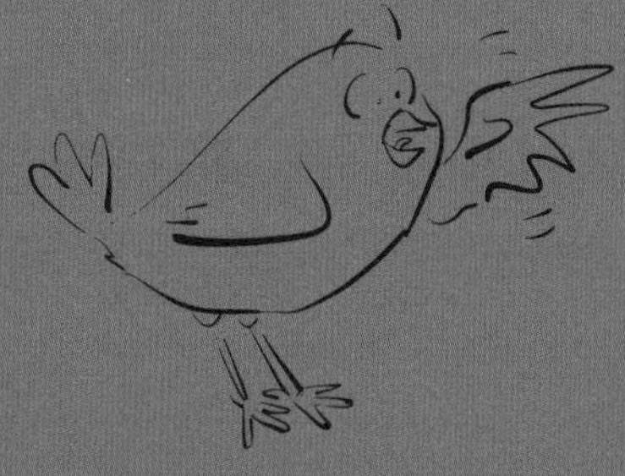

2 Figuren und Charaktiere

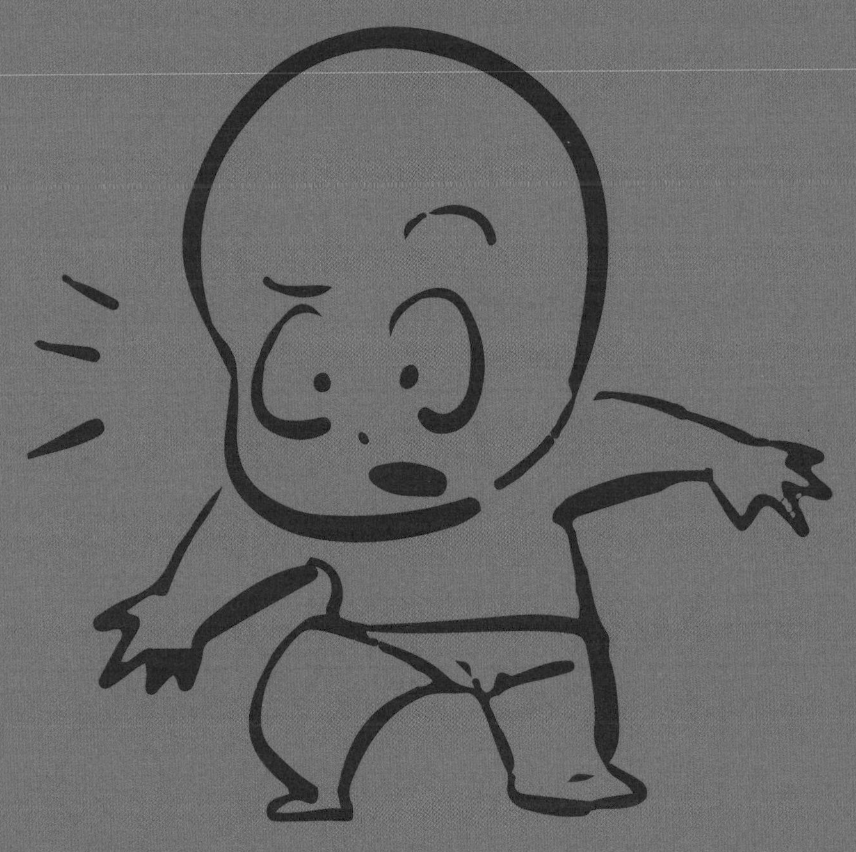

Menschen

Charakterköpfe

Das Kinn des markanten Superhelden oder die Stupsnase von Marylin Monroe: Schönheitsideale und Klischees sind tolle Vorlagen für Charakterköpfe.

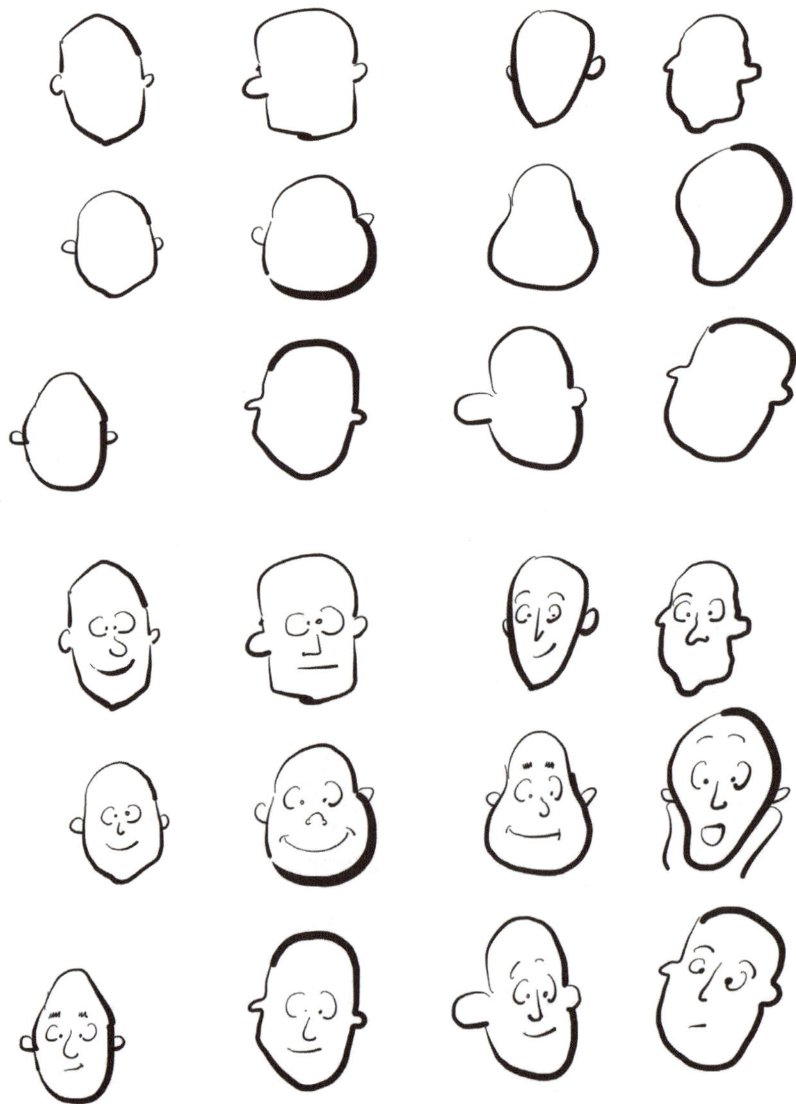

Vielleicht haben Sie es schon bemerkt: Über die Kopfform lassen sich Alter, Geschlecht und Lebensweise eines Charakters gut feststellen. Wenn Sie an Superhelden und Actionfiguren denken, fällt Ihnen sofort das markante Kinn auf. Schöne Frauen haben dagegen ein zartes, spitzes Kinn und eine rundliche Kopfform – oder denken Sie an die Karikaturen von Helmut Kohl mit ihrer birnenförmigen Kopfform. Alte Menschen haben eine wellige Kopfform, große Ohren und große Nasen, da bei Menschen die Ohren und Nase weiter wachsen. Darum sind bei Kindern die Ohren und die Nase noch klein und die großen Augen nah beieinander. Bei Frauen wird oft nur eine kleine Stupsnase gezeichnet, was eher niedlich wirkt.

Sie können auch mit den Formen spielen. Die Realität zeigt ja, dass alles möglich ist – Lady Gaga zum Beispiel, eine schöne junge Frau mit einer großen Nase. Auch ein toller Charakter.

Köpfe in der Frontalansicht zeichne ich immer in der gleichen Reihenfolge: Zuerst den Schädel, dann die Ohren, dann das Kinn. Im Anschluss die Augen, die Nase und den Mund.

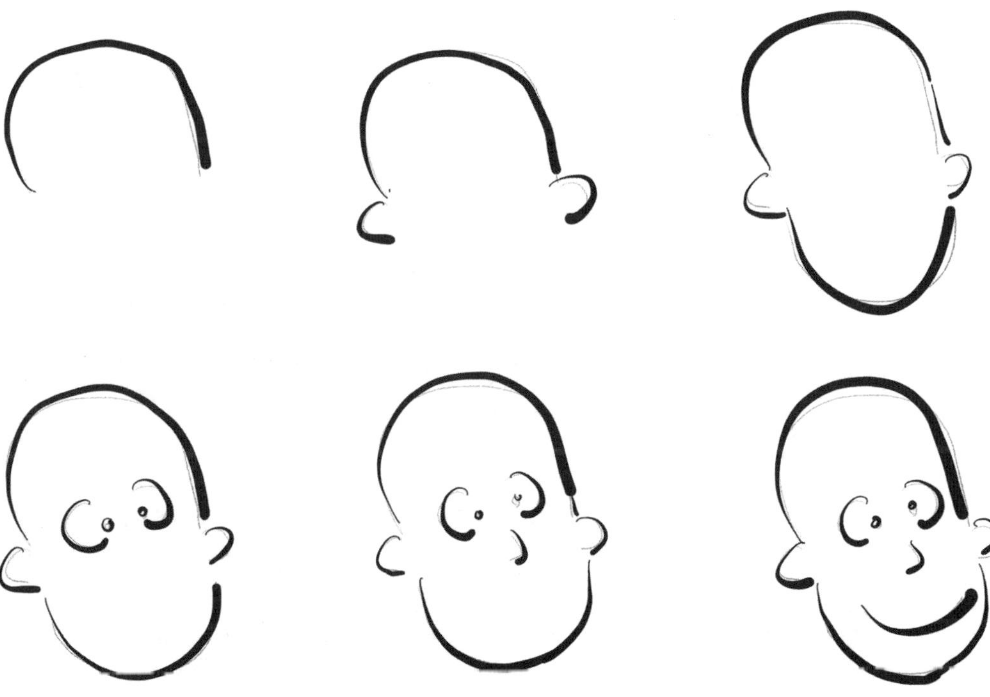

Kindsköpfe

Die Kopfform von Kindern unterscheidet sich von der eines Erwachsenen. Die Stirn ist höher, die Augen sind näher an der Nase und dem Mund: das Kindchenschema. Sie können sich das auch zunutze machen, wenn Sie Tiere oder niedliche Figuren zeichnen wollen. In animierten Filmen und Comics finden Sie das Kindchenschema besonders häufig.

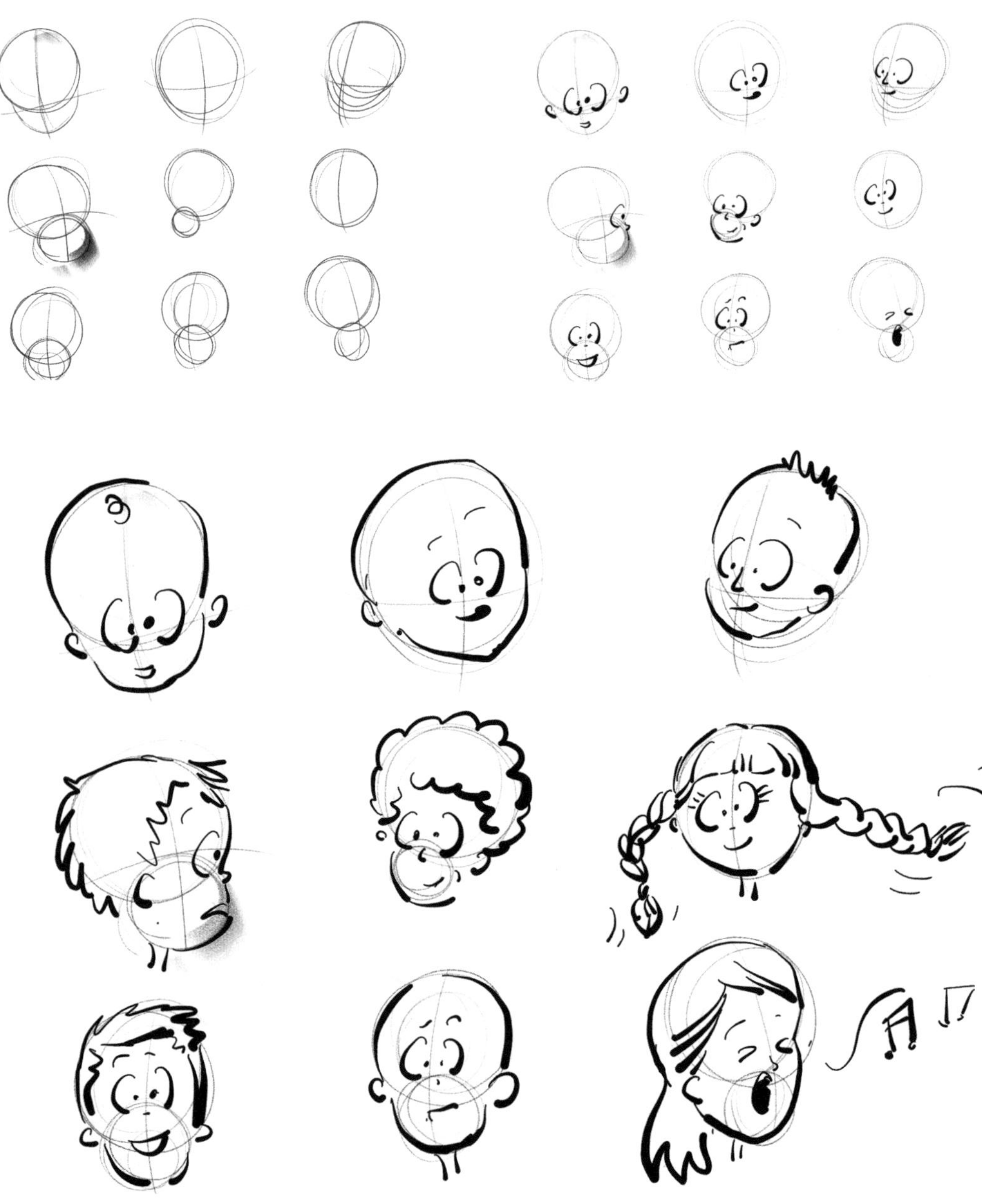

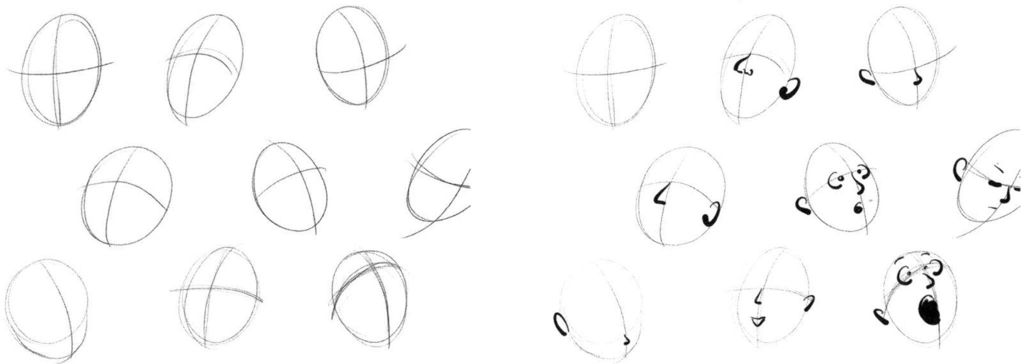

Köpfe in Bewegung

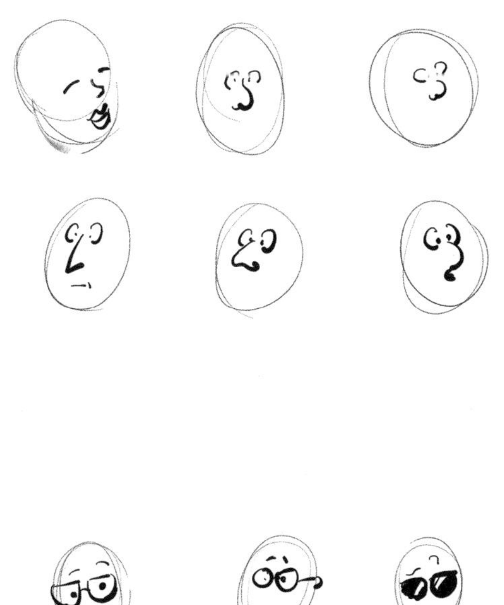

Wohin eine Figur schauen soll, können Sie mit der Mittel- und der Augenlinie definieren: Die Augen sitzen immer in der Mitte des Kopfes, doch wenn die Figur nach oben schaut, verschiebt sich die Achse nach oben.

Schaut die Figur nach unten, verschiebt sich die Achse entsprechend nach unten. Die Nase zeigt immer in die Richtung, in die die Figur schaut. Immer der Nase nach also!

Im Übrigen ist die Nasenform auch ein Stilmittel zur Charakterbildung. Hier sehen Sie ein paar Beispiele.

Noch ein paar Ergänzungen? Was bewirken Accessoires wie Brillen, Bärte? Probieren Sie es aus.

Gefühlsausbrüche

Herrlich, diese Gefühlsausbrüche bei den Comicfiguren!

Kennen Sie die Bilder des österreichischen Karikaturisten Gerhard Haderer? Es ist einfach köstlich, wenn seine Figuren so herzhaft lachen, dass Spucke aus dem Mund und Tränen aus den Augen spritzen. Richtig schön übertrieben, so werden die Gefühle der Figuren wirklich unterhaltsam und nachvollziehbar. Bloß nicht schüchtern!

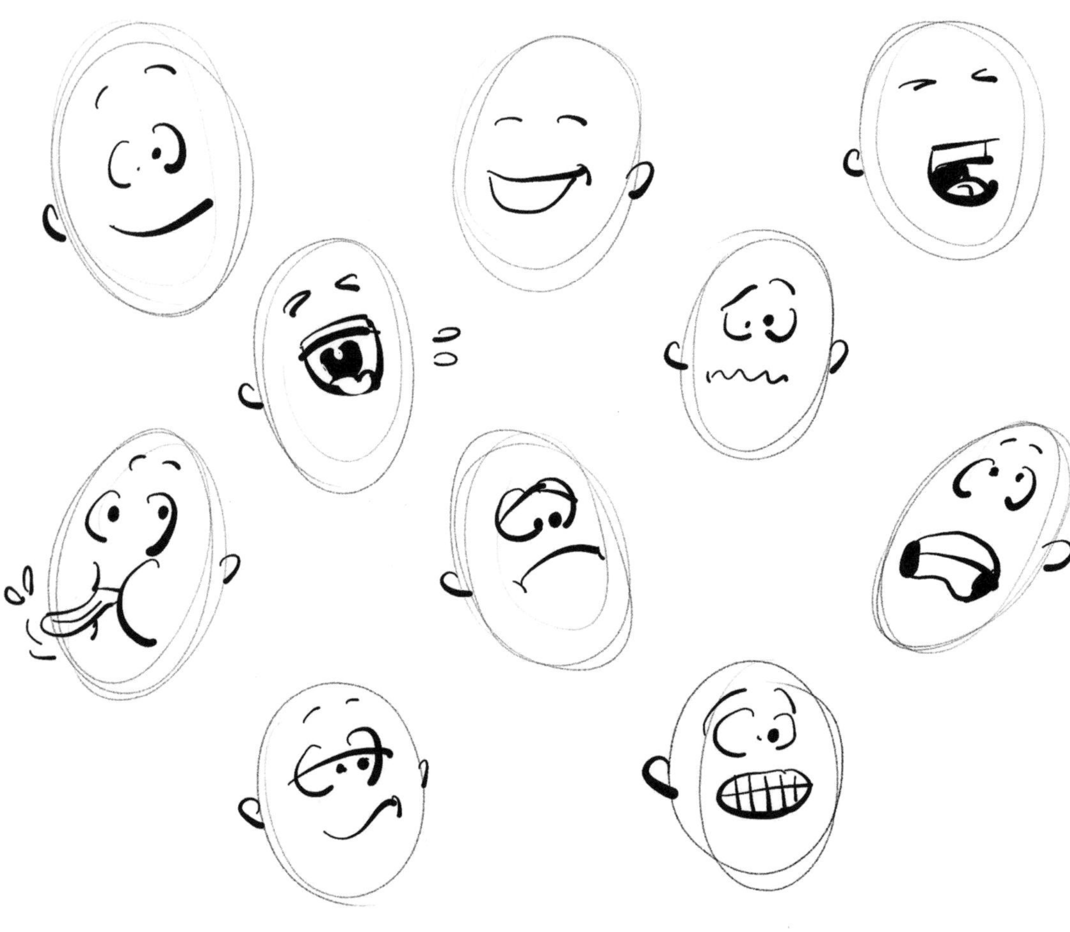

Übertreiben Sie es ruhig noch etwas mehr, indem Sie Geräusche, Spritzer, Lachtränen, überzogene Augenbrauen oder einen »irren Blick« durch verschieden große Pupillen zeichnen.

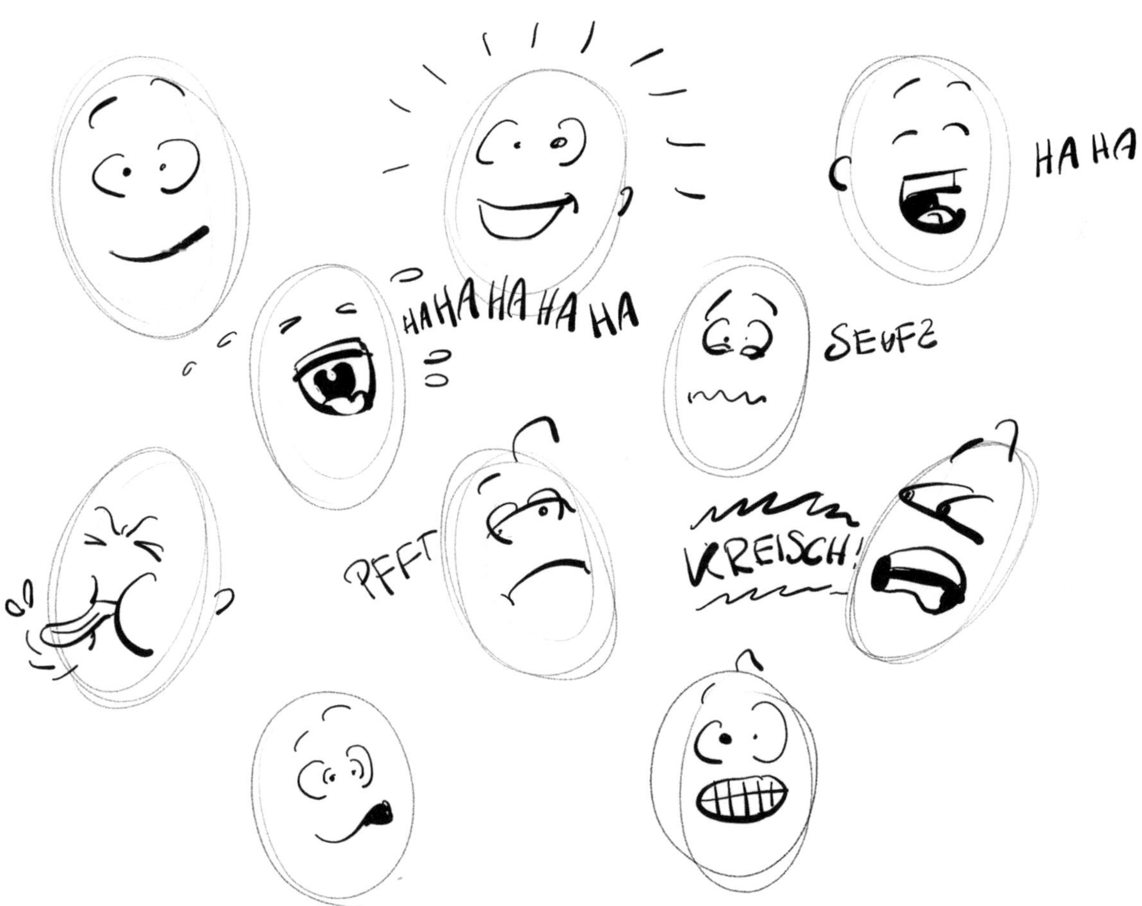

Menschen

Haare

Haare sind nicht so einfach zu zeichnen … sie sind fast überall, oder? Versuchen Sie, sich die Haare nicht einzeln vorzustellen, sondern eher als Haarsträhnen und als Form. Diese Haarform beginnt meist im oberen Drittel des Kopfes. Ich beginne mit der Frisur, genauer gesagt mit der äußeren Form der Frisur, und zeichne danach die Strähnen. Bei Halbglatzen zeichne ich die Haarstoppeln an der Seite zuerst. Manchmal genügt es, nur Stopeln anzudeuten – gerade bei hellem Haar zeichne ich eher weniger Striche als bei dunklem Haar.

Ein guter Trick ist, bei hellem Haar eine dunkle Fläche dahinter zu zeichnen, dann wirkt helles Haar eindeutig hell.

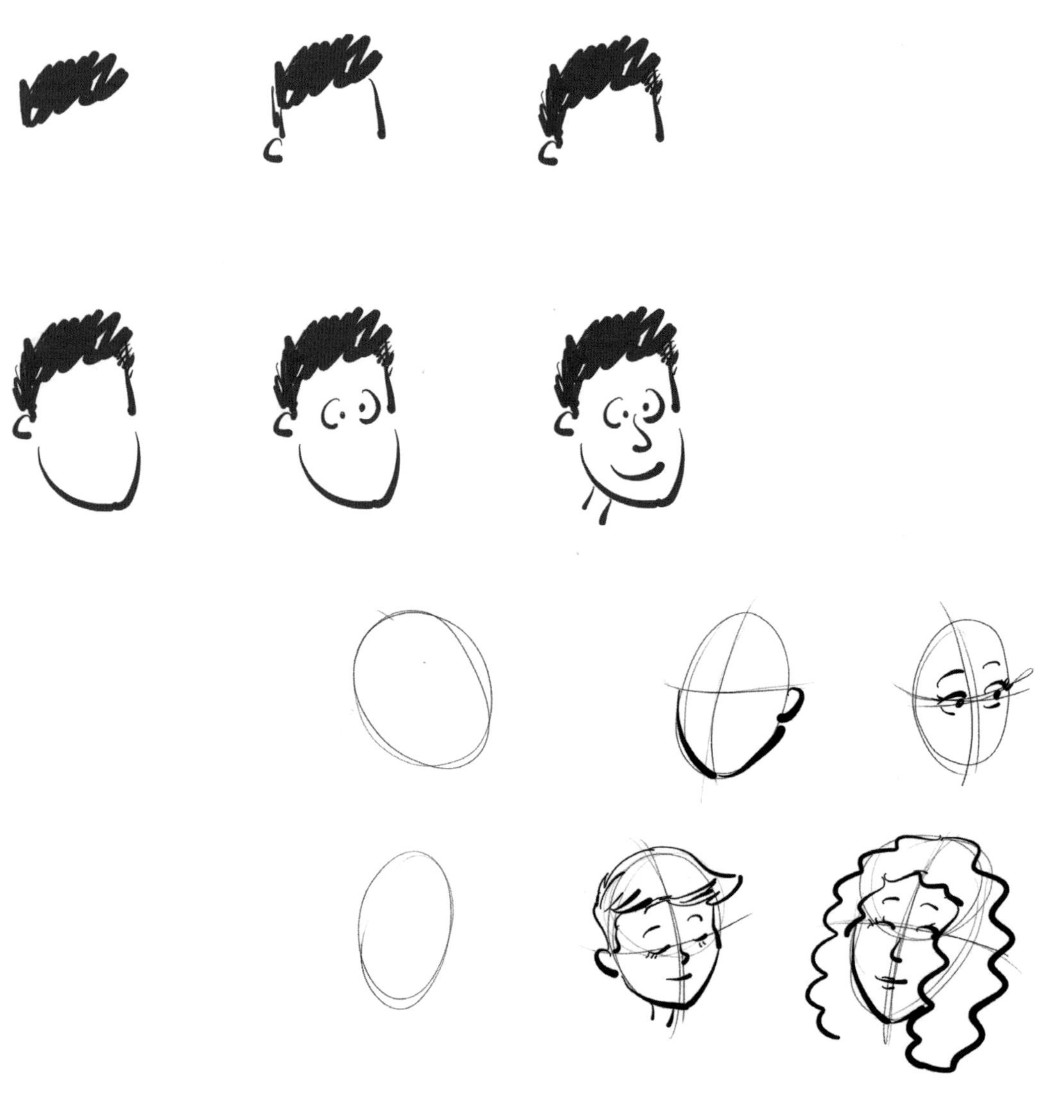

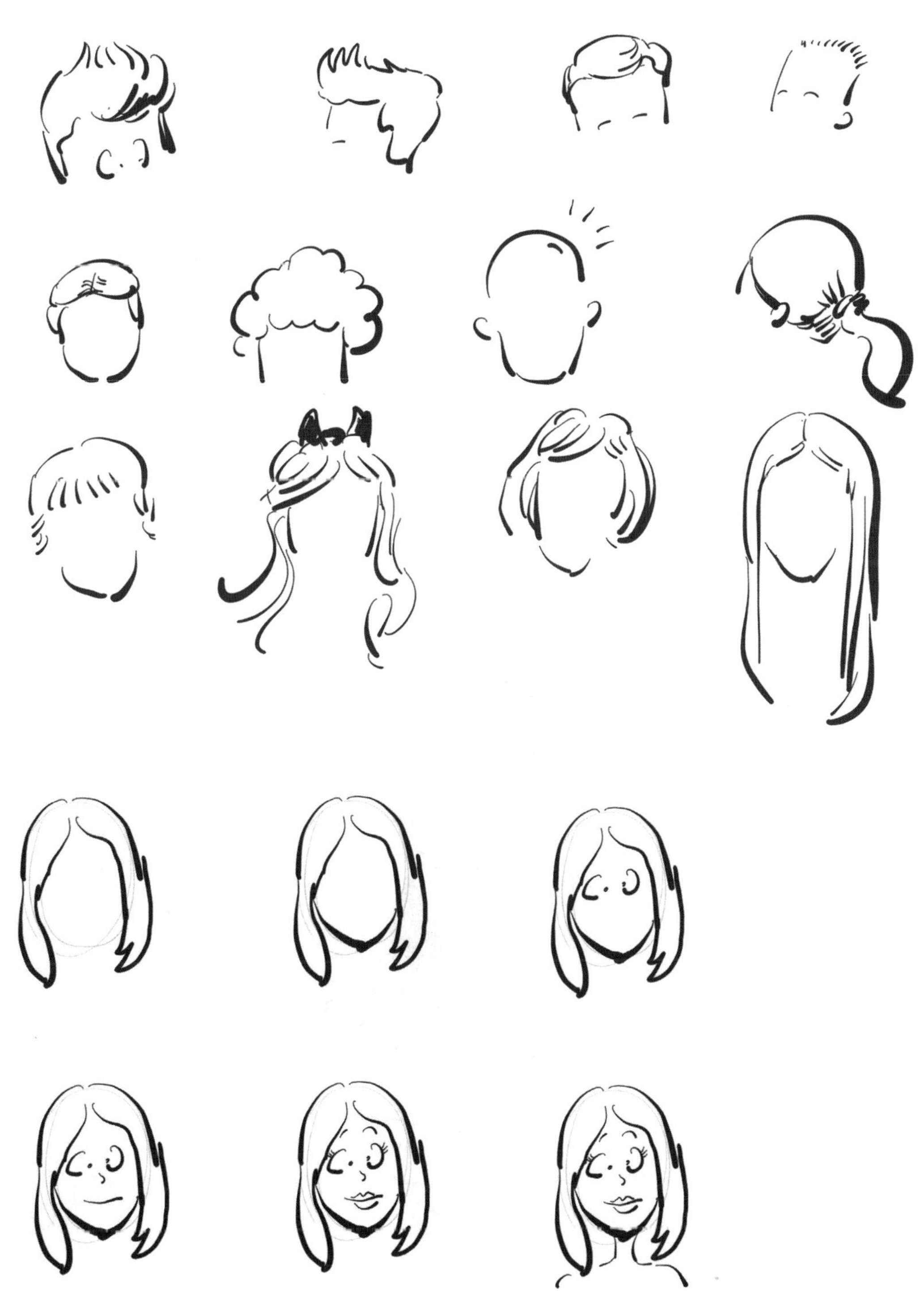

Hände

Machen Sie sich nicht verrückt mit den Händen: Hände sind schwierig darzustellen, sollten sie realistisch gezeichnet sein.

Versuchen Sie, sich die Hände nicht dreidimensional, sondern zweidimensional vorzustellen. Eine abgespreizte Hand hat die Form eines Kreises, sogar die Handfläche ist kreisförmig. Eine ausgestreckte Hand wirkt wie ein Rechteck, der Daumen beginnt an der äußeren unteren Ecke.

Am besten, Sie zeichnen die Grundform mit Bleistift vor. Die Finger können Sie dann wurstartig ergänzen: Vier Finger genügen, um eine Hand zu erkennen.

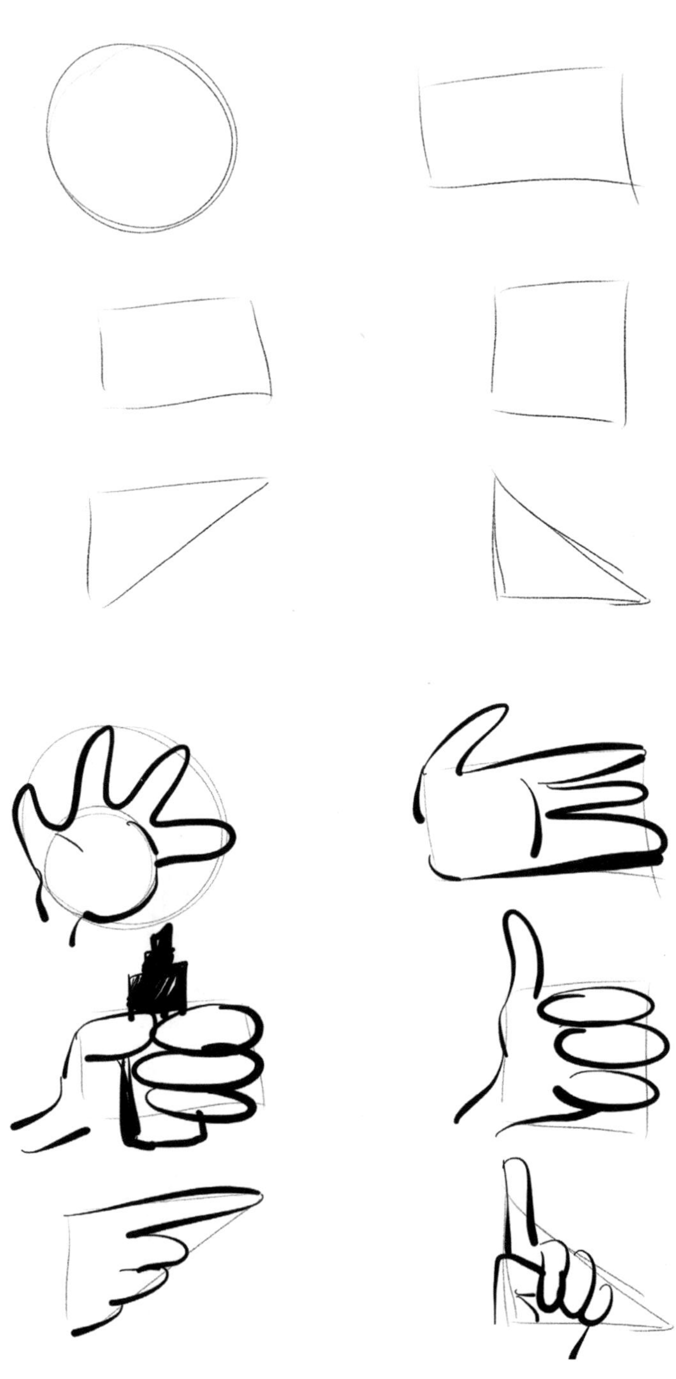

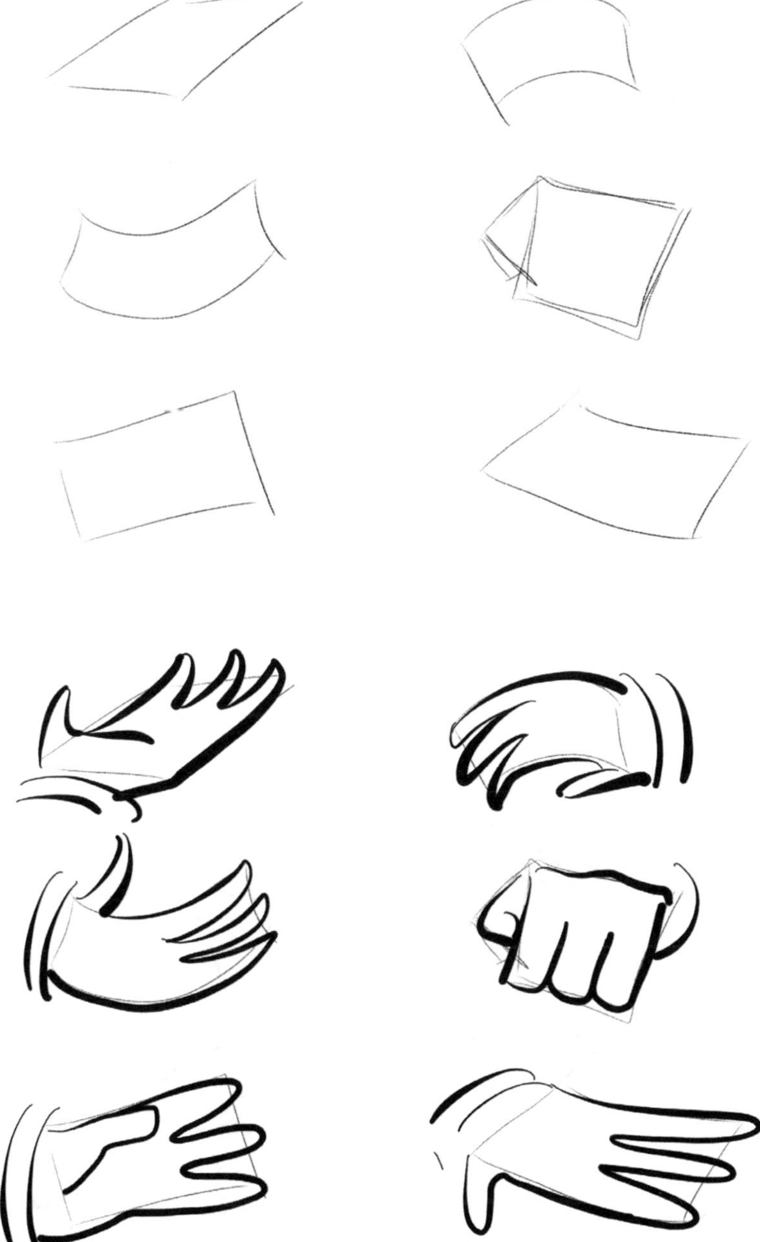

Füße und Pfoten

Auf den ersten Blick sehen Füße, von der Seite betrachtet, wie Dreiecke aus. Bei genauerem Hinschauen sehen Sie, dass sich dieses Dreieck in Ferse, Mittelfuß und Zehen unterteilen lässt. Die Ferse ist wie eine Kugel, ein Gelenk, genau wie der Übergang von Mittelfuß zu Zehen. So können Sie den Fuß in allen Bewegungen zeichnen. Bei den Pfoten ist es einfacher: ein Kreis und drei weitere für die Zehen, zack! Vogelfüße dagegen sind wieder eher dreieckig. Die Beinchen bei Vögeln zeigen nicht senkrecht zum Boden, sondern weisen etwas nach vorne.

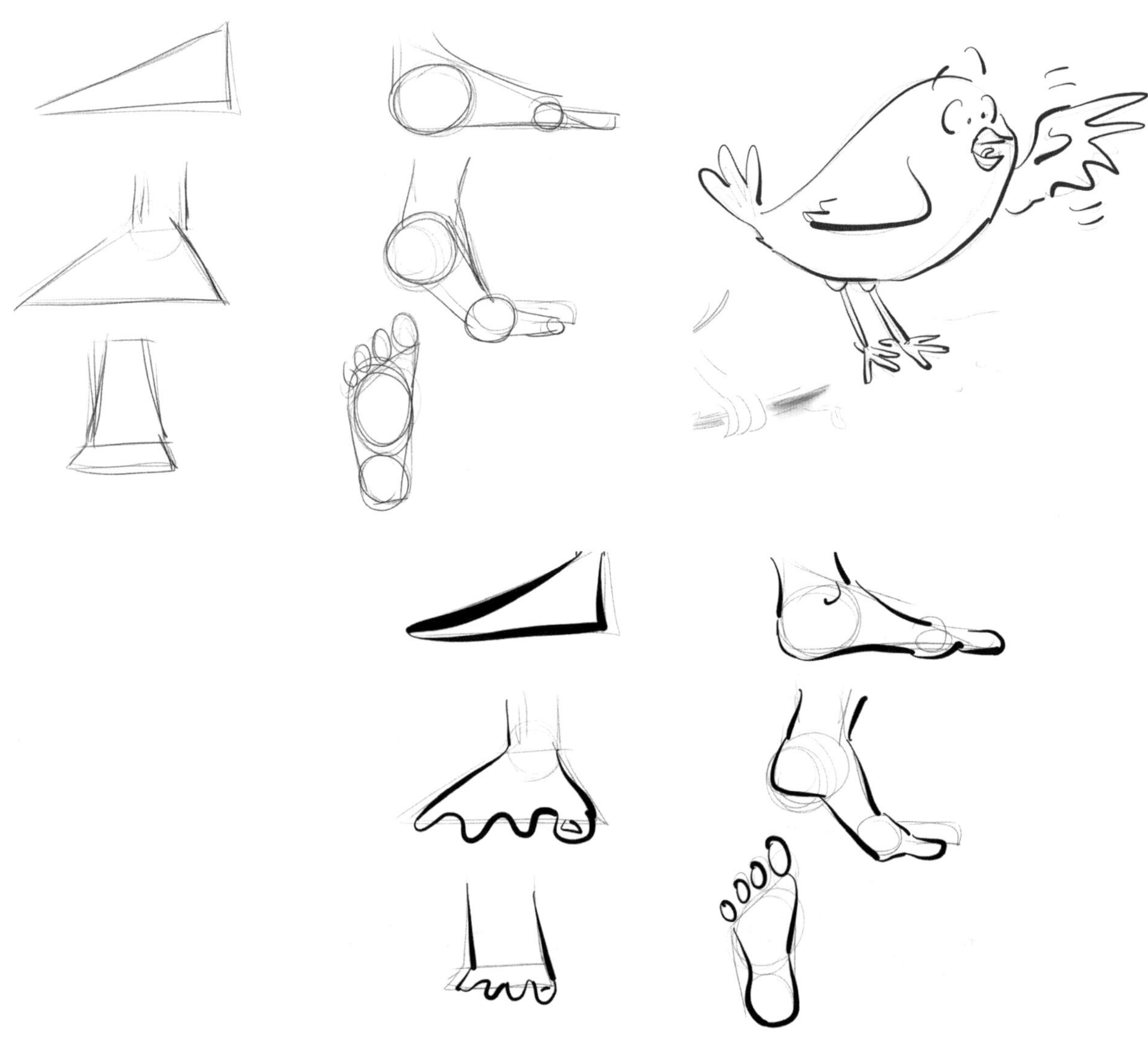

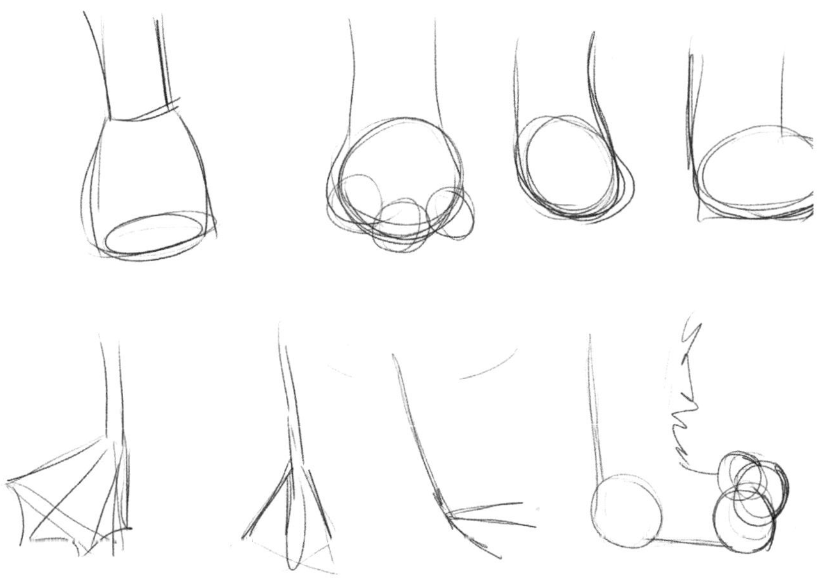

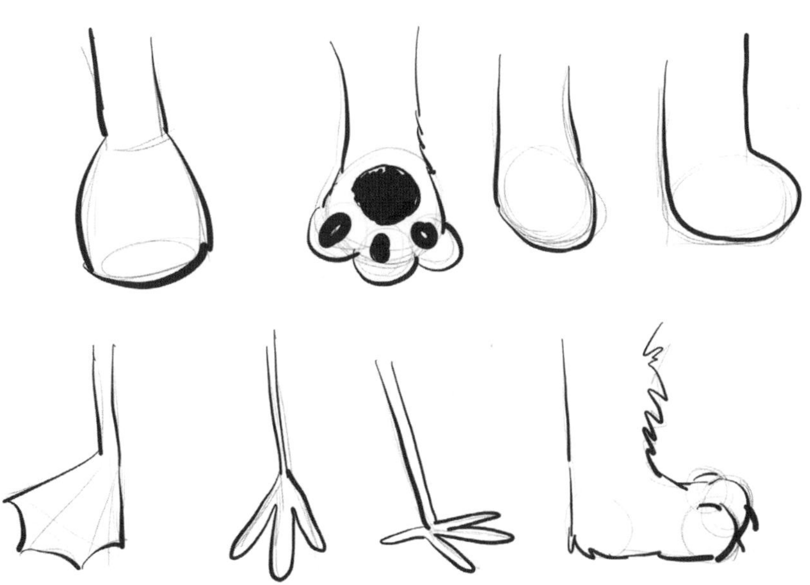

Körperformen

Nicht nur der Kopf, auch der Körper lässt sich mit geometrischen Formen aufbauen. Für die Körperkonstruktion können Sie mit der »Magic 8« (eine geschwungene 8) arbeiten: So können Sie mit Proportionen spielen und individuelle Körperformen zeichnen. Wollen Sie eine kantigere Grundform darstellen, bietet sich ein Trapez als Oberkörper an.

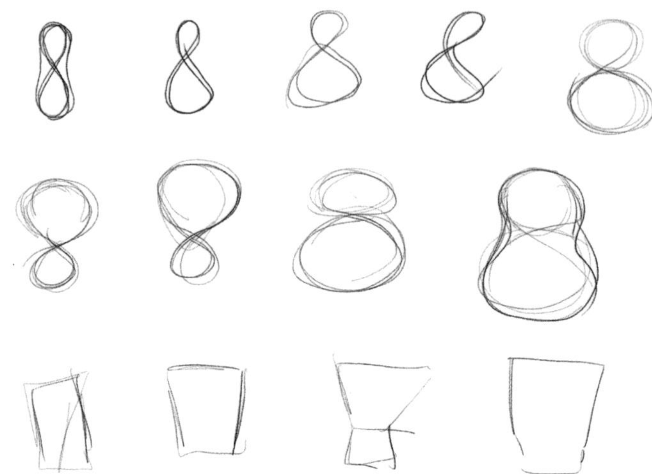

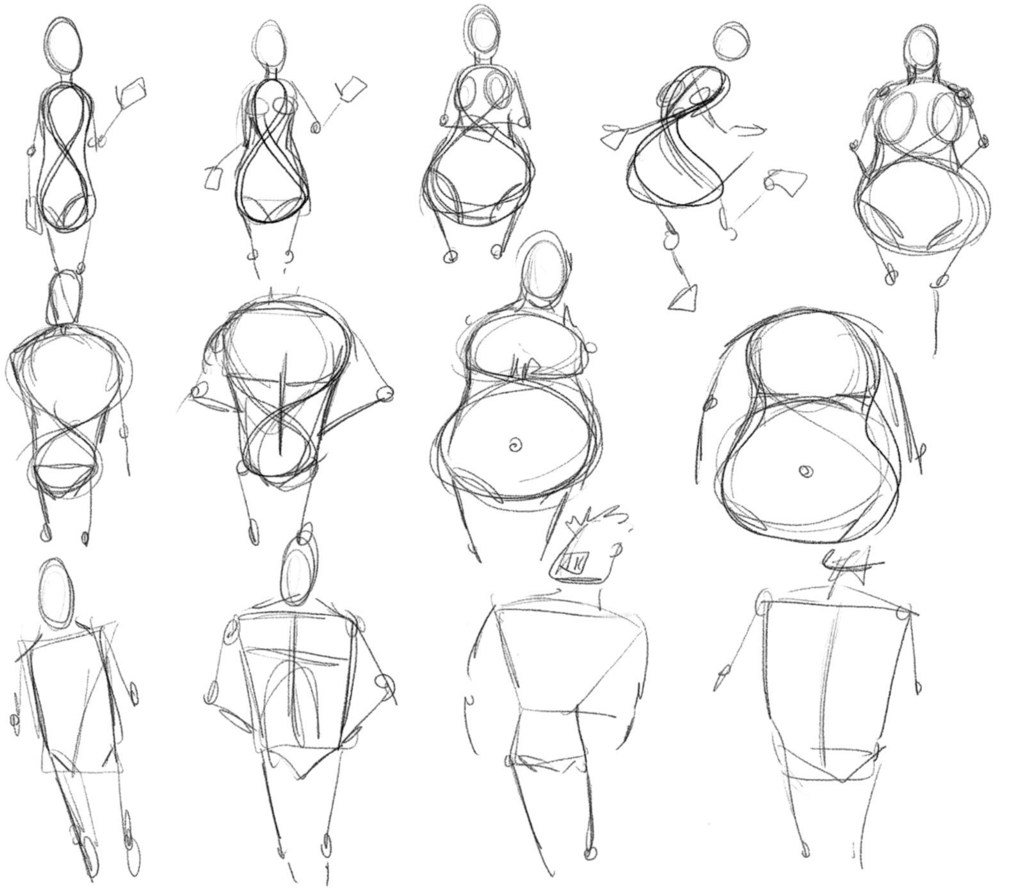

Schritt für Schritt zur Körperkonstruktion

- Beginnen Sie mit der Mittellinie. Sie gibt die Körperhaltung vor. Zeichnen Sie darauf einen Kreis oder ein Rechteck für den Kopf.
- Der Kopf orientiert sich ebenfalls an der Mittellinie.
- Zeichnen Sie einen Strich für die Schulter, mit etwas Abstand eine Beckenlinie. Aus beiden folgt die Oberkörperform.
- Aus der Beckenlinie zeichnen Sie ein Dreieck. Dieses Dreieck ist ein Hilfsmittel für die Bewegung der Figur, es ist wie unser Becken geformt (immer an der äußeren Ecke).
- Zeichnen Sie vom Schulterstrich aus die Arme.
- Die Ellenbogen befinden sich ausgestreckt auf der Höhe der Taille oder angewinkelt auf Brusthöhe.
- Die Knie liegen auf der Hälfte der Beine.
- Die Füße haben seitlich betrachtet eine spitze Dreiecksform.

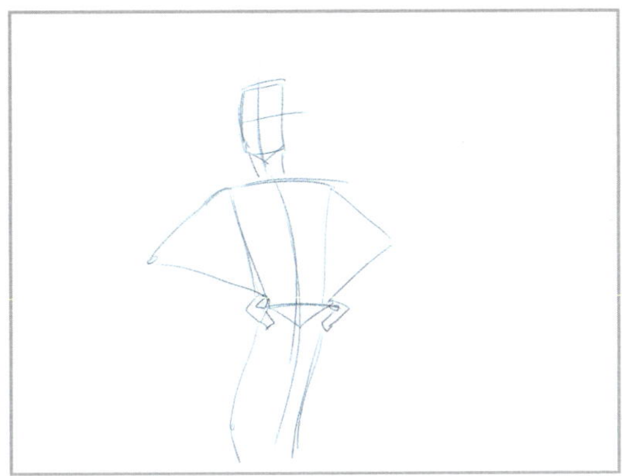

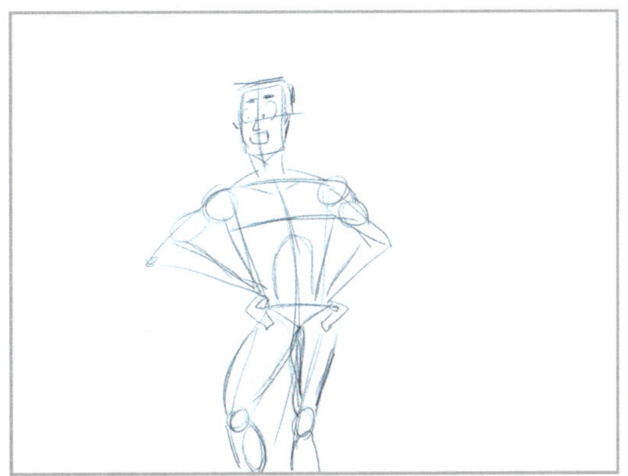

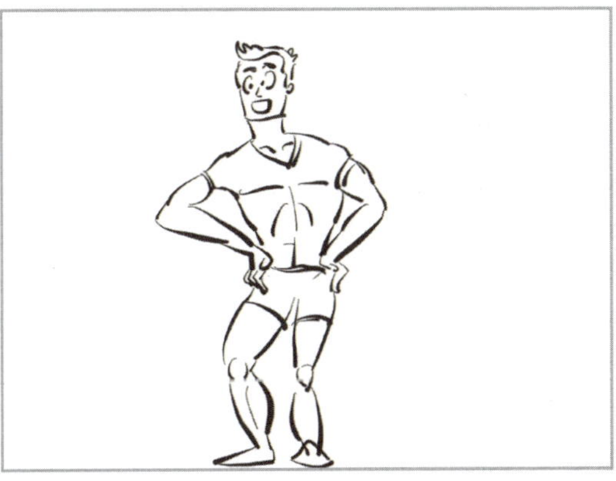

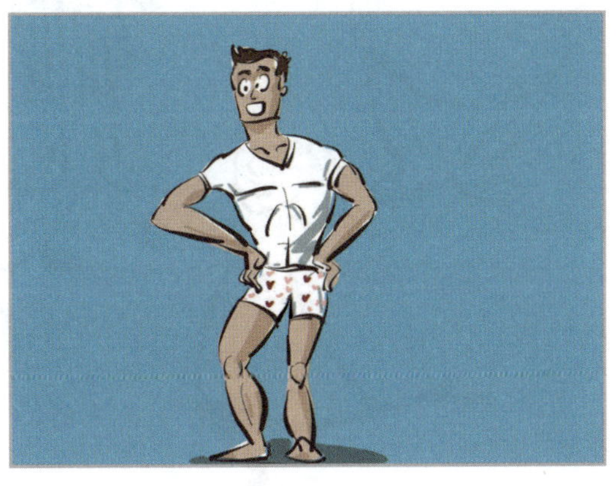

Sie können ganz unterschiedliche Körperformen erstellen: Entscheiden Sie nach den Eigenschaften und Charakterzügen, die Sie Ihrer Figur geben möchten. Lassen Sie Ihrem Spieltrieb freien Lauf!

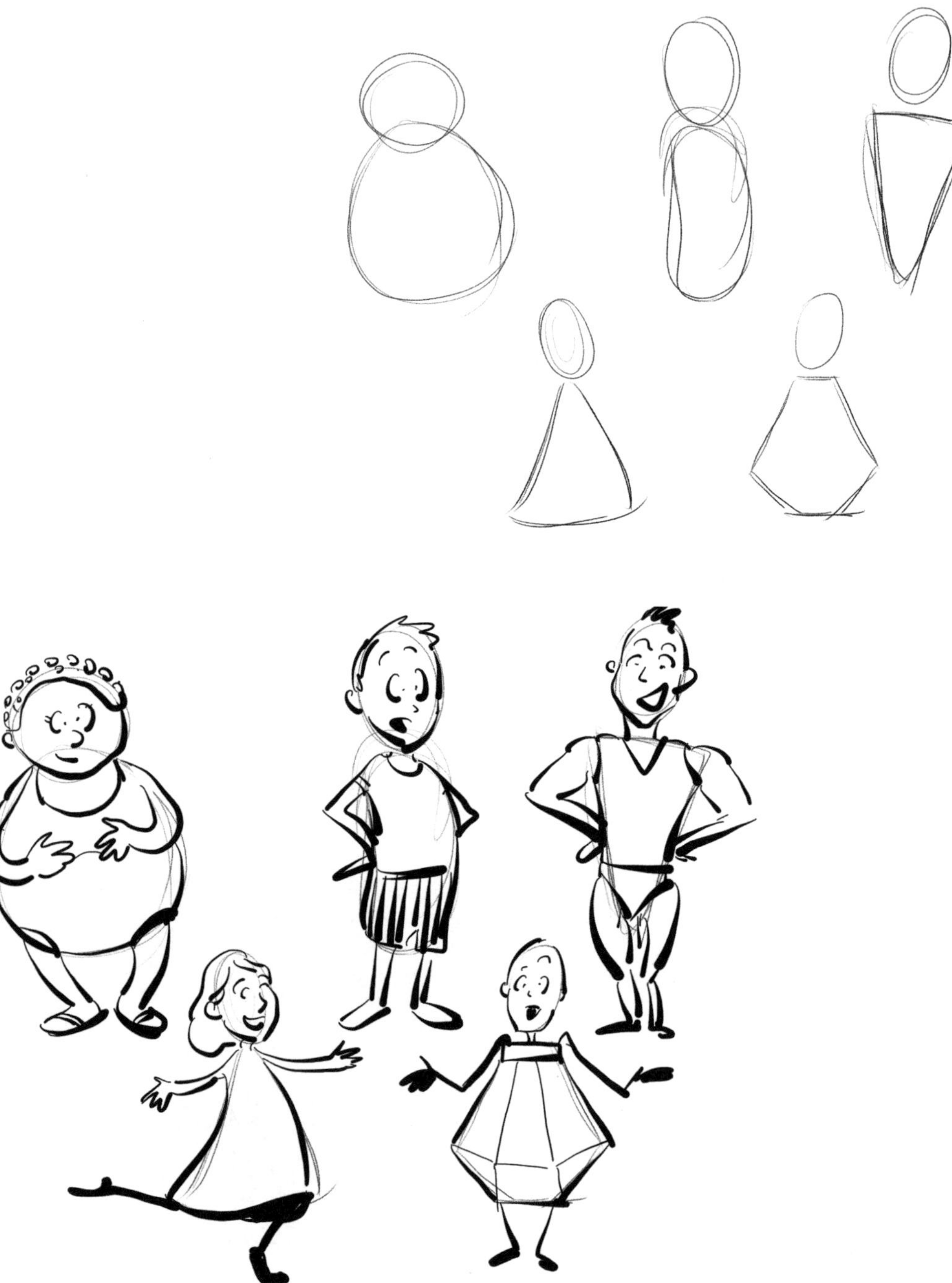

Wie zeichnet man Alter?

Ältere Figuren unterscheiden sich in mehreren Details von jungen Figuren: Die Körperhaltung ist gebeugter, weniger aufrecht, und im Profil betrachtet sitzt der Kopf weiter vorn. Die Beine werden o-beiniger, die Arme länger, die Schultern hängen. Je mehr Sie diese Dinge betonen, desto älter wirkt Ihre Comicfigur.

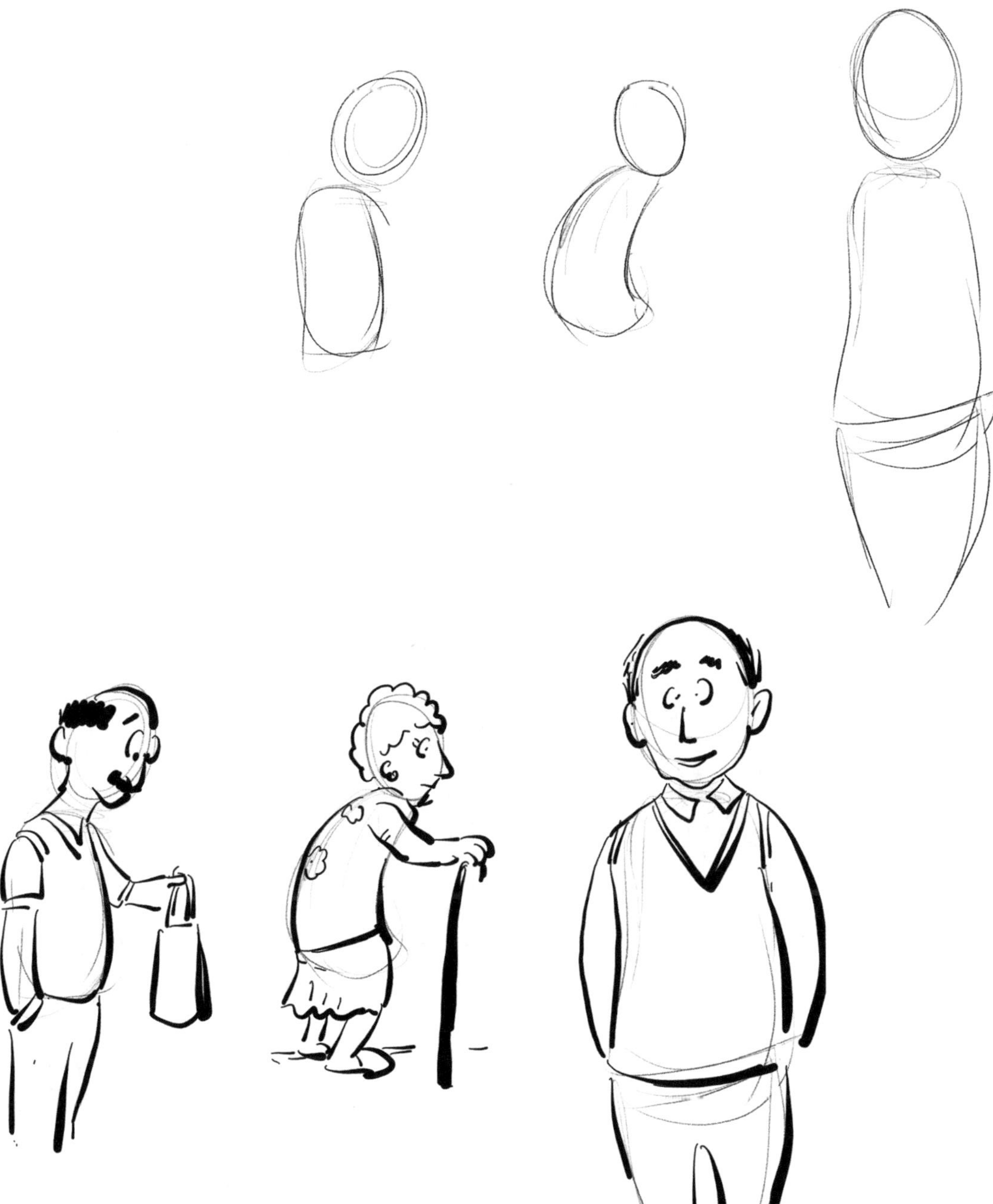

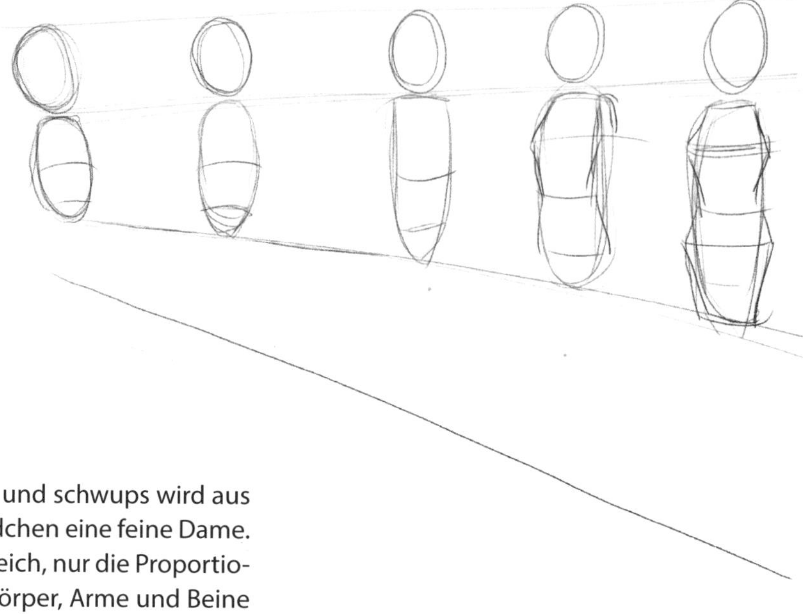

Hach, so schnell geht's, und schwups wird aus dem kleinen süßen Mädchen eine feine Dame. Die Kopfgröße bleibt gleich, nur die Proportionen ändern sich: Oberkörper, Arme und Beine werden länger.

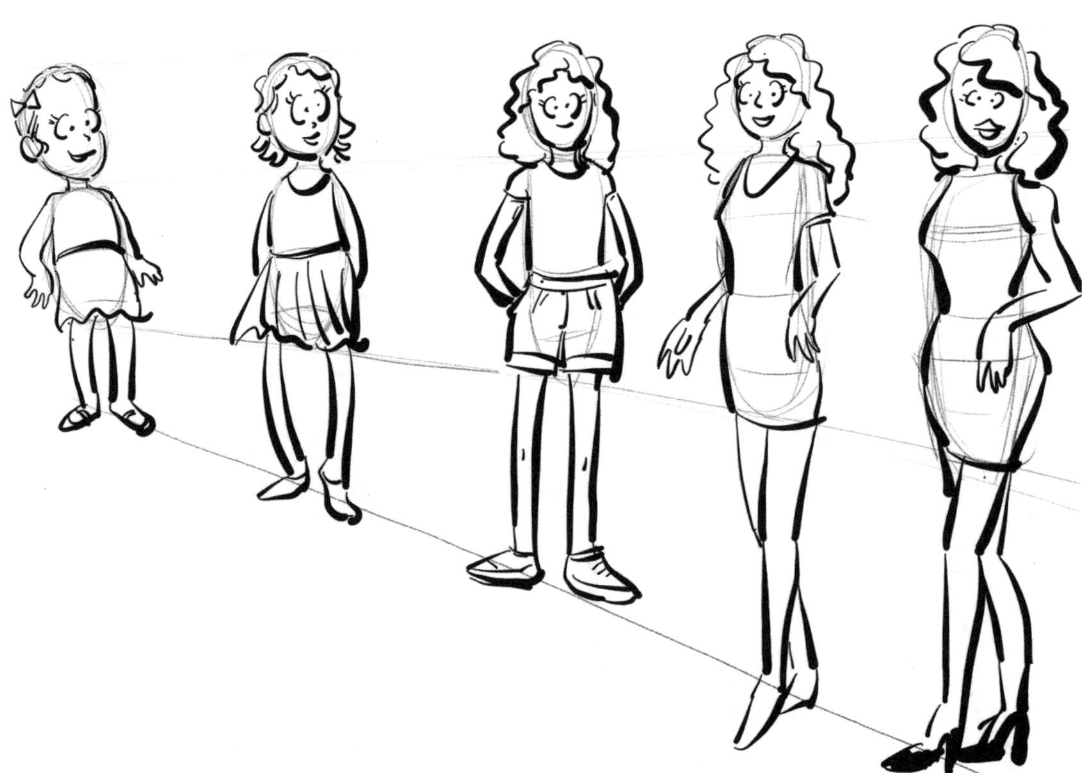

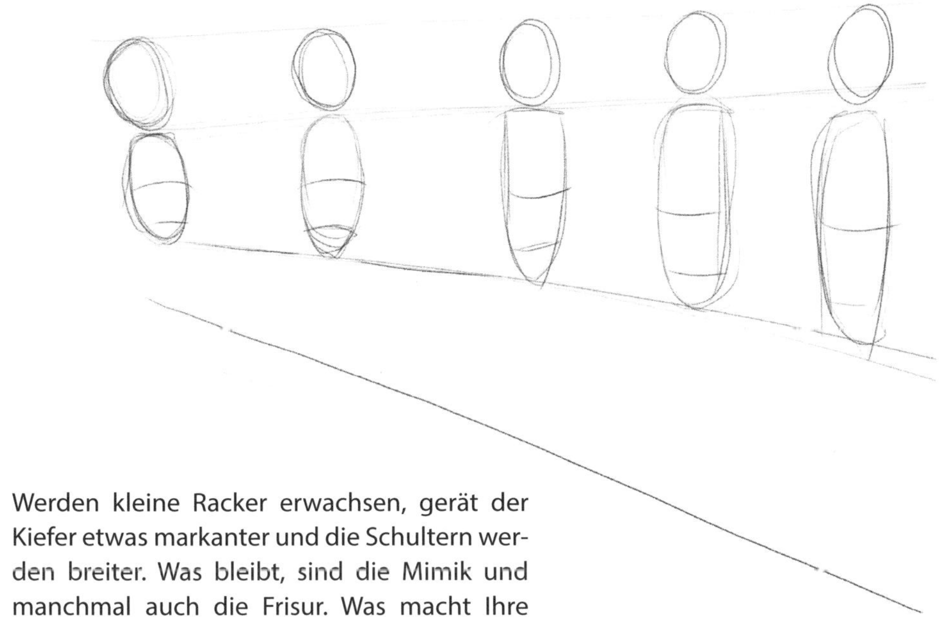

Werden kleine Racker erwachsen, gerät der Kiefer etwas markanter und die Schultern werden breiter. Was bleibt, sind die Mimik und manchmal auch die Frisur. Was macht Ihre Charakterfigur aus?

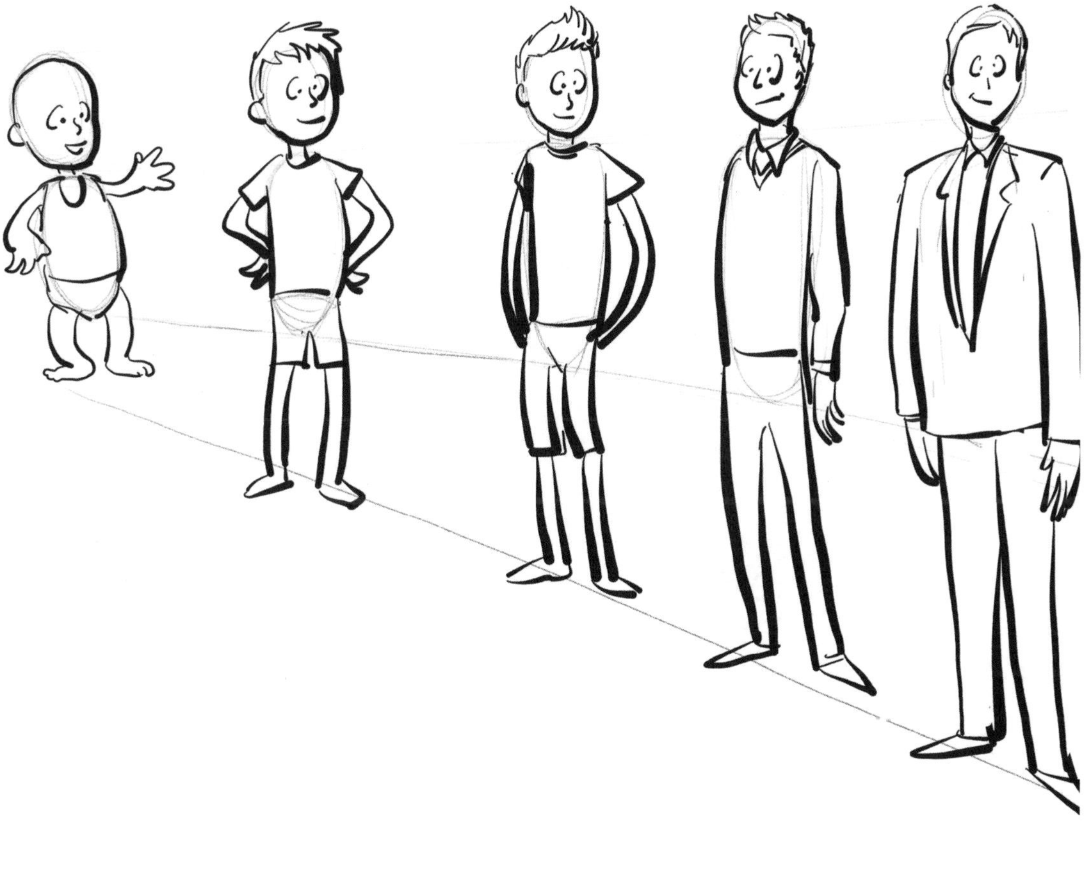

Bewegung

Geschwindigkeiten werden verdeutlicht, indem Sie Bewegungslinien zeichnen.

Doch nicht nur die Bewegungslinien sind entscheidend für die Wirkung von Geschwindigkeit, sondern auch das Objekt, das sich bewegt. Je schneller sich etwas bewegt, desto flacher wird es – wie ein Ball, der im Flug gestaucht wird.

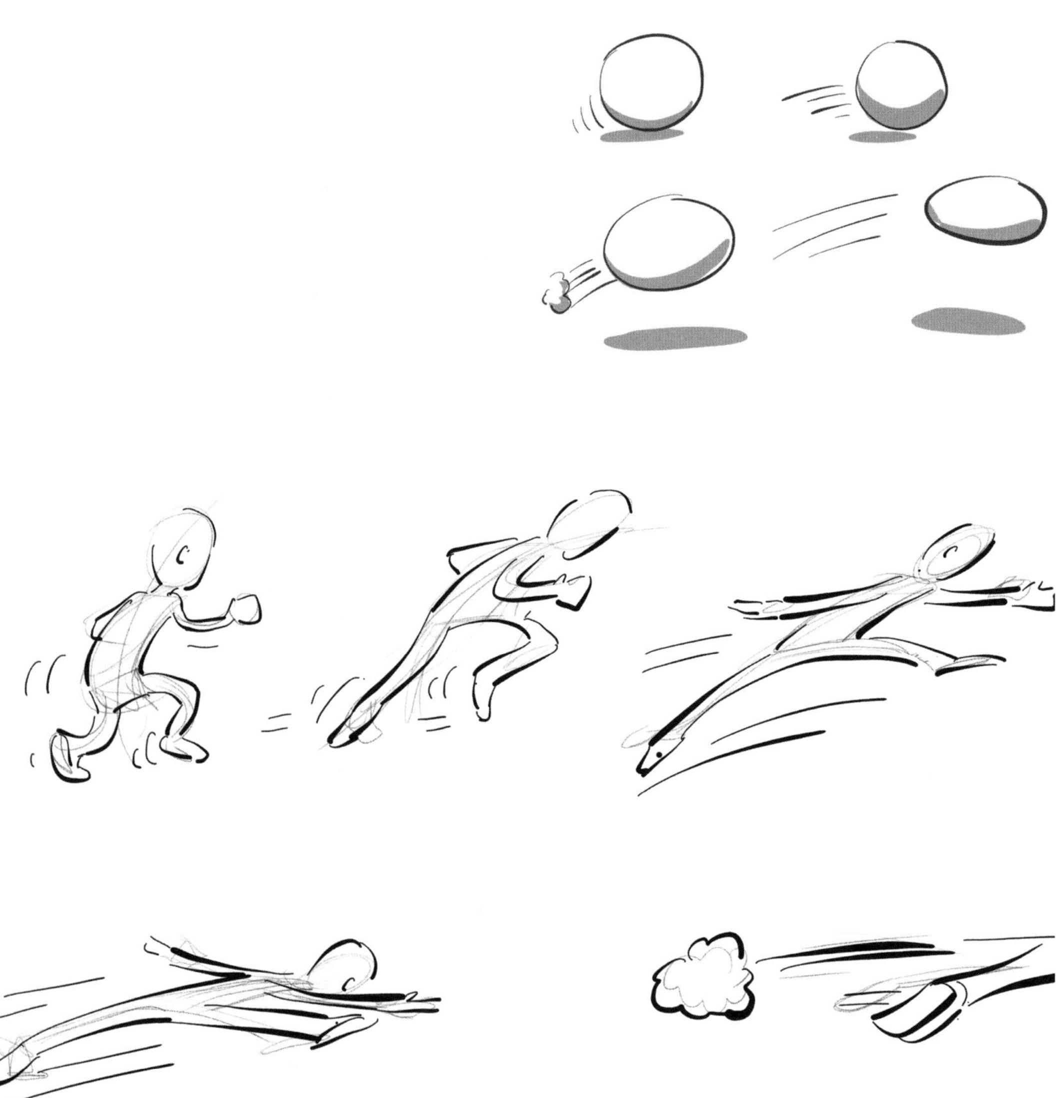

Figuren bewegen

Dynamische und aktive Figuren gehen leicht von der Hand, wenn Sie erst eine Mittellinie zeichnen – eine Bewegungslinie. Der Schwung dieser Linie gibt die Bewegung vor. Der Körper passt sich dieser Linie an, wobei sich Arme und Beine in andere Richtungen bewegen können. Der Kopf orientiert sich zwar auch an der Mittellinie, kann sich aber auch in andere Richtungen neigen.

Je schwungvoller und gebogener diese Mittellinie gestaltet ist, desto dynamischer und beweglicher ist Ihre Comicfigur.

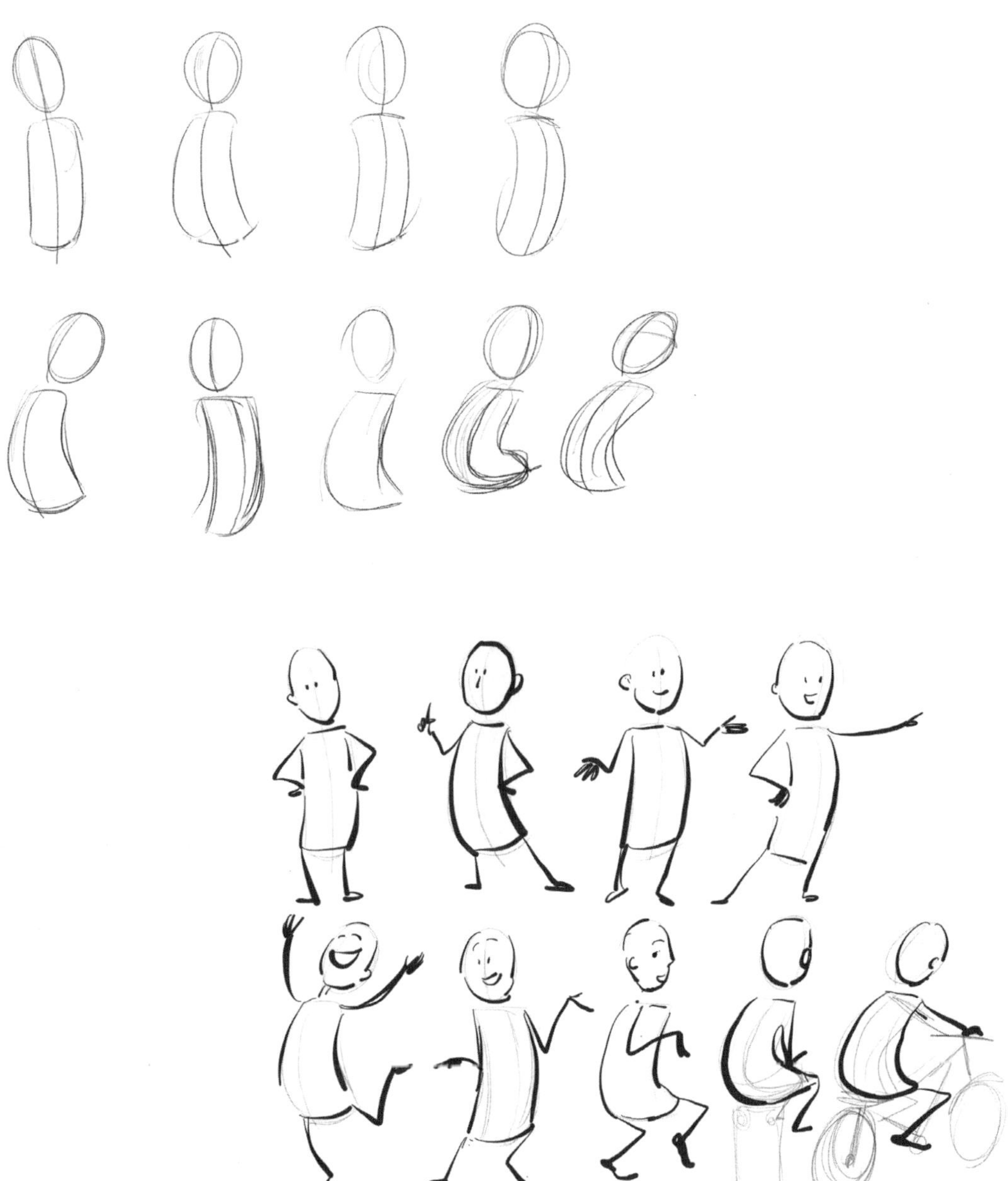

Je einfacher Sie Ihre Comicfigur zeichnen, desto wilder können die Bewegungen werden.

Die Mittellinie ist unsere Wirbelsäule und stellt unsere Körperhaltung dar: Eine fröhliche, selbstbewusste Comicfigur hat eine aufrechte Haltung mit stolz geschwellter Brust. Eine traurige, erschöpfte Comicfigur beugt sich eher mit hängenden Schultern nach vorne.

Solche Stimmungen und noch viel mehr Bewegungen wie Tanzen und Springen können Sie darstellen, wenn Sie mit einer geschwungenen Mittellinie beginnen.

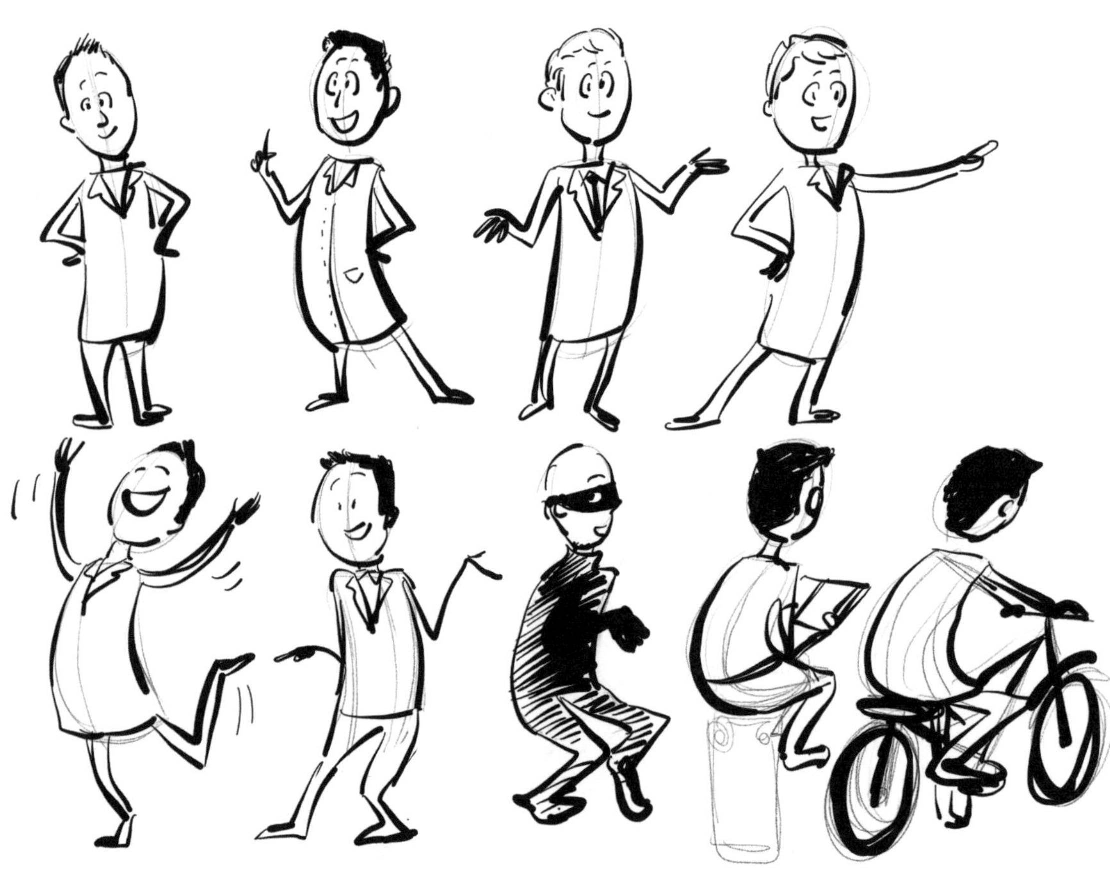

Charakter mit Eigenschaften

Sie haben nun verschiedene Körperformen, Kopfformen und Haltungen gesehen und bestimmt ein paar Figuren zu zeichnen probiert.

Wenn ich einen neuen Charakter entwickeln möchte, dann beginne ich mit der Kopfform. Erst dann suche ich die passende Körperform.

Dabei überlege ich bereits, welche Eigenschaften mein Charakter verdeutlichen soll.

Die Laune des Charakters zeige ich mit seiner Körperhaltung und den Augen.

Ob der Charakter »funktioniert«, sehe ich erst, wenn ich die Figur ein paarmal in verschiedenen Haltungen zeichne.

Meistens entstehen dabei gleich ein paar Geschichten im Kopf, die ich sicherheitshalber daneben skizziere.

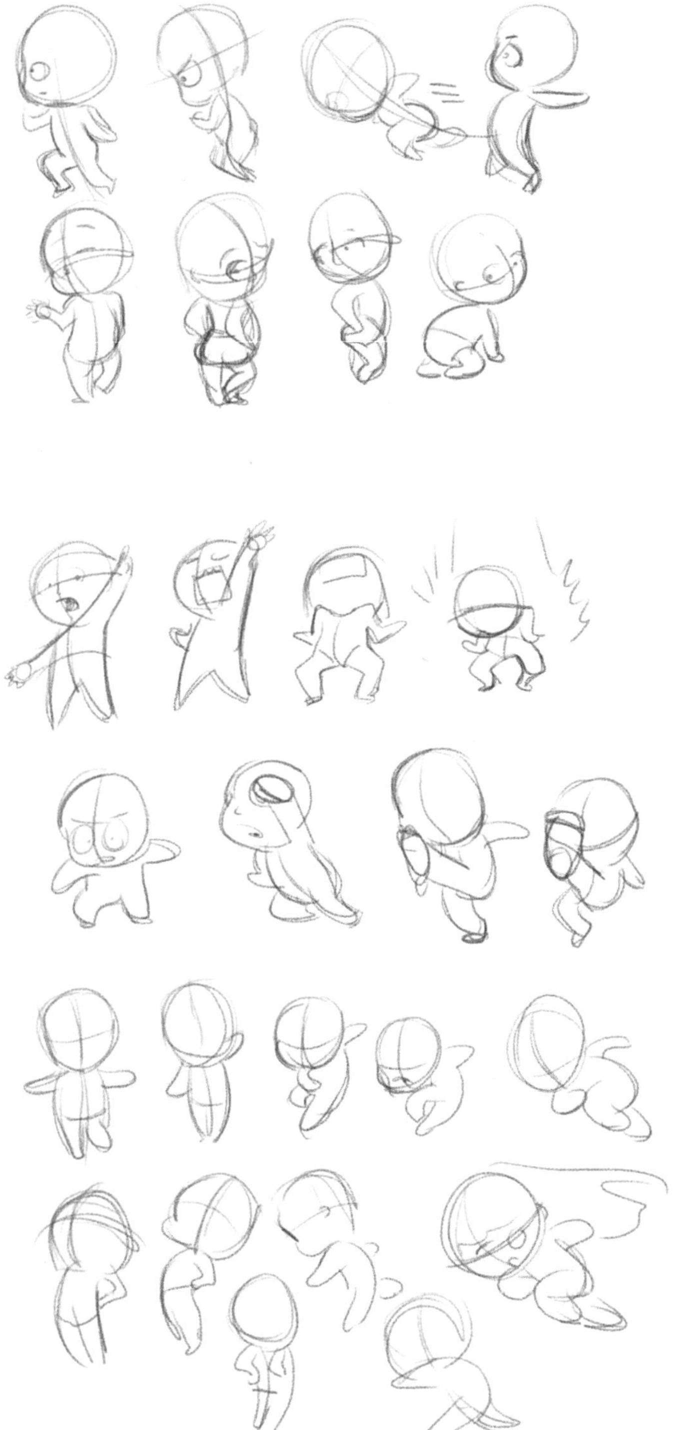

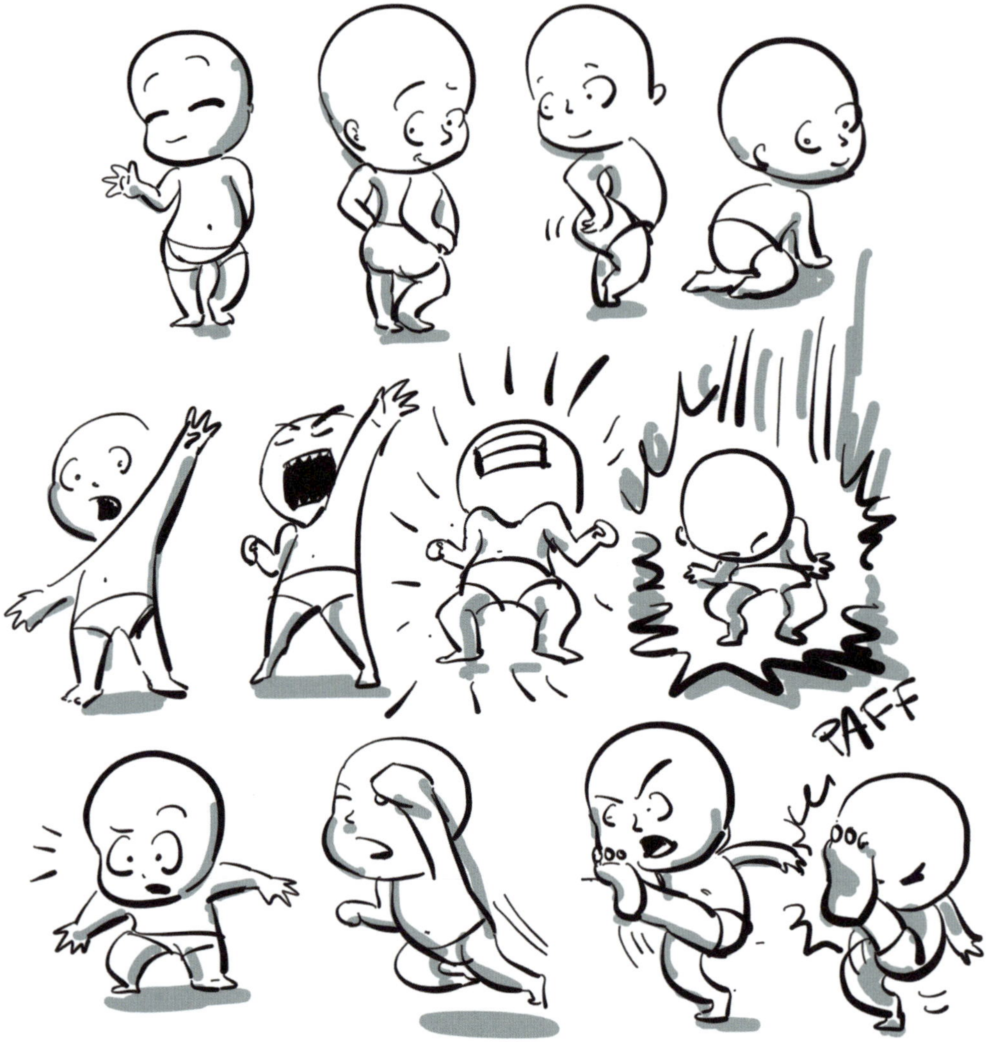

PAFF

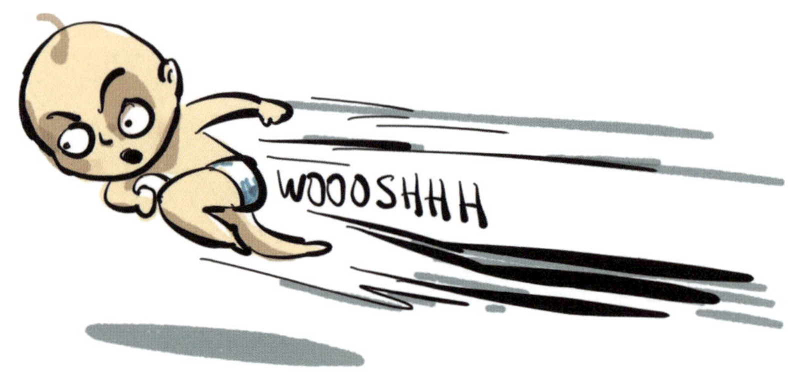
WOOOSHHH

Übung Superheld

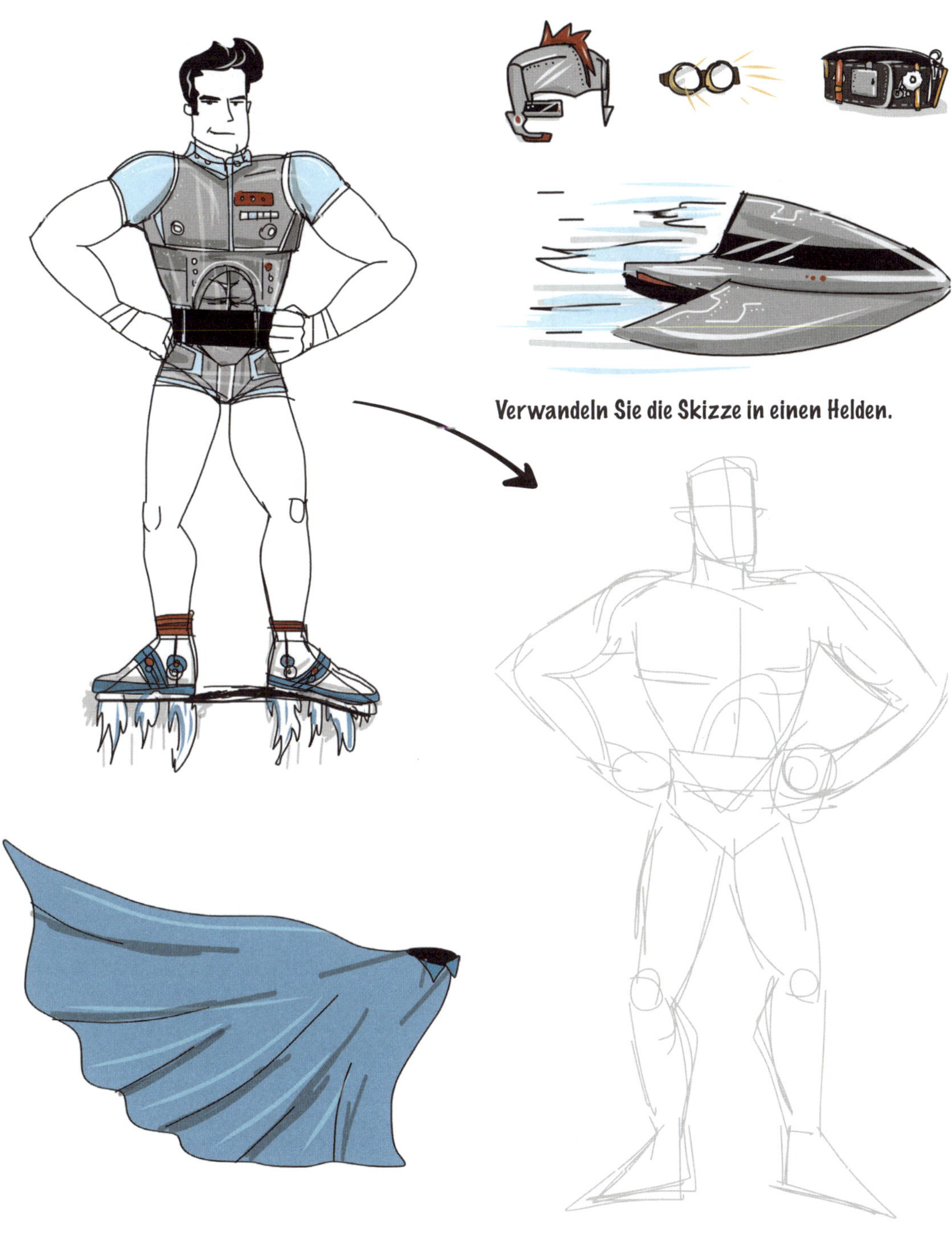

Verwandeln Sie die Skizze in einen Helden.

Übung Heldin

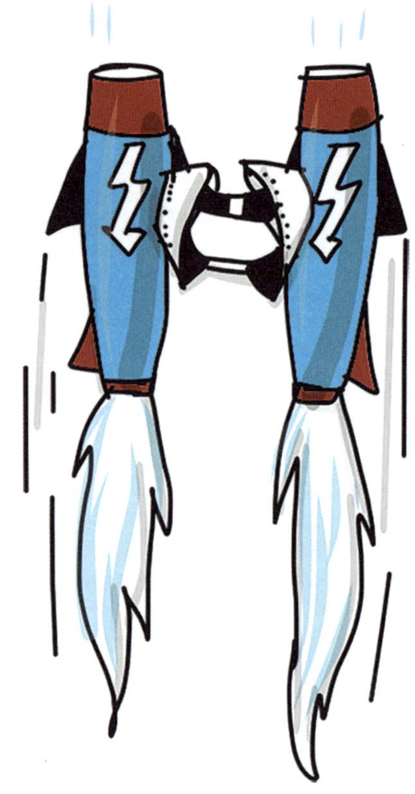

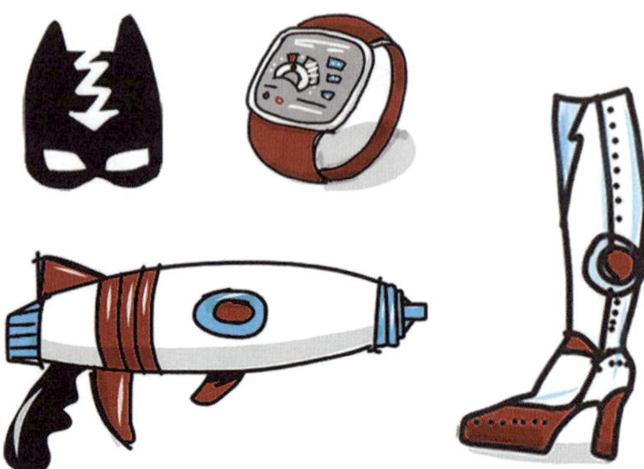

Verwandeln Sie die Skizze in eine Heldin.

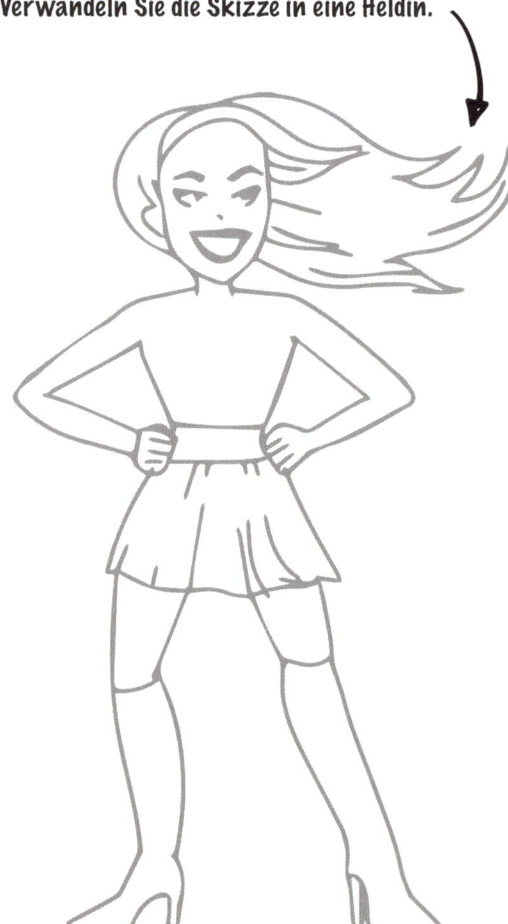

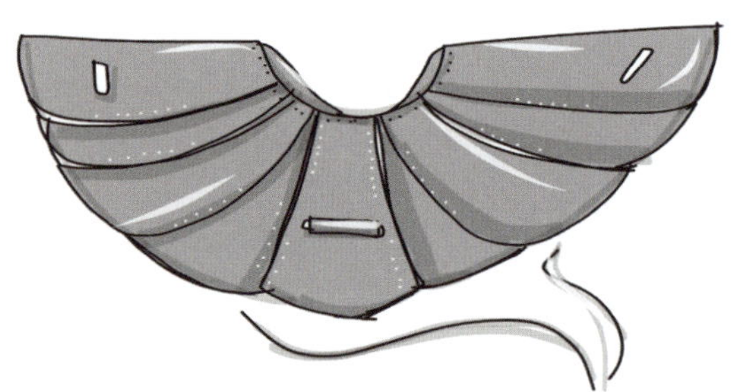

Mangastyle

Zugegeben, er ist Geschmackssache, der Mangastyle. Ich war auch skeptisch, doch als mir die gezeichnete BUDDHA-Reihe von Osamu Tezuka in die Hand fiel, wurde ich süchtig. Von Kitsch und Glitzer keine Spur.

Wie hat der das gemacht, frage ich mich immer, wenn ich die tollen Comiczeichnungen sehe.

Zum einen sind die Charakterfiguren witzig gezeichnet. Die prägnante kindliche Kopfform, die realistisch und zugleich reduziert gezeichnet wird. Übertreibungen findet man in den Proportionen: Extrem große Augen, überlange Beine und meist ein sehr schmaler Körper. Das Wichtigste an der Manga-Figur sind die Augen. Hier finden Sie ein paar Beispiele:

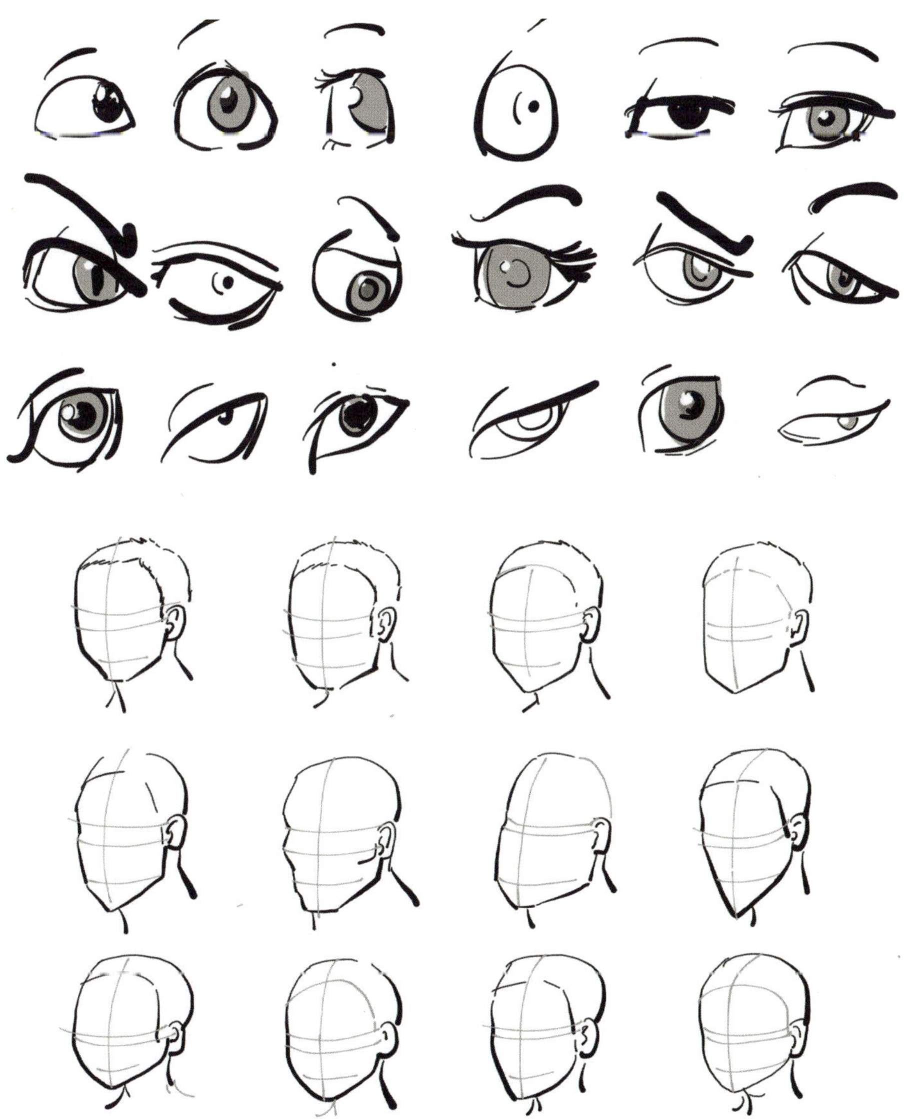

Übung

Probieren Sie es doch gleich einmal aus! Wie würden Sie einen Manga-Kopf zeichnen?

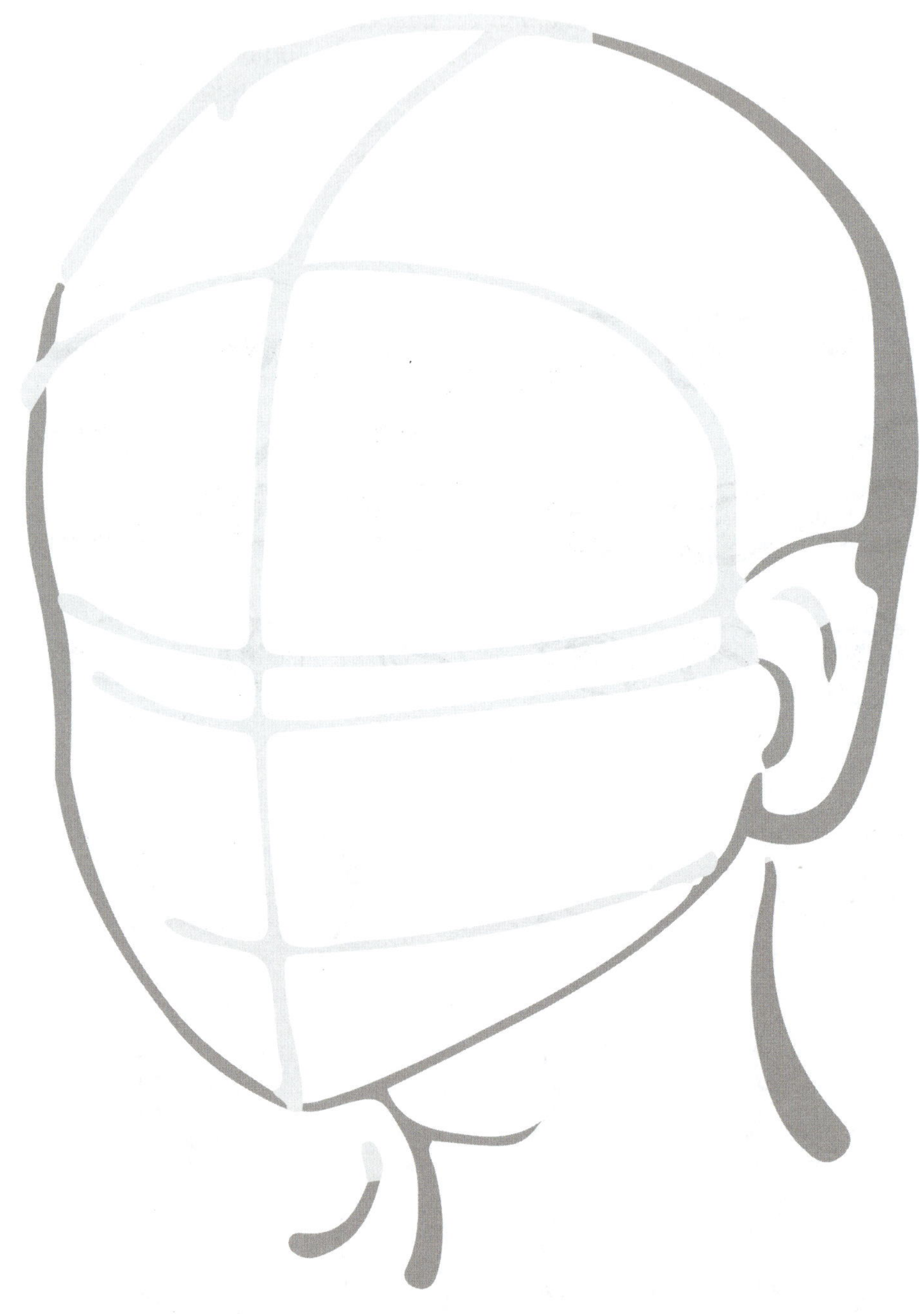

Manga-Figur

Die Figur in einem Manga hängt von Ihrem Zeichenstil ab und den Eigenschaften, die Sie der Charakterfigur geben. Ist es eine zarte, elfenhafte Figur oder ein starke, kämpferische Figur, die Sie erschaffen? Auch das Alter der Charakterfigur hat Einfluss auf die Proportionen. Bei einer erwachsenen weiblichen Manga-Figur passt der Kopf mindestens sechsmal in den Körper, bei einem Kleinkind nur einmal. In der Tabelle unten haben Sie eine kleine Übersicht über die Proportionen je nach Altersklasse der Manga-Figur.

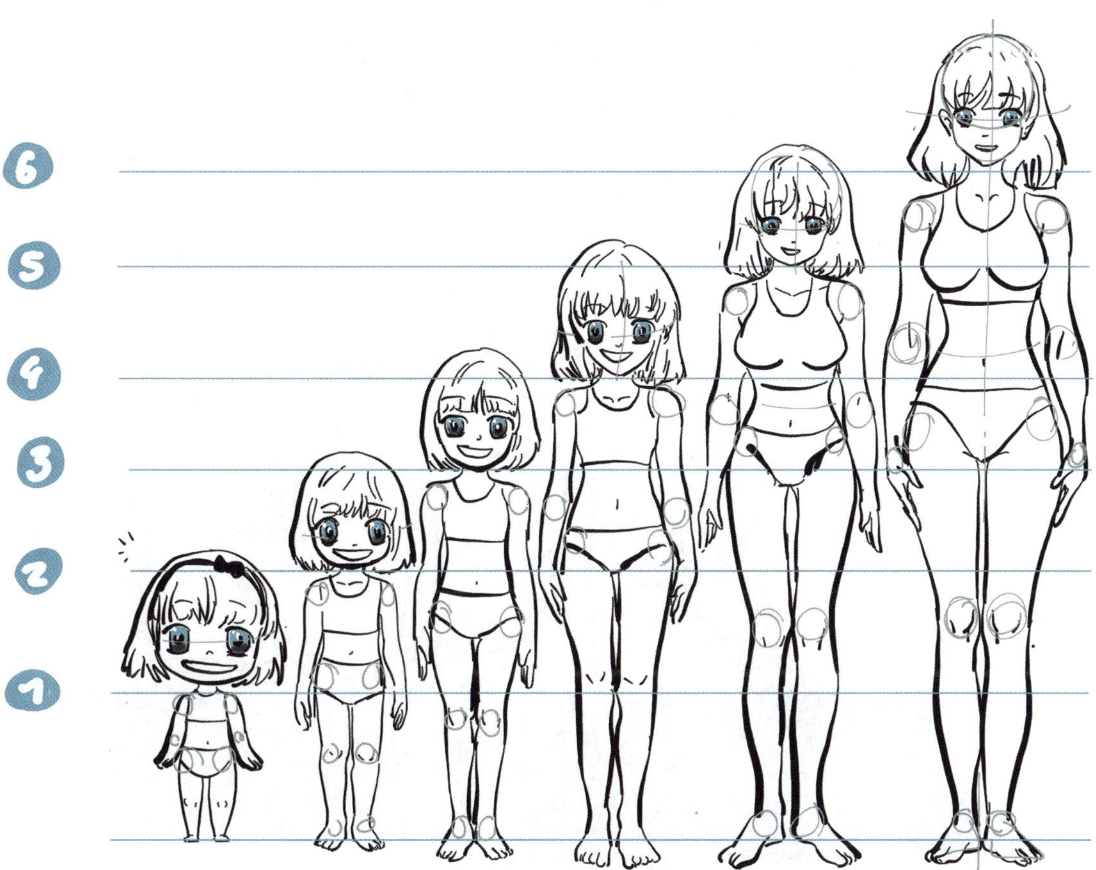

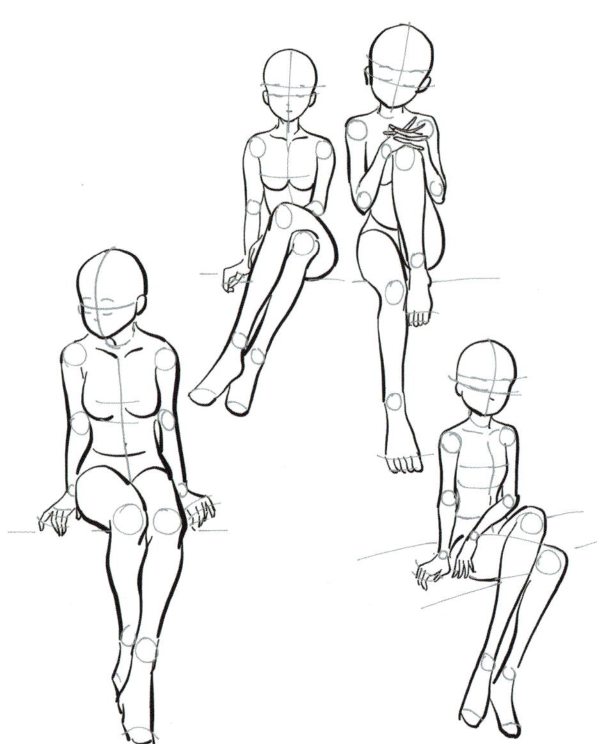

Weibliche Manga-Figuren

Wie bewegen sich weibliche Manga-Figuren? Eher würdevoll, etwas schüchtern und immer entzückend. Mir fällt es leichter, Figuren für einen Manga nach einem echten Modell zu malen. Vielleicht hat ja gerade eine Freundin von Ihnen Zeit, ein paar Minuten für Sie Modell zu sitzen? Wenn nicht, hilft Ihnen vielleicht die linke Skizze als Vorlage und Grundlage einer ausgearbeiteten Figur.

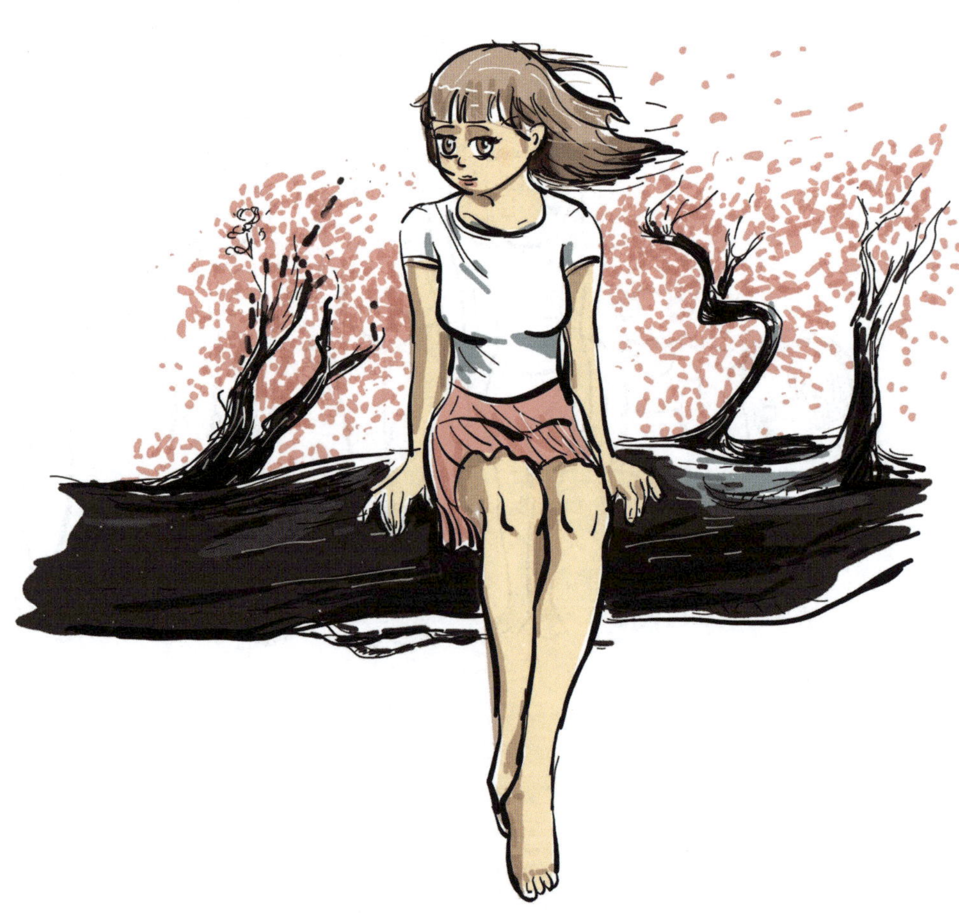

Manga – Bastelbogen I

Eine weitere kleine Hilfe ist dieser kleine Bastelbogen für eine weibliche Manga-Figur. Einfach herunterladen, kopieren, abpausen oder durchpausen, ausschneiden und mit Briefklammern zusammenheften. So haben Sie ein bewegliches Modell, das Sie immer zur Hand haben.

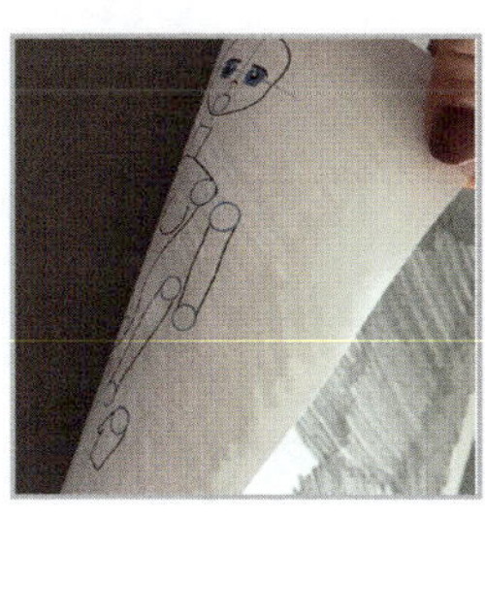

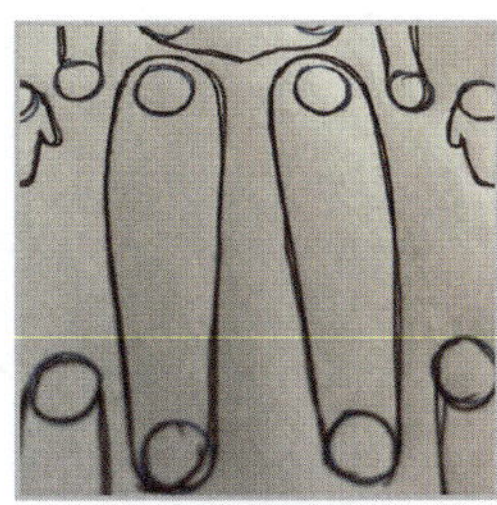

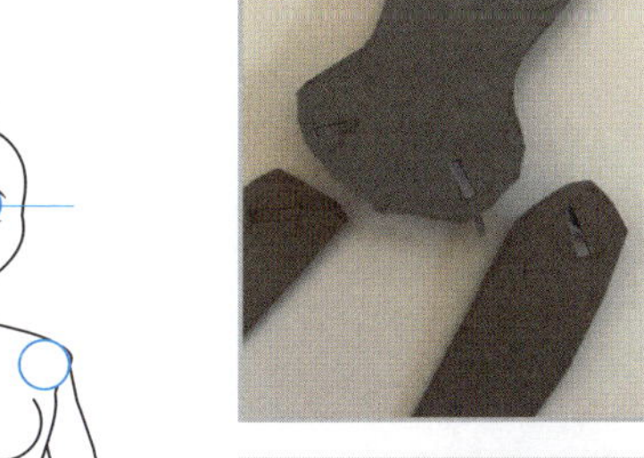

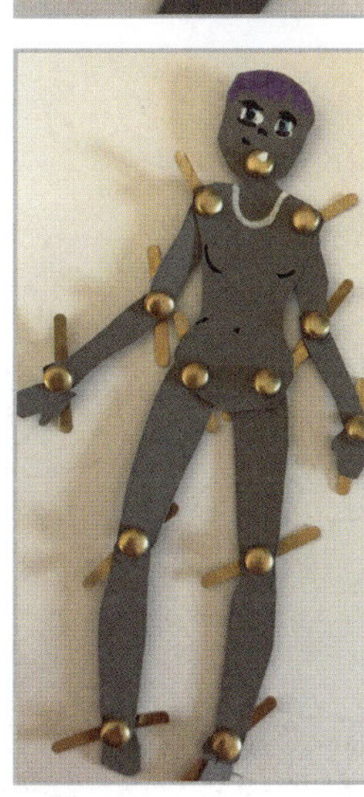

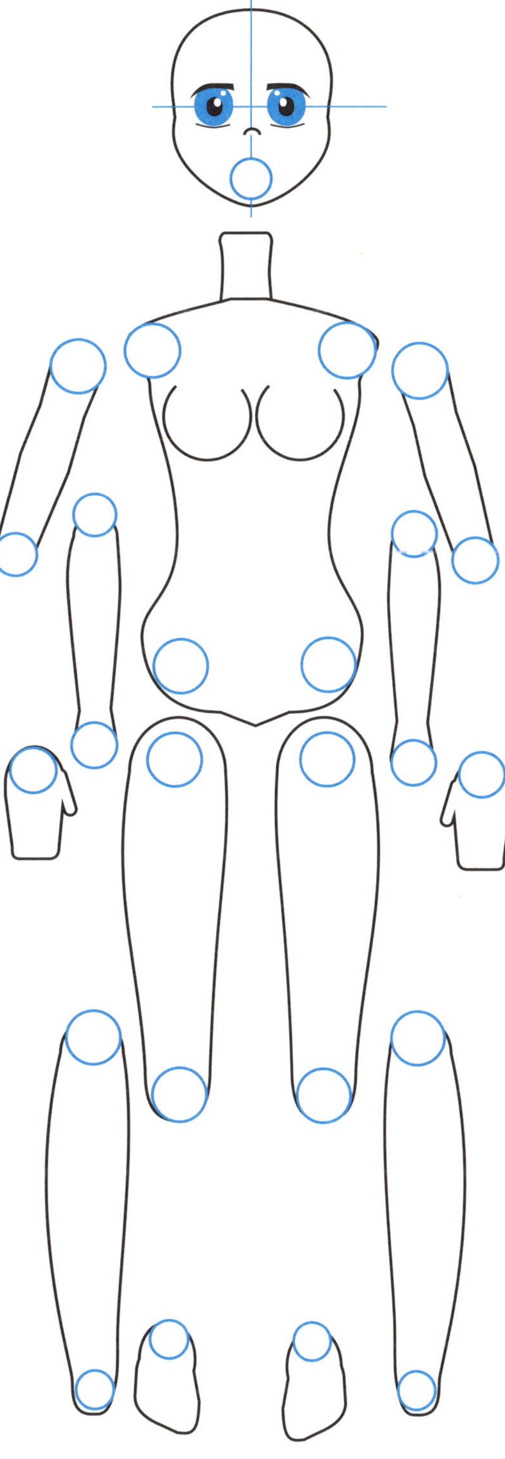

Die Manga-Jungs

… unterscheiden sich von den Mädchen vor allem in der Muskelmasse, dem breiteren Hals und den breiteren Schultern. Die Posen unterscheiden sich zu denen der Manga-Mädchen. Sie sind körperbetont und kraftvoller. Wenn Sie sich die Manga-Pose Schritt für Schritt mithilfe von Kreisen an den Gelenken und Ellipsen für die Muskeln skizzieren, fallen Ihnen auch schwierige Posen leichter.

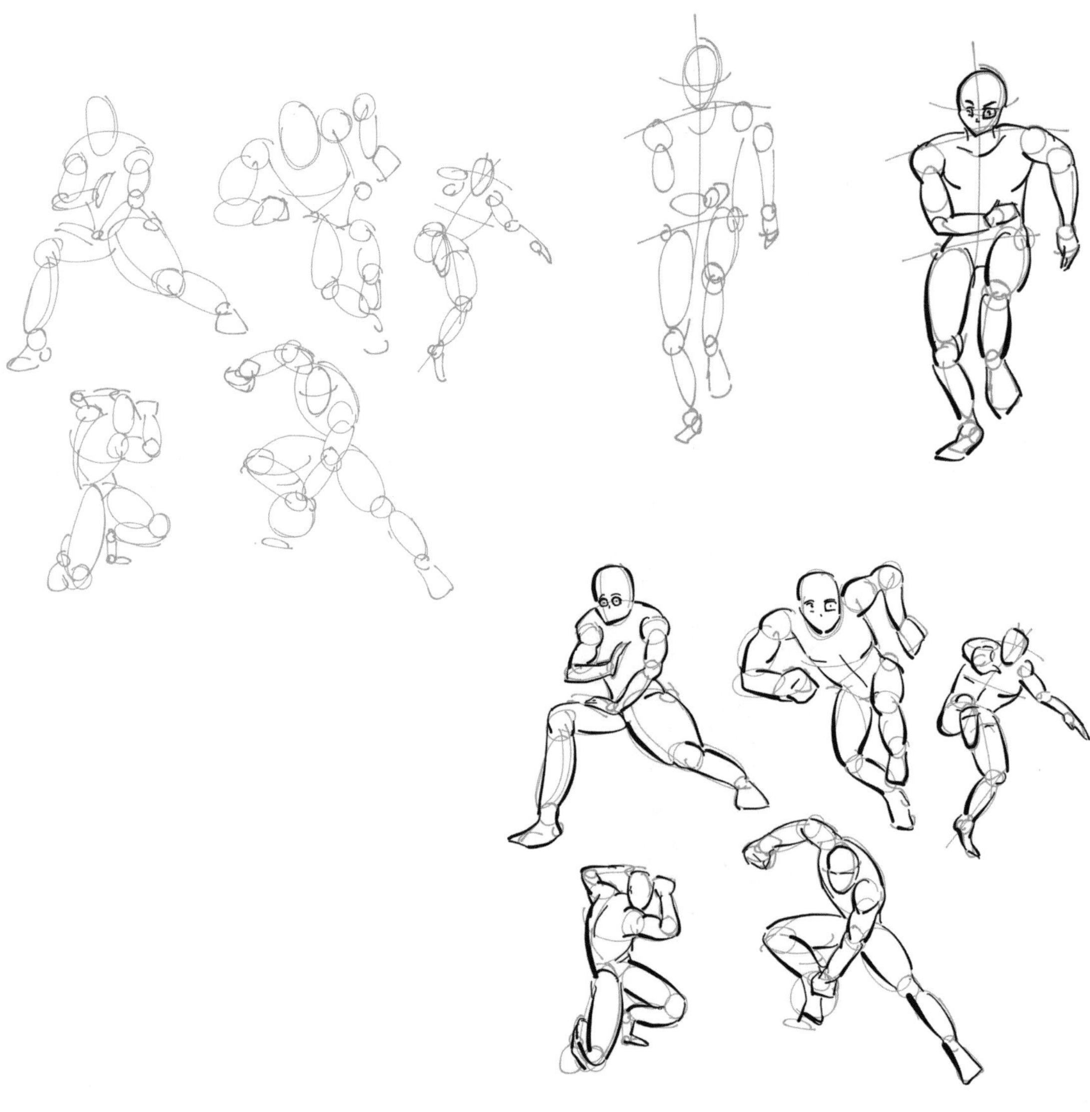

Nach der Vorzeichnung können Sie die Konturen sauber nachzeichnen und die Figur färben. Das ist der Teil, der am meisten Spaß macht. Dann sieht die Figur erst lebendig aus.

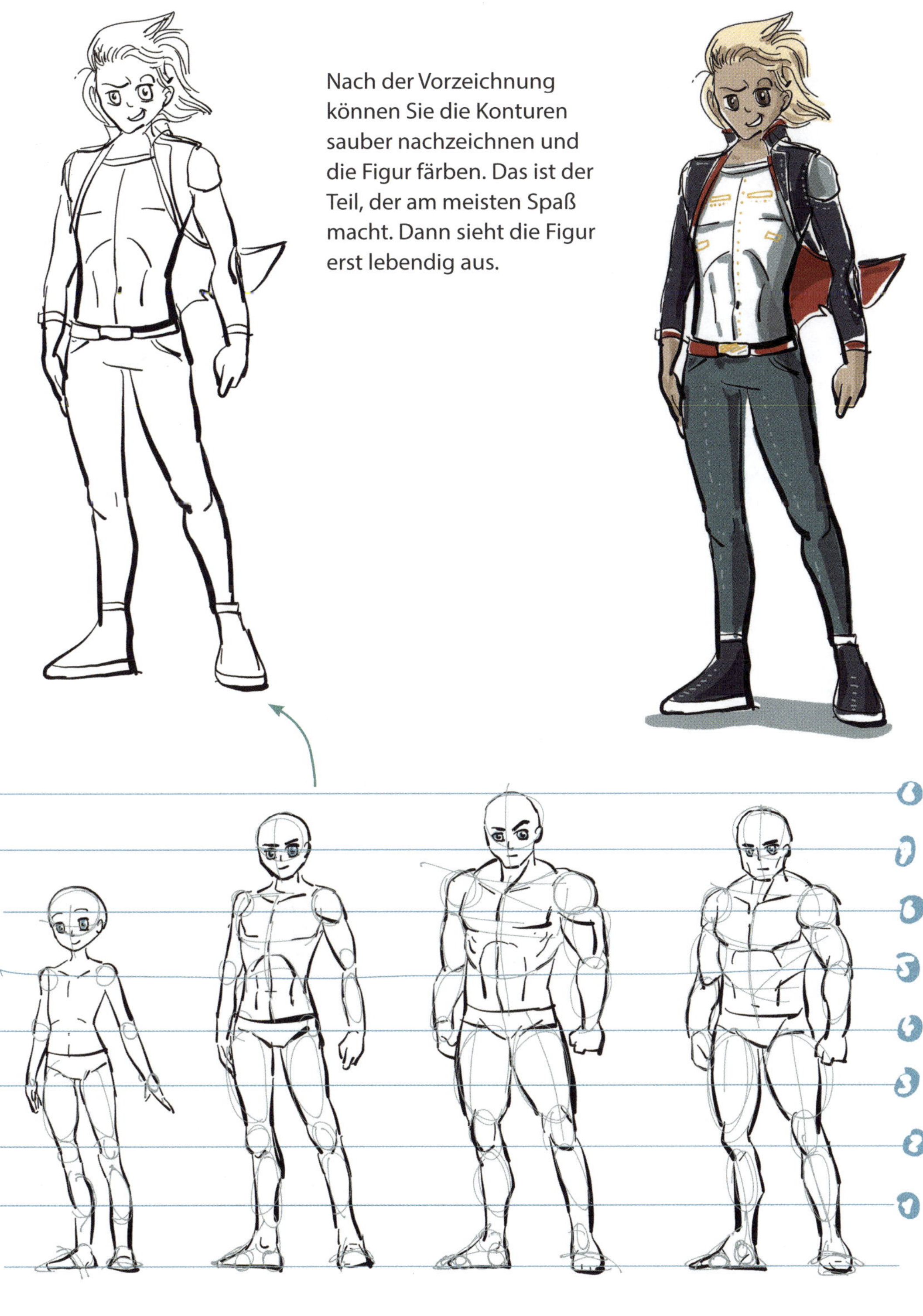

Manga – Bastelbogen II

Ein weiterer kleiner Bastelbogen für eine männliche Manga-Figur. Einfach herunterladen, kopieren, oder durchpausen, ausschneiden und mit Briefklammern zusammenheften.

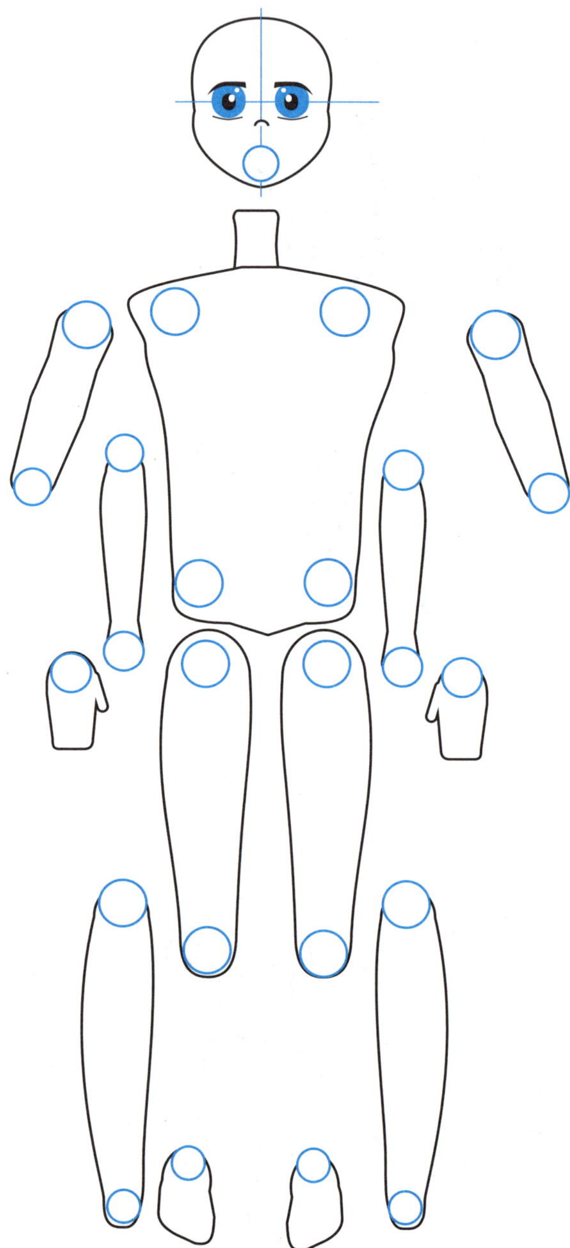

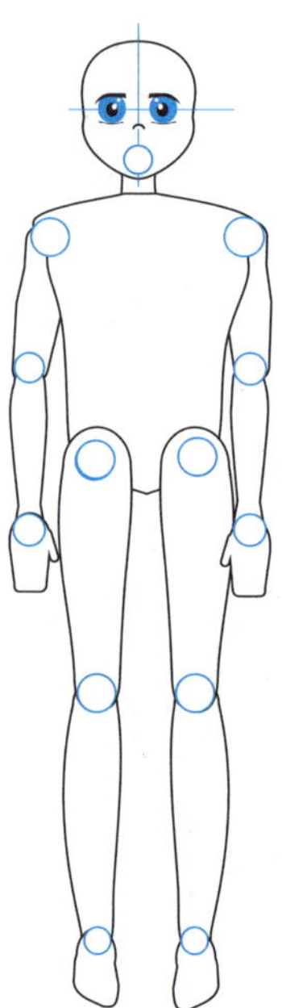

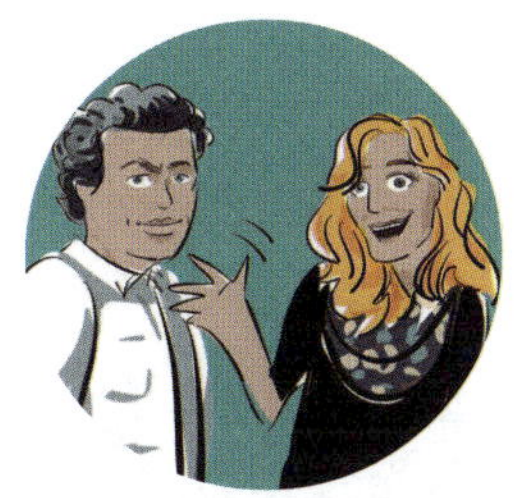

Alles, was Helden brauchen

Ein Interview über Charakterentwicklung mit Isolde Fischer und Stefan Hillebrand (DRAMAlight)

An einem frischen Frühlingsabend lud ich meine lieben Freunde Isolde Fischer und Stefan Hillebrand zu einem Interview ein. Wir treffen uns regelmäßig zu Kaiserschmarrn und ein, zwei Gin Tonic. Dabei haben wir immer interessante Gespräche über Kreativität, Geschichten, Filme und Comics. Isolde ist ImproTheater-Schauspielerin und gibt Workshops über Improvisation in Unternehmen. Stefan ist ebenfalls Impro-Schauspieler und ein ausgezeichneter Filmregisseur, unter anderem von »Level up your Life«.

Mein Kaiserschmarrn ist wieder ganz traditionell außen angebrannt und innen roh. Darauf einen Gin. Ich lenke ab mit meiner ersten Frage:

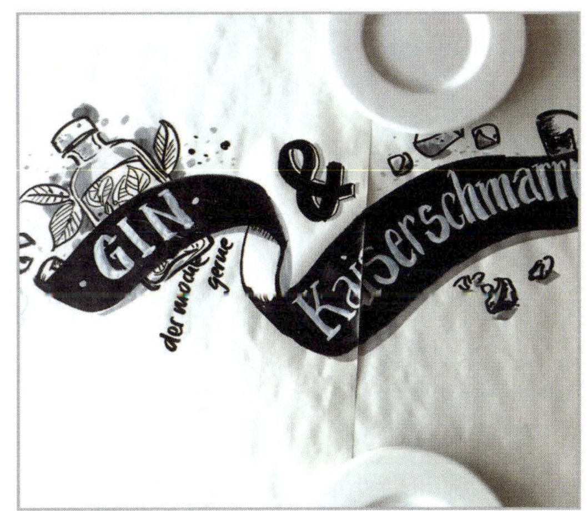

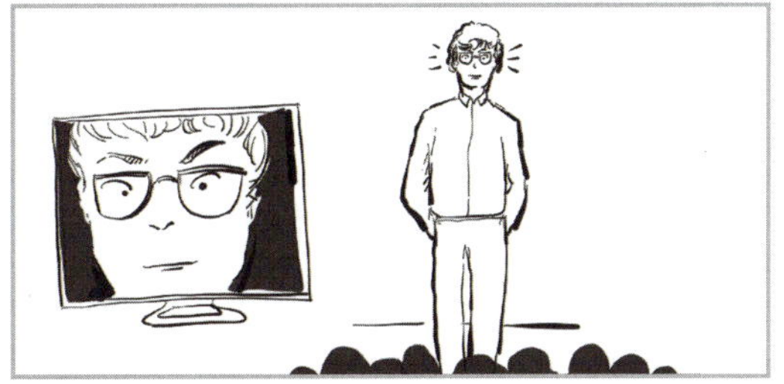

Was macht eine Heldenfigur aus?

Das ist ganz unterschiedlich. Helden auf der Bühne funktionieren ganz anders als auf der Leinwand. Zum Beispiel kann ich auf der Leinwand besser mit dem Blick der Figur spielen als auf der Bühne.

Es geht darum, bei den Betrachtern ein inneres Bild des Charakters zu erschaffen. Eine Heldenfigur definiert sich körperlich und dadurch, wie sie Dinge tut.

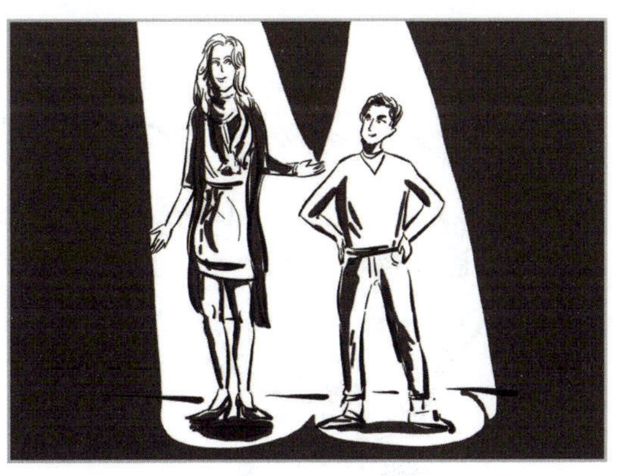

Wie kann ich mir das vorstellen?

Letztens stand Isolde auf der Bühne – sie ist ja recht groß – und hatte einen Schauspielpartner, der viel kleiner war als sie. Schon das war lustig anzuschauen und wurde Teil der Story.

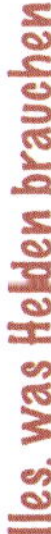

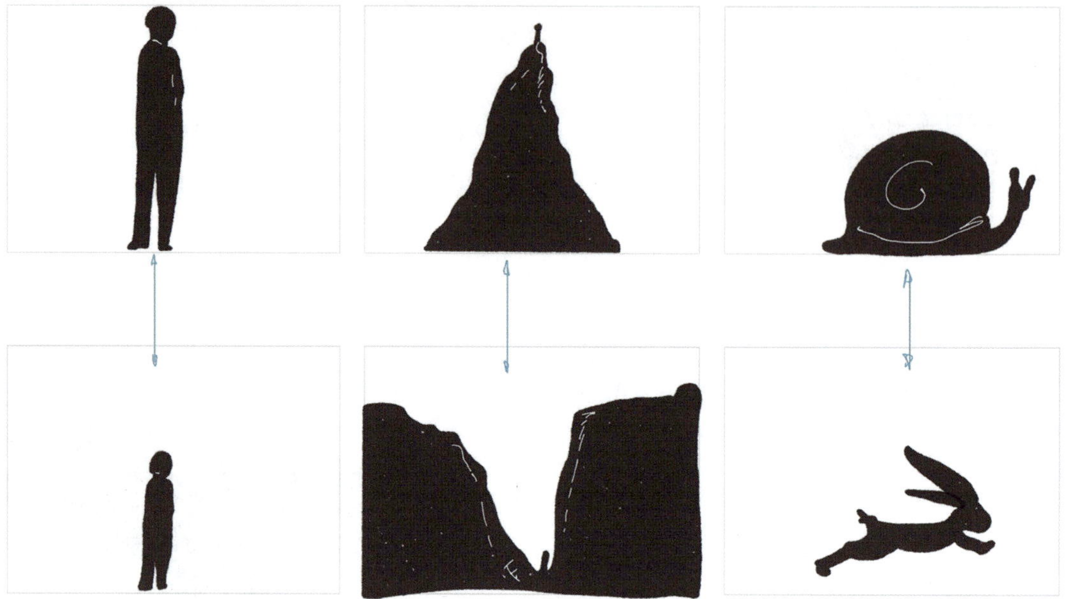

Wie entsteht eine Heldenfigur?

Eine gute Basis zum Spielen bieten solche Kontraste wie groß – klein, aber auch langsam – schnell, schmal – breit und hoch – tief. Interressant wird es, wenn man mit den Kontrasten überrascht. Mit »breit« verbindet man meist langsam. Was würde passieren, wenn man »breit« mit »schnell« kombiniert? Überrasche mit Kontrasten!

Wie wird aus einem Helden eine »Charakterfigur«?

Stell dir vor, du möchtest einen Bauarbeiter darstellen. Was macht ihn aus, unabhängig von seinen Werkzeugen? Ein Charakter braucht Stärken. Was kann er gut? Ist er Profi oder Anfänger? Liebt er seine Tätigkeit?

Und er braucht Schwächen. Kann er zum Beispiel nicht lügen und wird schnell rot? Hat er eine Schwäche für Süßigkeiten? Und schon entsteht ein Bild.

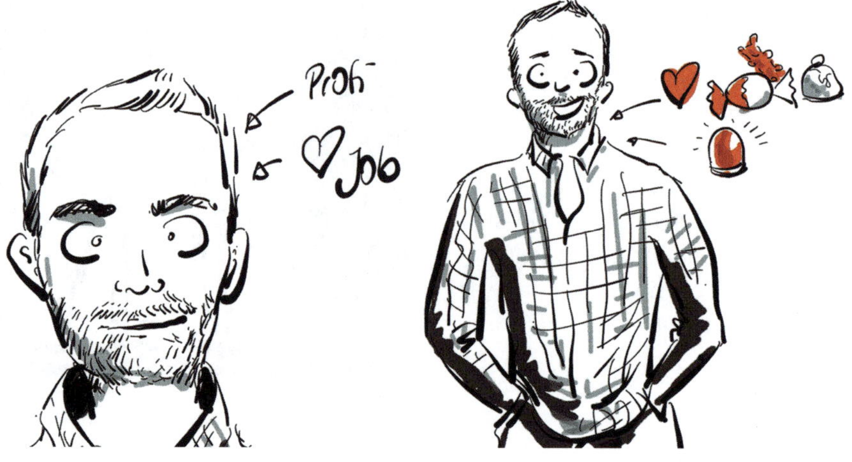

Oder denk an einen Griesgram. Einen echt nervigen, unangenehmen Typen.

Wenn dieser Typ die Hauptrolle in deiner Geschichte spielen soll, braucht es in der Geschichte einen Moment, der ihn sympathisch macht: einen Punkt, in dem man sich mit dem Helden verbunden fühlt. Im Film spricht man von dem »Save the Cat Moment«.

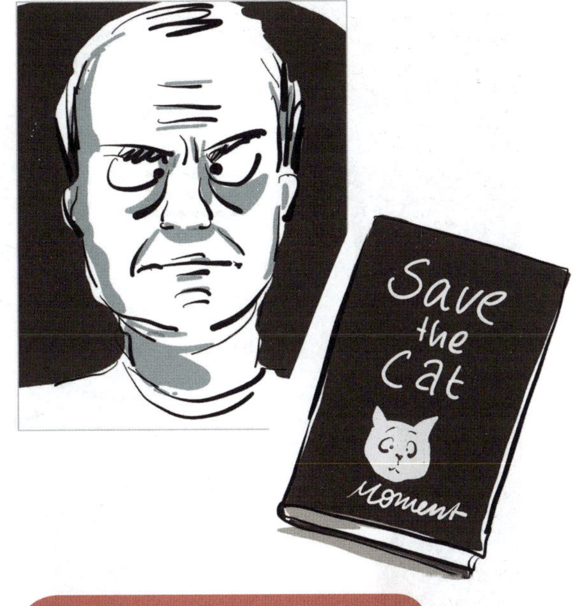

»Save the Cat« ist das ultimative Buch zum Schreiben von Drehbüchern und Graphic Novels, im Buchhandel in Deutsch und Englisch erhältlich.

Habt ihr einen Ablauf, um einen Helden zu schaffen?

Ja, um eine Heldenfigur zu schaffen, gibt es eine Herangehensweise, die immer ähnlich ist:

1. Die ganz normale Welt des Charakters beschreiben – ihren Alltag.
2. Die Figuren differenzieren sich durch Kontraste und Einsatzzeiten. Was ist passiert, bevor die Geschichte losgeht? Was hat den Charakter aus dem Alltag geworfen?
3. Emotionalität und Gefühlswelt schaffen. Was nervt ihn? Wir demonstrieren das mal:

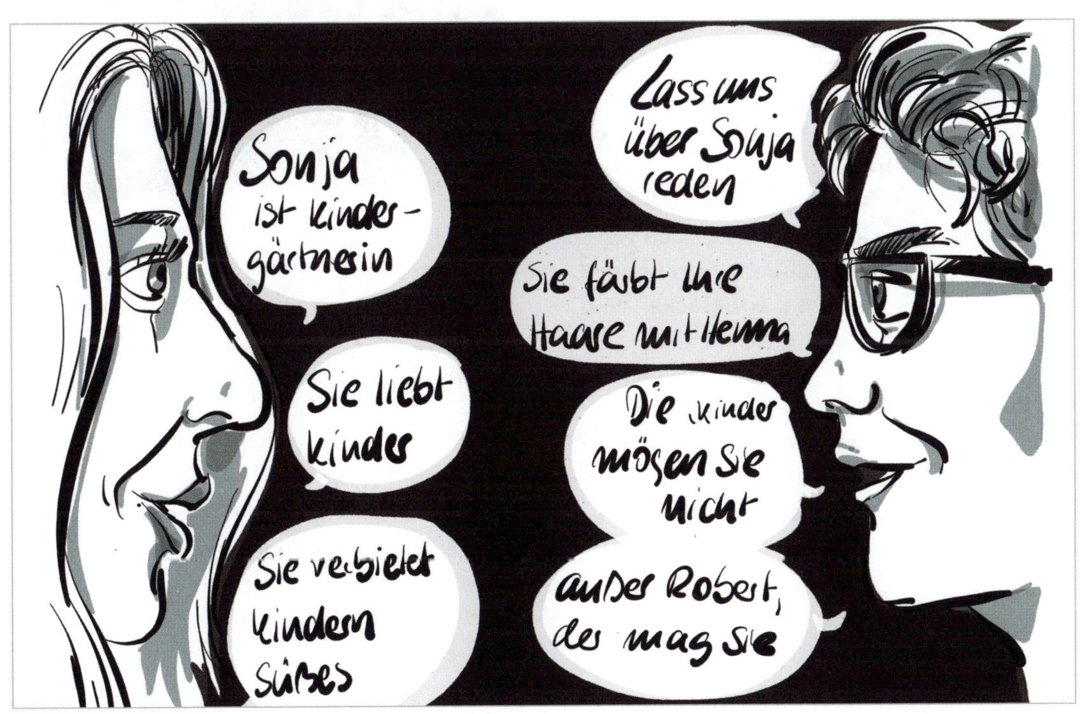

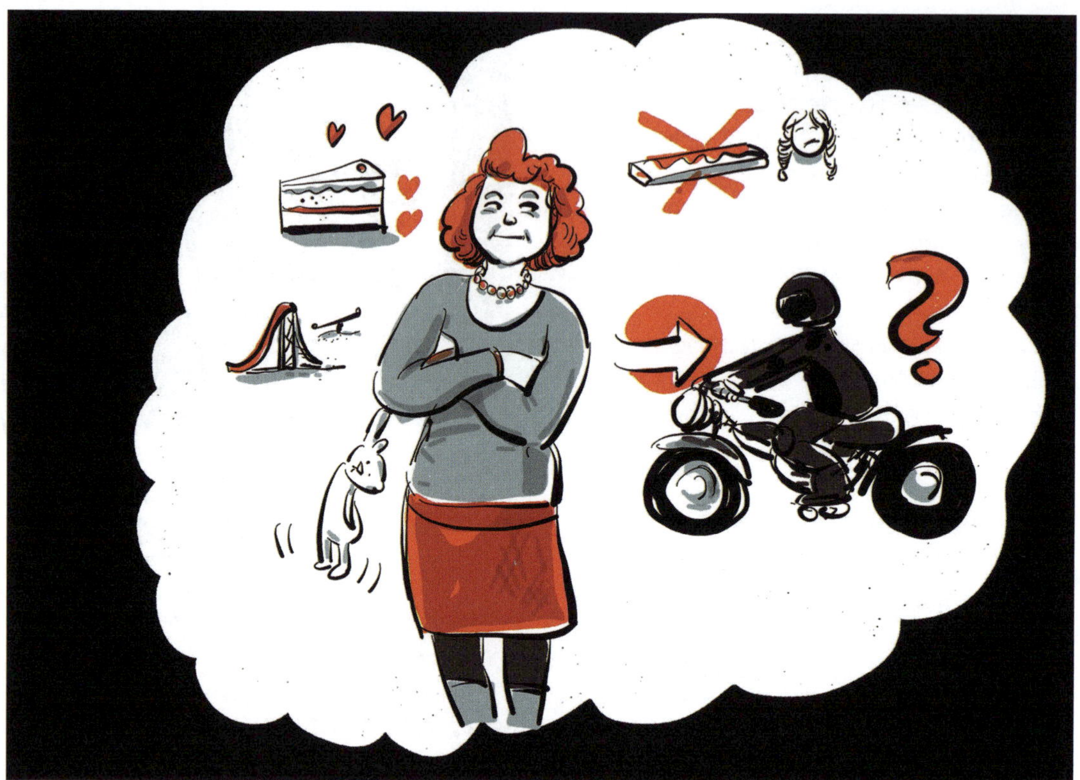

Durch diese Beschreibung entsteht eine umfangreiche Vorstellung von »Sonja, der Kindergärtnerin«. Man bekommt dadurch auch ein Gespür für die Figur, dafür, was stimmig ist und was nicht. Würde es zu Sonja passen, wenn sie Motorrad fährt?

Das Stimmigsein, das In-der-Figur-Bleiben sind das A und O des Charakters. Auch wenn die Heldenfigur sich verändert, zum Beispiel, wenn aus einem Prinzen ein Dackel wird, bleibt er immer noch der gleiche Held.

Und wie macht man das?

Indem etwas, was die Heldenfigur ausmacht, bleibt … zum Beispiel die Sprache oder gewisse Charakterzüge.

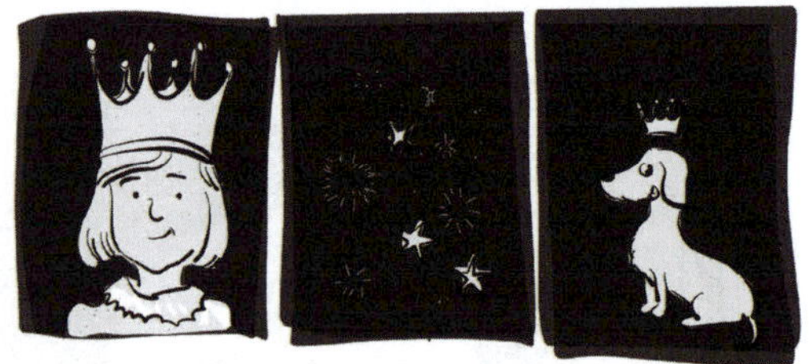

Ihr sagtet vorhin, Kontraste machen eine Figur und die Geschichte spannend. Wie bekommt man denn den Kontrast zusammen?

Indem man sich frei macht.

Wie jetzt? Nackig machen? Und dann?

Nein, natürlich im Kopf frei machen. Stell dir eine Szene vor, die garantiert nicht in deiner Geschichte vorkommen wird: eine Szene im Mittelalter oder ein Mafiafilm oder eine Superheldenszene. Wie könntest du diese Szenen verbinden?

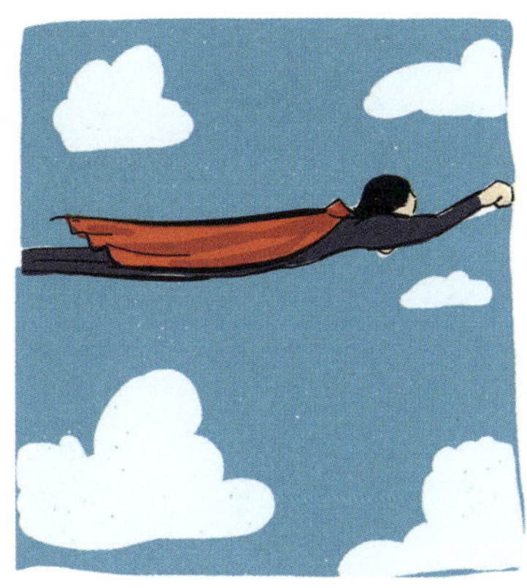
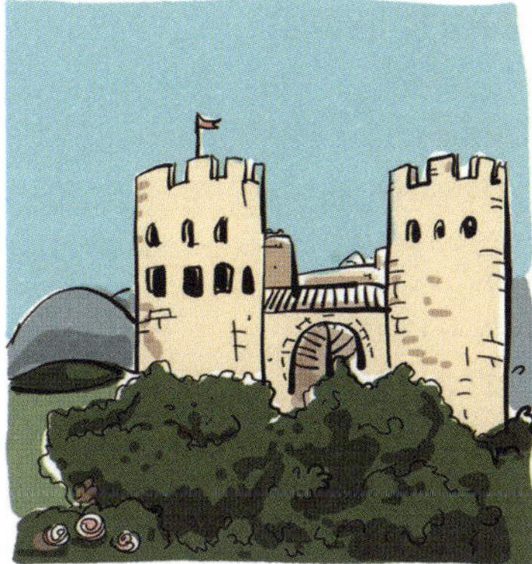
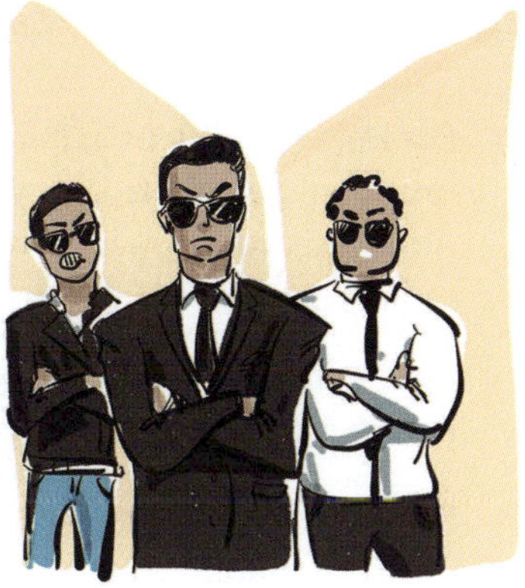

Öhm, durch Zeitreisen, schwarze Löcher oder Zauberei? Ha, das klingt nach Spaß!

Geht ja. In einer Geschichte braucht es neben den Kontrasten auch immer genug Platz, damit sich der Charakter weiterentwickeln kann. Er muss eine Veränderung vollziehen. Erinnerst du dich noch an den Titanic-Film von 1997? Es beginnt mit dem mittellosen Jack: Zu Beginn ist er in der Hauptrolle und seine angebetete Rose in der Nebenrolle. Doch in der Mitte des Films stirbt Jack und aus der zarten Rose wird eine starke Frau, die durch die Herausforderungen gewachsen ist.

Die Charaktere wachsen mit der Handlung. Und durch die Herausforderungen fühlt das Publikum mit. Die Schwächen werden zu Stärken und das Publikum kann sich mit der Figur identifizieren.

Gut, also es muss etwas mit dem Helden passieren. Verstehe.

Ein anderes Beispiel ist die Hauptfigur in dem Animationsfilm »Zoomania«: Eine junge Hasendame, die aus einer Möhrenfarmer-Familie kommt, möchte Polizistin werden. Dafür verlässt sie ihre alte Welt und geht in die Stadt Zoomania – eine ganz neue Welt für sie. Sie besteht die Polizeiausbildung und findet sich im Großstadtdschungel neben großen Bullen als Kollegen wieder.

Sie ist bei Weitem nicht so stark wie ihre Kollegen, aber sie ist verdammt schnell und klug.

Wichtig ist, dass eine Heldenfigur nicht perfekt ist: dass ihr Dinge fehlen, macht sie verletzlich. Im Laufe der Geschichte verändert sich die Figur. Sie musste Gefahren und Hindernisse überwinden, die ihr Leben veränderten. Am Ende ist sie weiser.

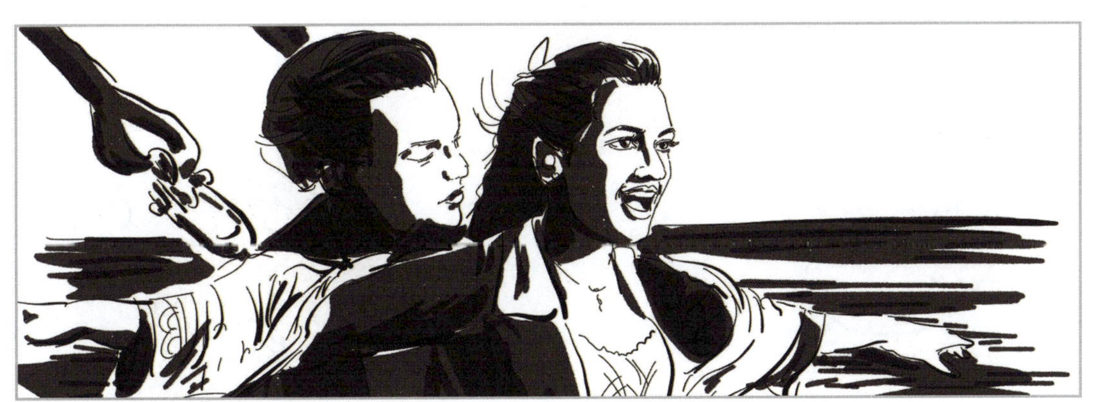

Und wie wird dann eine Geschichte draus?

- Die Heldenfigur lebt in ihrer Welt. Sie muss ihre gewohnte Welt verlassen. Das Abenteuer ruft. Zunächst weigert sie sich.
- Umstände verändern sich. Wichtig ist hier ein hoher Einsatz. Es steht viel für die Heldenfigur auf dem Spiel.
- Die Situationen spitzen sich zu, sodass die Heildenfigur sich auch verändern und handeln muss.
- Es gibt immer mehr Schwellen und höhere Hürden, die sie überwinden muss. Es wird immer schwieriger. Wird sie es schaffen? Das treibt die Story voran!
- Dann gibt es einen Wendepunkt. Ihre Schwäche stellt sich als vorteilhaft für die Situation heraus.
- Was ist am Ende anders als vorher?

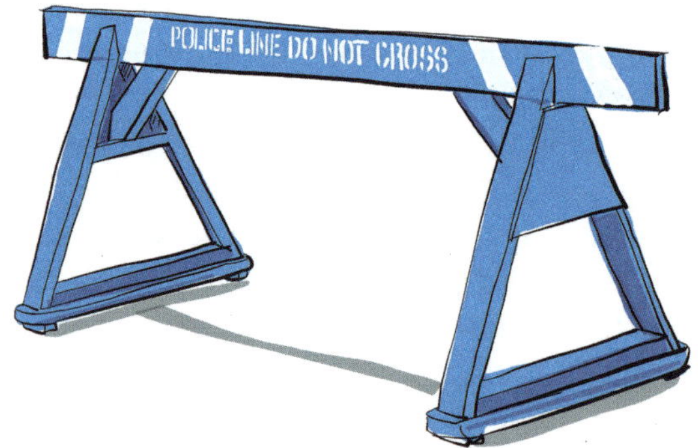

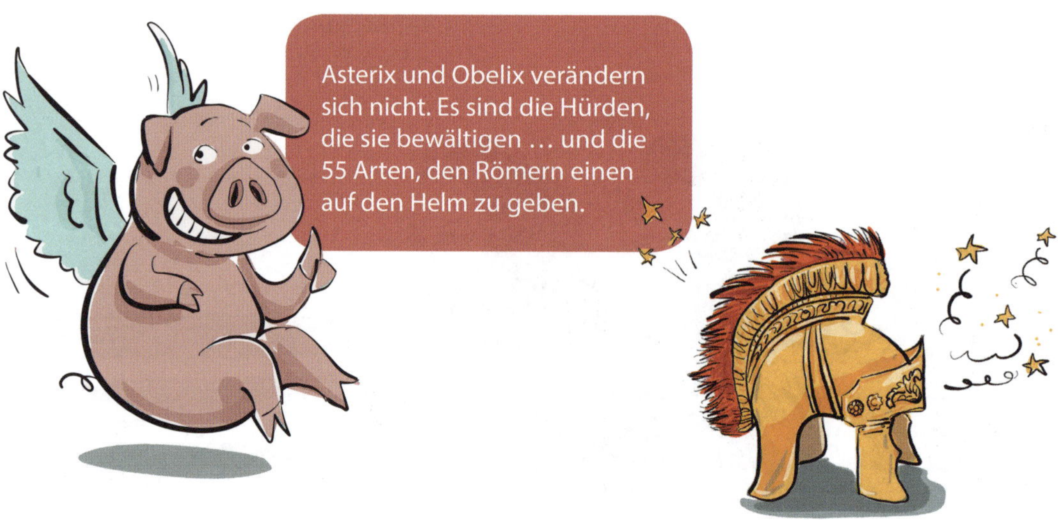

Eine Übung zur Heldenentwicklung bei der nächsten Straßenbahnfahrt

Schauen Sie sich unauffällig um und suchen Sie sich eine markante Person aus. Wenn diese Person ein Tier wäre, welches Tier wäre sie? Wie würde sich dieses Tier im Alltag verhalten? Was wäre typisch und wie würde sich dieses Tier in Gefahrensituationen verhalten?

Ein kleines Beispiel: Bei manchen aufstrebenden jungen Assistenten der Geschäftsführung muss ich an ein Frettchen denken. Ich stelle mir ein süßes hektisches Frettchen in einem Anzug vor.

Was würde das Frettchen wohl im Meeting machen? Was, wenn der Chef entführt wird? Kritzeln Sie Ihre Ideen einfach frei heraus in die Panels.

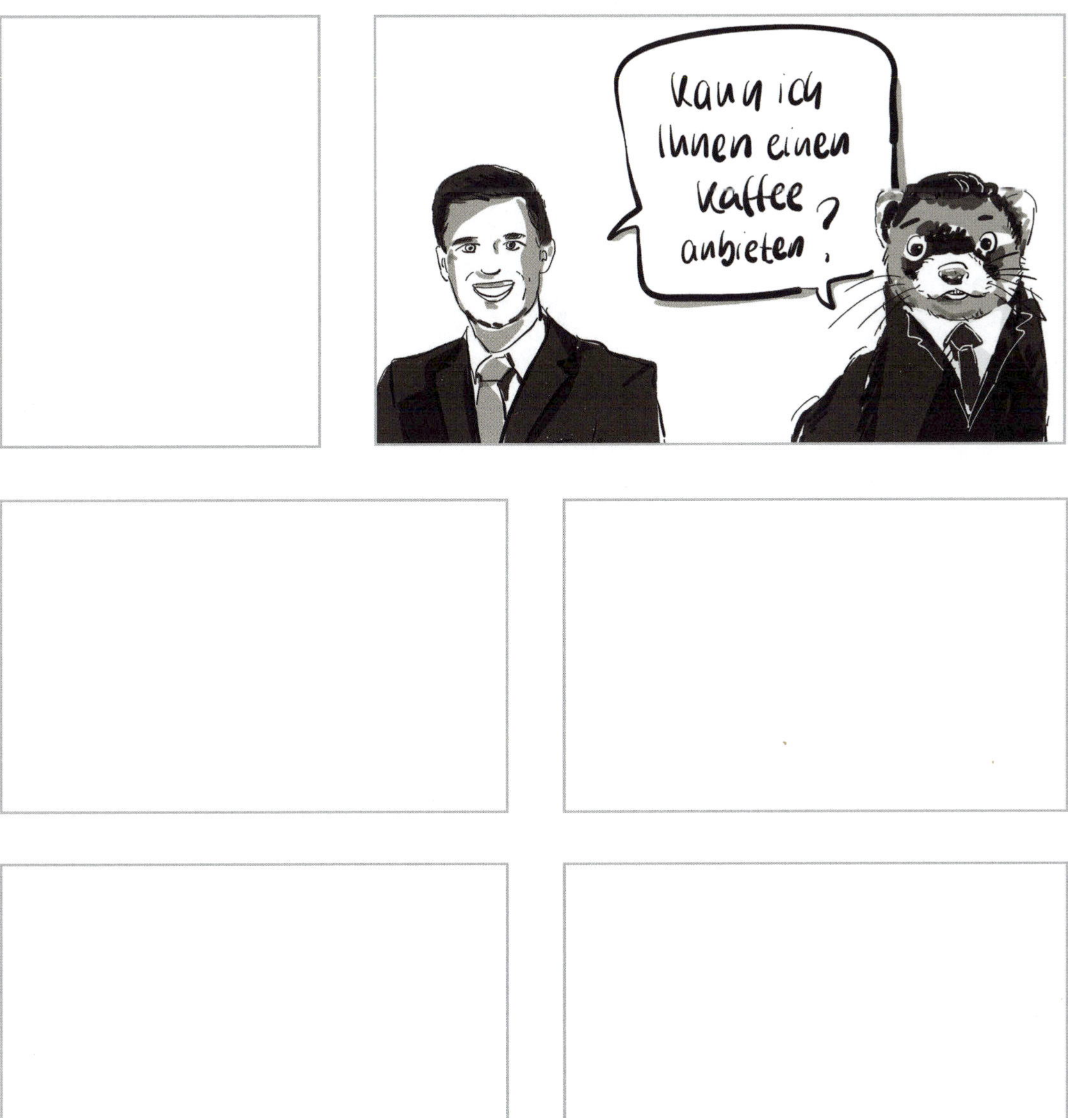

Tiere

Es gibt viele Möglichkeiten, einen tierischen Charakter zu entwickeln. Einsteigern empfehle ich, erst einmal von einer Grundform auszugehen, an der man in den nächsten Schritten Öhrchen, Schnäuzchen und Pfötchen ergänzt.

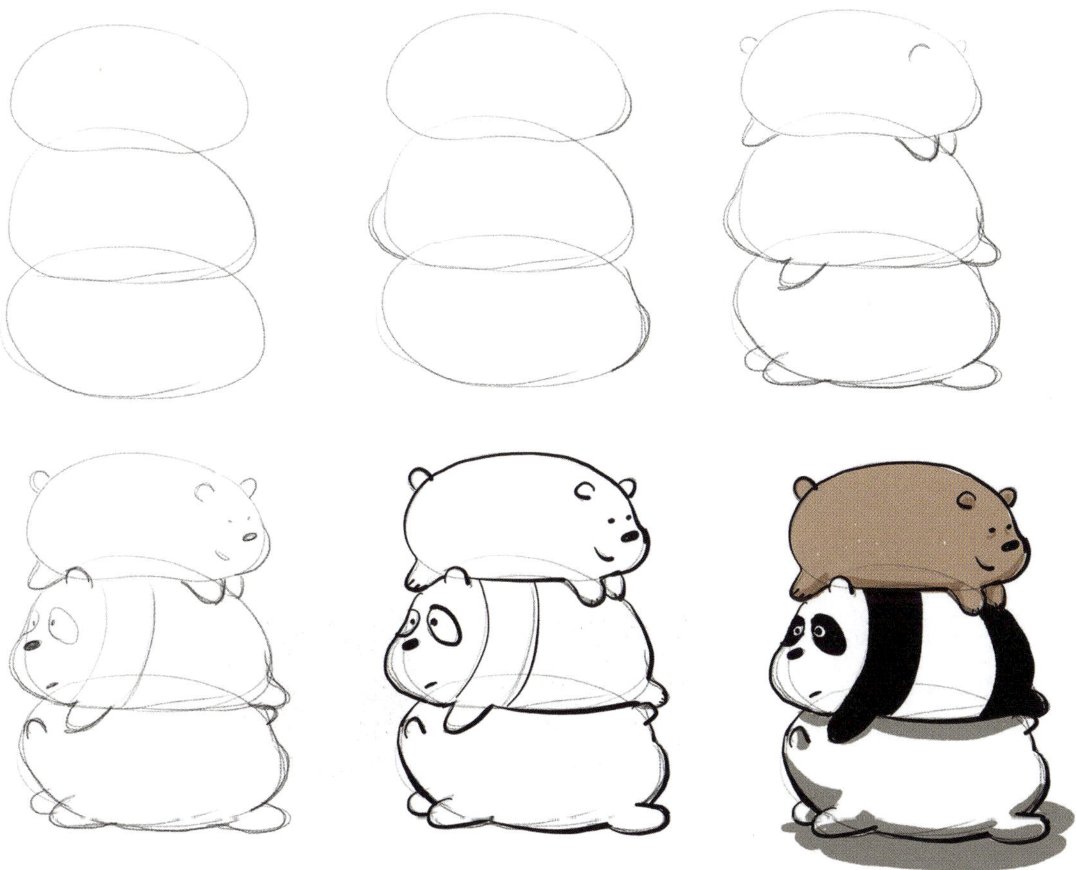

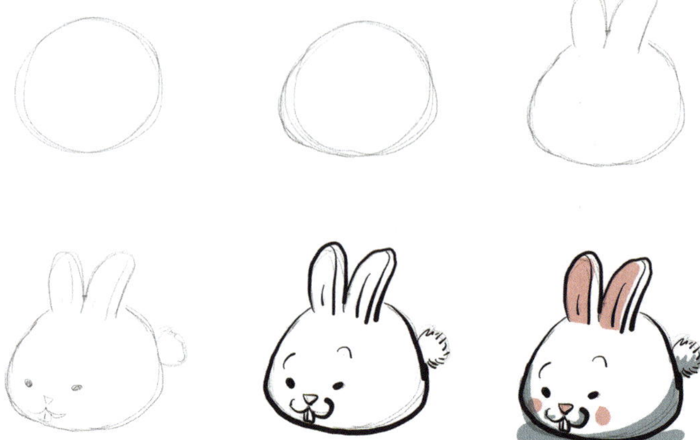

Aus einem Kreis können Sie bereits sehr viele Figuren entwickeln. Es reichen schon ein paar Knopfaugen und arttypische Körperteile, etwas Farbe und fertig ist der Hase oder der Tiger.

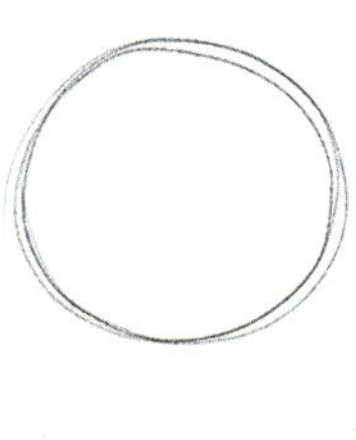

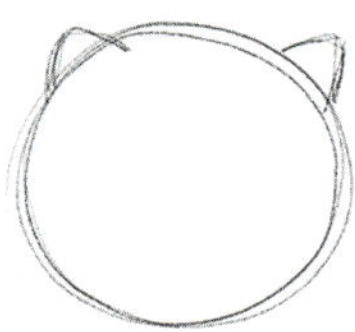

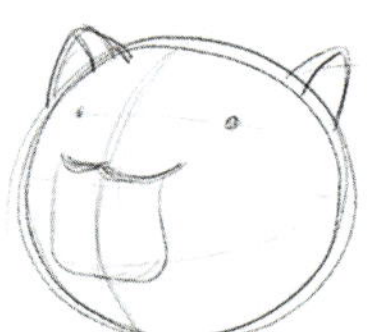

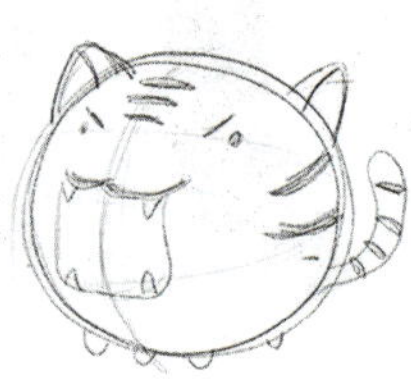

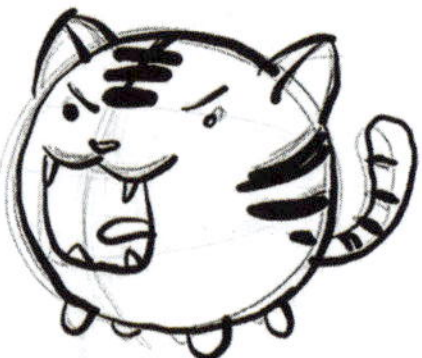

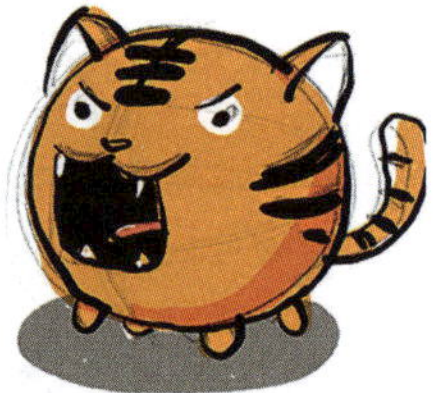

Ein Kreis, zwei Kreise, drei Kreise

Mehr Bewegungsmöglichkeiten und Handlungsspielraum haben Sie, wenn Sie die Figur aus mehreren Kreisen aufbauen. Je mehr Kreise Sie zeichnen, desto beweglicher wird die Figur. Das heißt aber auch, Sie haben mehr und genauer zu zeichnen.

Zugegeben, mehr Möglichkeiten helfen natürlich, die Comicfigur später besser in Aktion zu zeichnen – aber wie finden Sie nun die Kreise?

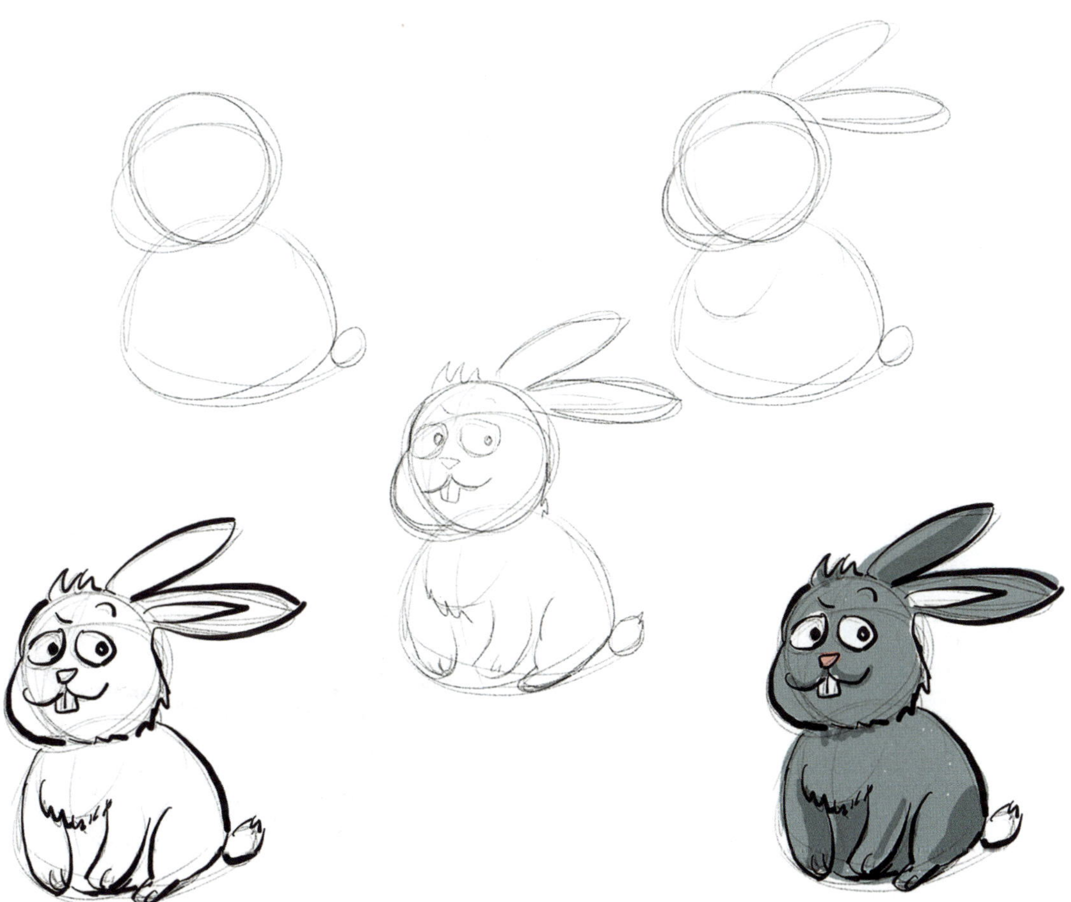

Alles zeichnen können mit Kreisen

Nehmen Sie ein Foto mit einem beliebigen Tier oder Menschen zur Hand. Achten Sie auf die größten Flächen, welche Form haben diese?

Elemente, die gelenkig sind und sich in viele Richtungen drehen lassen, sind meist rund. Auch bei meinem geliebten Wursthund, der zwar eher länglich ist, erkennen Sie deutlich drei unterschiedlich große Kreise.

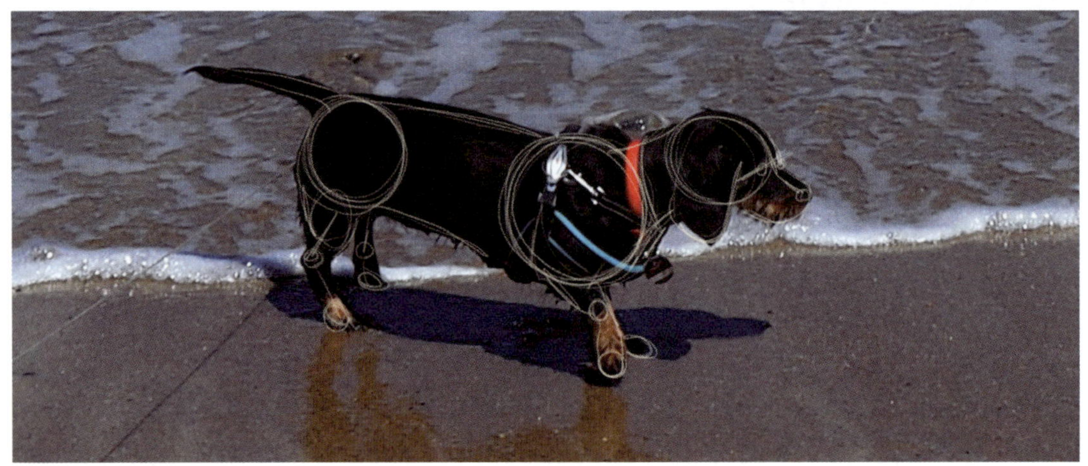

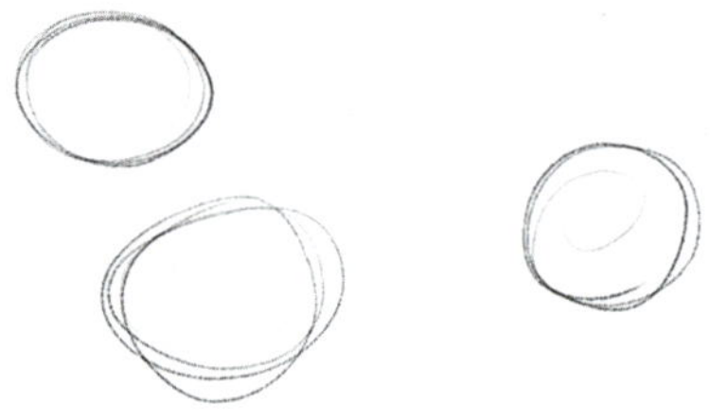

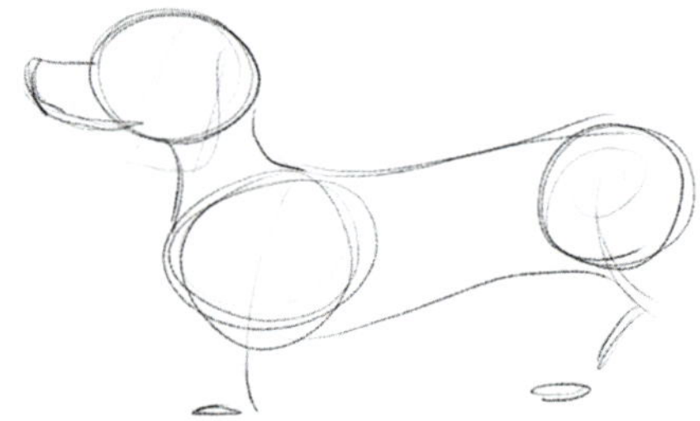

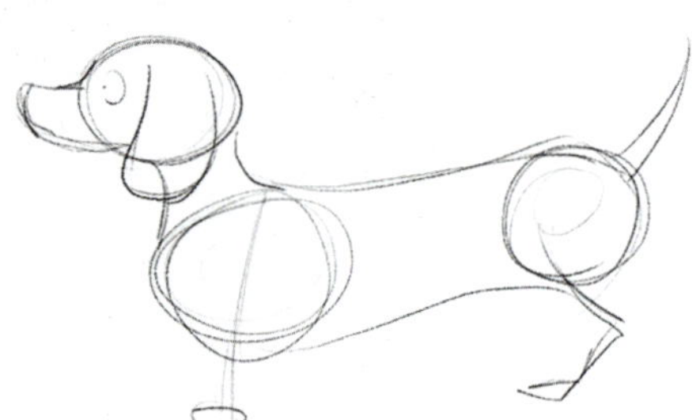

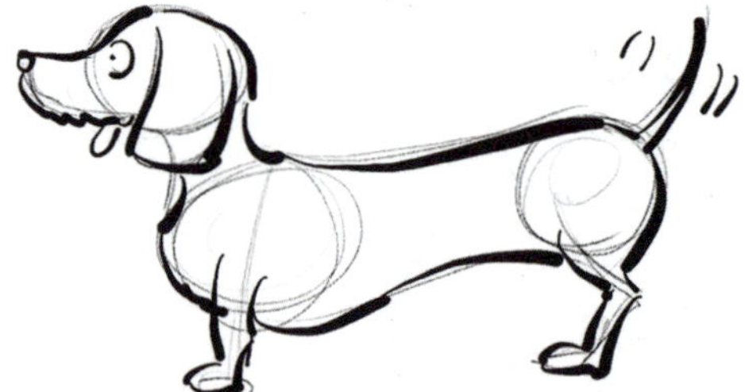

Charakterstudien

Und plötzlich ist er da, Ihr Lieblingscharakter! Sie haben sein Wesen und seine Bewegungen schon vor Ihrem inneren Auge – ein guter Zeitpunkt, diese Ideen festzuhalten.

Legen Sie los, machen Sie verschiedene Skizzen! Zeichnen Sie erst einmal die Grundformen. Sie können Transparentpapier zur Hilfe nehmen, wenn Sie eine tolle Figur gezeichnet haben, aber nur eine Kleinigkeit verändern wollen.

Pausen Sie Ihre Zeichnungen immer wieder ab, so festigt sich der gezeichnete Charakter und Sie können ihn bald ohne Vorzeichnen immer wieder gleich zeichnen.

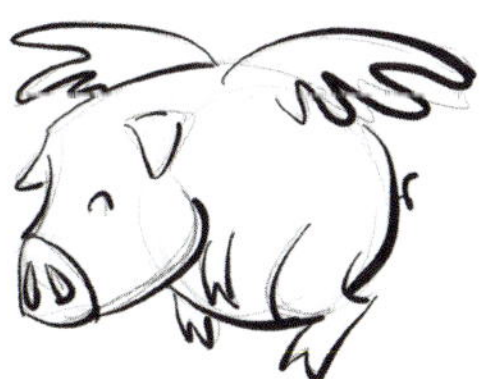

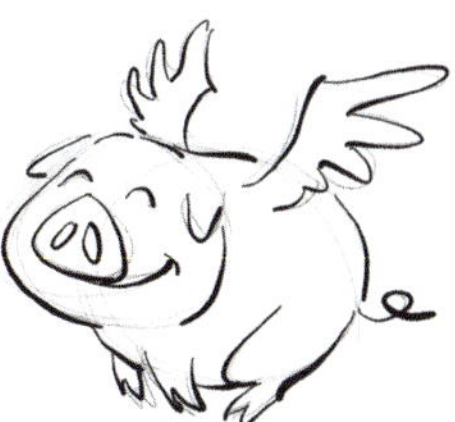

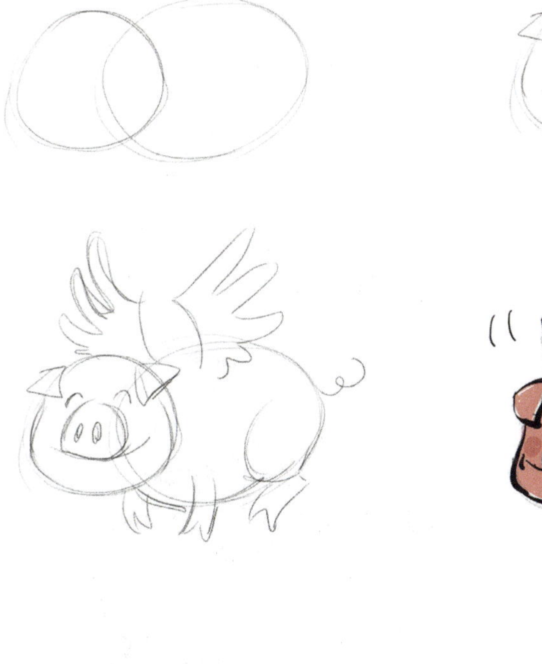

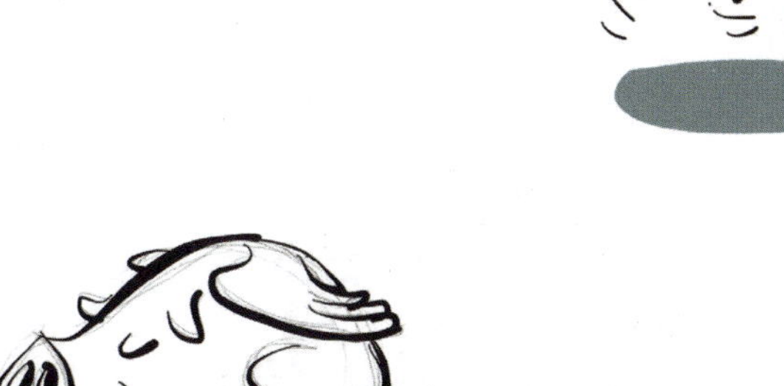

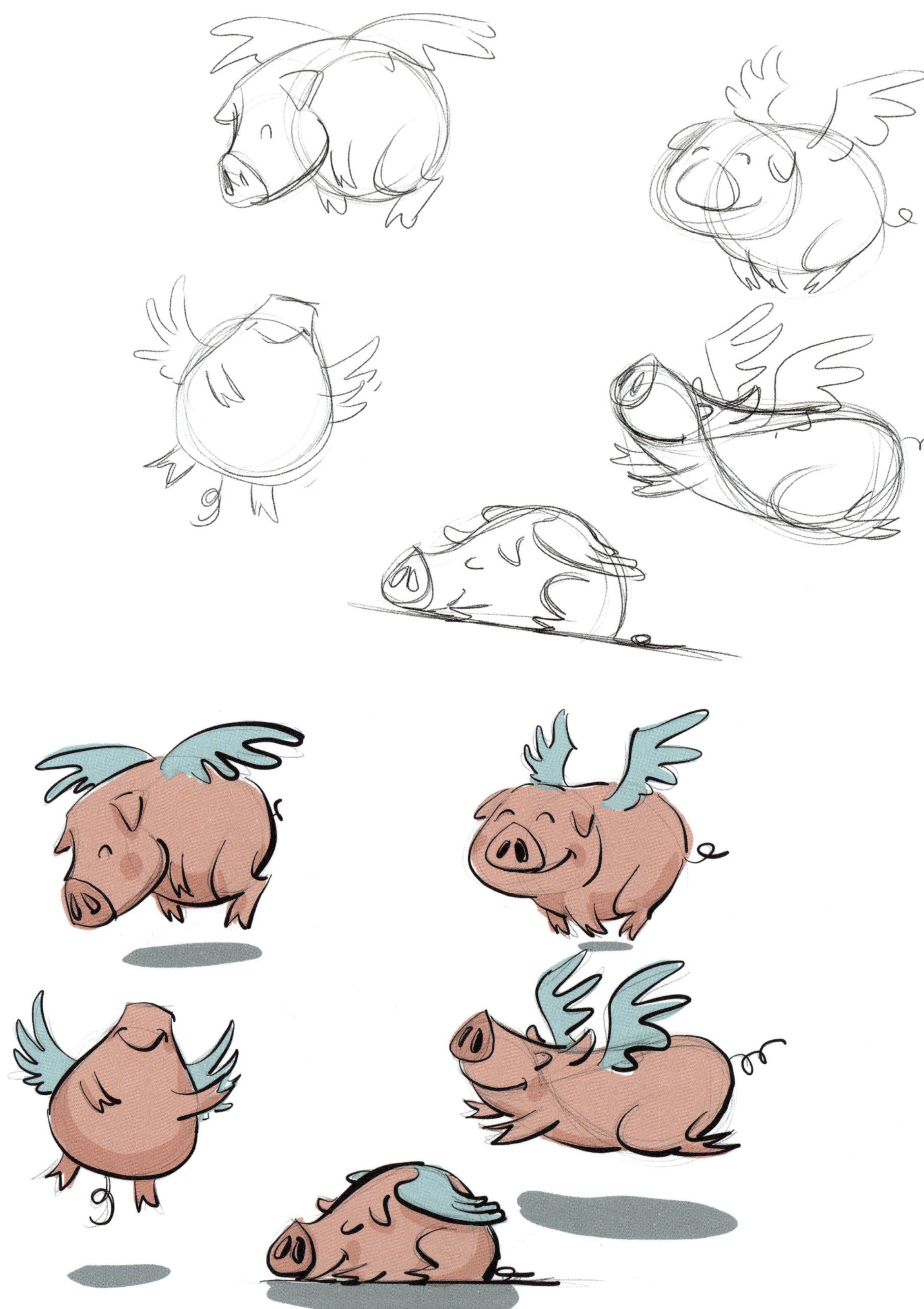

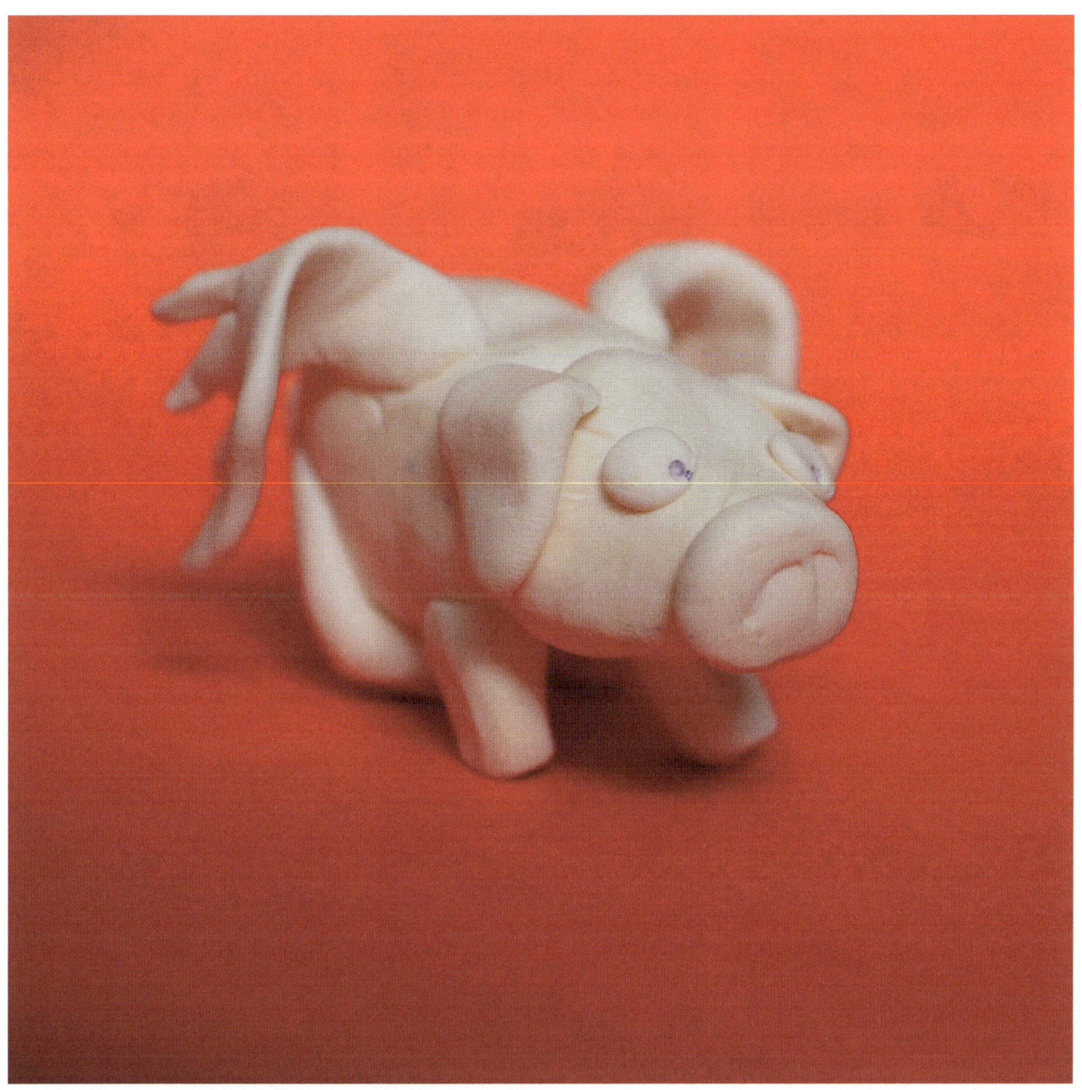

Trick 17, der mir hilft, wenn ich einen neuen Charakter aus ganz verschiedenen Perspektiven zeichnen möchte: Ich knete diese Figur mit Knete oder FIMO (Modelliermasse). Man kann die Figur zwar nicht bewegen, aber es ist ausreichend, um sie zu drehen und aus verschiedenen Perspektiven zu betrachten. Sie können auch Ihre Figur auf Pappe übertragen und an den Gelenken Verschlussklammern befestigen, ähnlich wie bei den Hampelmännern aus Kindertagen.

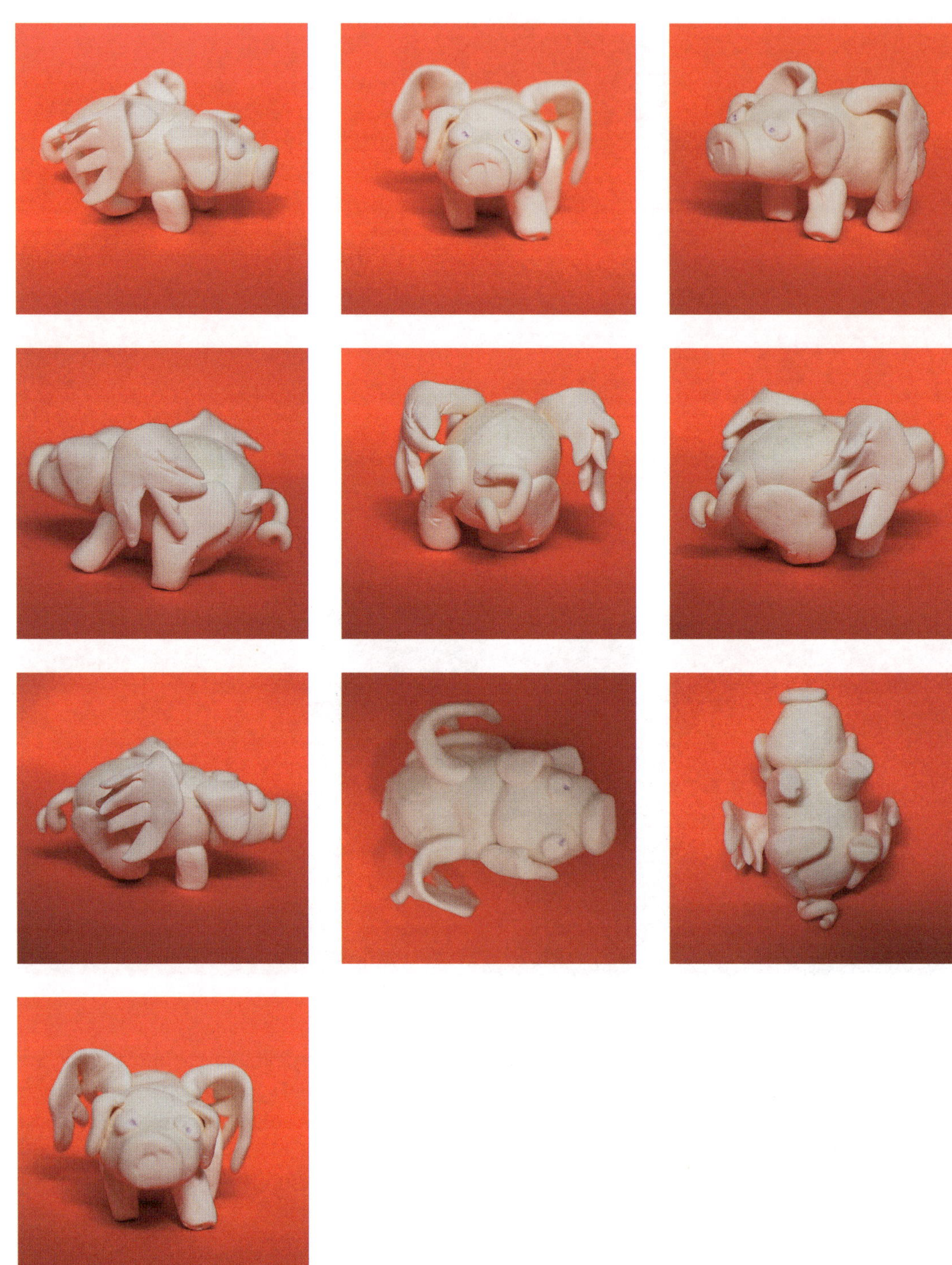

Bewegte Tiere

So wie sich ein Blatt Papier bewegt, können Sie auch Ihre Wesen bewegen und ihnen damit Leben einhauchen. Wenn Sie das Blatt ein wenig drehen, sodass es perspektivisch dargestellt ist, können Sie auch das Wesen perspektivisch darstellen und alle gewünschten Bewegungen zeichnen. Achten Sie darauf, dass die Gliedmaßen wie beim Menschen immer an den Ecken des Rechtecks beginnen, das den Rumpf darstellt.

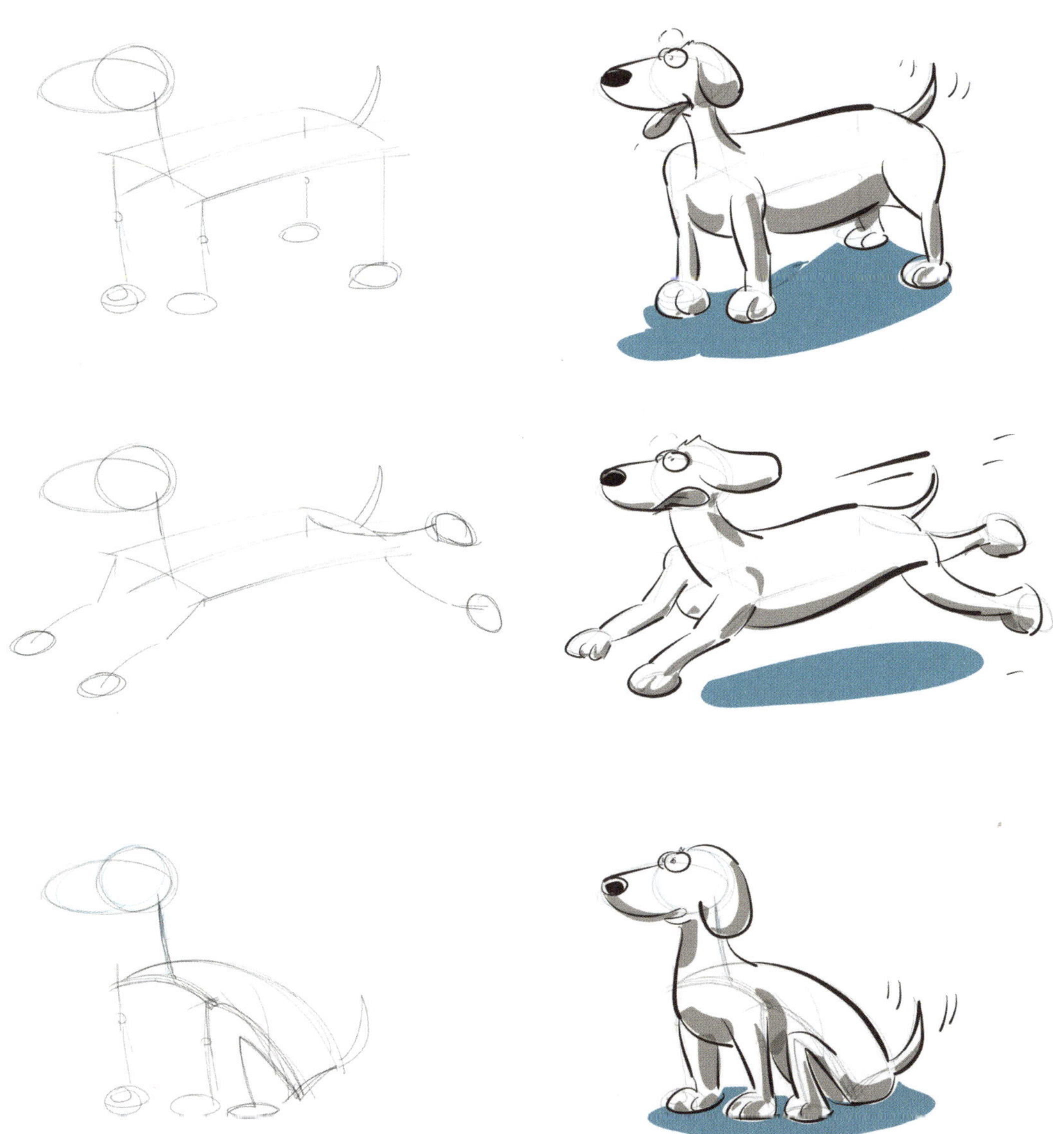

Robodog ist ein Beispiel für eine dreidimensionale Darstellung eines Charakters. Dazu »stapeln« Sie einfach Rechtecke: Beginnen Sie mit dem zuvor erwähnten rechteckigen Blatt, verlängern Sie es mit senkrechten Strichen und zeichnen Sie parallele horizontale Striche. Die Gliedmaßen beginnen wieder an den Ecken.

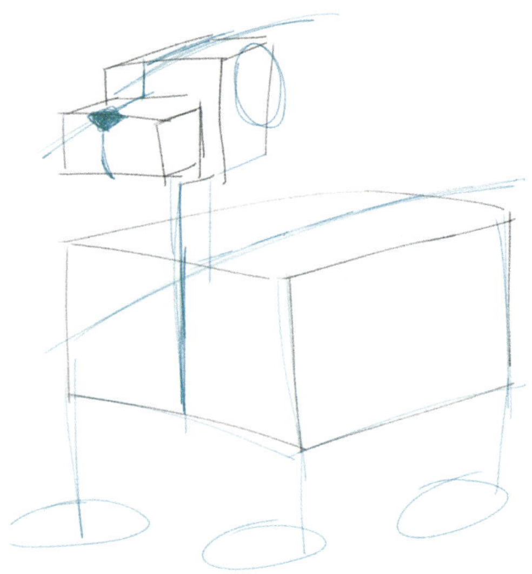

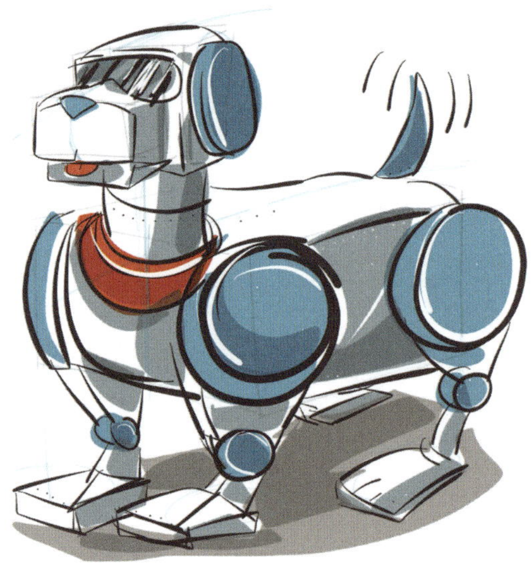

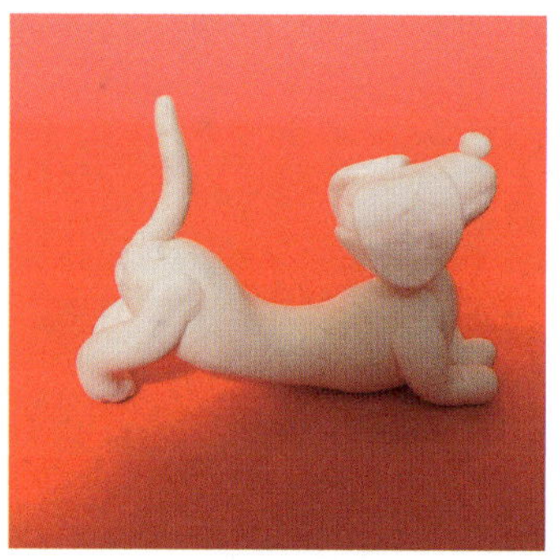

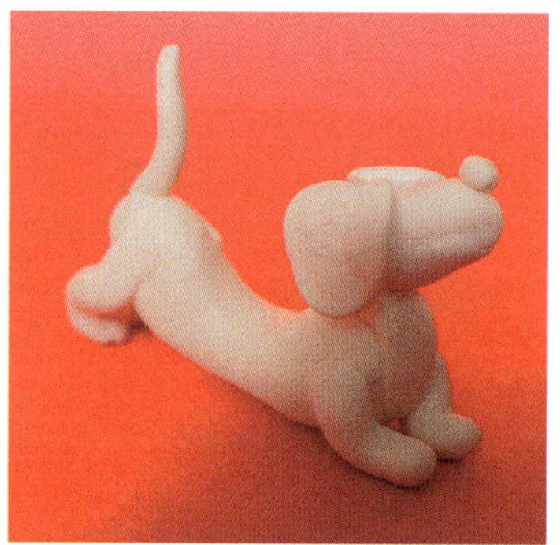

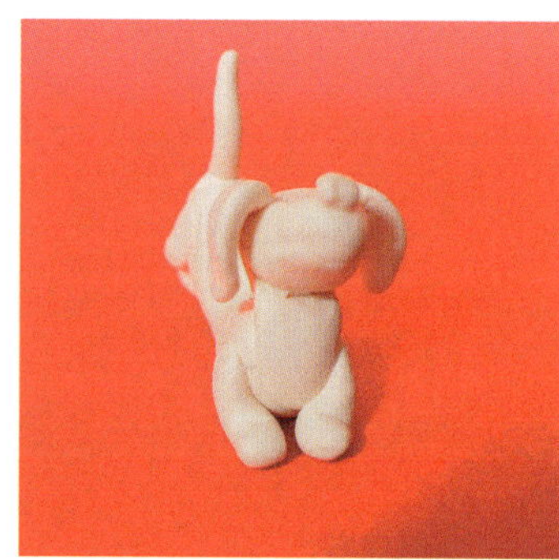

Figuren zum Leben erwecken

Wie schafft man es, dass die Figuren immer gleich aussehen?

Bevor mir eine Charakterfigur in Fleisch und Blut übergeht, braucht es viele Zeichnungen. Dann sieht sie bei mir immer gleich aus. Doch gerade bei einer neuen Figur braucht es ein paar Anläufe.

Gute Charakterstudien übertrage ich mithilfe von Transparentpapier und verändere immer nur Details. Die ersten Studien sind bei mir immer mit vielen Strichen gezeichnet, weil ich mich erst an die Form herantasten muss.

Wenn ich die Figur nun abpause, zeichne ich nur die »guten« und wichtigen Striche mit.

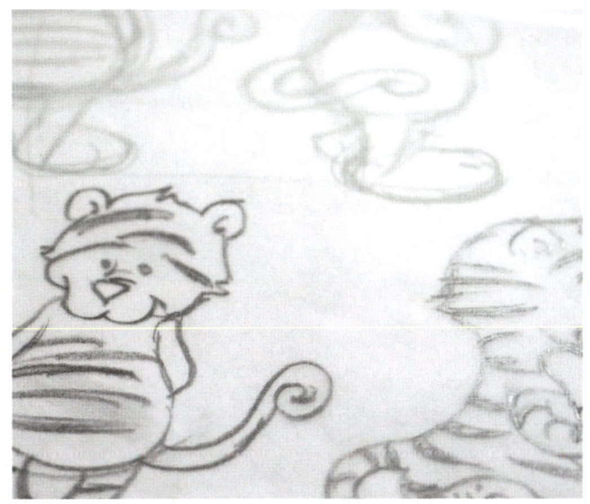

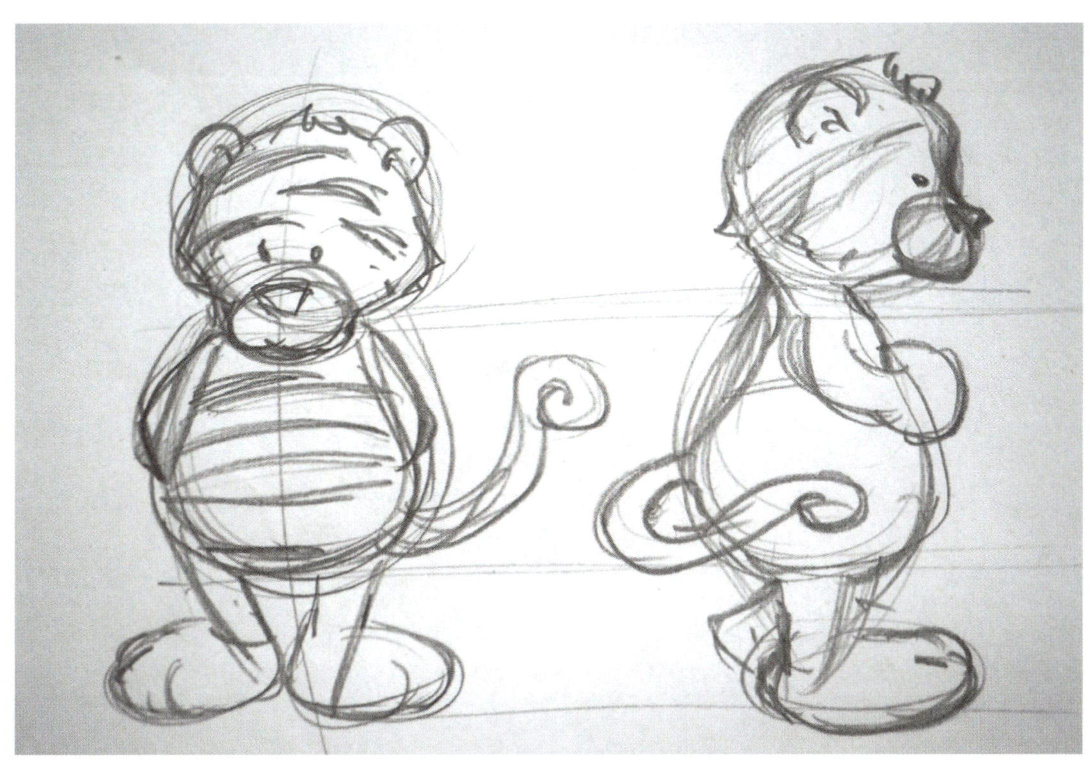

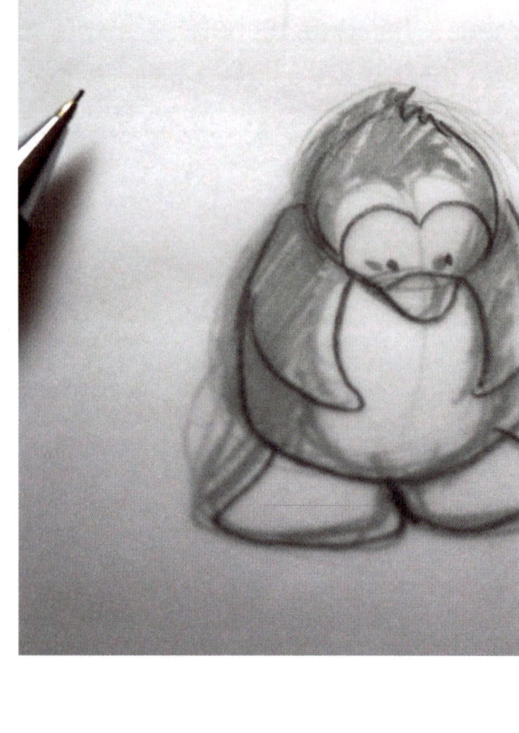

Ein positiver Nebeneffekt ist, dass ich die Figur nun immer mehr aufs Wesentliche reduziere und sie sich somit auch einfacher zeichnen lässt.

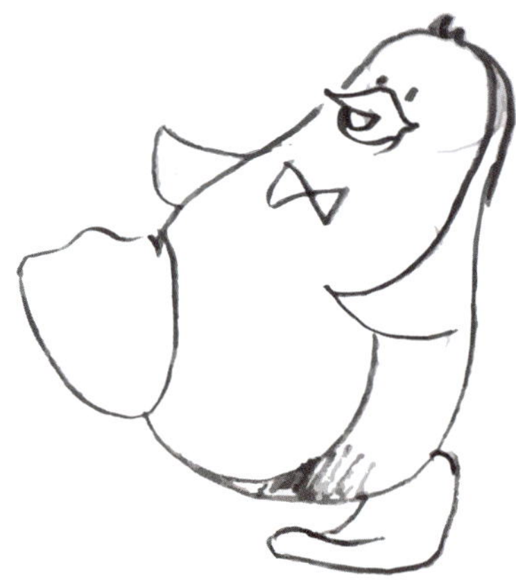

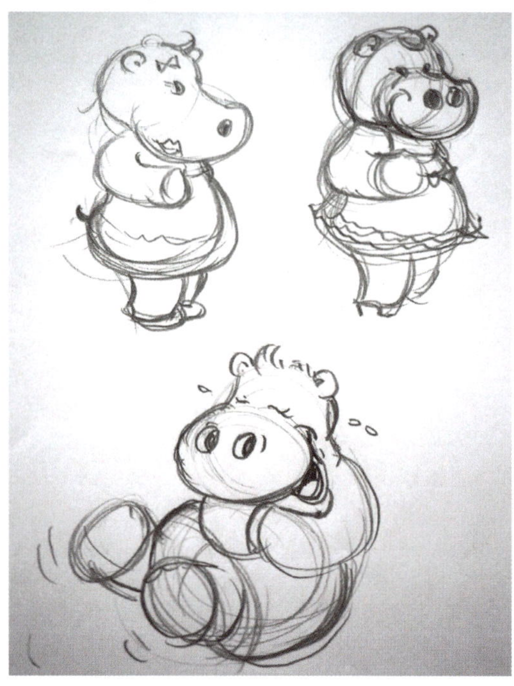

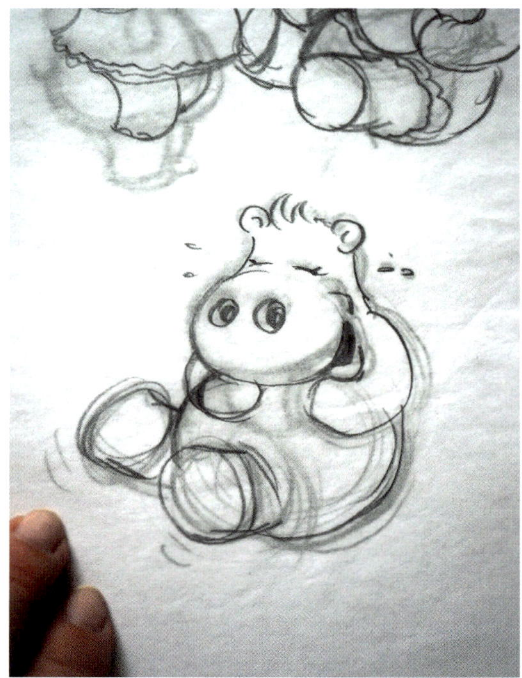

Hilfe beim Drehen

»Figuren drehen« klingt schwer und ist es auch. Mit diesen drei Hilfsmitteln ist es nicht mehr ganz so schwer: Als Erstes arbeite ich wieder mit dem **Transparentpapier.** Ich lege meine beste Zeichnung meiner Figur unter das Transparentpapier, dann ziehe ich **Hilfslinien** an allen wichtigen Punkten: Haaransatz, Kopf, Fuß, Augen. So setze ich bei der nächsten Zeichnung Haare, Augen und Co. immer an derselben Stelle, nur etwas vesetzt. Ein weiterer Trick ist, dass ich die **Umrisse von der Frontalansicht für die Rückenansicht abpause.** Die Halbprofile spiegele ich auch, indem ich das Transparentpapier wende und die Konturen wieder nachzeichne.

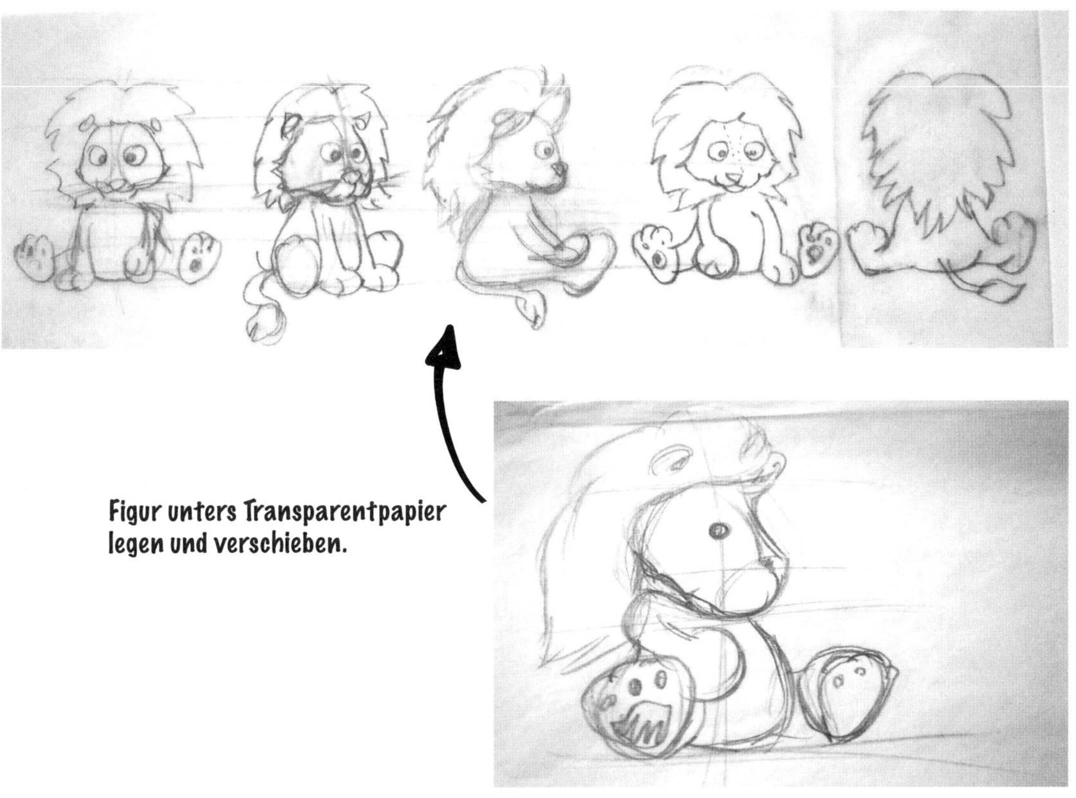

Figur unters Transparentpapier legen und verschieben.

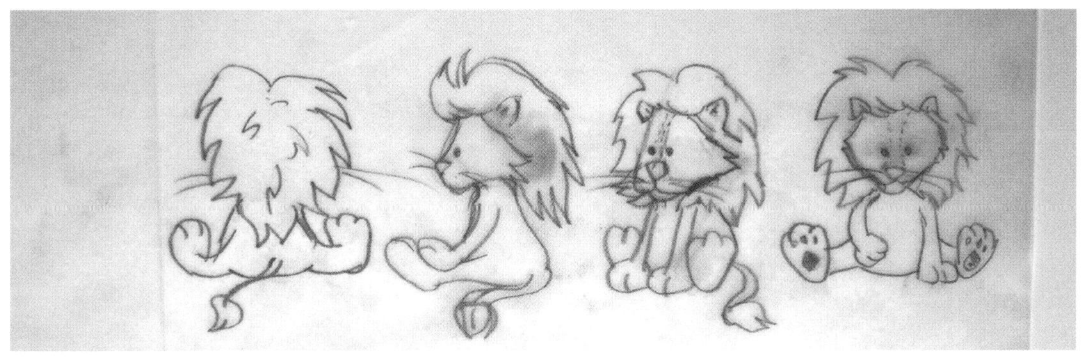

Wenn mir auch Details nicht ganz gefallen, kann ich sie an dieser Stelle noch testen. Mir gefallen bei dem Löwen die Augen noch nicht. Ich teste durch Abpausen, wie die Figur mit Punkt-Augen wirkt. Die werde ich wohl beibehalten.

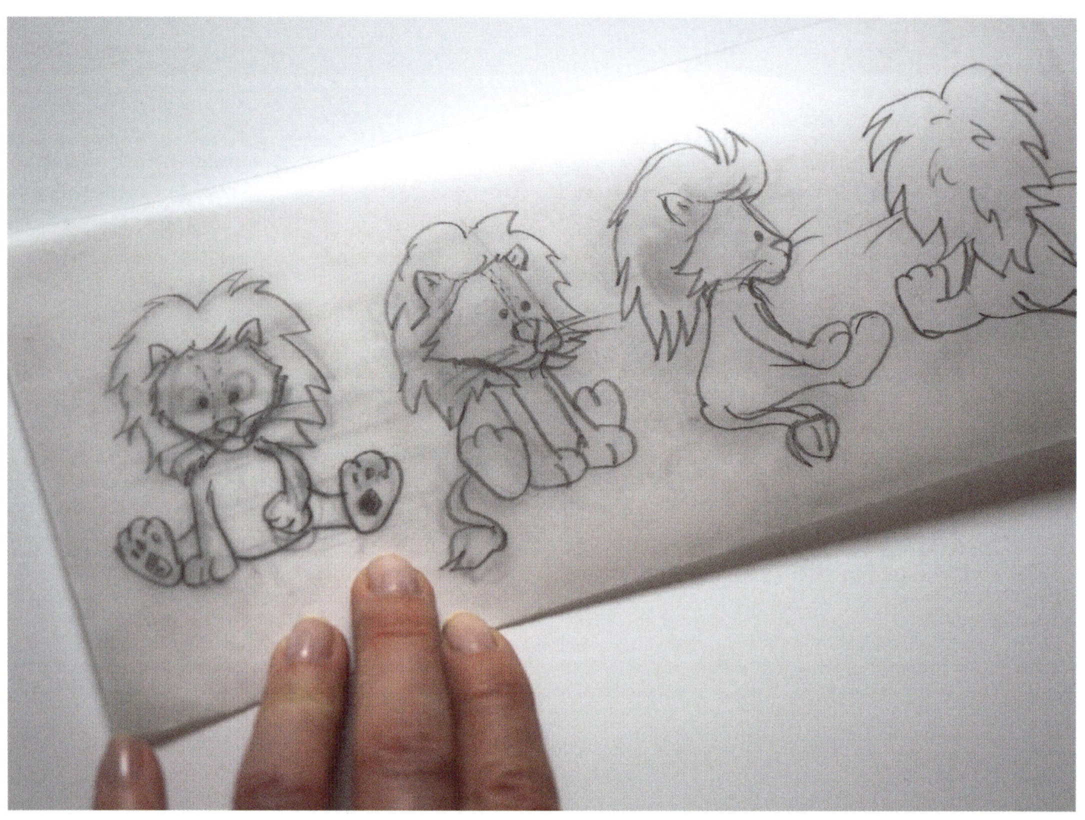

Figuren testen

Jetzt haben Sie Ihre Figur schon oft gezeichnet, in allen möglichen Positionen. Aber wie wirkt die Figur in einer Geschichte? Kann sie wirklich alles?

Wenn ich die Figuren entwickelt habe, teste ich sie, indem ich sie in eine Umgebung setze, in der sie sich bewegen sollen. Plötzlich entsteht von ganz allein eine Handlung. Die Figuren mit ihren typischen Charaktereigenschaften beginnen zu leben.

Manchmal verändere ich eine Figur dabei noch, weil es ihr guttut und ich bemerke, dass ich sie so nicht bewegen kann.

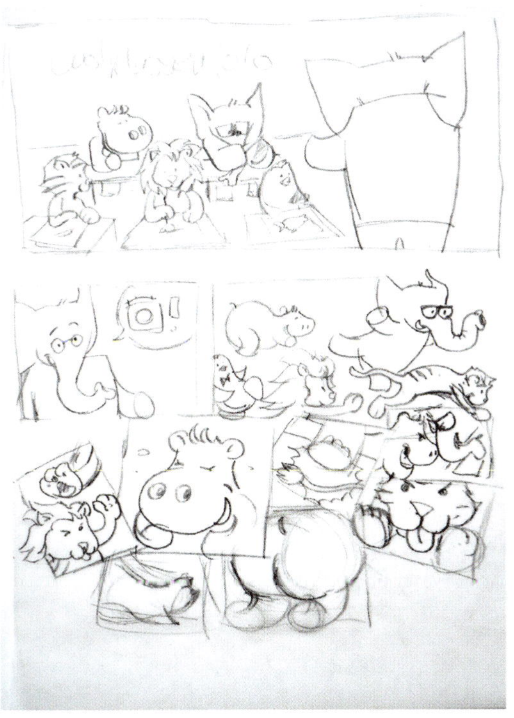

- In welcher Umgebung bewegt sich Ihre Charakterfigur, welche Handlungen passen zu ihr? Verwenden Sie wieder Transparentpapier, Kohlepapier oder einen Leuchttisch, um sie abzupausen und die Figuren – oder auch nur Teile der Figur – in Panels zu übertragen.
- Zeichnen Sie mit Bleistift vor und probieren Sie mehrere Möglichkeiten der Platzierung der Figuren aus.

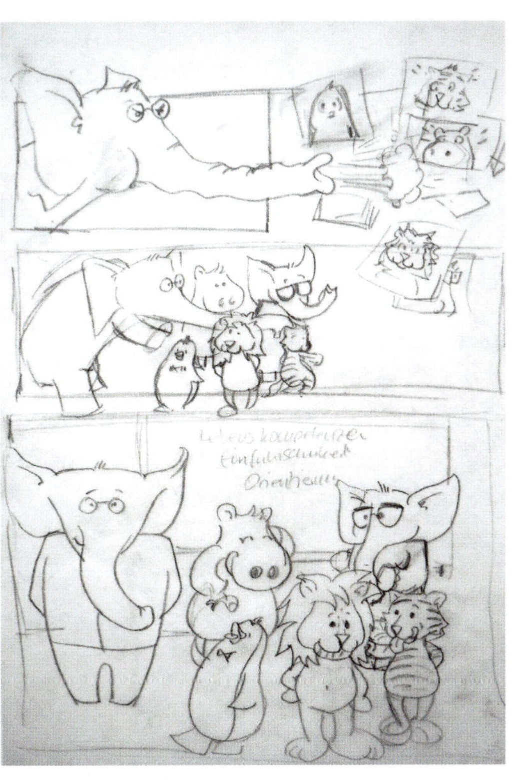

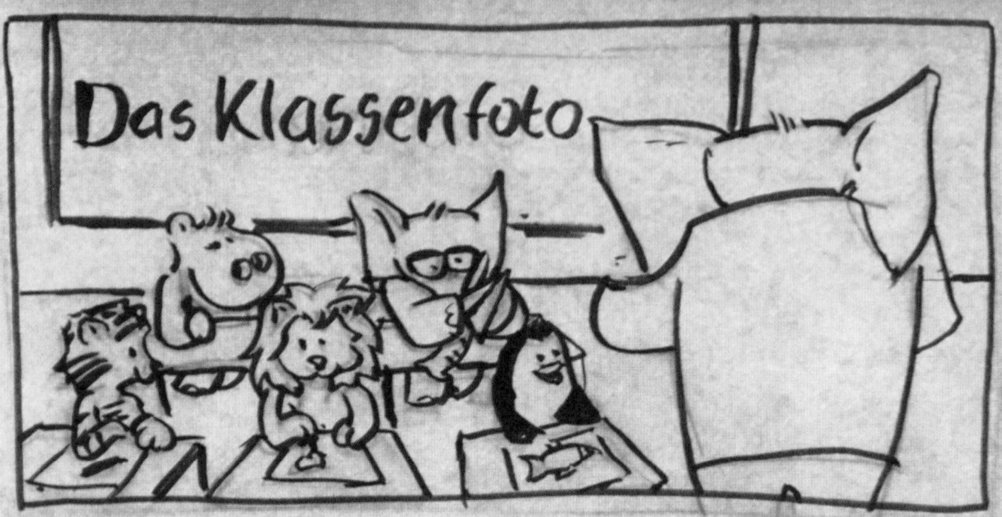
Das Klassenfoto

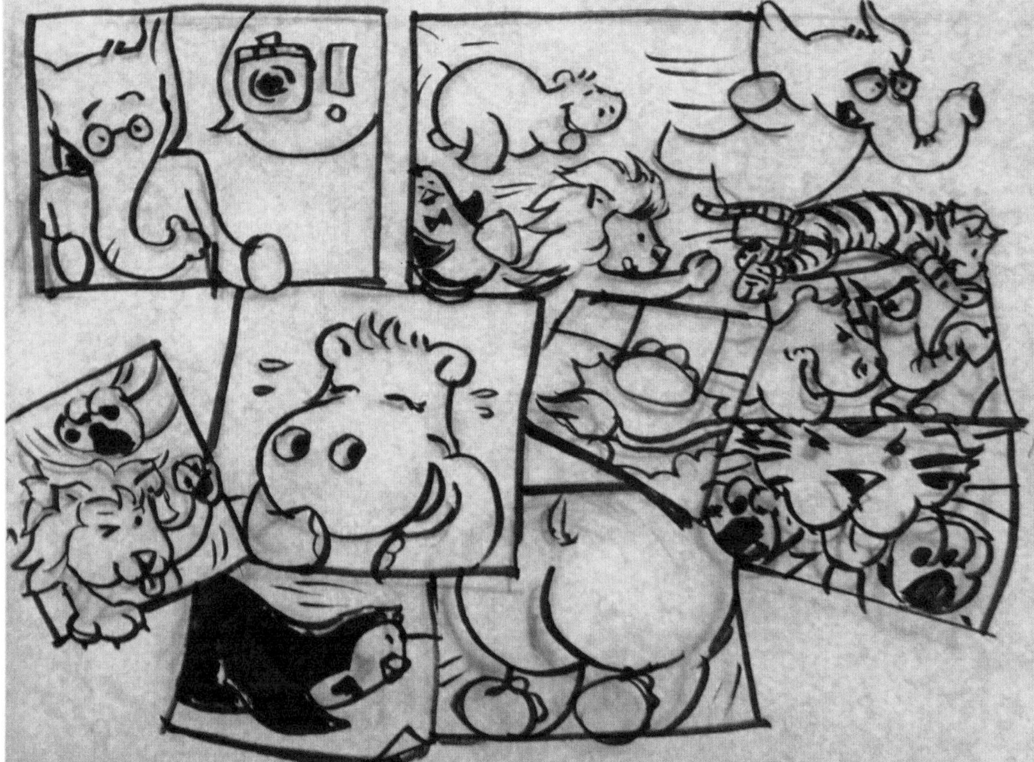

Jetzt nur nicht hektisch werden!

Sie haben Ihre Figuren in Szene gesetzt und ein erstes Abenteuer gezeichnet. Wunderbar.

Nehmen Sie sich ein neues Blatt und pausen Ihre Skizze an der Fensterscheibe oder, wenn verfügbar, an einem Leuchttisch ab. Sie können dafür schon einen Fineliner, Marker oder eine Feder benutzen. Dieser Moment ist perfekt, um zu testen, welche Strichstärke Ihrem Bild guttut oder welcher Stift sich am besten für Ihre Zeichnung eignet. Womit fühlen Sie sich am wohlsten, was geht gut von der Hand?

So weit, so schön. Gehen Sie aber nicht gleich zum Kolorieren über! Wenn Sie jetzt einen Fehler machen, müssen Sie von vorne anfangen. Mein Tipp: Legen Sie die Zeichnung auf den Kopierer und machen Sie mehrere Kopien.

Auf den Kopien können Sie nun ein paar Farbstudien machen sowie passende Texte und um diese ein paar Sprechblasen zeichnen.

Achtung: Erst schreiben, dann die Sprechblase zeichnen! Ansonsten besteht die Gefahr, dass die Sprechblase kleiner als der Text ist.

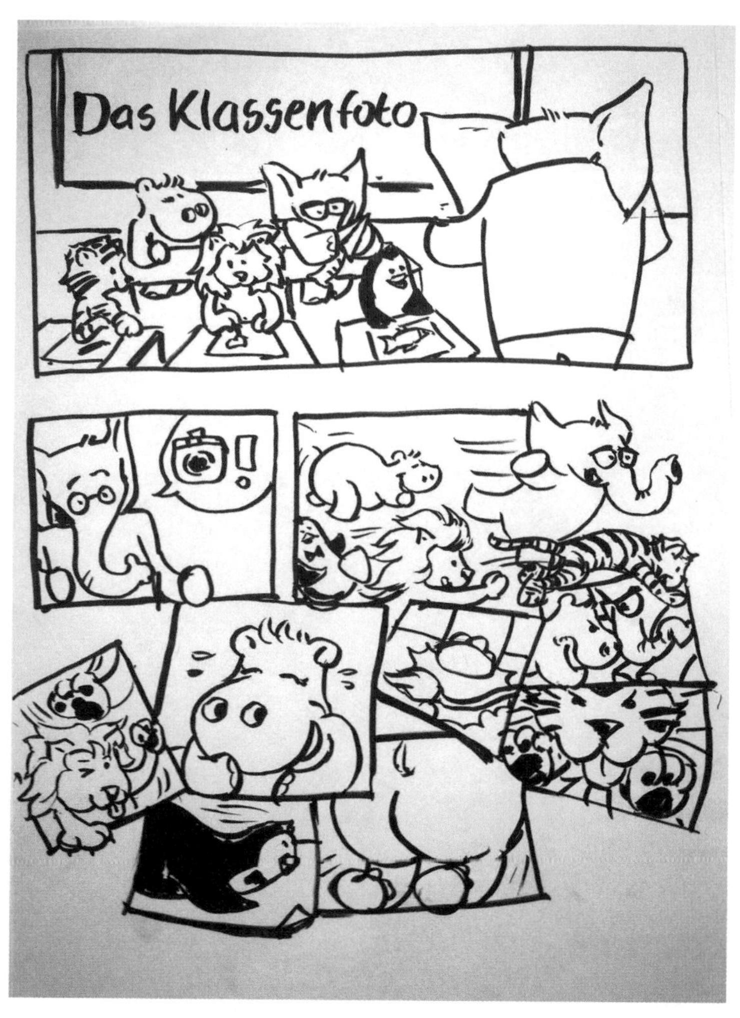

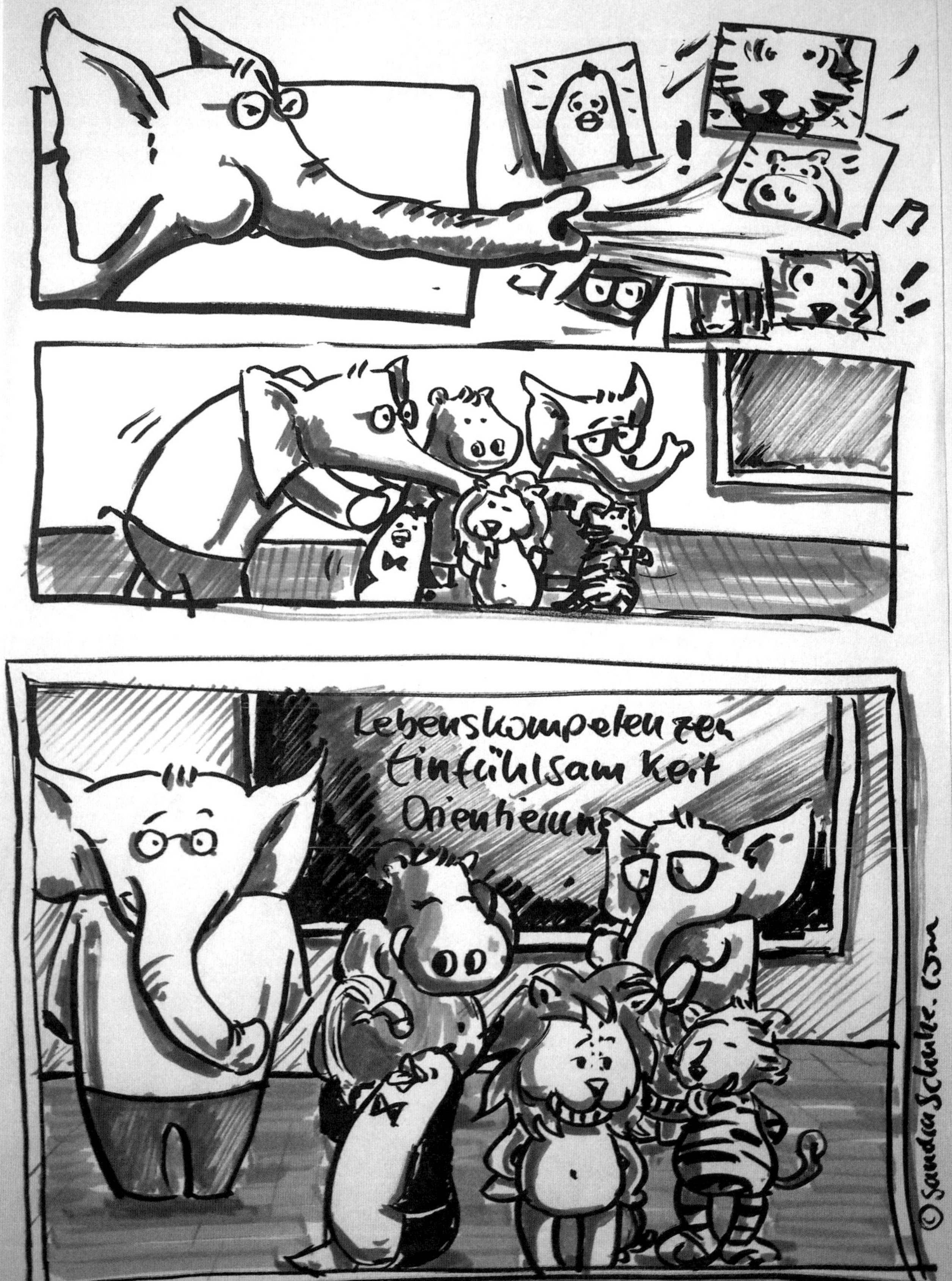

Lebenskompetenzen
Einfühlsamkeit
Orientierung

Sprechblasen

Es ist eine Stilfrage, wie Sie Sprechblasen zeichnen: Manche Zeichner schreiben den Text und deuten nur mit einem kleinen Strich an, wer da spricht. Andere schreiben den Text und lassen den Bereich beim Kolorieren weiß. Am häufigsten verbreitet sind die ovalen bubble-artigen Sprechblasen.

Sprechblasen können laut sein, wenn der Text fett und groß geschrieben wird, auch zackige Sprechblasen wirken laut und agressiv. Kleine Sprechblasen und kleiner Text wirken leise. Um einen Dialog anzudeuten, können Sie verschiedene Formen oder Farben für die Sprechblasen zeichnen.

Lassen Sie schon beim Zeichnen Platz für die Sprechblasen: Eine Faustregel lautet, ein Drittel der Fläche. Schreiben Sie wenig Text pro Kasten und etwas versetzt an einer Ecke.

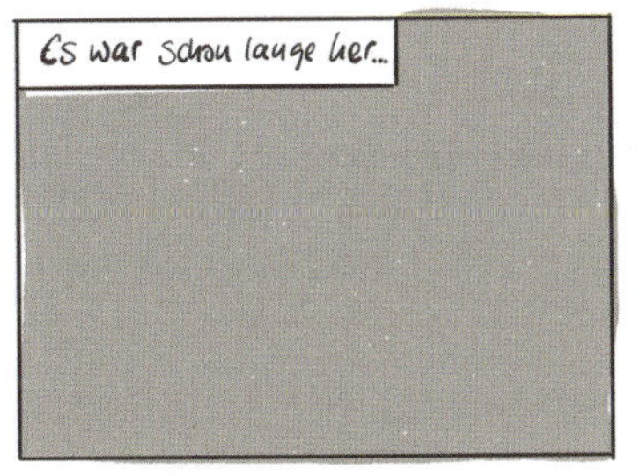

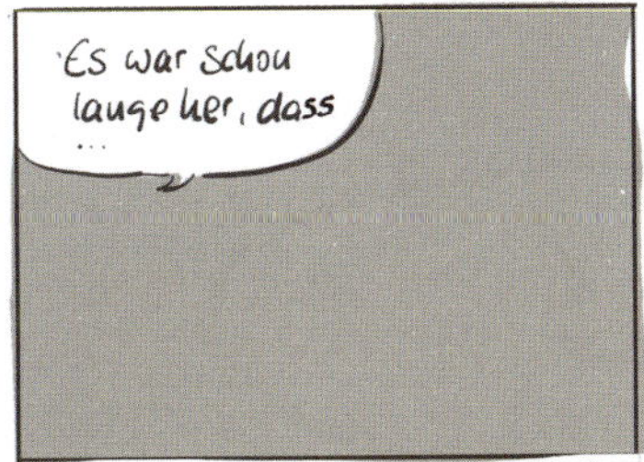

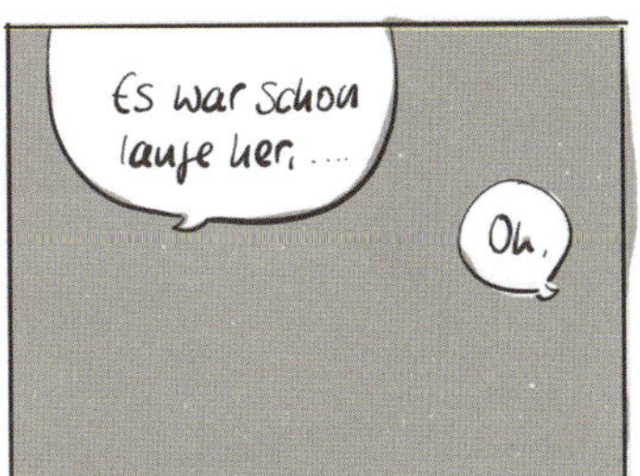

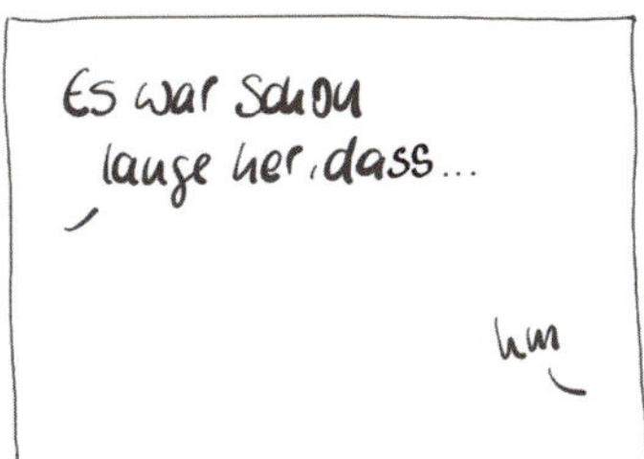

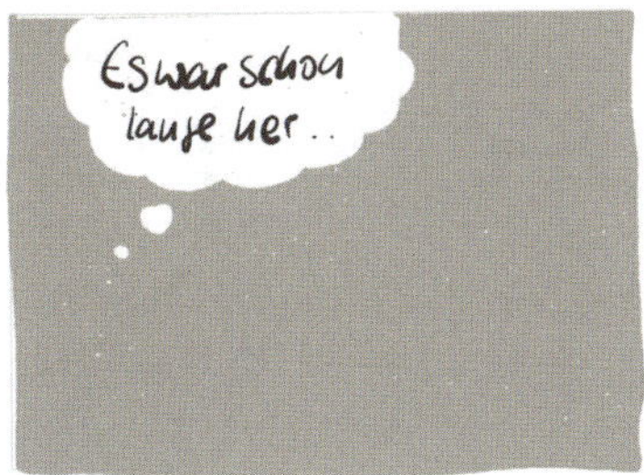

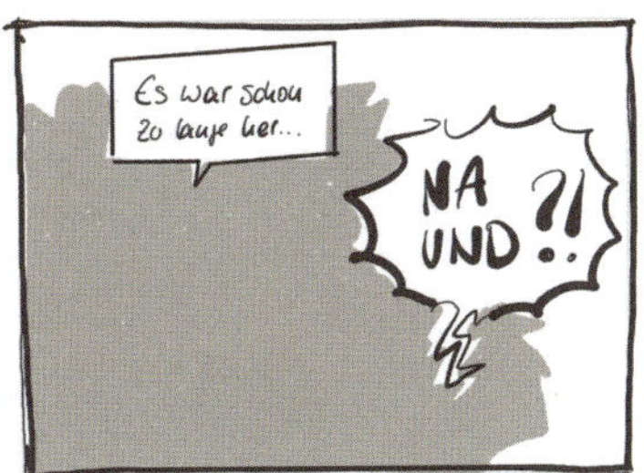

Profis zeichnen die Sprechblasen erst bei der Nachbearbeitung am Computer. Bei Graphic Novels und anderen langen Comicszenen ist das sinnvoll. Bei kurzen Strips können Sie die Texte durchaus bereits vorher schreiben und zeichnen.

Die Texte sollten gut lesbar sein, am besten schreiben Sie in Druckbuchstaben. Manche Zeichner schreiben alles in Großbuchstaben. Das ist natürlich einfacher zu schreiben, da Sie zwischen den Zeilen keinen Platz für die Ober- und Unterlängen der Buchstaben lassen müssen, meiner Meinung nach ist es schwerer zu lesen. Es kann auch zu Missverständnissen kommen, da Sie keine Groß- und Kleinschreibung beachten.

Falls Sie nicht alles mit der Hand schreiben möchten, können Sie Ihre Handschrift in eine Computerschrift umwandeln.

Eine Gratisversion und Anleitung gibt es hier: https://praxistipps.chip.de/handschrift-in-text-umwandeln-die-5-besten-apps-und-programme_91992

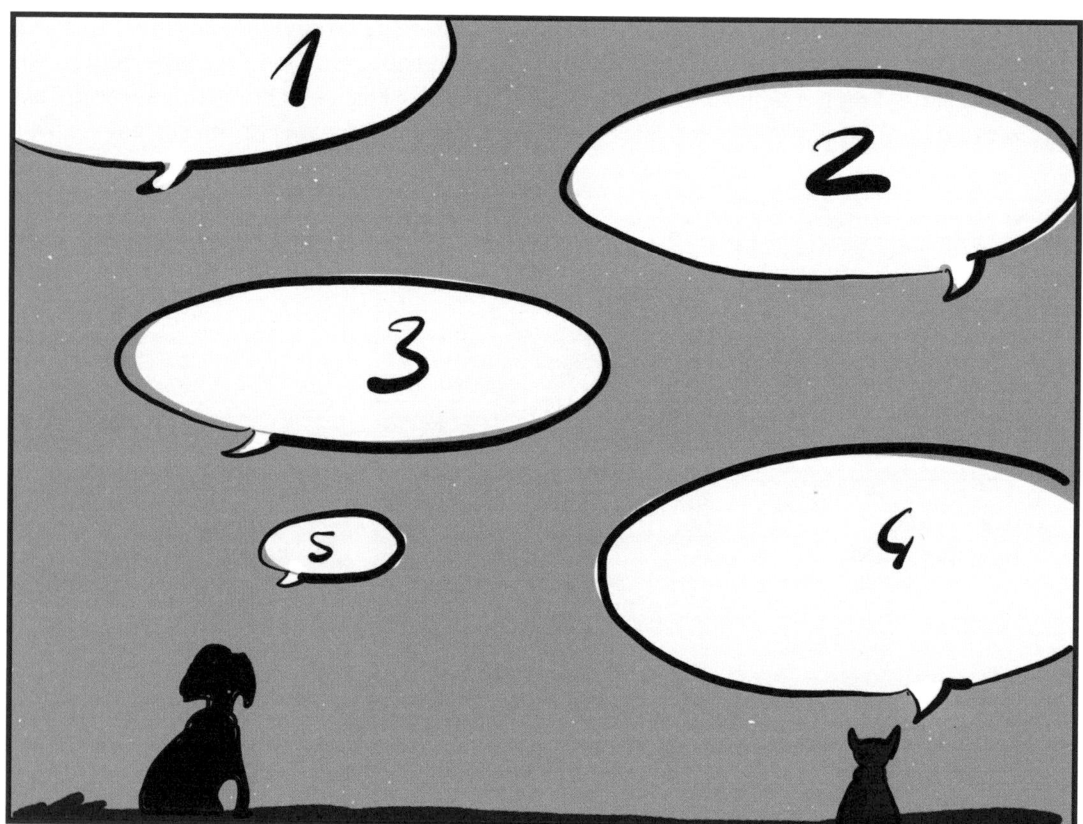

Folgen Sie bei der Anordnung von Sprechblasen der Leserichtung: von links nach rechts und von oben nach unten. Die oberste Sprechblase wird immer zuerst gelesen, darauf baut sich die Reihenfolge des Dialogs auf.

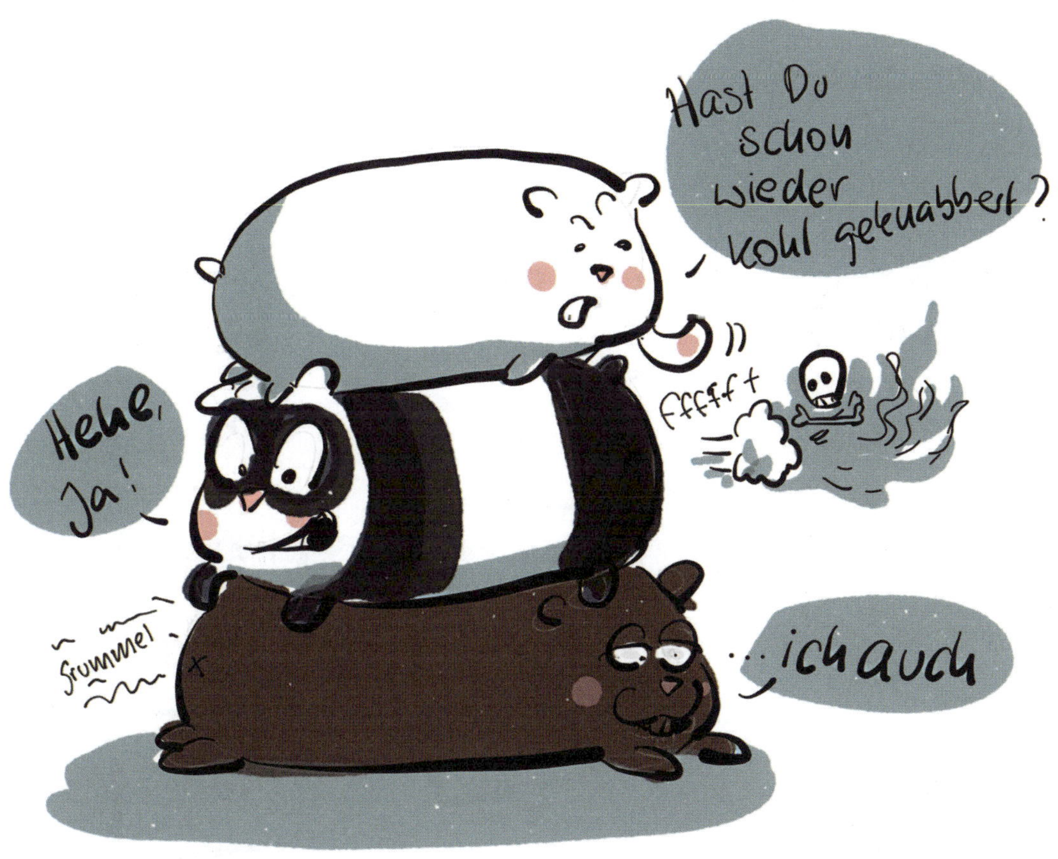
Hast Du schon wieder Kohl geknabbert?
Hehe, Ja!
ffffft
Grummel
...ich auch

Welche Sprechblase Sie verwenden möchten, hängt davon ab, wie viel Text Sie unterbringen müssen und welche Emotion Sie darstellen möchten. Hier finden Sie ein paar Beispiele.

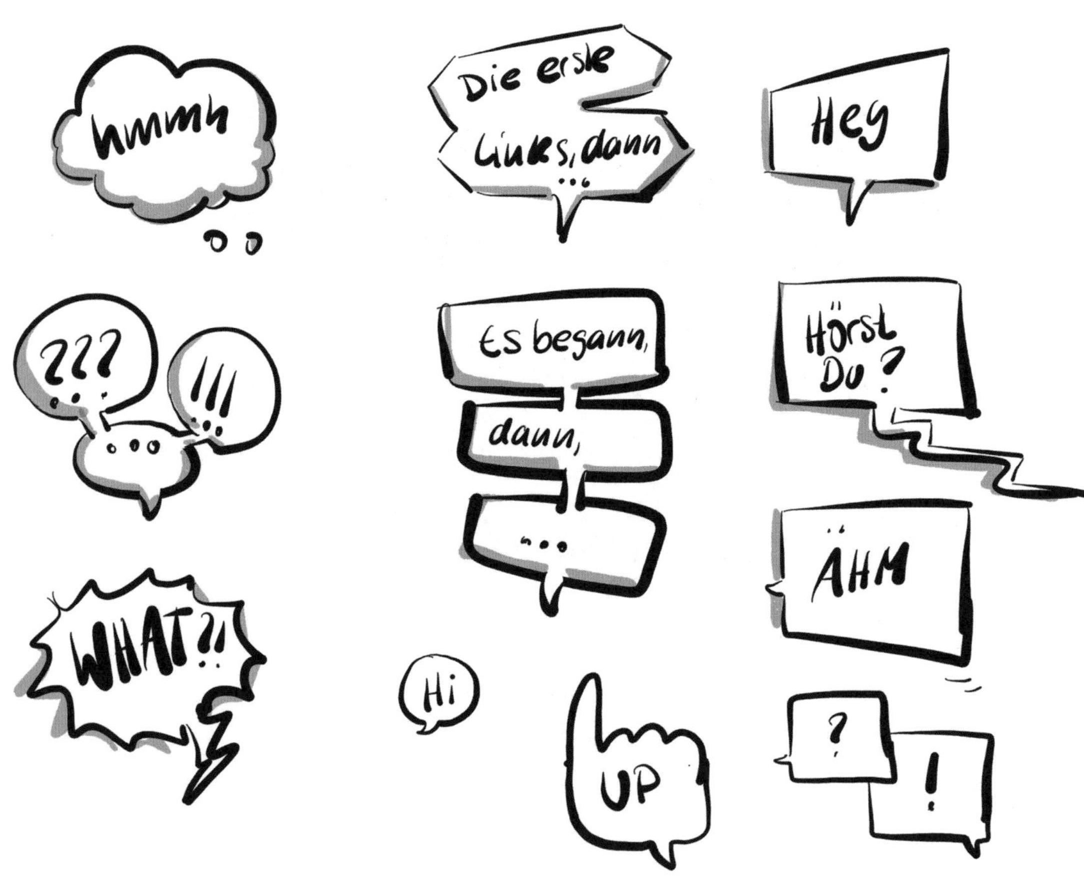

LOVE
Flüstern
Leise
LAUT.

In wilden Comicgeschichten wird nicht nur gesprochen, da geht es richtig zur Sache: Es wird laut, Dinge explodieren, es fliegen Gegenstände, Menschen und Tiere.

Diese Comicelemente verleihen Ihren Comiczeichnungen die gehörige Portion Action:

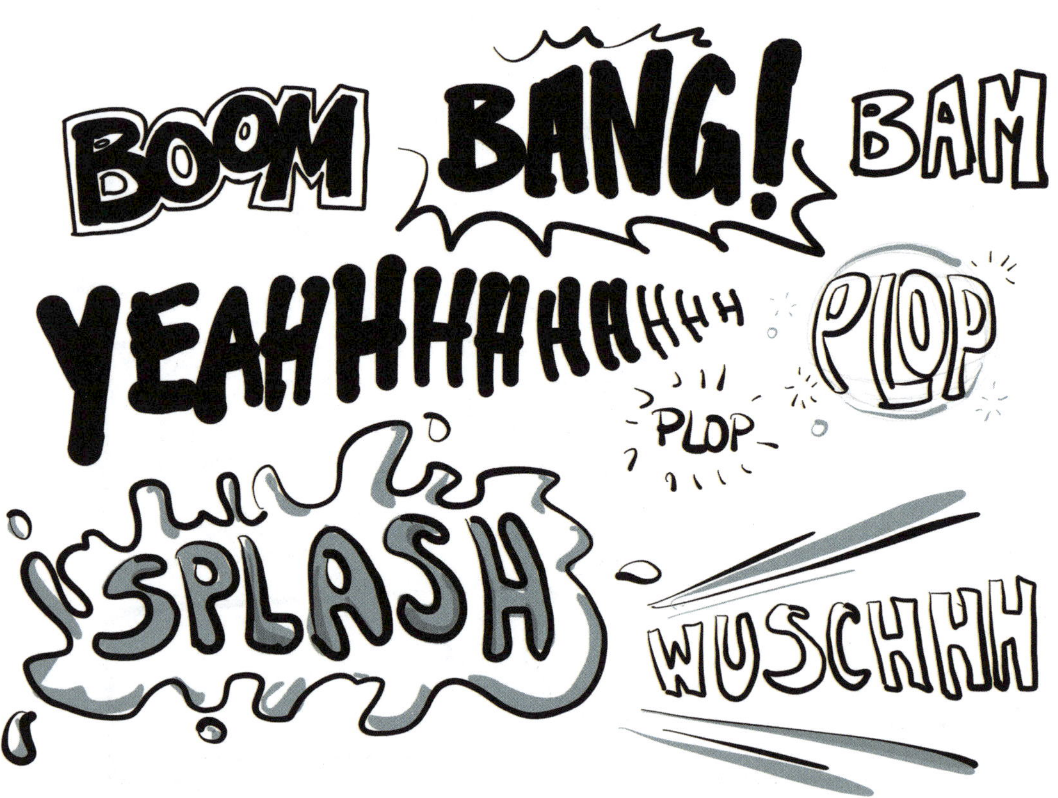

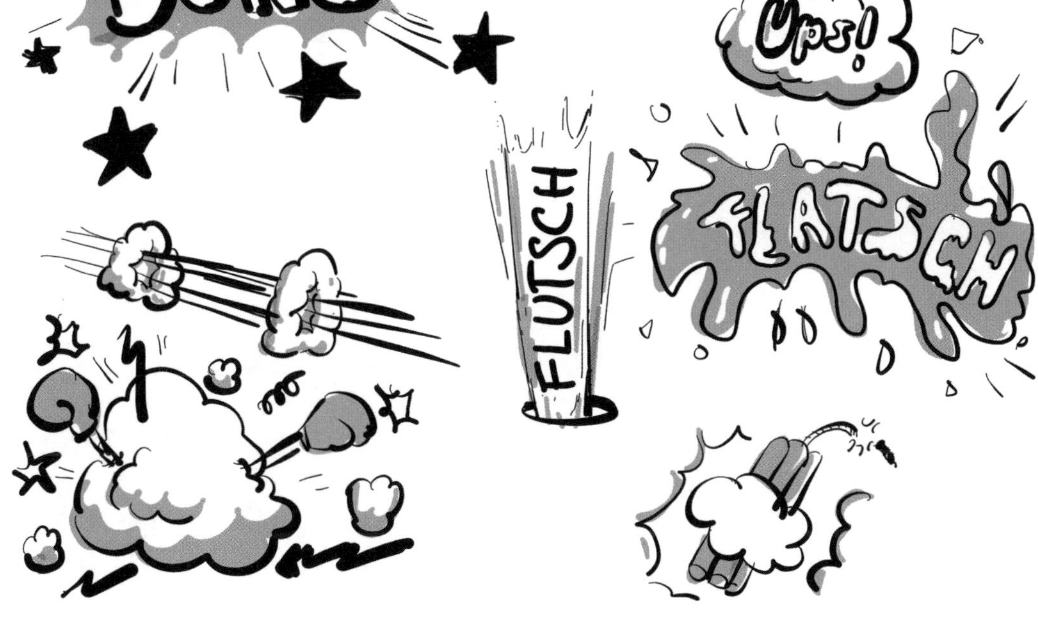
DONG
HUCH!!
Ups!
FLUTSCH
FLATSCH

3 Story! – Welche Story?

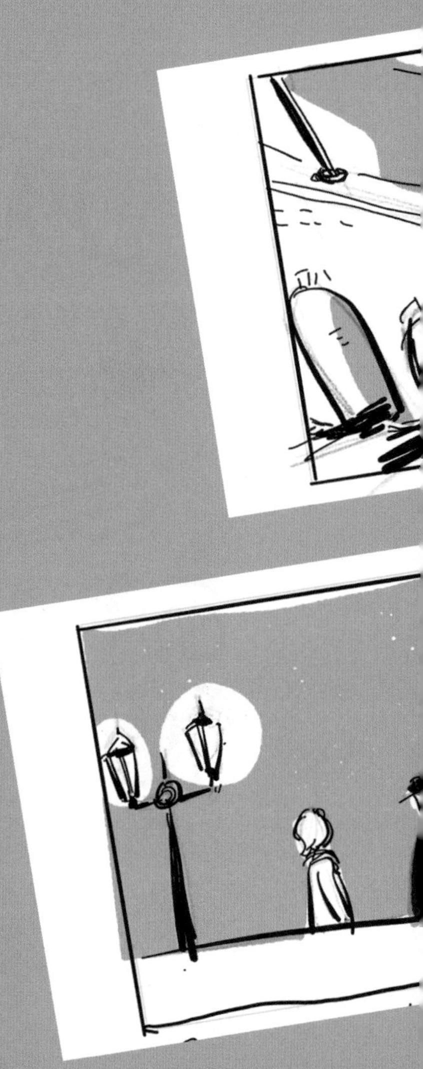

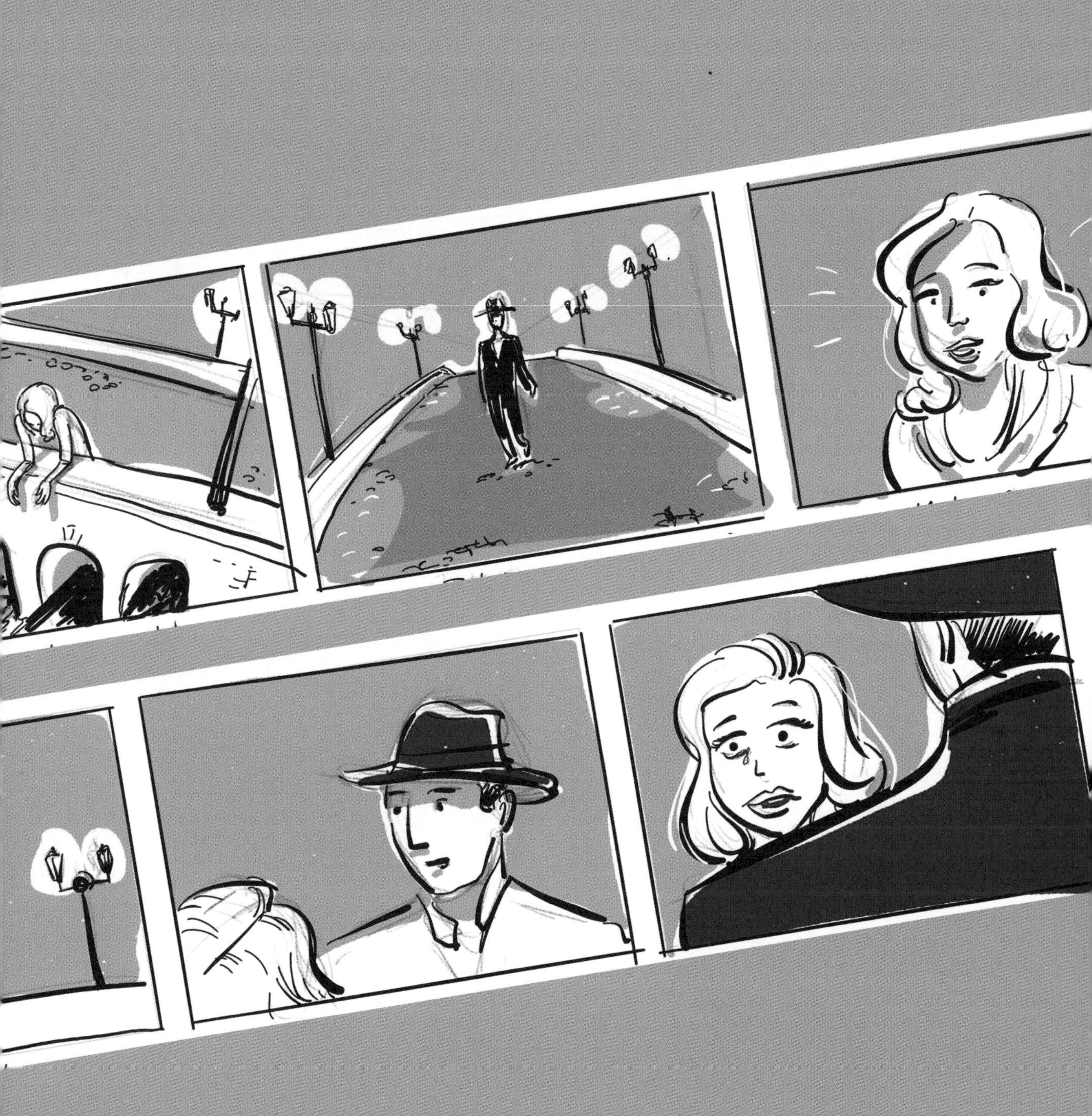

Geschichten erfinden

Die Zutaten

Wenn ich eine Geschichte erfinden soll, habe ich sofort eine Blockade. Trotz Impro-Theater-Workshop bin ich nicht wirklich gut darin. Ich brauche Ideen von außen! Gute Hilfsmittel für mich sind die »Storycubes«* und das Kartenset »Geschichten-Erfinder« (Büchergilde). Was sind die Zutaten für eine Geschichte?

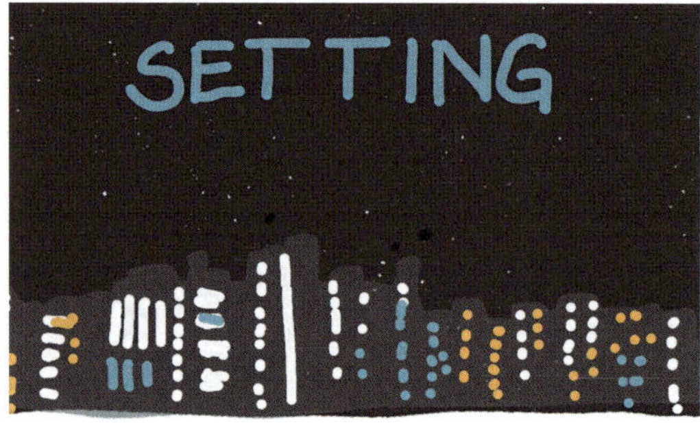

Wo beginnt die Geschichte? Wo trägt sie sich zu? Dieser Ort kann verlassen werden und neue Orte, neue Welten oder alte Welten können entdeckt werden.

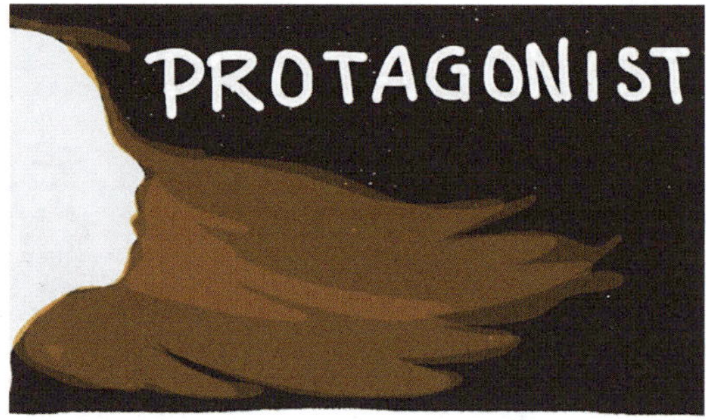

Wer ist der Protagonist? Was macht den Charakter aus? Wer »spielt« noch mit? Spannend wird es, wenn der Protagonist oder Charakter so gar nicht in das Setting passt.

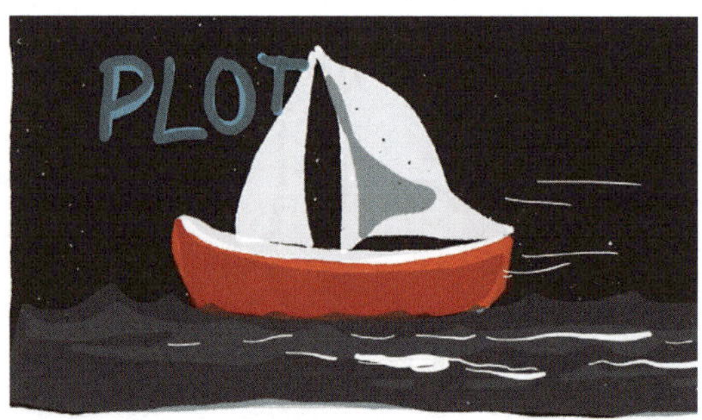

Was passiert? Sinkt ein Schiff, oder geht es um eine Reise, die das Leben des Protagonisten verändert?

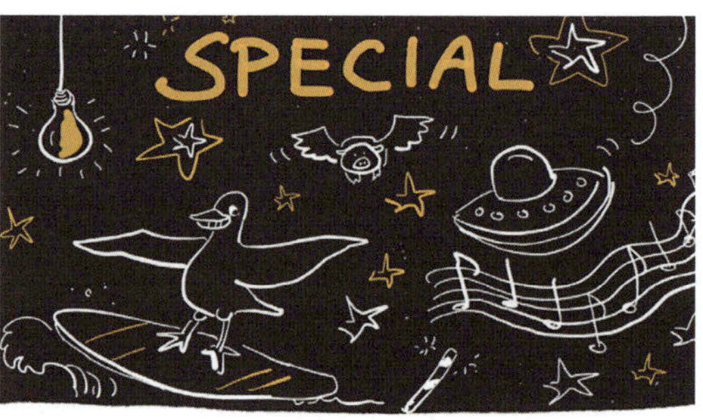

Kleine Merkwürdigkeiten, die sich durch die Geschichte ziehen. Zum Beispiel fliegende Schweine, betrunkene Möwen, Nagetiere in der Eiszeit … Diese Merkwürdigkeiten geben der Geschichte eine ordentliche Prise Spaß und Spannung.

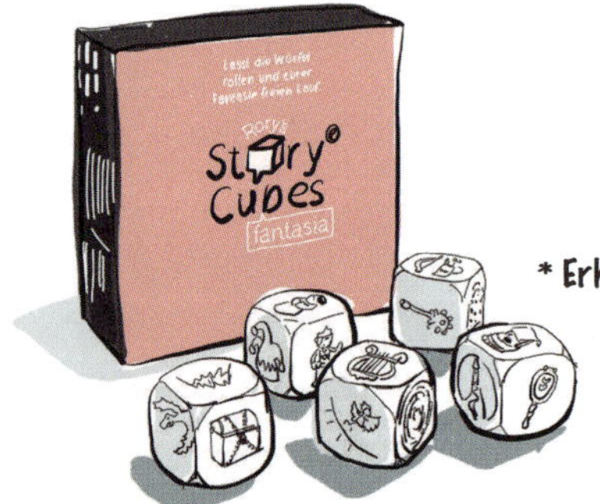

* **Erhältlich im Buchhandel.**

Eine kleine Übung

Versuchen Sie, eine kleine Geschichte zu erfinden. Sie haben folgende Zutaten, die Sie sinnvoll verstricken müssen:

Setting:
Im Meer

Protagonist:
Astronaut

Plot:
Ein Diebstahl

Special:
Flaschengeist

Die Storyline

Ein Beispiel aus der Praxis

»Kannste mir mal schnell einen Comic zeichnen?«, fragte mich ein befreundeter Bildhauer. »Ich brauche einen Comic, um den Nutzen meiner Erfindung in einem Businessplan zu erklären.« Natürlich und gerne zeichnete ich einen Comic. Denn die Erfindung ist genial und ich bin schon auf der Warteliste, um diese tolle Erfindung auch zu bekommen.

Bevor es losgeht, muss ich die Rahmenbedingungen klären. Er schrieb mir folgendes Briefing:

Voraussetzungen

Es sollte auf eine DIN-A4-Seite Hochformat passen. Es soll erklärt werden, wie das Gerät funktioniert:

Ziel

Der Anwender streift ein Armband über – das Armband misst den Puls und überträgt ihn drahtlos in eine Skulptur. Dort werden die Messdaten in farbige Lichtsignale ausgespielt, die Farbe zeigt den inneren Erregungsgrad (Stresslevel) an. Durch gezielte Entspannungsübungen (langsames, ruhiges Atmen) sinkt der Puls (Herzschlag), sobald der Puls um zehn Schläge gesenkt ist, ändert sich die Farbe der Skulptur: Farbverlauf von Rot (Puls über 100) bis Grün (unter 60 = Ruhepuls) – Farbverlauf: Rot = über 100, Orange = 100–90, Gelb = 89–80, Violett = 79–70, Blau = 69–60, Grün = unter 60. Ziel ist es also, ganz platt gesagt, das Gerät grün zu atmen.

Es soll erklärt werden, welches Bedürfnis durch das Gerät gestillt wird:

Das Bedürfnis schnell und unkompliziert »runterzukommen« – jederzeit, an jedem Ort. Ich muss nirgendwo hingehen (Yogastudio etc.) und brauche keine andere Person, die mir eine Anwendung verpasst. Ich kann für mich ganz alleine (zu Hause oder im Büro etc.) Stress abbauen durch die Nutzung eigener Ressourcen (ruhiges Atmen). Es ist ein Trainingsgerät – je öfter ich die Entspannung mit dem Gerät übe, desto feinfühliger werde ich für mich und desto schneller gerate ich in den Entspannungszustand = Erfolgserlebnis.

Es soll die Wirkung des Geräts gezeigt und klargemacht werden, dass die Anwender sich mit Unterstützung des Gerätes selbst entspannen können. Der Erfolg ist das großartige Gefühl der Selbstwirksamkeit. Man kann sich selbst entspannen und dadurch gewappnet sein, stressigen Situationen anders zu begegnen.

Storyline

- Mensch (Mann/Frau) befindet sich in stressiger Situation, z. B. Multitasking, alleinerziehende Mutter (Job, Kind, Haushalt etc).
- Mensch nimmt sich den Raum, um mit dem Avatar zu entspannen.
- Mensch streift das Armband über und schaltet das Gerät ein.
- Mensch nimmt eine entspannte Haltung ein, setzt sich vor das Gerät oder liegt auf dem Bett und beobachtet das Gerät – Gerät steht in Entfernung auf einem Tisch oder Sideboard (Ausgangsphase: Gerät leuchtet rot).
- Mensch beginnt langsam und ruhig zu atmen, der Puls geht nach unten = erste Farbveränderung.
- Mensch lässt sich durch das Beobachten der fließenden Farbwechsel und durch das immer ruhiger werdende Atmen in einen Entspannungszustand tragen. Das Gerät ist Begleiter in den erwünschten Zustand.
- Mensch ist ganz entspannt und ruhig = Gerät leuchtet grün.
- Mensch geht erfrischt und gewappnet in den Alltag und kann sich neuen Herausforderungen stellen.

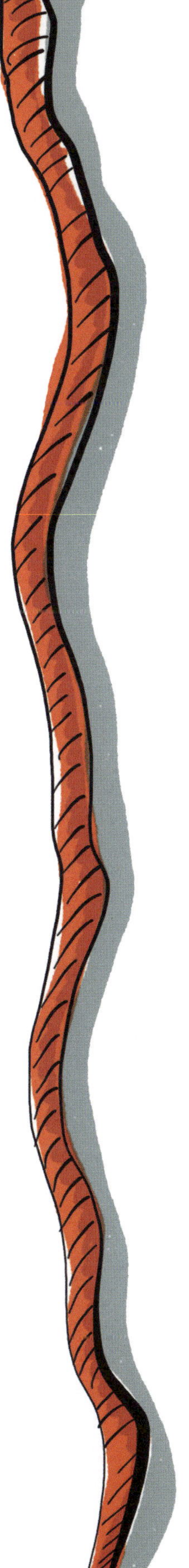

Aus diesen Angaben kann ich einen Handlungsstrang ableiten: eine stressige Situation, ein gestresster Protagonist. Ich entschied mich für einen Büroangestellten – mit dem Hintergedanken, dass die Person, die den Businessplan liest, wahrscheinlich ein Mann ist. Stress wird er kennen. Sollte es doch eine Bankangestellte sein, wird sie sich nicht beleidigt fühlen, sondern eher schmunzeln über den armen Mann und wird trotzdem mitfühlen.

Da ist es wieder, das Schubladendenken! Im Comic hilft es, Situationen und Emotionen zu verdeutlichen. Je bekannter die Situation, desto schneller wird der Comic verstanden.

Die Spannung versuchte ich aufzubauen, indem ich einen strengen Chef und eine Situation, die kaum zu bewältigen ist, erfinde.

Dann, Panik! Nahaufnahme von den Augen, die immer größer und panischer werden, und Adern, die hervortreten.

Dann eine Idee. Der Protagonist nimmt sein Schicksal in die Hand.

Das Gerät taucht auf. Dazu zeige ich den Raum, in dem das Gerät steht. Dann folgt die Anwendung – Schritt für Schritt. Die Verbesserung tritt ein und am Ende hat der Held sein Ziel erreicht. Er kann alles schaffen!

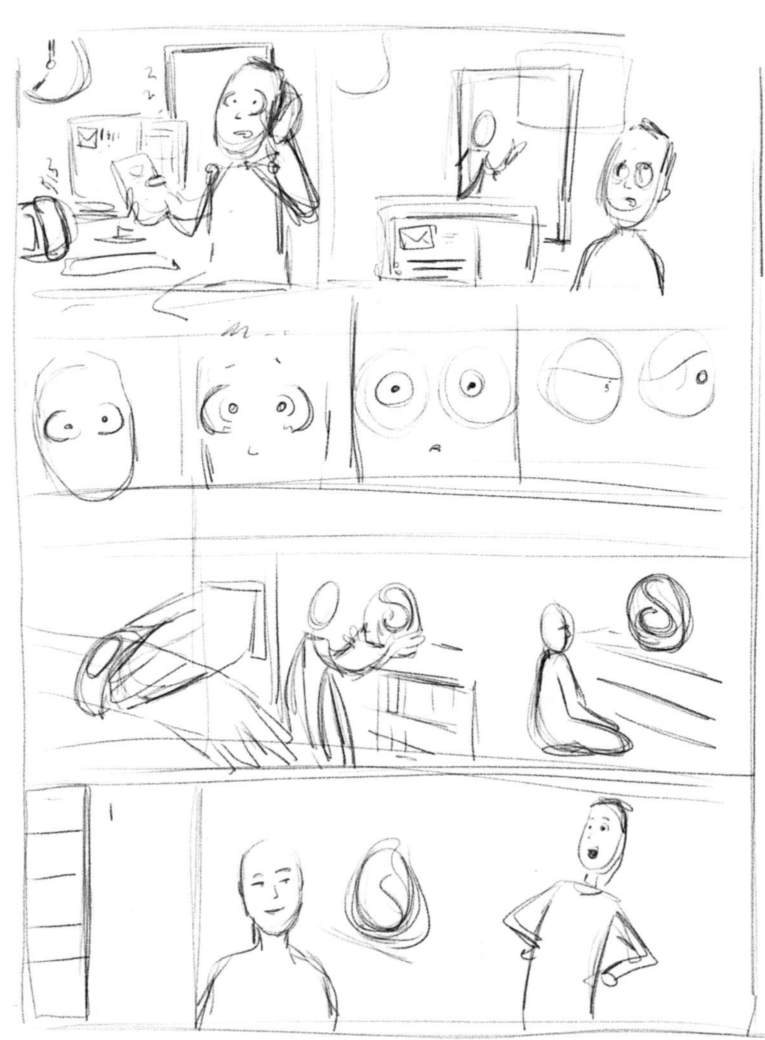

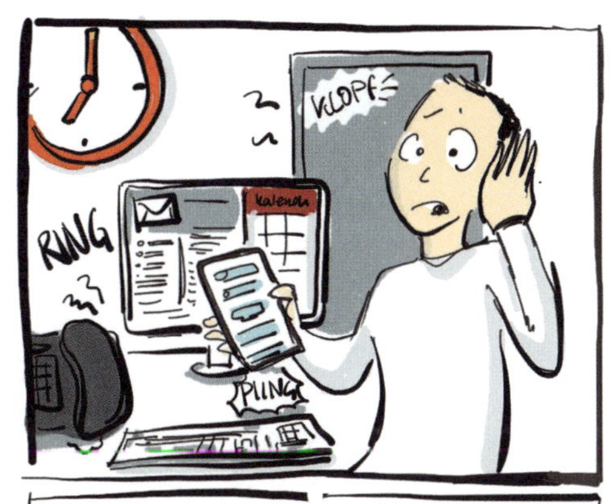

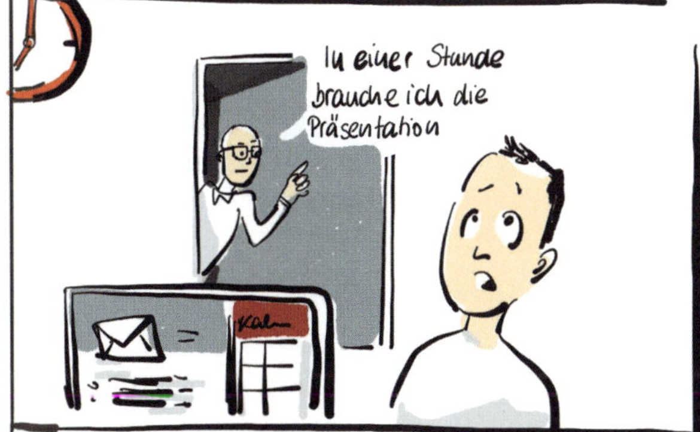

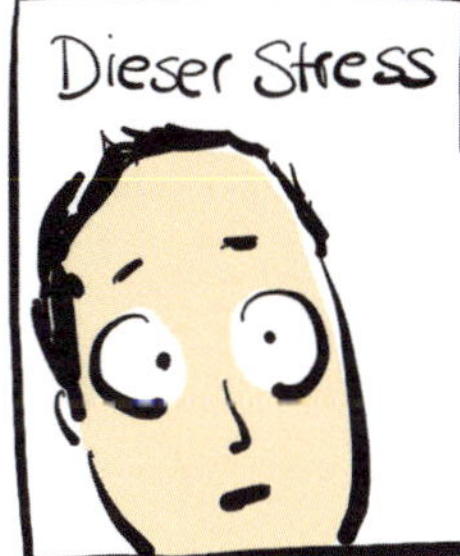

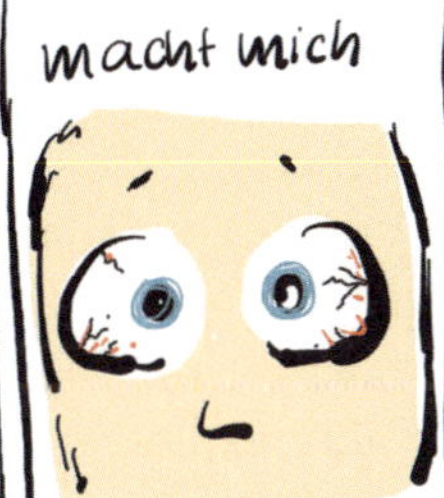

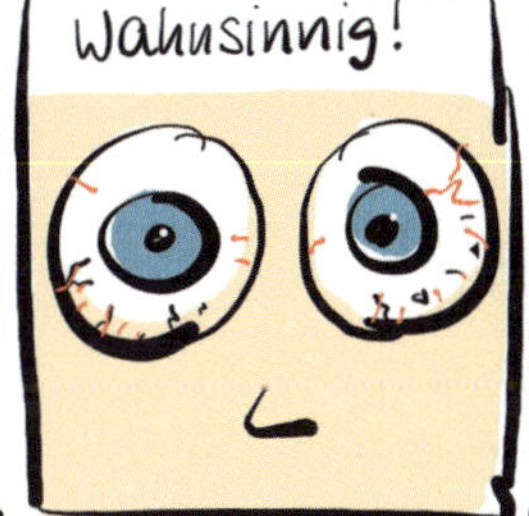

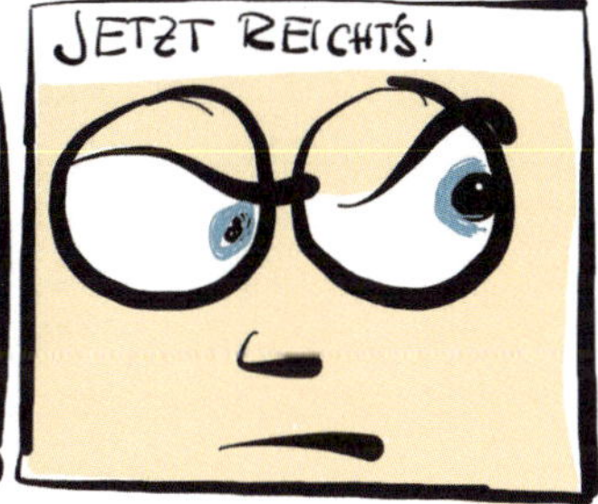

ZEIT ZUM RUNTERKOMMEN

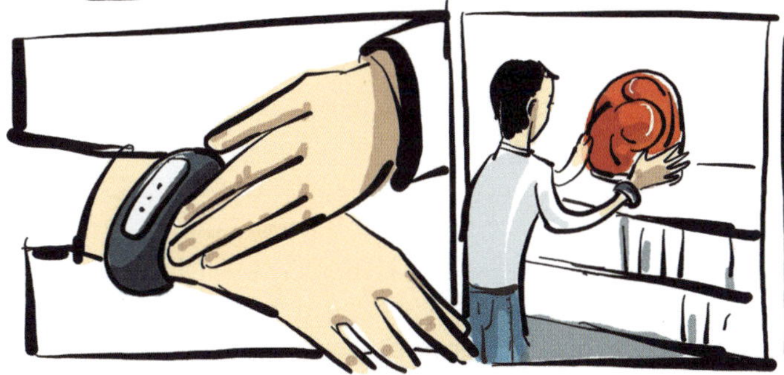

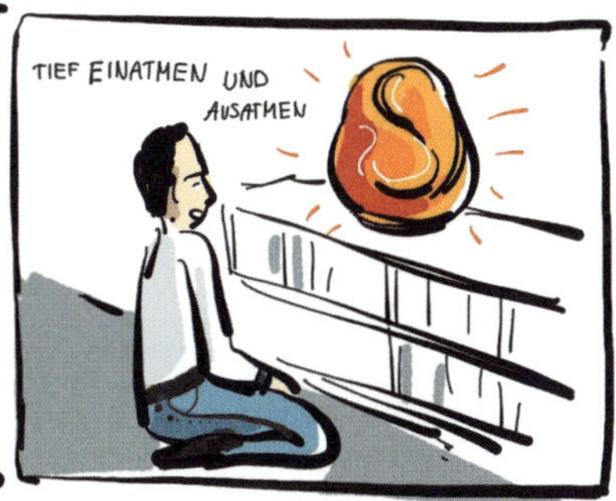

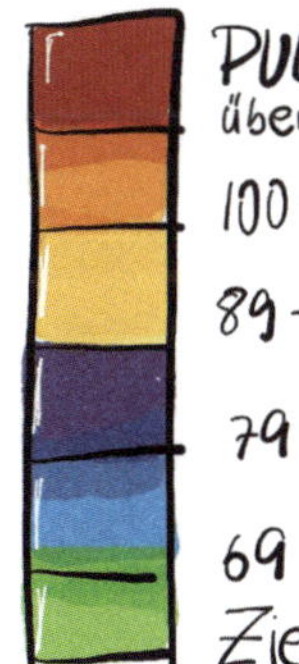

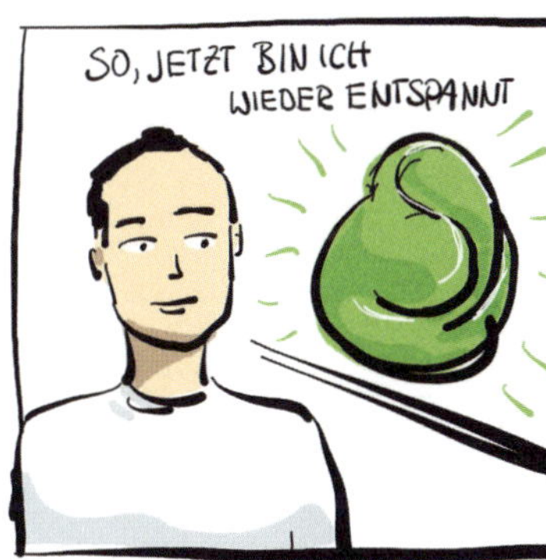

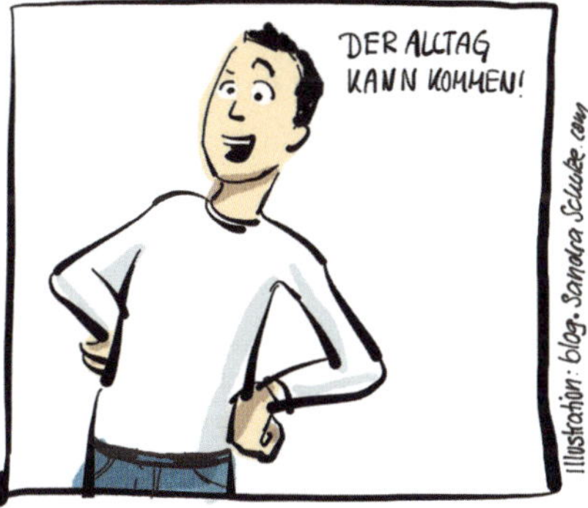

Illustration: blog.sandra-schulze.com

Dieses Gerät ist eine Skulptur mit Hightech – ein Biofeedback-Avatar.
Neugierig? Dann schauen Sie mal bei www.christianochs.com vorbei.

Und Action!

Mögen Sie James-Bond-Filme? Ja? Die Spannung ist ja kaum auszuhalten. Aber warum?

Es gibt ein Muster, das in allen James-Bond-Filmen zu sehen ist. Der Spannungsbogen ist gleich aufgebaut: Es beginnt mit einer wilden Verfolgungsjagd, in der James Bond inmitten gefährlicher Explosionen agiert. **Boom!** Ein Gebäude explodiert. James kommt mit dem Leben davon. Der Bösewicht auch.

Kurz darauf, wieder im MI6-Hauptquartier, bekommt James seinen neuen Wagen. **WOW**, was für ein tolles Auto! Die Handlung geht weiter, kurz darauf erscheint das »Bondgirl«. **WOW**, was für eine Frau! Sie ist nicht leicht zu erobern. Doch James lässt seinen Charme spielen. Er wiegt sich in Sicherheit. Doch das Bondgirl ist gefährlich. Es kommt wieder zu einer Actionszene – der Held rettet sich und das Bondgirl aus einer gefährlichen Situation. **WOW!** Leider versenkt er schon wieder das Bondmobil. Was soll's – er ist am Leben und in Sicherheit.

Doch der Bösewicht ist immer noch nicht gefasst. Er nimmt die Spur auf, setzt seinen Job aufs Spiel. Eine Kampfszene oder Verfolgungsjagd folgt. Leider geht dabei ein Haus oder sogar ein Stadtteil in Flammen auf und liegt nun in Schutt und Asche. **WOW!!** Doch hat er den echten Bösewicht gefasst?

Das Bondgirl? Wo ist das Bondgirl? Sie sitzt gefesselt und verkabelt in einem labyrinthartigen Gebäude.

Der Countdown läuft. Bond muss die Bombe entschärfen, sein Leben riskieren oder das Bondgirl retten. Es wird knifflig. Es scheint aussichtslos. Doch, er kann sie retten!

Er flüchtet aus dem Gebäude und **BOOM!** Hinter ihm explodiert es. Sie sind in Sicherheit, Bond und das Bondgirl. Na, was werden sie jetzt wohl zusammen machen? Sie können es sich bestimmt vorstellen. Wird das Bondgirl jetzt bei ihm bleiben? **Seufz.** Wir werden es sehen, in dem nächsten Bondfilm.

Sie erkennen einen aufsteigenden Spannungsbogen mit immer größeren Explosionen und gefährlicheren Situationen. Zwischen den Actionszenen gibt es Ruhemomente, in denen sich der Held in Sicherheit wiegt. Dann der ganz große Knall, der Showdown. Danach gibt es nur noch einen kurzen romantischen Moment.

Das Ende muss nach dem großen Showdown zügig eintreten, denn sonst wird es langweilig.

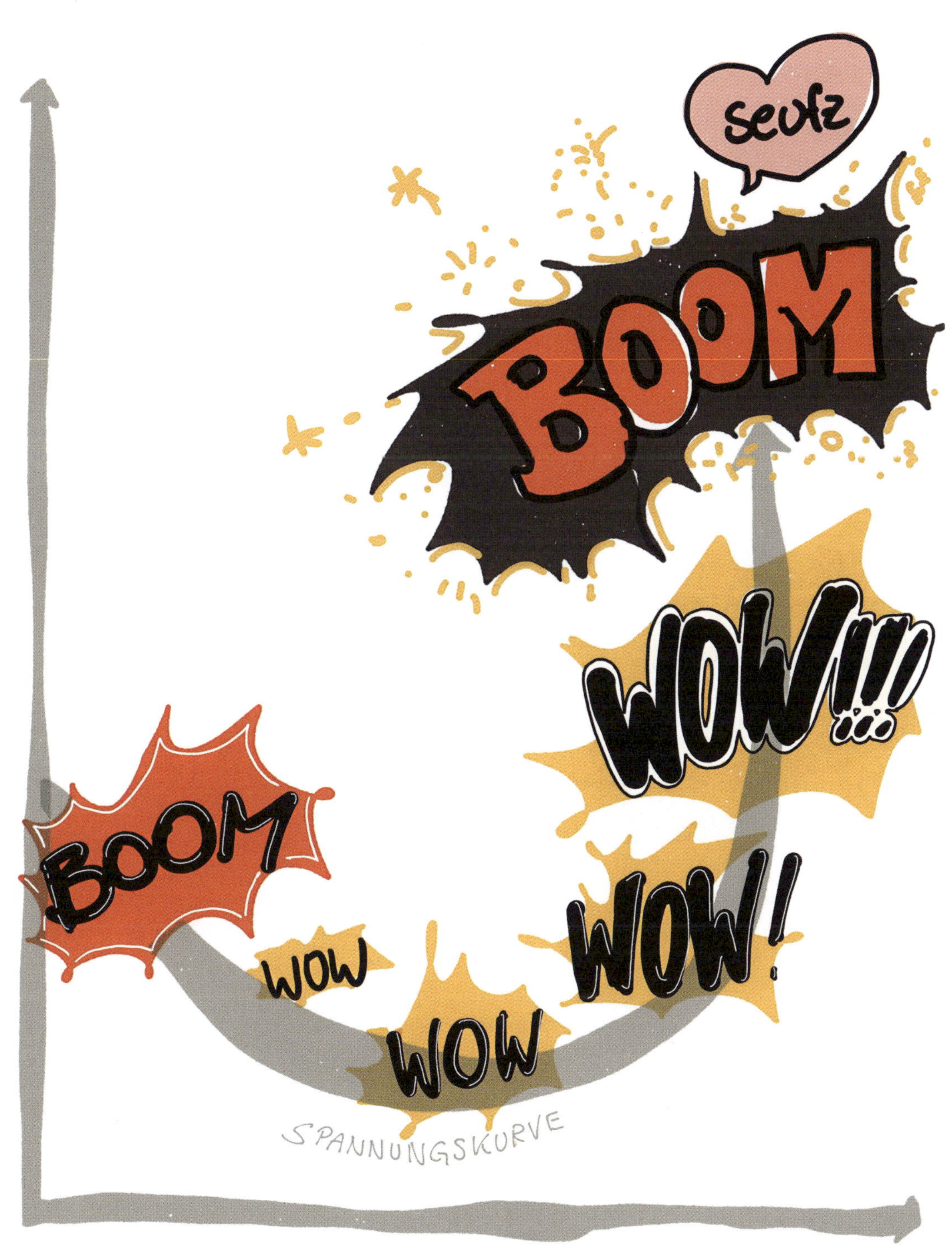
seufz
BOOM
WOW!!!
BOOM
WOW!
WOW
WOW
SPANNUNGSKURVE

Eins nach dem anderen?

Nö! Wenn ich noch nicht weiß, in welcher Reihenfolge ich die Panels anordne, sondern nur ungefähre Bildideen habe, dann zeichne ich gerne auf leeren Bierdeckeln. Ich habe mir ein paar Packungen bei einem großen Onlinehändler bestellt. Darauf kann man wunderbar mit Markern zeichnen.

So kann ich die Reihenfolge der Panels umsortieren und manchmal entstehen so spannendere und auch ganz neue Geschichten.

Eines Abends saß ich mit meinem Mann auf der Couch. Ich war in Spiellaune und fragte ihn, ob er mir ein Tier und ein Gefühl nennt. »Fledermaus mit Zeitdruck«, meinte er. Dann eine Tätigkeit: »Vespa fahren.« Und nun ein Ort: »Hexenhaus.« Noch etwas? »Das Letzte, was eine Maus sieht.« Es sprudelte nur so aus ihm heraus. Ich zeichnete jedes Wort als Bild auf einen Bierdeckel, legte sie willkürlich in eine Reihe und schon hatten wir eine Geschichte. Und noch eine, wenn ich die Reihenfolge änderte.

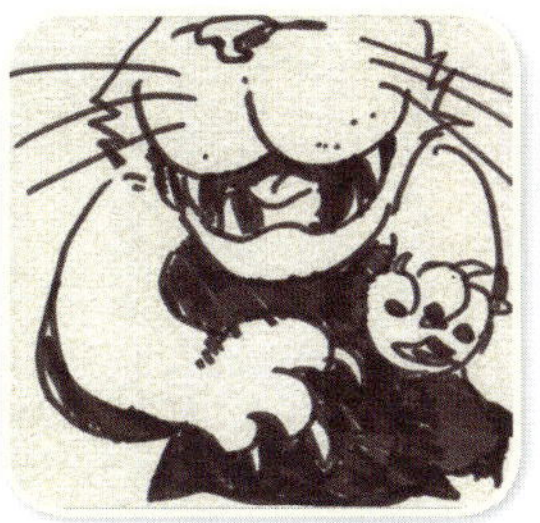
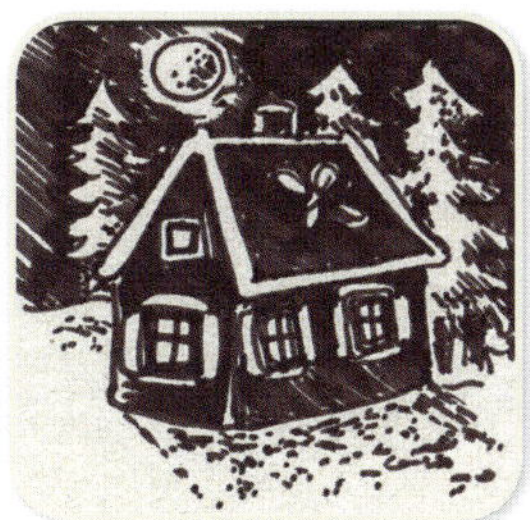
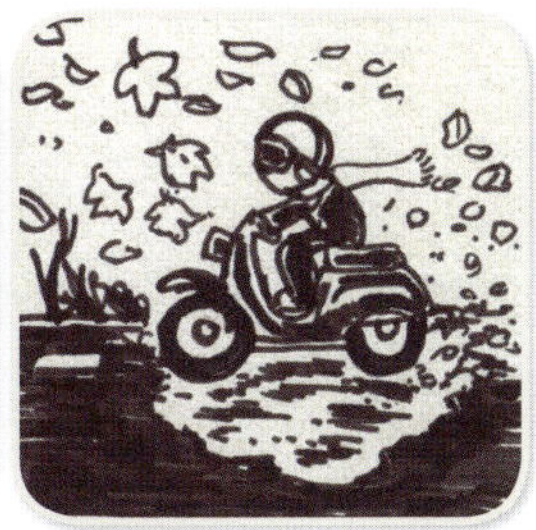

Begeistert war Fred nicht, als sie ihm die Kette am Beinchen befestigte, aber beide kannten sein Geheimnis. Zu viele Wesen mussten ihre

Sorglosigkeit bereits mit viel Blut bezahlen. So konnte er wenigstens nur im Haus Unheil anrichten. »Du passt ein wenig auf ihn auf, ja, Clarence?«, instruierte sie den arg schielenden Löwen, der zum Gruß die mächtige Pfote hob. Sie schaltete die Alarmanlage scharf, die die Umgebung des Hauses überwachte, und verriegelte die Türe. Was für eine Idee, dieses Haus am Arsch der Welt zu kaufen … so weit weg von allem, so viel konnte passieren, wenn sie den weiten Weg in die Stadt auf sich nehmen musste. Aber nur so konnte sie das fürchterliche Geheimnis um Fred wahren, nur so konnten sie sicher sein. Sie zog den Schal fester, stülpte den Helm über und fuhr in die Nacht.

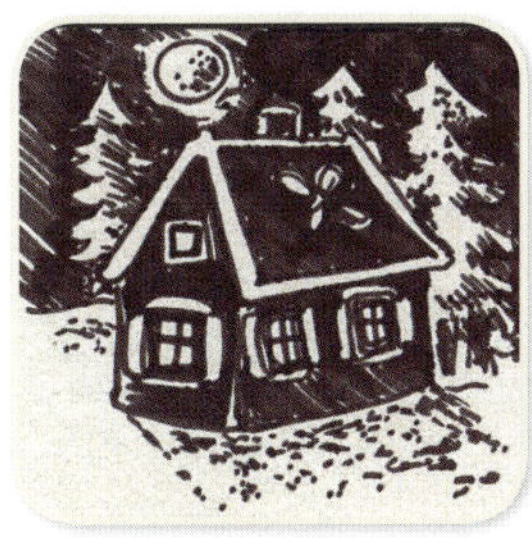
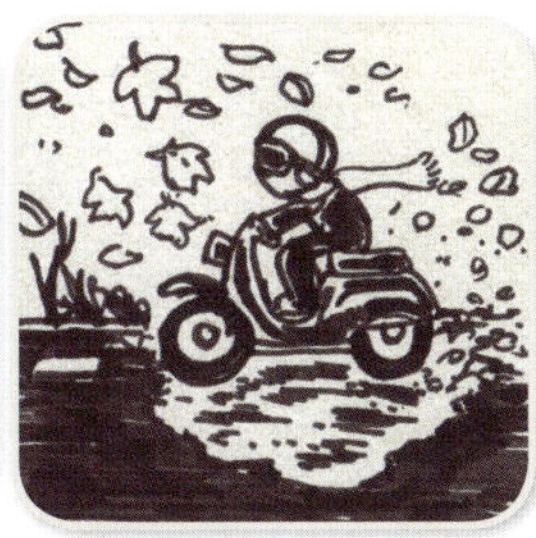
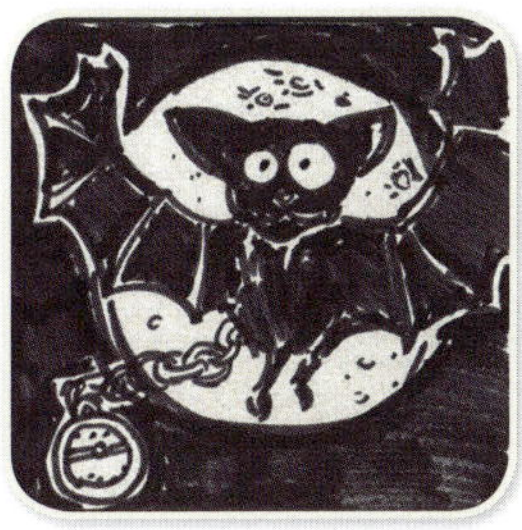
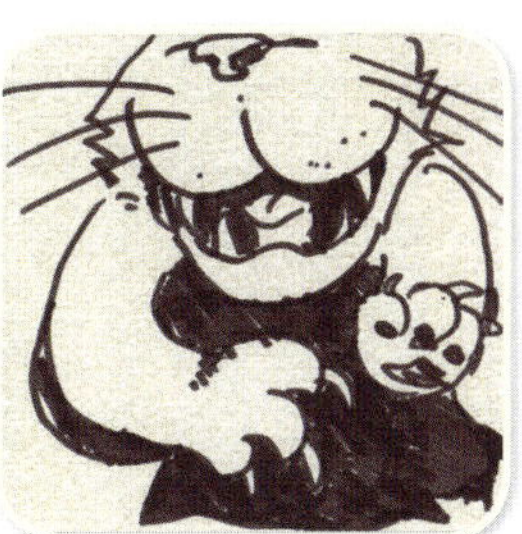

Mitternacht also. Es kann losgehen. Sorgfältig schließe ich die Haustüre ab, bevor ich den E-Roller starte. Der Akku scheint komplett geladen zu sein, meine Vorsicht zahlt sich aus. Und es war ein Vorhaben, das besser im kleinsten Detail vorbereitet ist. Kein Vergnügen, im Herbststurm mit knappen 35 km/h unterwegs zu sein, aber die Scheinwerfer des riesigen Anstaltsgeländes spenden auf den letzten Kilometern Licht, sodass es beinahe taghell wirkt.

Alles läuft nach Plan, nur noch ein paar Minuten, bis … mit ekligem Geräusch klatscht die Fledermaus gegen meine Brille und reißt mich mit der am Bein befestigten Eisenkugel vom Roller. Es wird schwarz. Keine Ahnung, wie viel Zeit vergangen ist, keine Ahnung, wo ich bin – es riecht merkwürdig streng. Ich spüre den Atem mehr, als ich ihn rieche, öffne die Augen und … Schwärze, nichts als Schwärze.

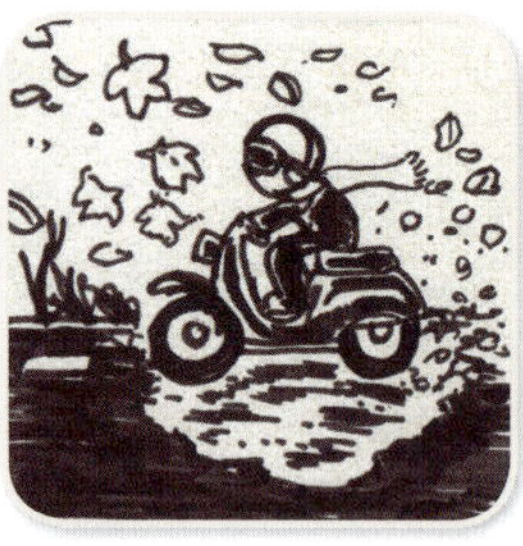
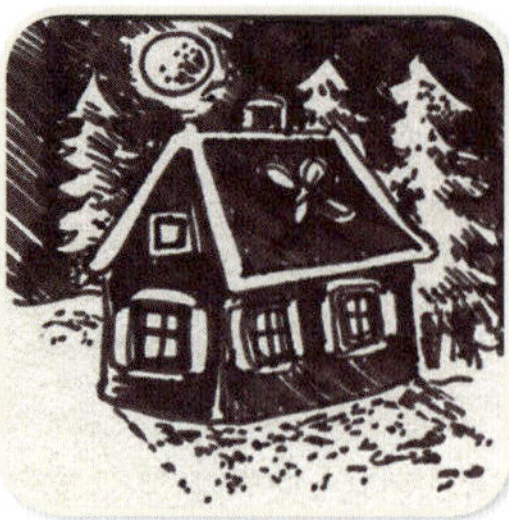
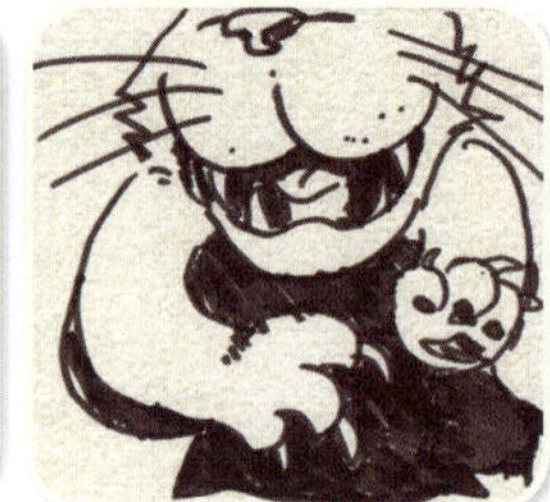
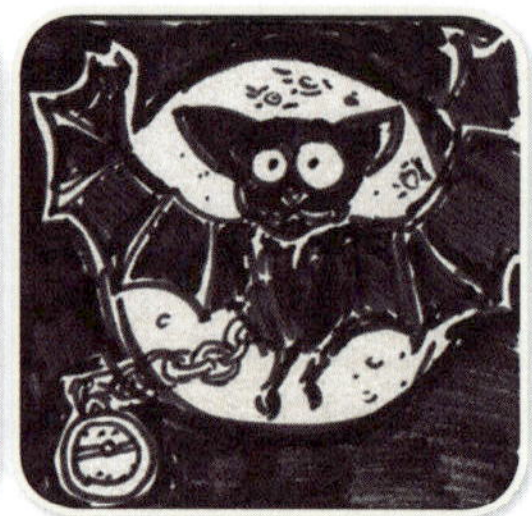

Noch nicht so lange her, damals im Herbst: Ich packte mich warm ein, warf die alte Vespa an, befestigte das Navi am Lenker und los ging es. Nach einigen Stunden, einmal tanken und einmal Pipi später, beschlich mich der Verdacht, dass da etwas – im wahrsten Sinn des Wortes – in die falsche Richtung lief. Zack! Die Sonne ging unter und ich stand mit beinahe leerem Tank vor einer Art Hexenhaus. Danke, Navi! Ich nahm den Helm ab, kontrollierte den Hinterreifen und das Letzte, was ich sah, war ein sehr, sehr weit geöffnetes Maul. Sogar die hektische Fledermaus erschrak, als sie meinen erstickten Schrei vernahm.

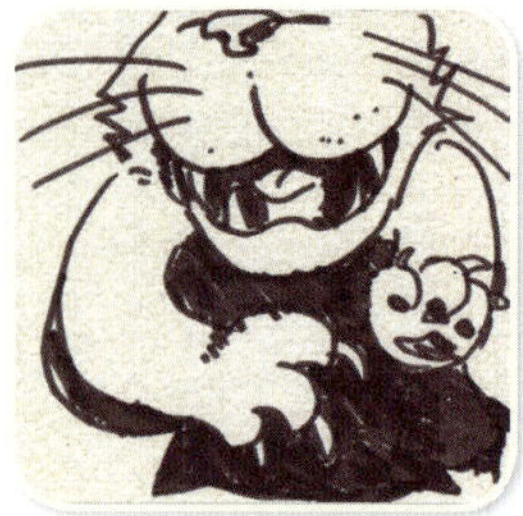
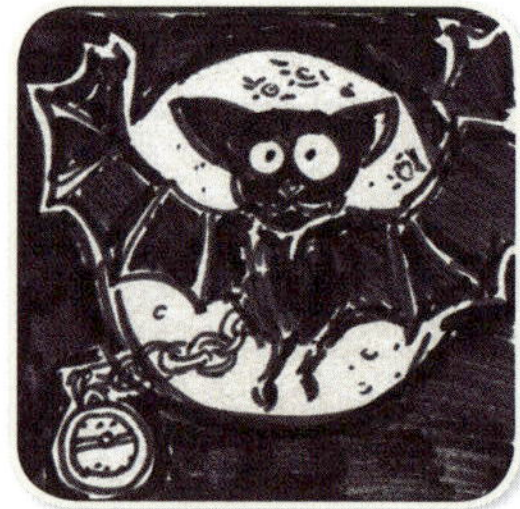
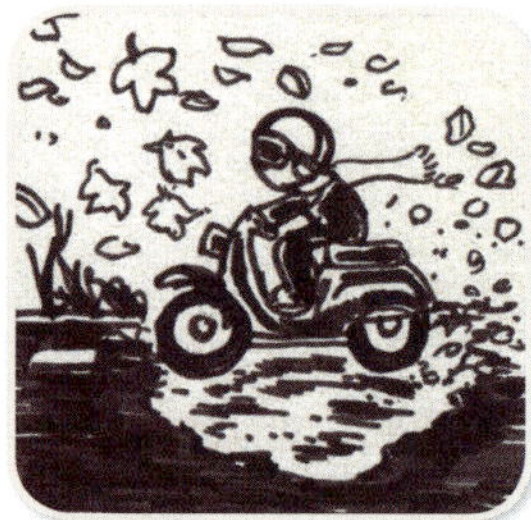
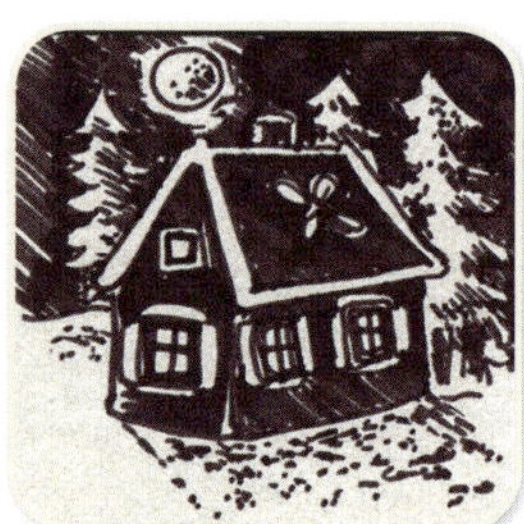

»Tja, mein Tiger, ich muss wieder«, verabschiede ich mich von meinem Hausbiest. Bevor ich jedoch das Haus verlassen kann, vernehme ich ein merkwürdiges Geräusch, gleichzeitig klatschend und polternd … ich schaue aus dem Fenster und vor der Silhouette des Mondes zeichnet sich eine an der Scheibe notgelandete Fledermaus ab. Das polternde Geräusch rührt von einer … einer … einer Taschenuhr, die am Bein der Fledermaus befestigt ist! Sehr merkwürdig. Sehr, sehr merkwürdig. Dem muss ich nachgehen, mir kundigen Rat einholen, das geht hier nicht mit rechten Dingen zu. Ich werfe mir die Lederjacke über, starte den Roller und suche die Wahrsagerin in ihrem Haus auf.

Übung

Zeichnen Sie absurde Situationen, Wesen, banale Tätigkeiten und eine Landschaft auf je einen Bierdeckel. Welche Reihenfolge ergibt nun einen spannenden Comicstrip?

Die heilige Dreifaltigkeit des Humors

Ein Buchbeitrag von Margit Hertlein

Einfaltig: Die 3er-Reihe

Die Dreierreihe ist eine der klassischen Witzformen. Sie besteht aus der Exposition, der Bestätigung der Exposition und dann der Pointe, die die Erwartung aufgrund der beiden vorausgegangenen Aussagen enttäuscht. Je weniger der dritte Teil in der Reihe zu den beiden übrigen passt, desto komischer.

Beispiel 1:
Was brauchen Sie für eine Steuererklärung? Die Vordrucke vom Finanzamt, sämtliche Belege und ein Stück Holz zum Reinbeißen.

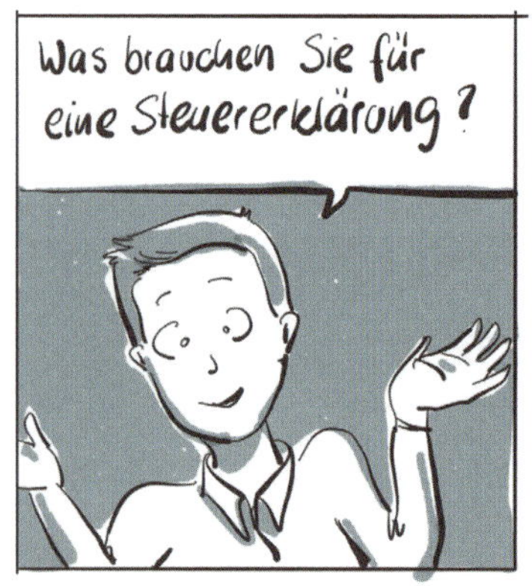

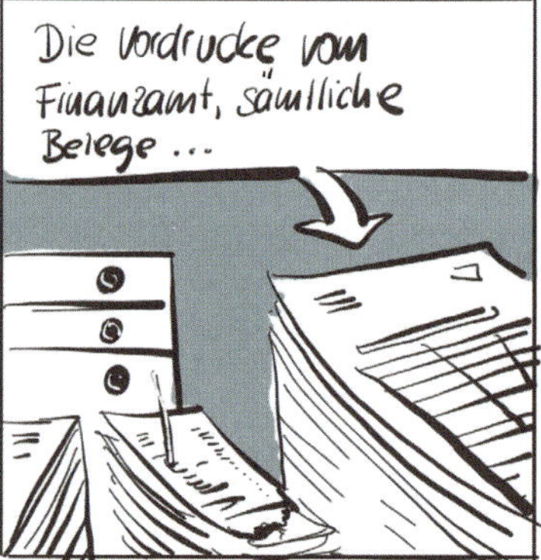

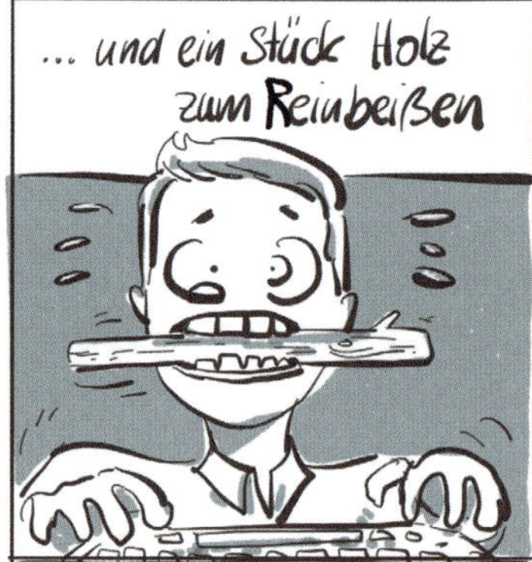

Beispiel 2:
Als ich mit meinem Mann den Urlaub plante, sagte ich: »Schatz, kein Leichtsinn. Verschiedene Reiseapotheken. Verschiedene Flugzeuge. Verschiedene Orte.« (frei nach Eckhard von Hirschhausen)

Zweifaltig: Fallhöhe und Überzeichnung

In jedem guten Comic, jedem Witz und jeder Geschichte gibt es eine Entwicklung, mit der der Leser nicht gerechnet hat – die Fallhöhe.

Je absurder die Entwicklung, je ungewöhnlicher die Sichtweise, je unerwarteter die Wendung ist, desto komischer ist das Ergebnis. John Vorhaus schreibt dazu: Man kann entweder den Preis des Misserfolgs oder den Lohn des Erfolgs erhöhen. Am besten lässt sich das Prinzip der Fallhöhe bei der Dreierreihe erklären. Mit der Überzeichnung haben Sie ein Stilmittel der Fallhöhe. Überzeichnen, übertreiben, überspitzen, dramatisieren und bauschen Sie das auf, was Sie als angenehm oder als störend empfinden.

Zusätzlich können Sie diese Überzeichnung in ein Bild oder eine Metapher einfließen lassen. Das kann eine bekannte mathematische Formel, ein Lebewesen wie ein Baum, ein Organigramm oder eine menschliche Rolle wie ein Pfarrer sein.

Beispiel 3:

Es gibt in der Geschichte so gut wie keine wichtigen Frauen. Abgesehen vielleicht von Kleopatra, Katharina der Großen und Miss Piggy.

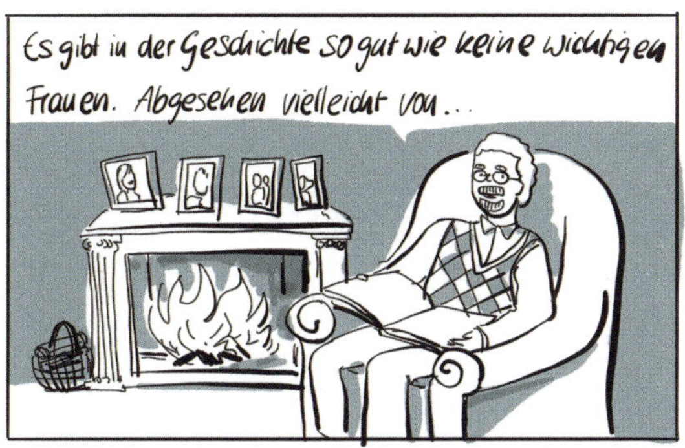

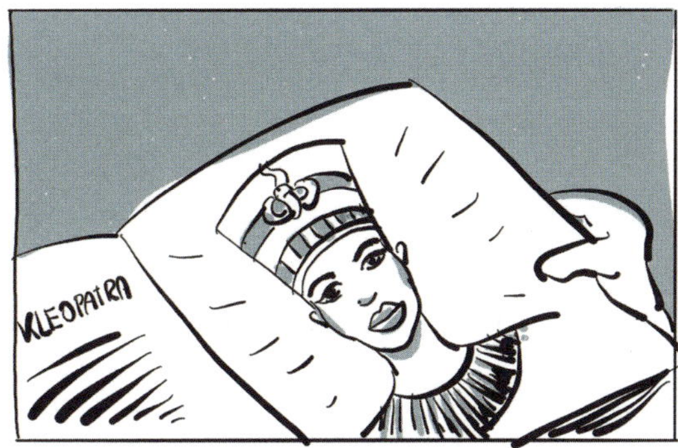

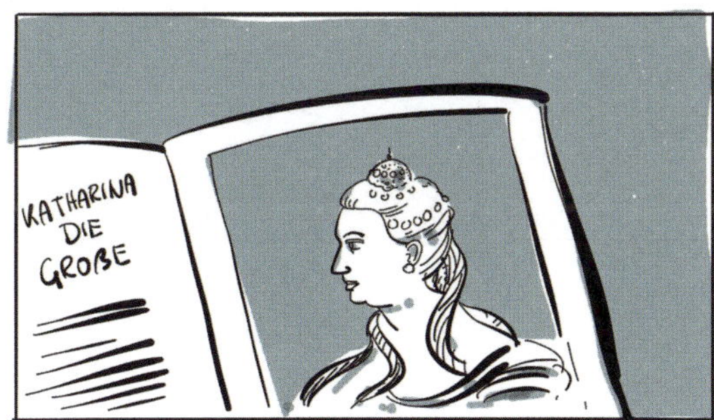

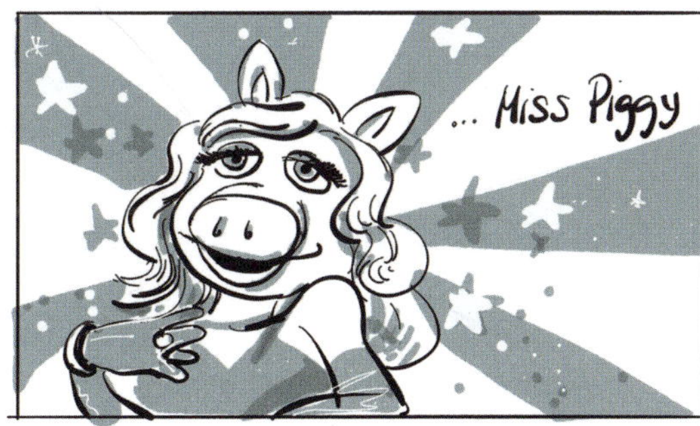

Dreifaltig: Persönliche Situationen großzügig aufs Korn nehmen

Seien Sie großzügig und persönlich betroffen! Ausgangspunkt von Humor ist die persönliche Betroffenheit. Situationen, Menschen und Lebensumstände, die Emotionen auslösen, sind ein idealer Ausgangspunkt für Humor und Comics. Dazu kommt Großzügigkeit, wenn es darum geht, Schwächen aufs Korn zu nehmen. Großzügigkeit bedeutet, Stärken und Schwächen wertzuschätzen und wirklich zu lieben. Das schützt vor Schadenfreude, verletzendem Witz und Sarkasmus.

Beispiel 4:

Wenn Sie oft Besprechungen besuchen (müssen), die bei Ihnen Emotionen (gleich welcher Art) auslösen, dann nehmen Sie doch eine Besprechung auf die Schippe und das Ganze mit einem innerlichen Schmunzeln.

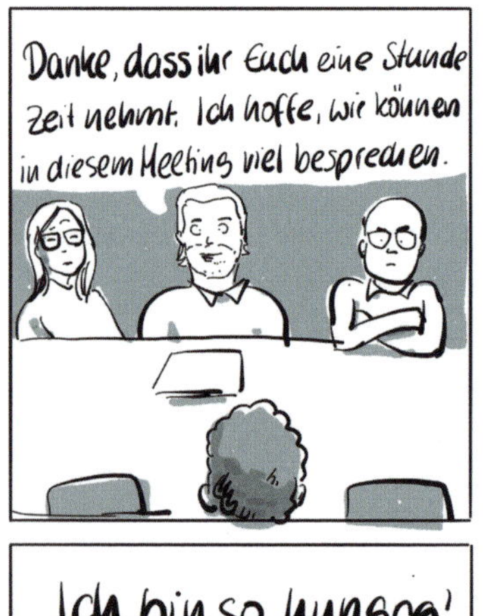

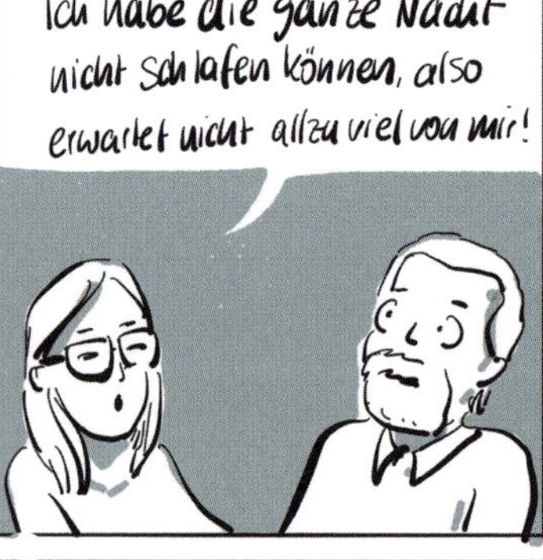

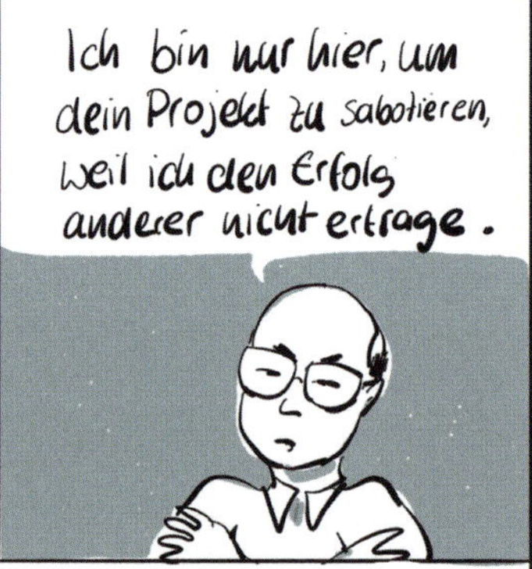

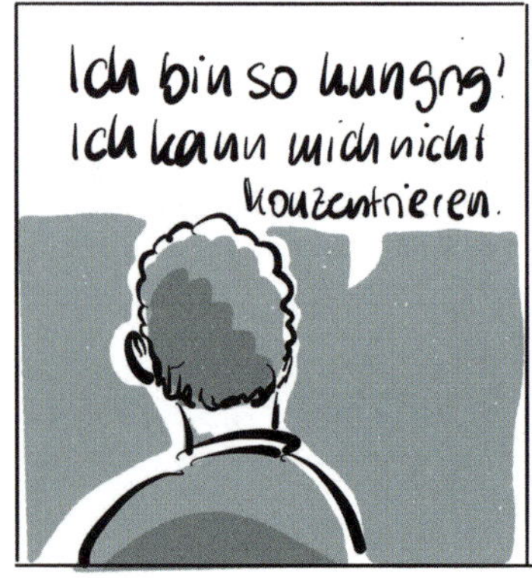

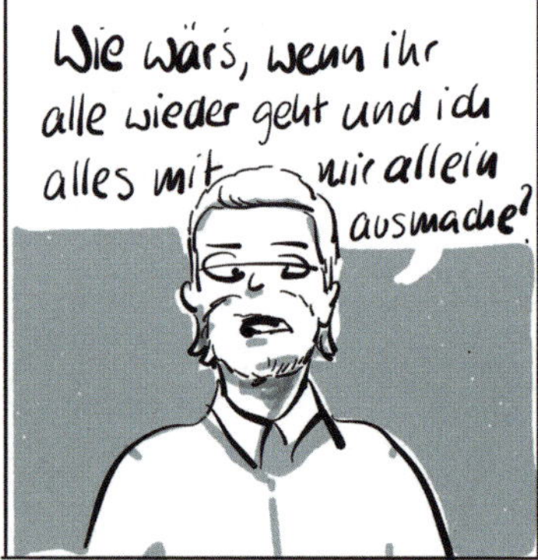

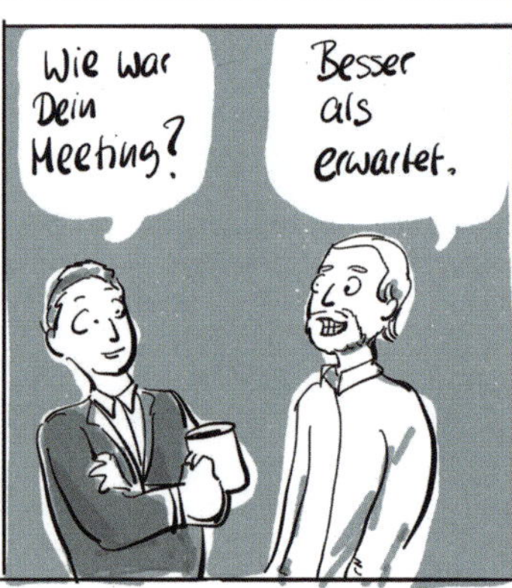

Übung

Wie würde Ihr Lieblingswitz als Comicstrip aussehen? Probieren Sie es gleich aus.

4 Layout – Szenen in Panels

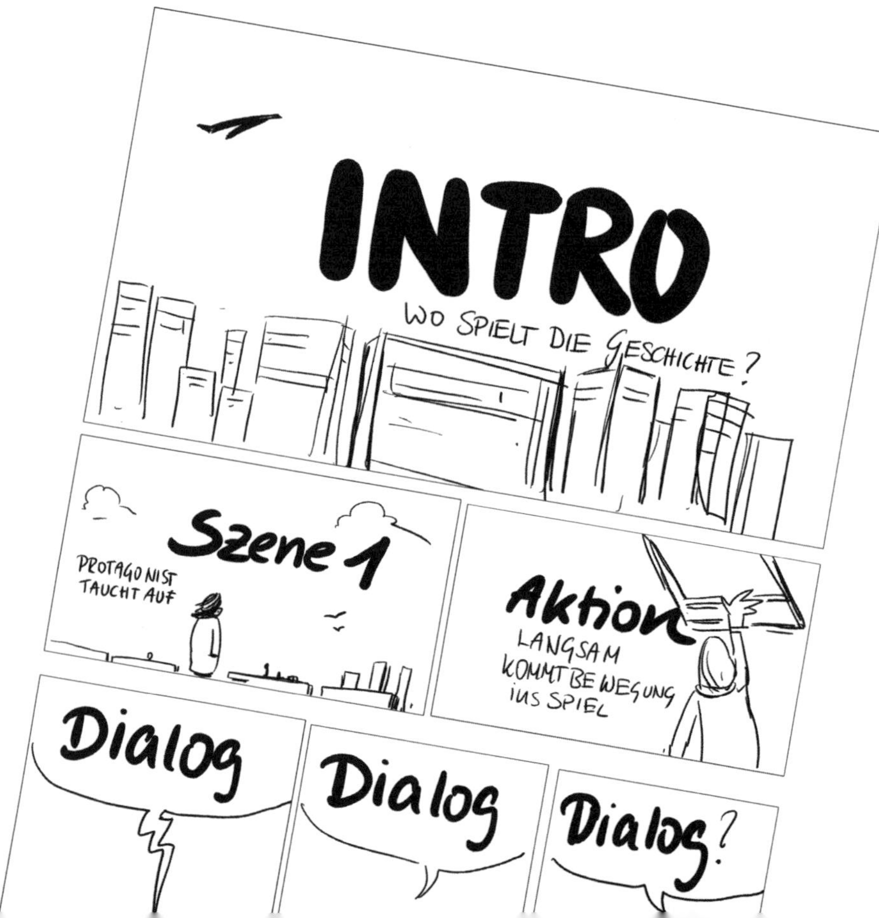

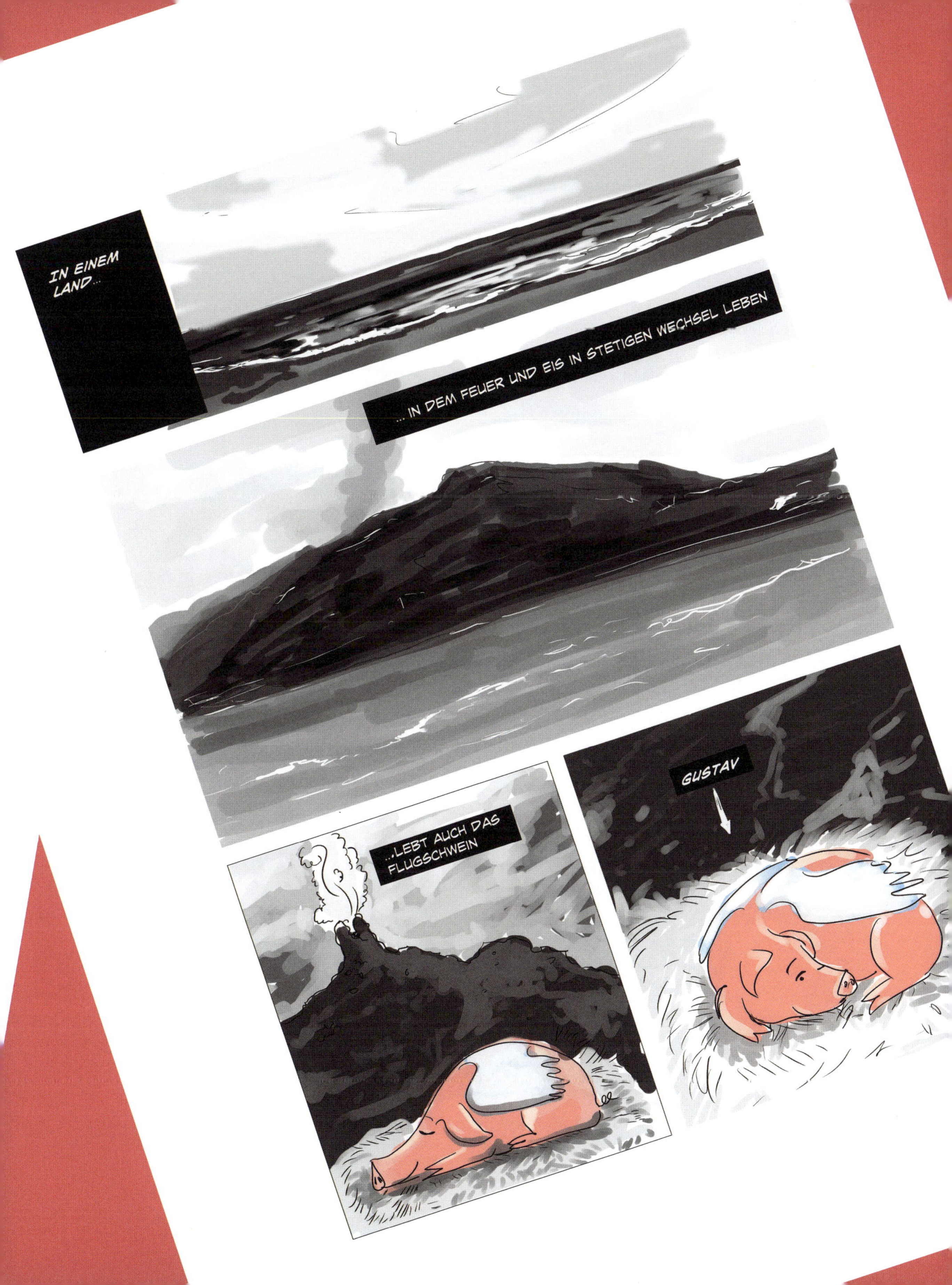
IN EINEM LAND...
... IN DEM FEUER UND EIS IN STETIGEN WECHSEL LEBEN
..LEBT AUCH DAS FLUGSCHWEIN
GUSTAV

Geschichten in Panels erzählen

Die Einzelbilder des Comics werden als Panels bezeichnet. Aus wie vielen Panels eine Geschichte besteht, hängt davon ab, wie und wo der Comic veröffentlicht werden soll. In Zeitungen und Zeitschriften gibt das Zeitungslayout die Größe vor. Meist ist es ein Streifen von drei bis sechs Panels.

Bei der Veröffentlichung in sozialen Medien gibt es mehrere Möglichkeiten: Sie können bis zu zehn Einzelbilder hochladen oder ein quadratisches Format (Instagram) oder einen langen Streifen im Hochformat (Pinterest) gestalten.

Orientieren Sie sich am Handlungsstrang und an der zur Verfügung stehenden Anzahl an Panels! Überlegen Sie sich in kleinen Skizzen, wie Sie die Handlung kurz und knackig verständlich machen können.

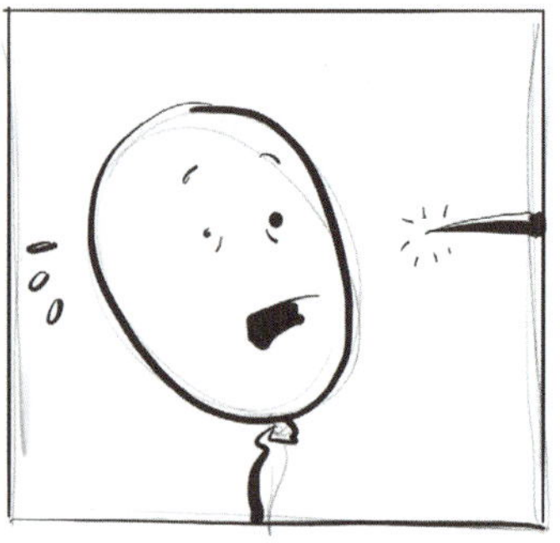

Was passiert? Handlung darstellen, testen, ob die Größe passt und die Darstellung verständlich ist.

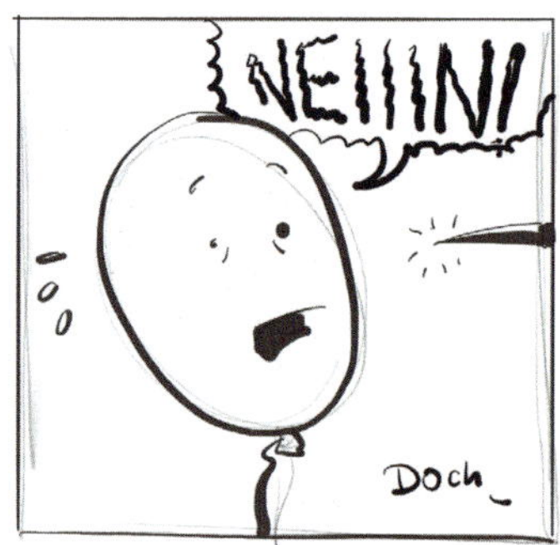

Kann man die Darstellung noch emotional verstärken? Braucht es einen Text?

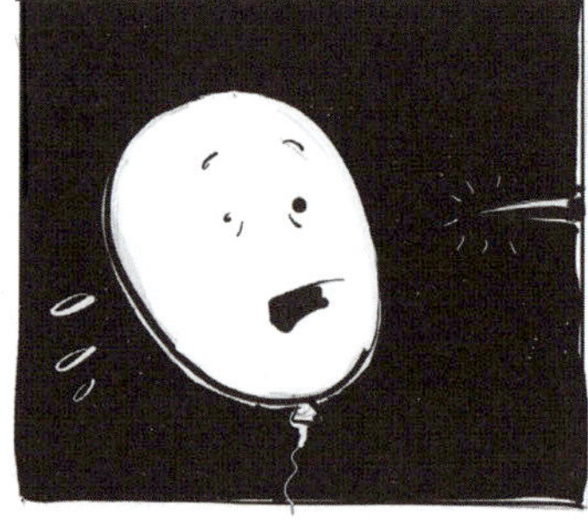

Kann man die Darstellung noch leichter erkennbar machen – durch stärkere Kontraste? Wie ist die Wirkung?

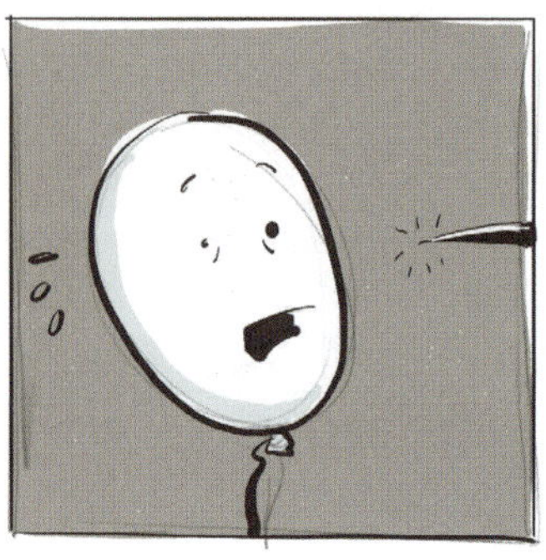

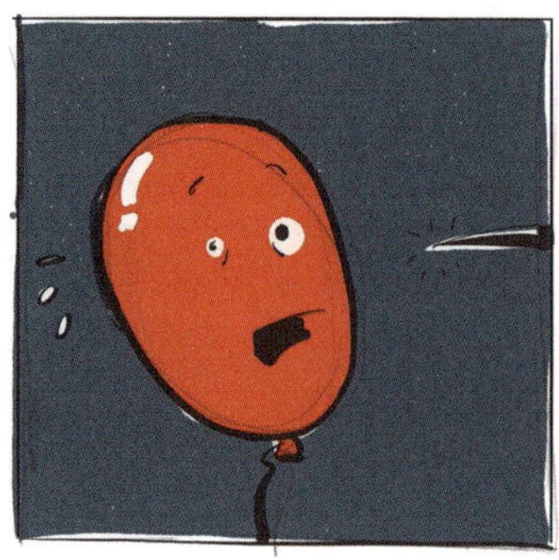

Was kann man weglassen? Farbe kann die Stimmung noch verstärken – wenn Sie Farben verwenden dürfen. Ein paar Studien dazu sind immer hilfreich, um die Wirkung der Farbzusammenstellung und die »Lesbarkeit« zu testen.

Ein Panel

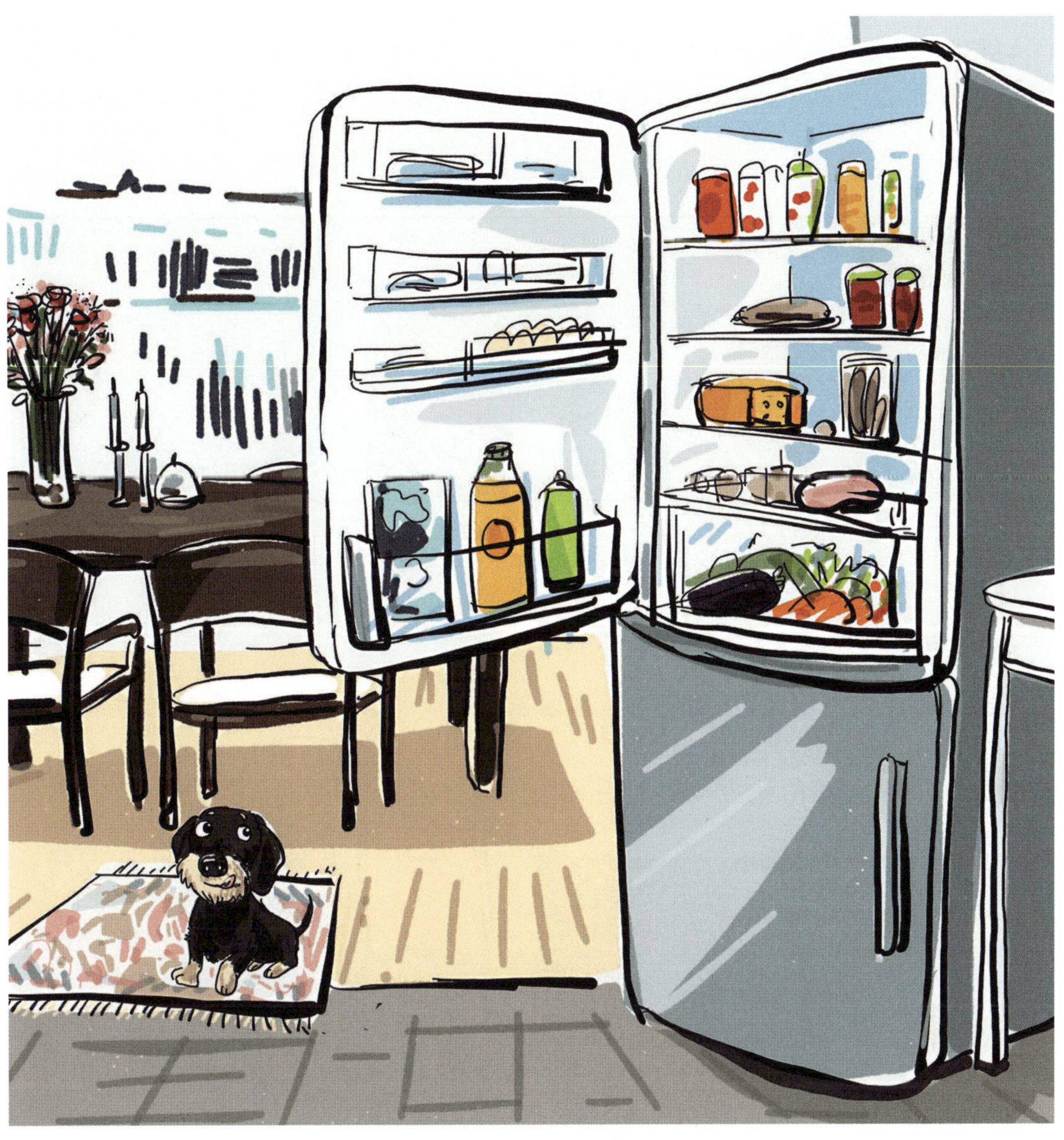

Dieser Cartoon ist ein Beispiel für eine lustige Situation, erzählt in einem Bild. Jeder Haustierbesitzer kennt das Phänomen: Kühlschrank auf – Haustier da.

Comicstrips

In einem Comicstrip mit mehreren Bildern hintereinander lassen sich Entwicklungen und Abläufe sehr gut zeichnen. Es ist aber gar nicht so einfach, eine Geschichte in nur drei bis vier Panels unterzubringen.

Ich beginne, im ersten und im letzten Panel zu zeichnen. Erst dann ergänze ich die fehlenden Panels. Durch den Text in den Sprechblasen lassen sich Informationen unterbringen, die nicht zeichnerisch gezeigt werden müssen.

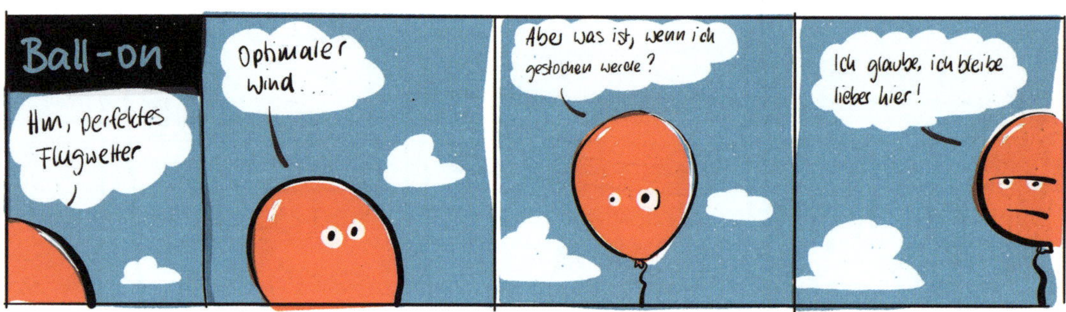

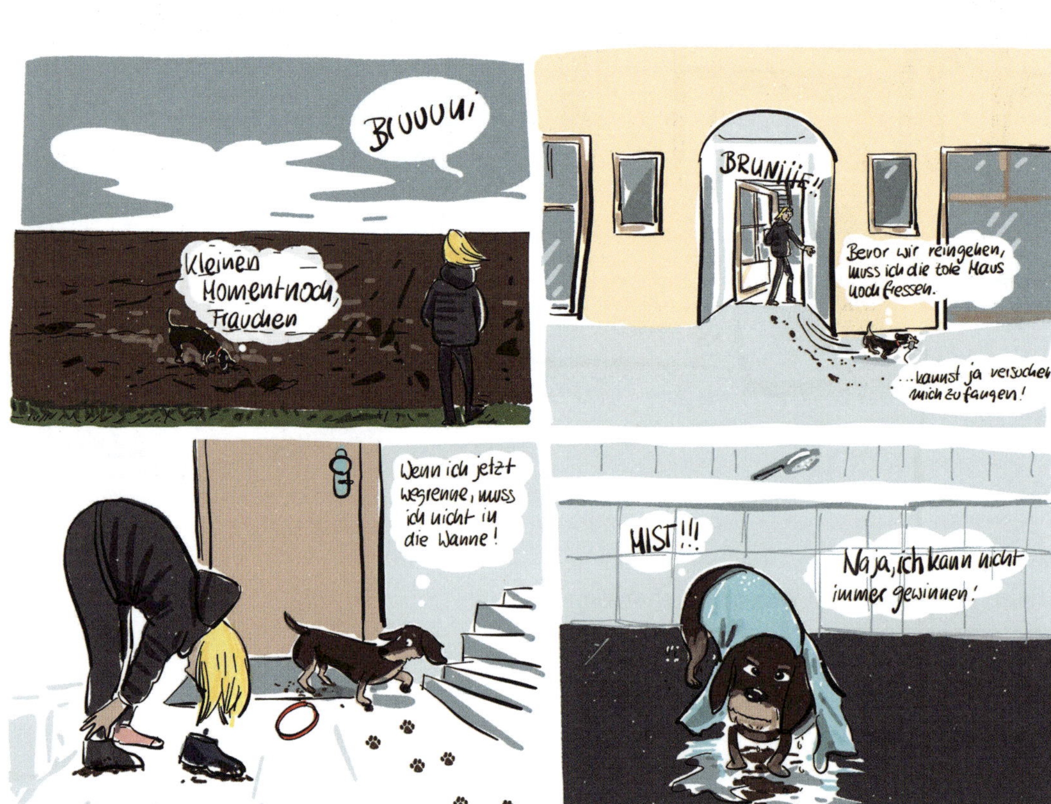

Der folgende Comicstrip ist eine Auftragsarbeit für ein Krankenhaus. Ziel war es, die Fehlerkultur zu verbessern. Das Krankenhaus hat darüber nachgedacht, wie in Meetings leichter über Fehler gesprochen werden kann. Der Text in den schwarzen Balken beschreibt den Ablauf. Diesen Ablauf habe ich genutzt, um eine Storyline zu erstellen. Die Meetingsituation habe ich verbildlicht: Das menschliche Verhalten steht im Mittelpunkt, diesen Anhaltspunkt habe ich mit den Gesichtsausdrücken verbildlicht.

Neben der Mimik ist auch die Gestik der Figuren wichtig – die Herausforderung war, noch etwas Text unterzubekommen. Dabei hilft es, die Figuren nur so groß zu zeichnen, dass das Panel nur zu maximal 3/4 gefüllt ist. Auch hier habe ich vorher eine Bleistift-Skizze samt Text erstellt und im nächsten Schritt mit Marker darüber gezeichnet.

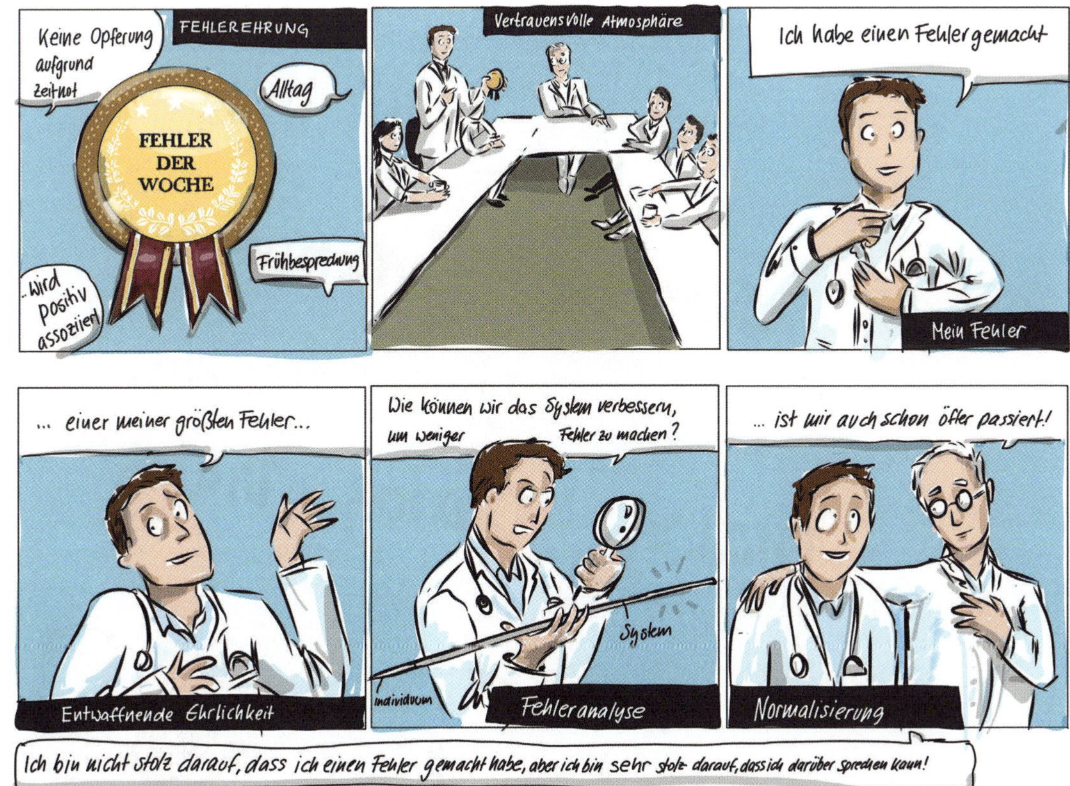

Welches Panel für welche Handlung?

Der Beginn einer wunderbaren Geschichte

Am Anfang führt man den Betrachter in die Welt ein, in der die Geschichte vorerst spielen soll. Dazu eignen sich große Panels – auch, um die Weite erfahrbar zu machen und die Umgebung des Protagonisten möglichst umfangreich zu zeigen. In manchen Comics wird dafür sogar eine ganze Doppelseite genutzt.

Dann wird der Protagonist vorgestellt und die Umgebung mit Dingen, die ihn ausmachen und auch ein bisschen beschreiben. Die Handlung beginnt. Ein Gespräch. Für Dialoge eignen sich Panels im Hochformat gut, da bleibt genug Platz, um die Sprechblase zu zeichnen.

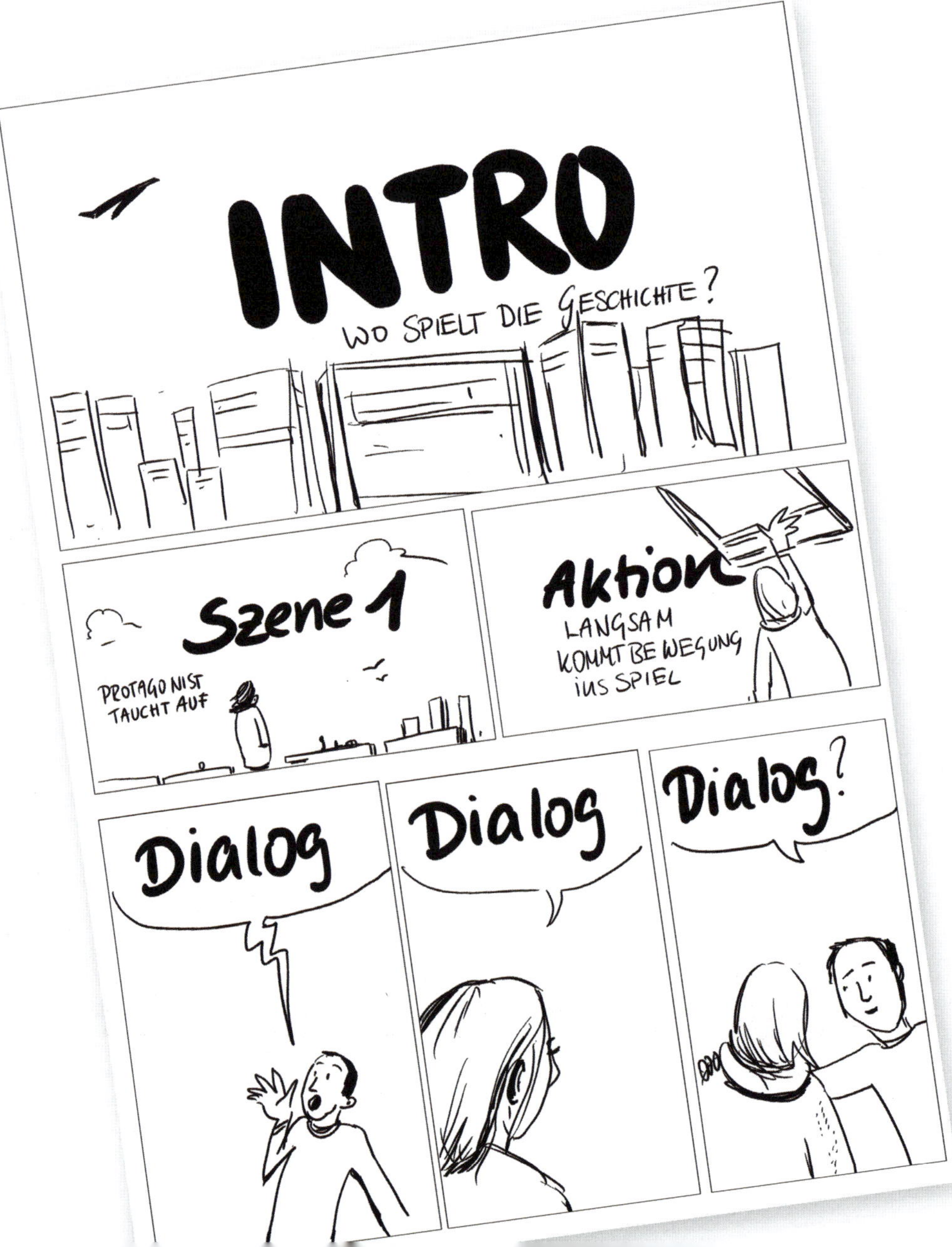

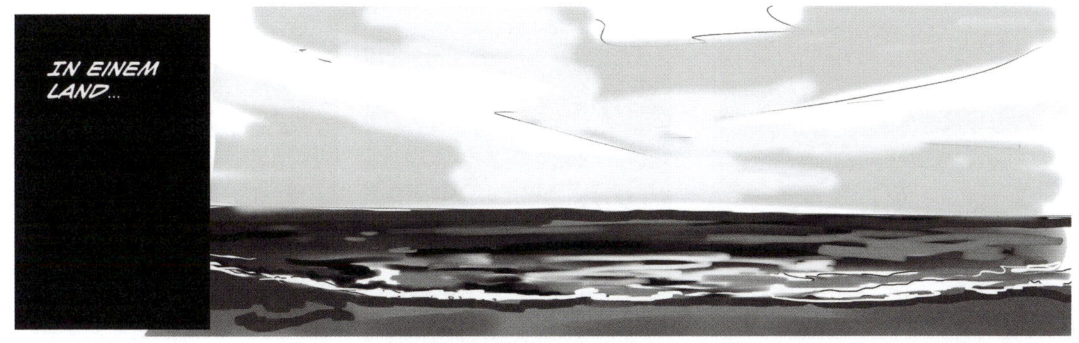

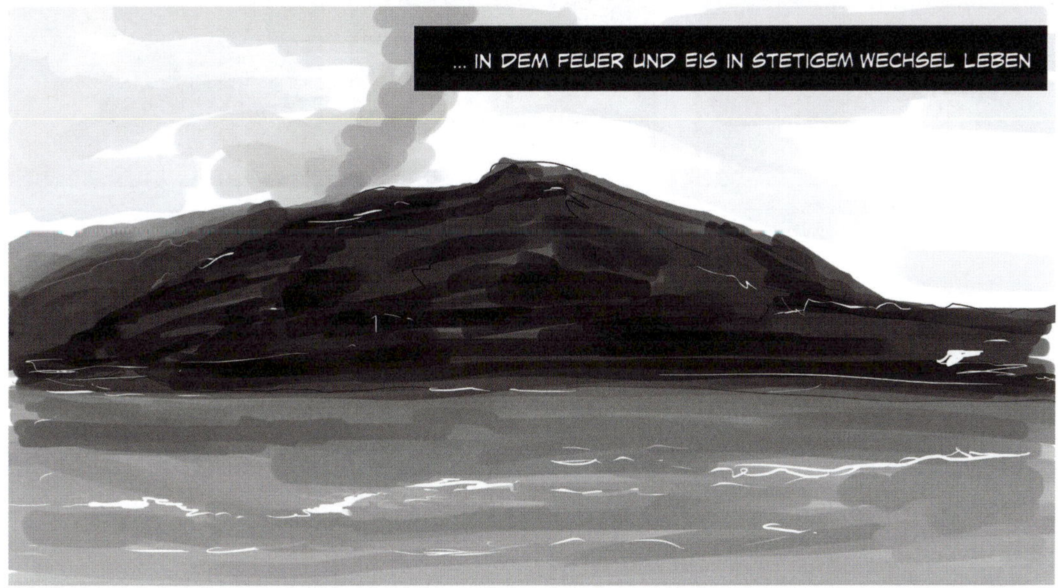

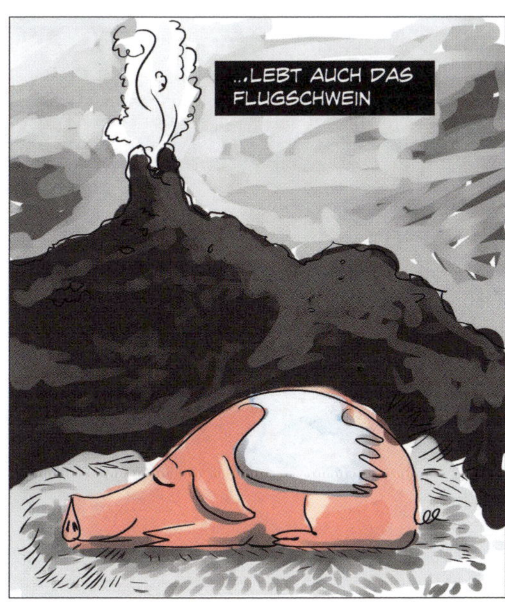

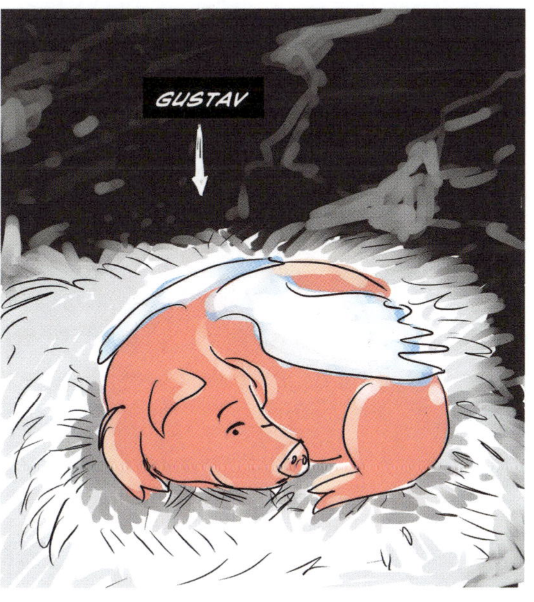

Welches Panel für welche Handlung?

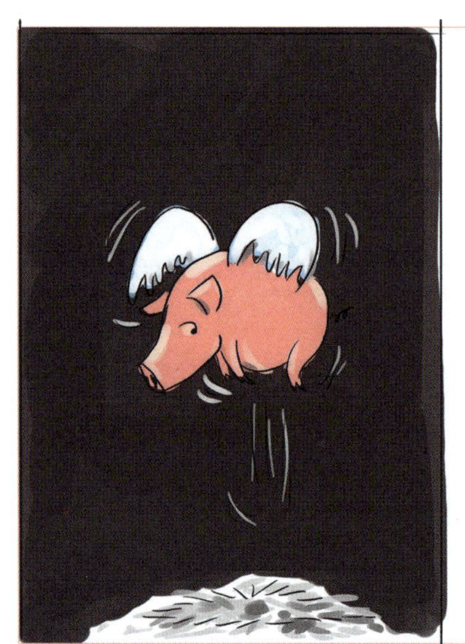
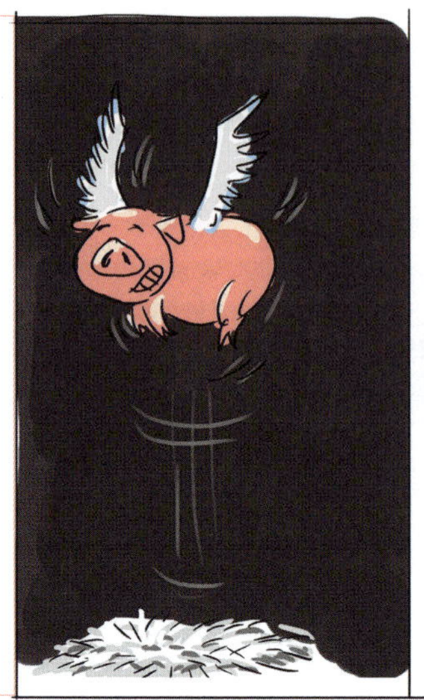
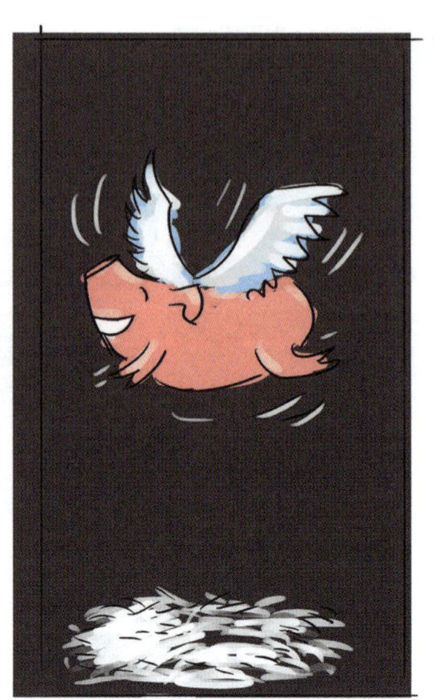
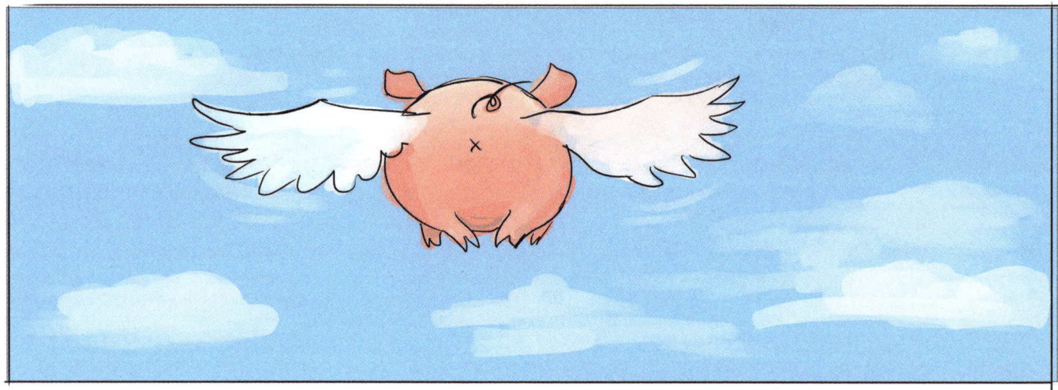
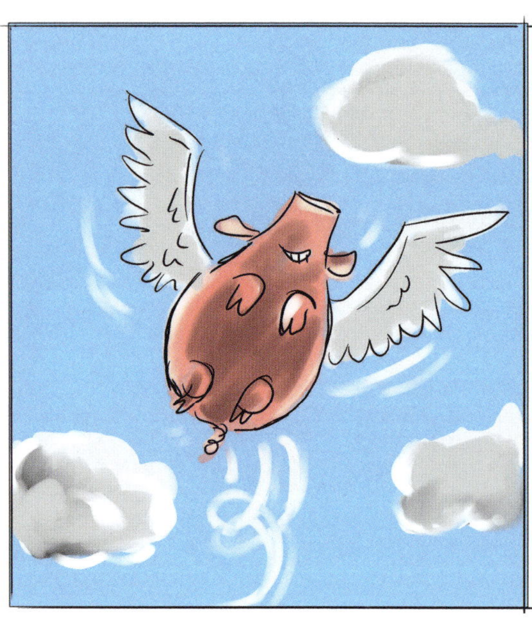
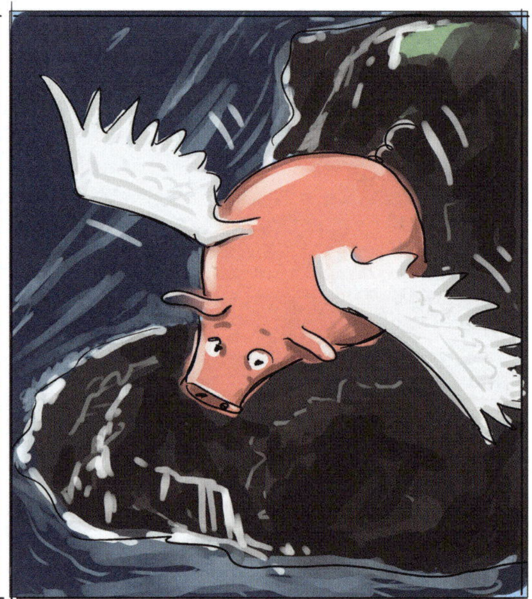

Bewegung und Actionszenen aufgeteilt auf verschiedene kleine Panels sind für Betrachter gut nachvollziehbar. Wenn viele Zwischenschritte der Bewegung gezeigt werden, wirkt die Bewegung langsamer. Harte Schnitte und verschiedene Perspektiven lassen die Bewegung schneller wirken. Bewegungslinien verdeutlichen die Bewegung noch zusätzlich.

Der Protagonist, das Flügelschwein Gustav, fliegt dem Horizont entgegegen. Durch das breite Panel im Panoramaformat wirkt das Flügelschwein sehr frei. Man spürt die Weite, die Freiheit, die Sonne.

Durch den Perspektivenwechsel wirkt es so, als wäre das Schwein bereits weit geflogen. Betrachter könnten den Eindruck bekommen, sie würden selbst auf der Insel stehen. Die Perspektive ist kein Zufall, sondern eine natürliche Abfolge.

Zuvor sah man ein fliegendes Schwein und Wolken: Um die Handlung fortzuführen, wirkt es nun wie eine ganz natürliche Abfolge, jetzt, da auch Wolken zu sehen sind.

Nun kann man noch weiter an die Handlung anknüpfen. Die Tätigkeit »fliegen« taucht wieder auf. Nun wird der Ort der Handlung gezeigt. Die Panels stehen sich gegenüber und nutzen den verbleibenden Platz der Seite optimal.

Kleinere Panels hätten eine höhere Geschwindigkeit verdeutlicht. Zeichnete man darin verschiedene Detailaufnahmen, würde das Flügelschwein nicht entspannt fliegen, sondern ein Turboschwein sein. Das wäre nicht falsch, es würde nur eine andere Aussage ergeben.

Wie im Film - Kameraeinstellungen

Hilfsmittel und Techniken aus Filmen sind besonders wirkungsvoll, um die Lebendigkeit einer Szene zu verstärken. Kameraeinstellungen im Film entsprechen Bildausschnitten im Comic: Sie verleihen Dramatik und verstärken die Stimmung.

Die verkantete Einstellung

Ein schräger Horizont, nicht parallel zum Bildrahmen, verleiht dem Bild Dynamik.

Die Untersicht

suggeriert Kraft und Überlegenheit. Besonders eignet sich die Einstellung, um einen Protagonisten in eine Szene einzuführen und Protagonisten vorzustellen.

Die Vogelperspektive

Protagonisten in der Vogelperspektive wirken schwach, ängstlich und unterlegen.

Das ganze Bild

gibt einen Überblick über die ganze Szene. Es wirkt, als würde man den Blickwinkel von Protagonisten einnehmen.

Die Froschperspektive

ist ähnlich wie die Untersicht. Sie vermittelt Bedrohung.

Die Totale

zeigt die Protagonisten in ihrem Umfeld, oft auch durch das Auge eines Protagonisten. Sie zeigt, was passiert.

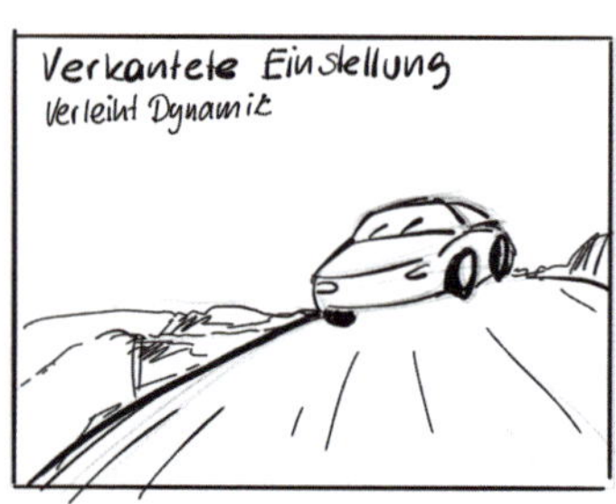

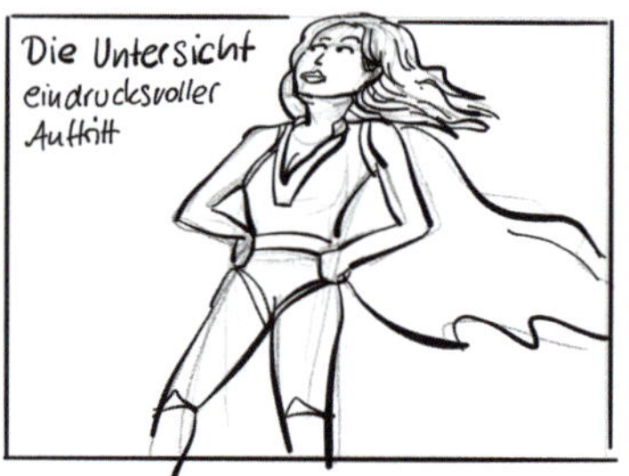

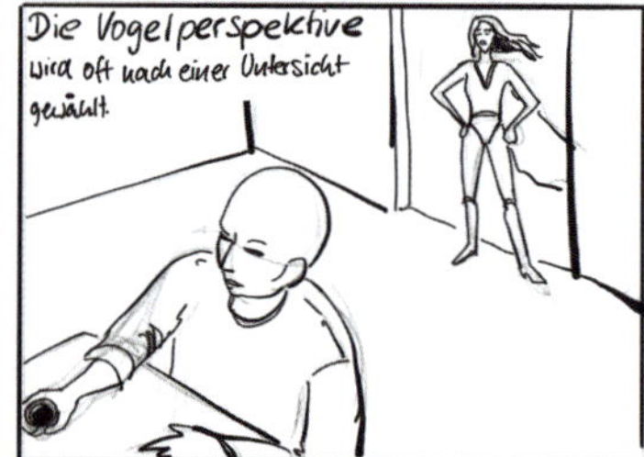

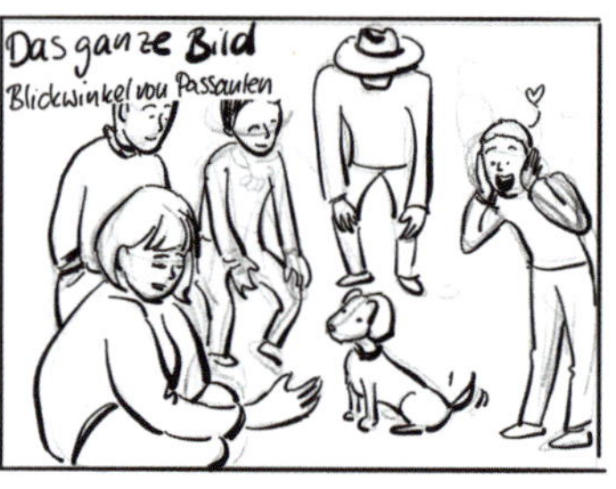

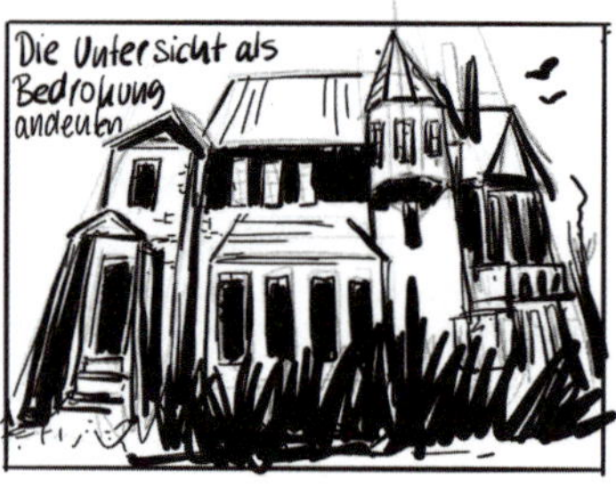

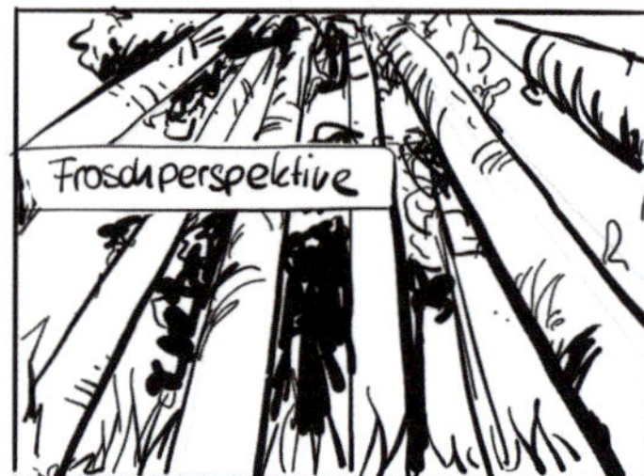

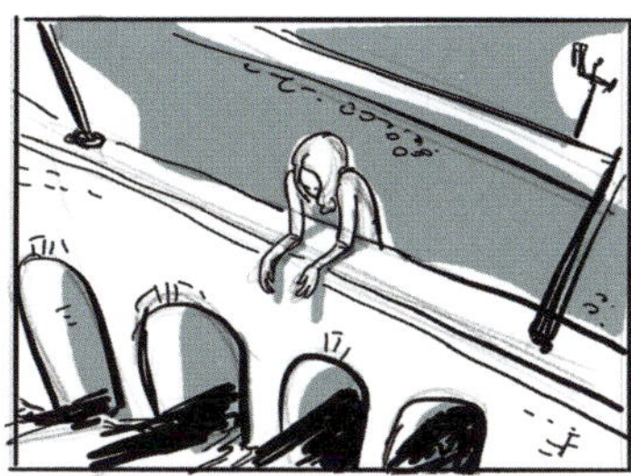

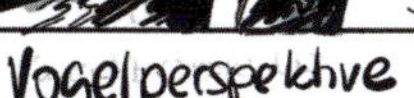

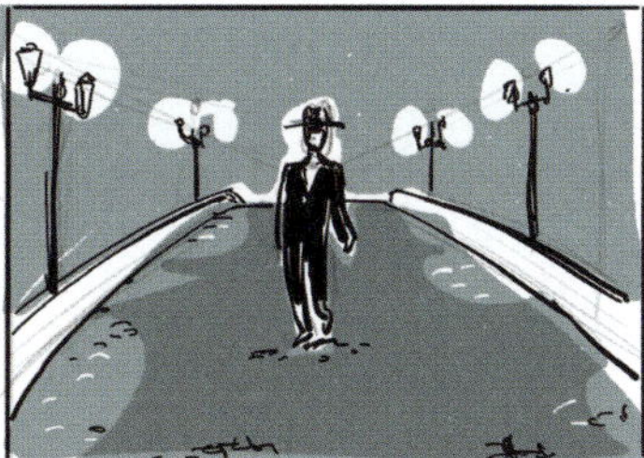

Totale

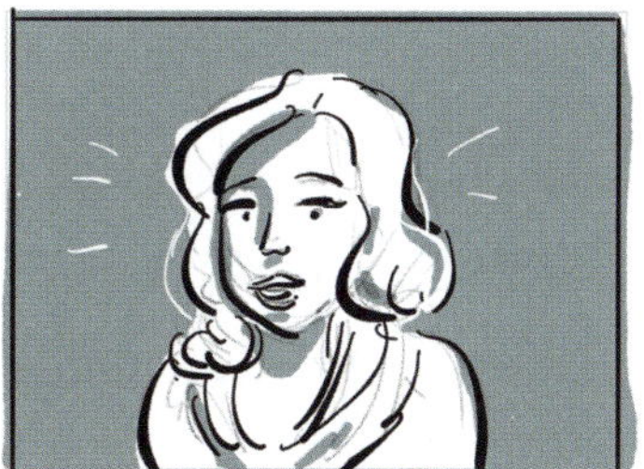

Nahaufnahme

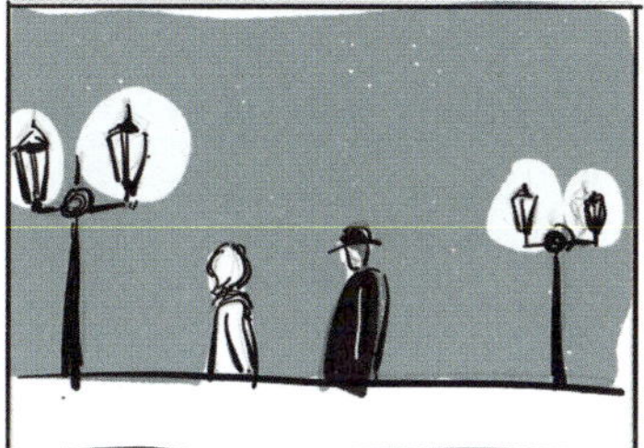

Zweiereinstellung/
Halbnahe

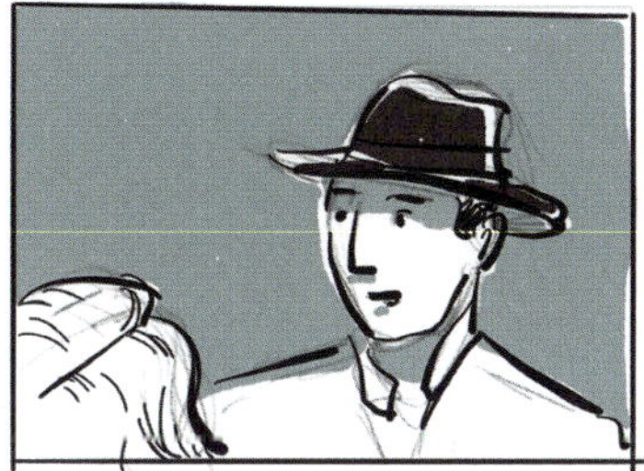

Nahaufnahme von oben

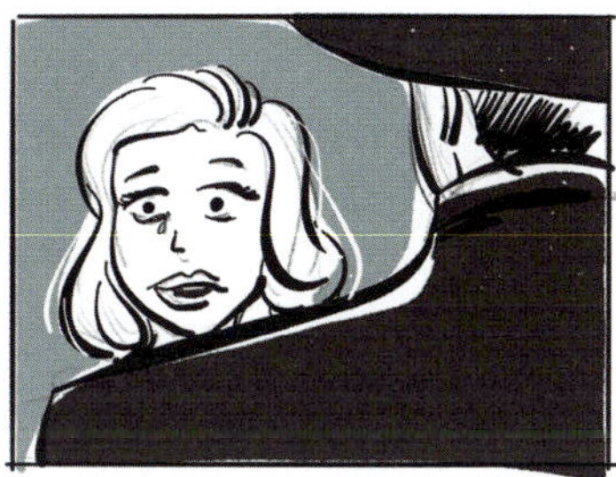

Nahaufnahme über die Schulter

Die Halbnahe/Zweiereinstellung

ist gut für Dialoge geeignet. Die Protagonisten werden vom Kopf bis zur Brust gezeigt. Sie ist eine gute Vorstufe, um näher heranzuzoomen in die Nahaufnahme.

Die Nahaufnahme

Ist ein Bildausschnitt, um Details zu zeigen: Augen, Gesichtsausdruck oder andere Details, auf die es in der Szene ankommt.

Nahaufnahme über die Schulter

oder der Blickwinkel zwischen den Beinen hindurch ist ein tolles Stilmittel, um Gefühle hervorzuheben.

Jedes gezeichnete Bild hat eine Bedeutung und einen Zweck. Oft beginnt eine Bildserie mit einer Einführung: Sie legt den Ort und die Zeit fest. In Comics wird damit ein neuer Schauplatz eingeführt.

Im weiteren Verlauf sollten die Bildausschnitte harmonisch aufeinanderfolgen: Langsames Heranzoomen und Folgen der Bewegungen, weiter von der Vogelperspektive in die Totale zur Nahaufnahme, dann ein kurzer Schritt zurück, um die Perspektive zu wechseln, und weiter in die Nahaufnahme – wie eine gezeichnete Kamerafahrt.

Szenen zum Leben erwecken

Aufeinanderfolgende Bildausschnitte erzählen oft bereits wie von selbst eine Geschichte. Harmonisch und nachvollziehbar kann man eine Geschichte nicht nur durch Kameraeinstellungen darstellen, sondern auch durch ein gemeinsames Element (ein Gegenstand, ein Auto, ein Tier …), das sich »durch die Szenen zieht«.

Es wird zum Gestaltungsmittel, zum roten Faden, in Kombination mit dem Bildausschnit wird es eine Augenweide.

Ein Meister darin ist Marc-Antoine Mathieu mit seiner Graphic Novel »3 Sekunden«: Ganz ohne Worte und mit den immer gleich großen quadratischen Panels zieht er den Betrachter in seinen Bann: Ein Raum mit einer Lampe … eine Spiegelung auf der Lampe … Zoom auf die Spiegelung … ein neuer Raum … das geht immer so weiter.

Er verwendet ein Element, das unverändert in einer neuen Szene auftaucht, um die Szenen zu verbinden, und die Geschichte wie ein roter Faden weitererzählt.

Nahaufnahme, um die Figur einzuführen

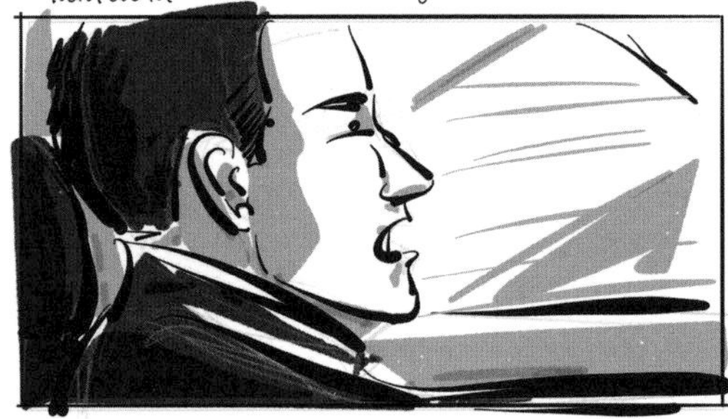

… zeigen, was die Figur tut.

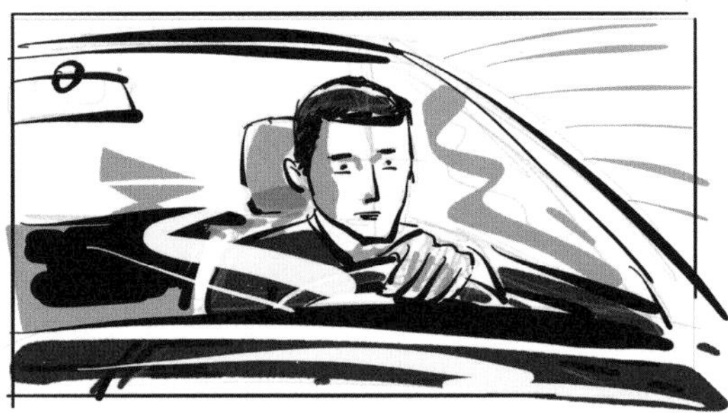

Detail verdeutlicht schnelle Bewegung

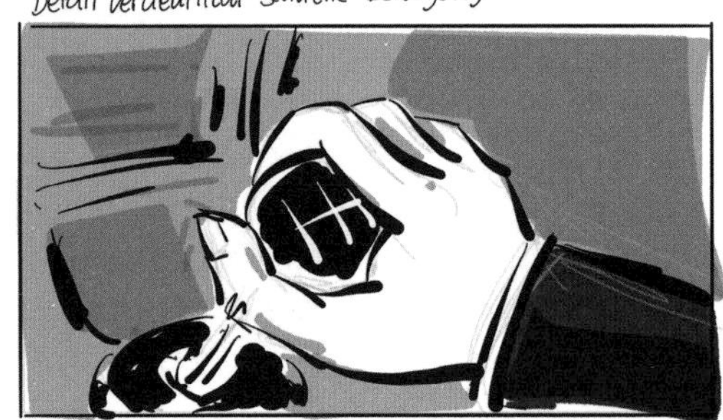

Untersicht verdeutlicht die Dramaturgie

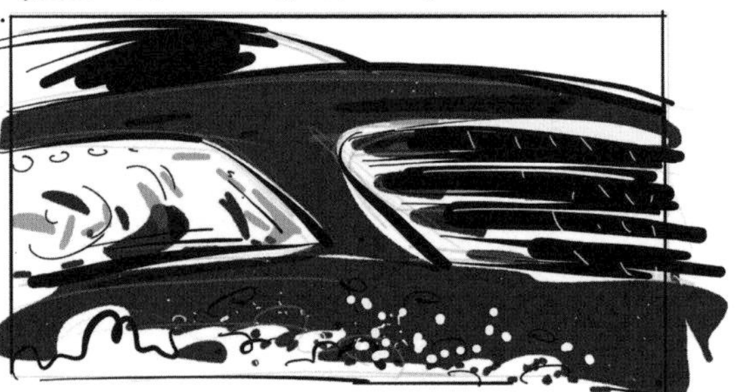

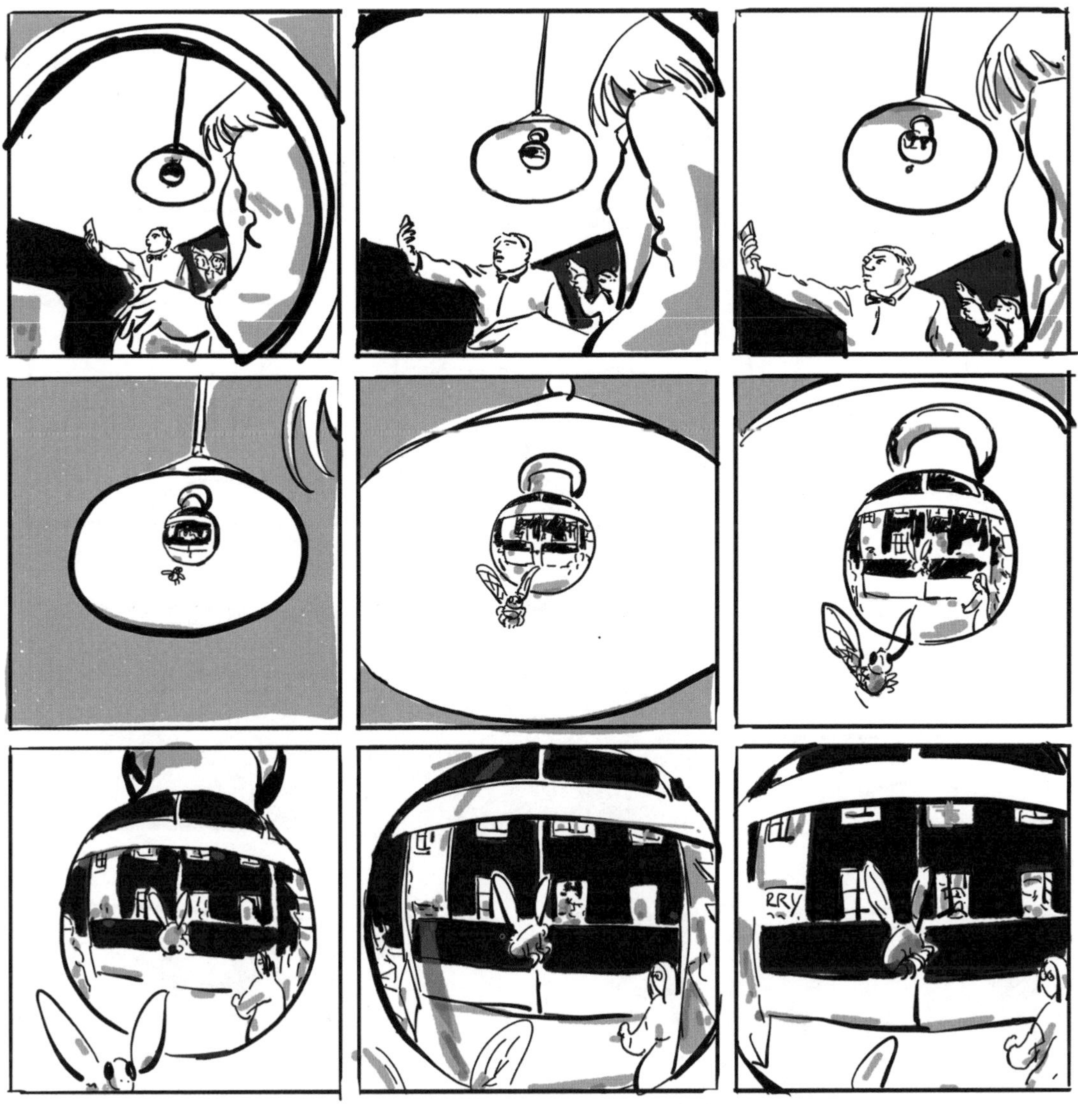

Übung

Denken Sie an Science-Fiction. Alles ist möglich. Wie könnte die Geschichte weitergehen?

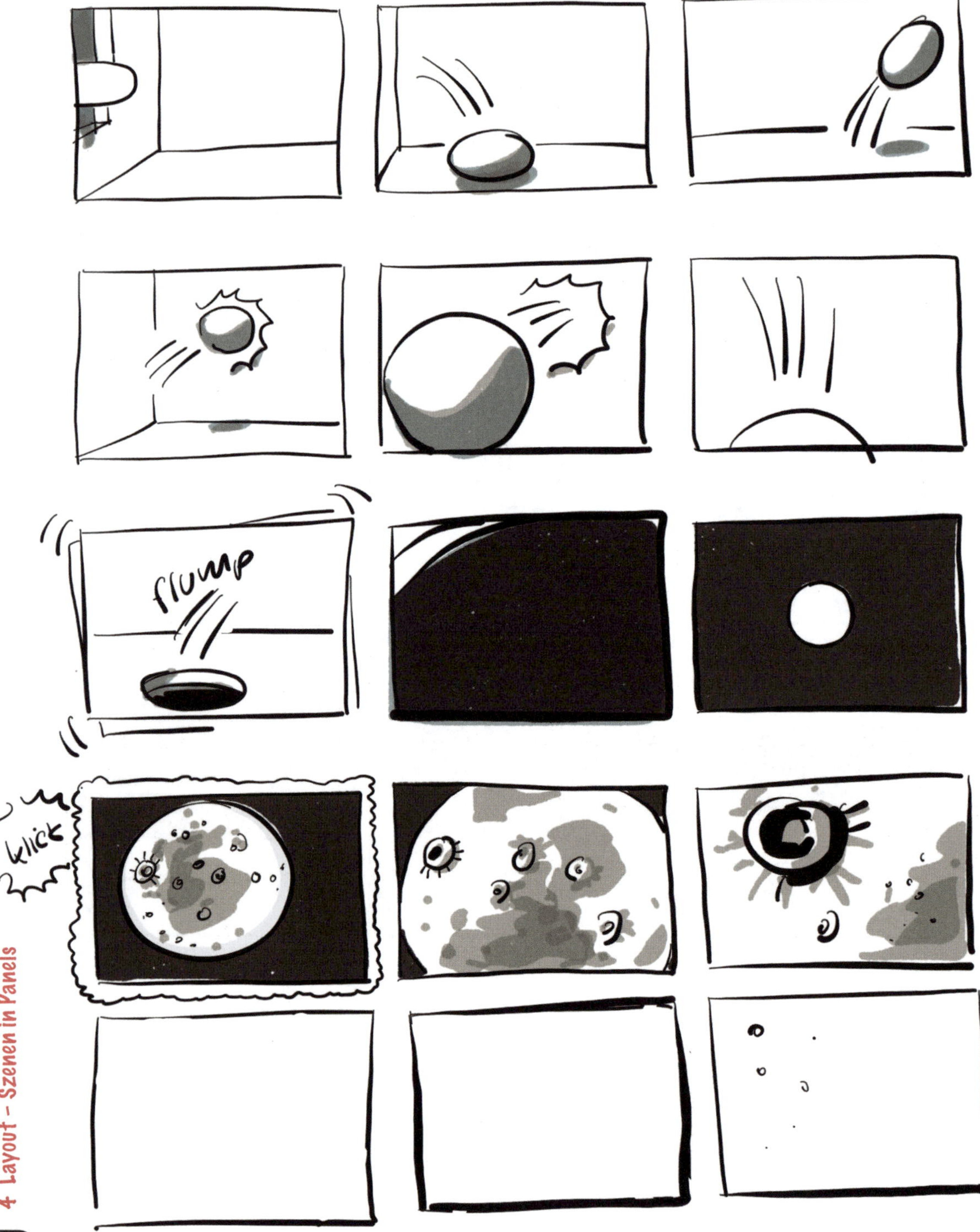

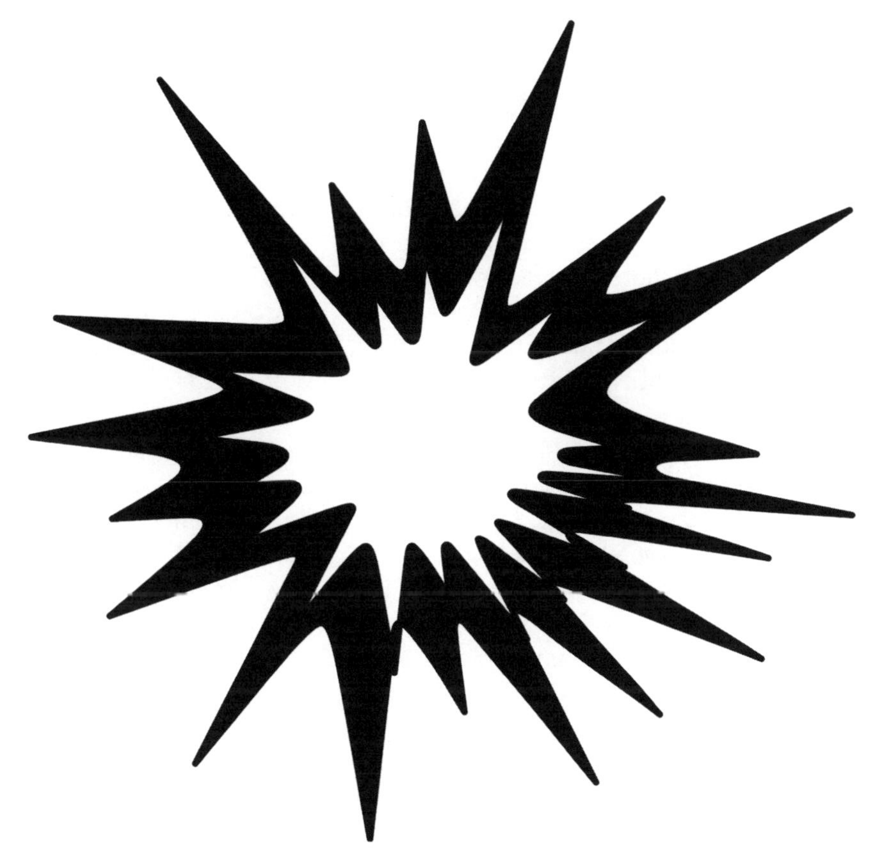

Layout ohne Panels

Manchmal kritzele ich einfach drauflos, wenn ich gerade einen vermeintlich amüsanten Gedanken habe. Ich weiß noch nicht, ob andere es auch lustig finden, aber ich schmunzele innerlich und es bereitet mir einfach Vergnügen, in diesem Moment einen Comic zu zeichnen.

Ich habe keine Voraussetzungen, was das Format angeht, nur den Wunsch, die Geschichte auf einer Seite darzustellen. Die Idee entstand beim Herumblödeln mit einer Freundin am Telefon. »So, ich geh jetzt ins Fitnessstudio aufs Laufband«, sagte ich, um mich langsam zu verabschieden. Sie fragte darauf: »Machst du auch was für deinen Bizeps? Das ist ja so wichtig in unserem Alter. Du weißt ja, die Wabbelarme.« Meine Antwort: »Nein, das brauche ich nicht. Ich habe einen Dackel. Da sind meine Arme schon gut trainiert.« Sie lachte und meinte: »Haha, ein Workout mit Dackel! Das würde ich gerne als Comic sehen!« Meine Freunde sollten aufpassen, was sie sich wünschen. Zack, ist der Comic auf Instagram und Facebook (@brunhildvomgesselnerfeld).

So begann ich das Gassigehen als Anleitung eines Workouts zu beschreiben, Schritt für Schritt. Dazu nutze ich gerne mein iPad und die App Paper. Mit Bleistift zeichnete ich Männchen, um die Haltungen grob darzustellen. Dann speicherte ich die Skizze als Bild, öffnete eine neue Seite und legte mir die Skizze als Fotovorlage unters Bild.

So kann ich die Konturen mit der Feder zeichnen, und wenn der Strich danebengeht,

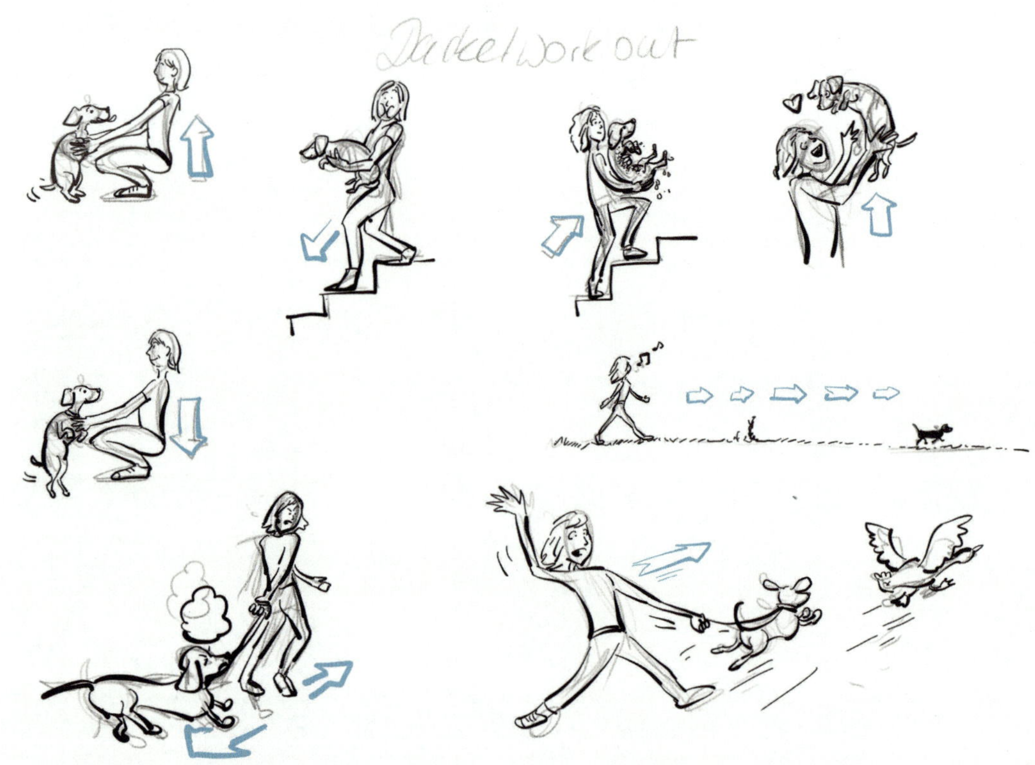

kann ich radieren, ohne dass ich die Bleistiftskizze lösche.

Um das ganze Bild übersichtlicher zu gestalten, braucht es eine Unterteilung. Panels als klassische Rechtecke passten leider nicht. Also unterteilte ich das Bild mit geraden Strichen. Da die Bilder nicht in der klassischen Leserichtung angeordnet sind, muss ich den Lesern eine Hilfestellung geben – Pfeile sind üblich in Comics. Also verband ich die Linien mit Pfeilen.

Um den Workoutcharakter des Bildes zu betonen, benannte ich die Tätigkeiten. Der Comic gefiel mir noch nicht so ganz. Die Zeichnungen sahen noch nicht stimmig aus. Korrigieren und Nachzeichnen macht es meist nicht besser. Schatten und Farbe dagegen lassen ein Bild viel schöner aussehen und die Betrachter achten nicht mehr so genau auf die unperfekten Striche. Das Foto im Hintergrund löschte ich, und fertig war der Comic.

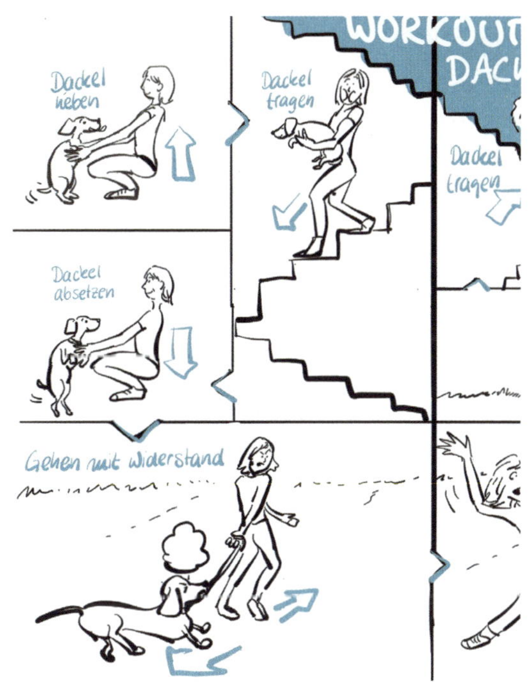

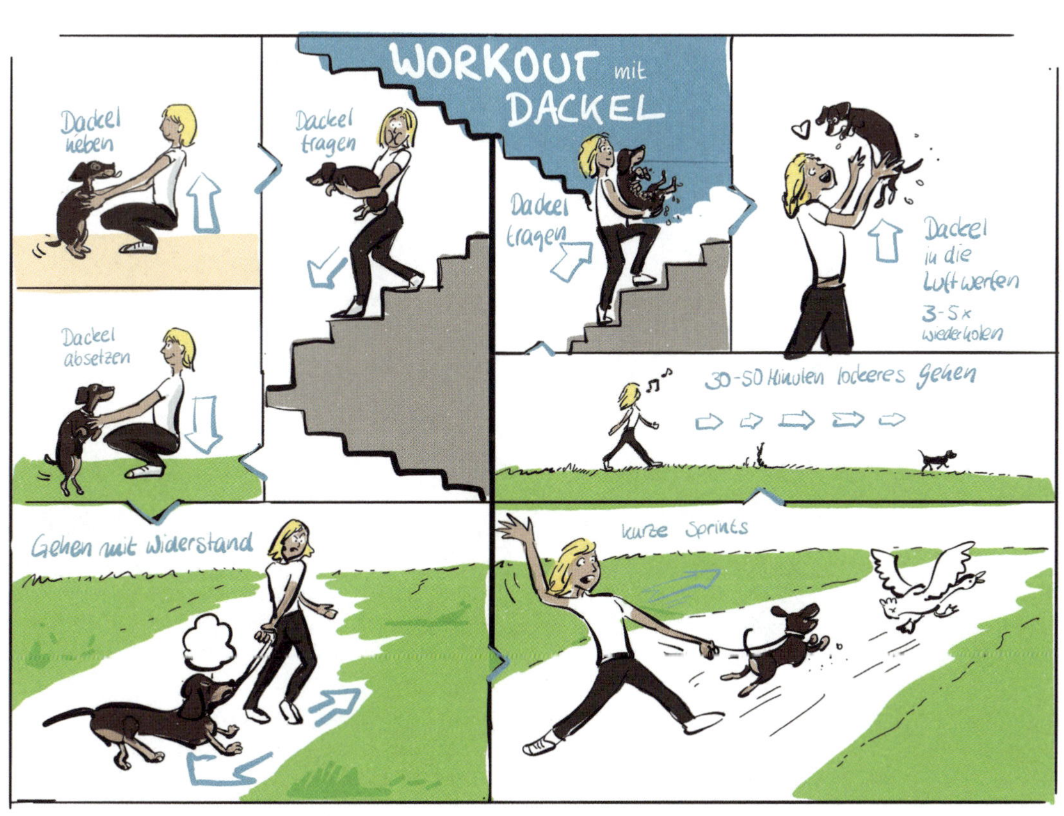

5 Stadt, Land, Fluss – Landschaften erschaffen

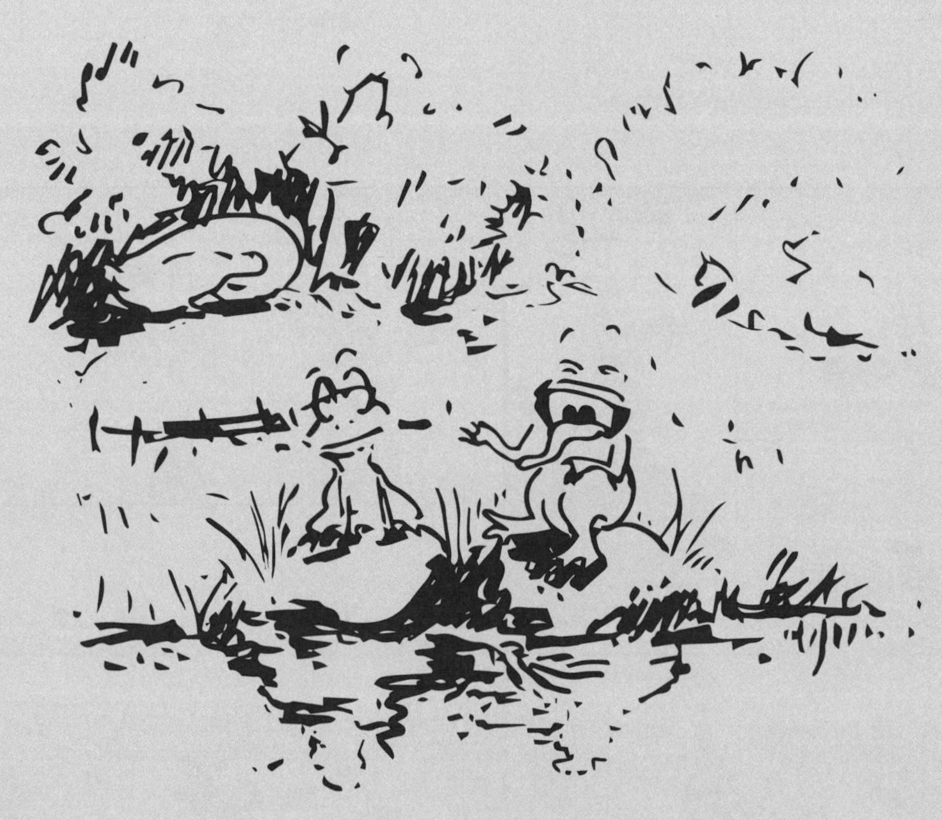

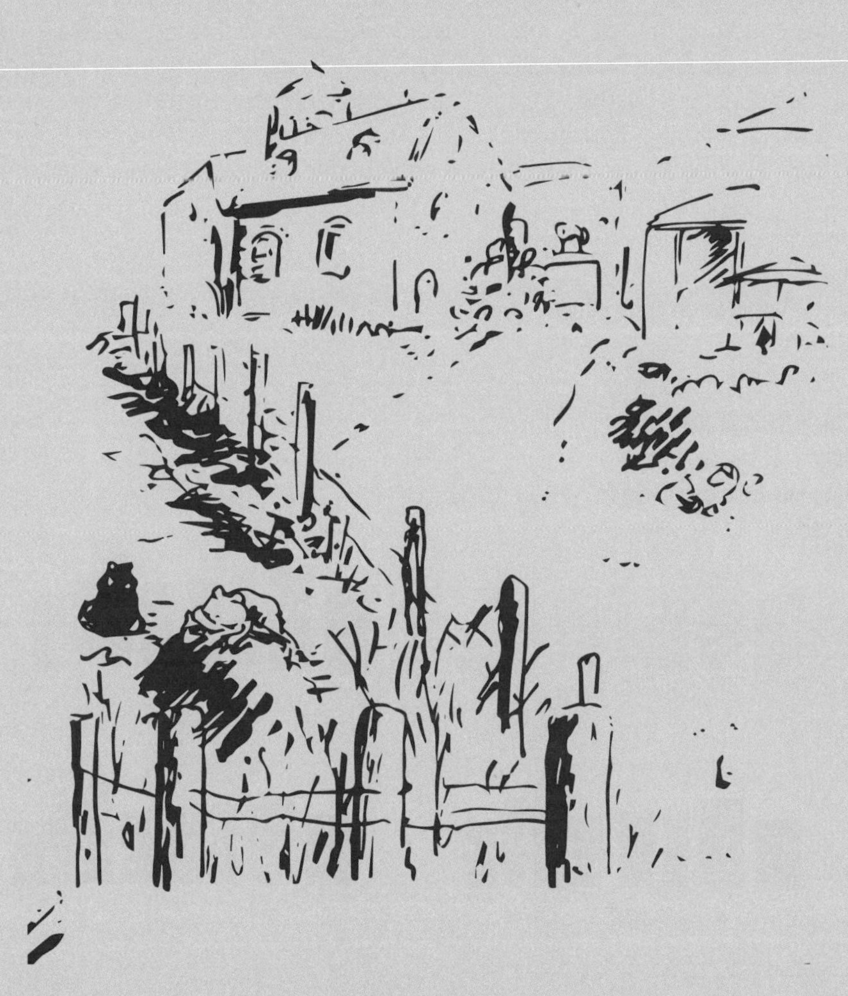

Stadt

Stadtansichten

Beginnen wir mit der Stadt. Das Schöne an der Stadt sind die geraden Linien, sie laufen am Ende zusammen. Egal, von wo aus Sie schauen, sie treffen sich am Ende des Horizonts und werden so zum Fluchtpunkt.

Um Geschichten in der Stadt darzustellen, braucht es die richtige Perspektive. Sie ist ein gutes Mittel, um die Betrachter in Ihre geschaffene Welt zu ziehen. Rechts sehen Sie ein Beispiel für die Vogelperspektive. Eine Perspektive, die auch bei Batman, Spiderman oder dem Flügelschwein Gustav des Öfteren vorkommt.

Die Gebäude sind wie die Figuren eigentlich nur geometrische Formen: Quader, Würfel, Zylinder, die man von oben betrachtet.

Eine Faustregel ist: Alles, was nah ist, ist groß, und alles weiter weg wird kleiner. Das trifft auch bei den wunderbaren geraden Linien der Stadt zu. Somit auch bei den Gebäuden.

Gebäude besitzen im Gegensatz zu Landschaften ganz eigene Strukturen. Sie sind glatt, rau, hart und meist gerade. Architektur wurde, bevor Gebäude aus Beton, Holz und Stahl in die Landschaft gesetzt wurden, auf dem Zeichenbrett konstruiert, also lässt sich die Architektur auch wieder durch horizontale und vertikale Linien zeichnerisch darstellen.

Beim Comiczeichnen genügt ein spannendes Nebeneinander von Linien, Rechtecken und Flächen, um die Illusion einer Skyline zu schaffen.

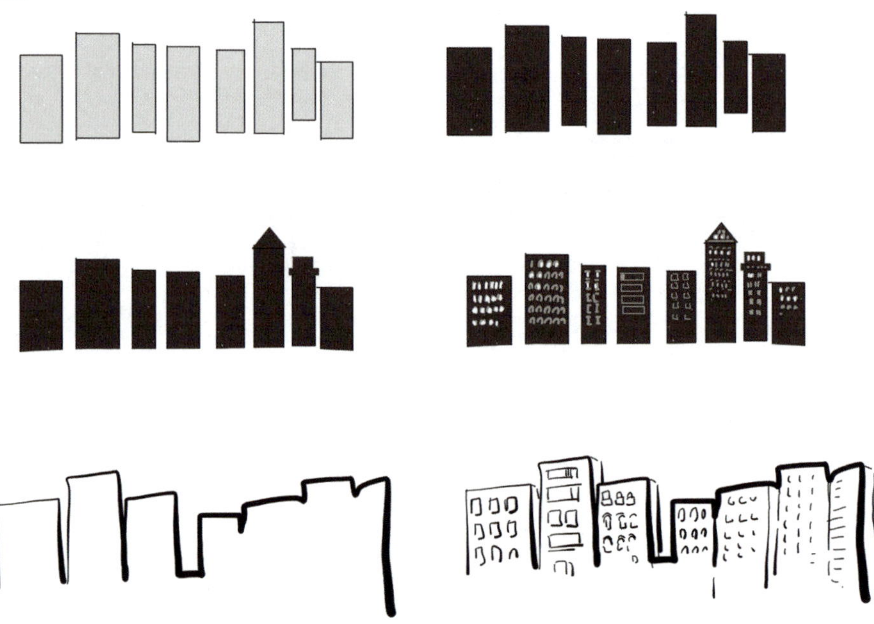

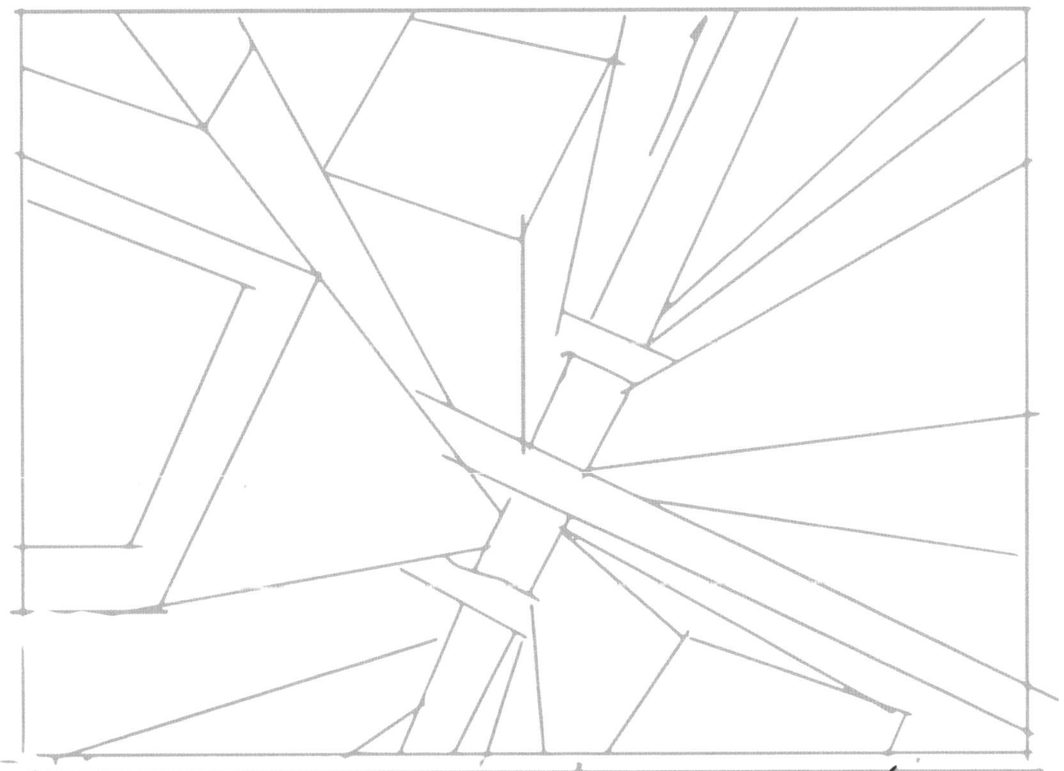

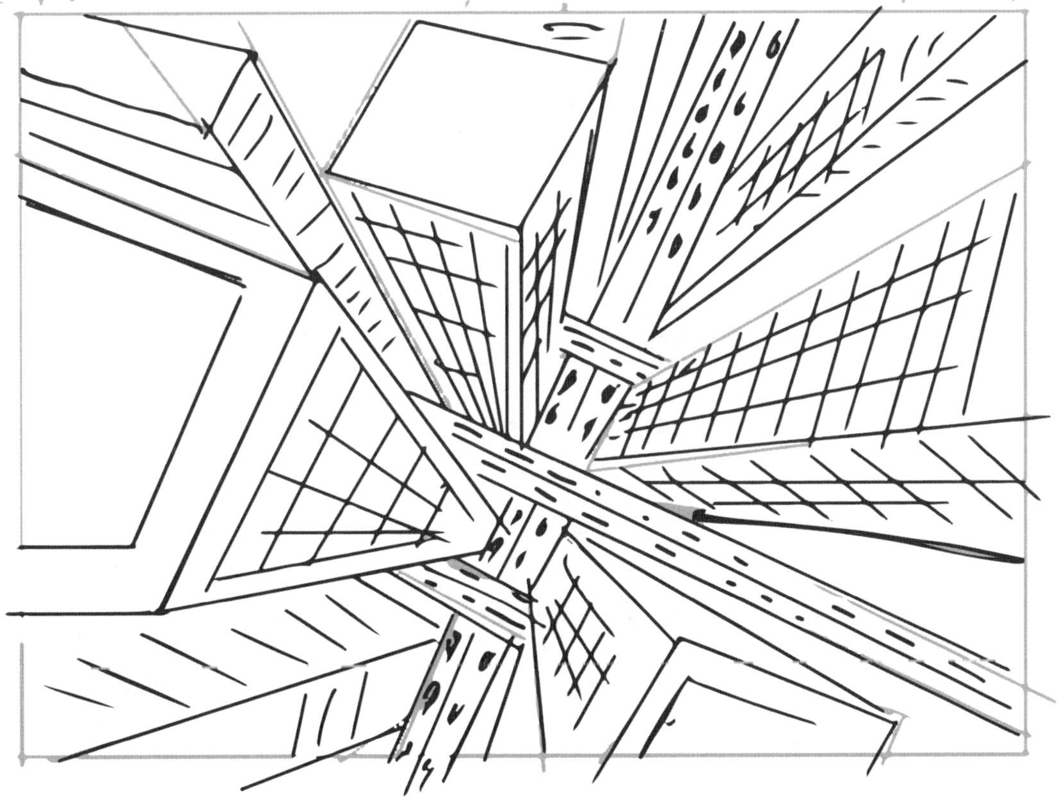

Alles eine Frage der Perspektive – die Grundlagen Schritt für Schritt

Stellen Sie sich vor, Sie betreten ein Hotelzimmer und bleiben **mitten im Raum** stehen. Ihnen gegenüber befindet sich ein Fenster und Sie sehen das Meer, vielmehr den Horizont. Sie betrachten Ihre Umgebung gerade aus der **Zentralperspektive**. Der Horizont ist eine exakte gerade Linie, genau auf Ihrer Augenhöhe. Links von Ihnen befindet sich ein weiteres Fenster, die horizontalen Linien des Fensterrahmens fliehen Richtung **Horizontlinie**, genau wie die Wände des Raums. Die Linien treffen sich alle am Ende des Horizonts an einem Punkt. Diesen Punkt nennt man **Fluchtpunkt**.

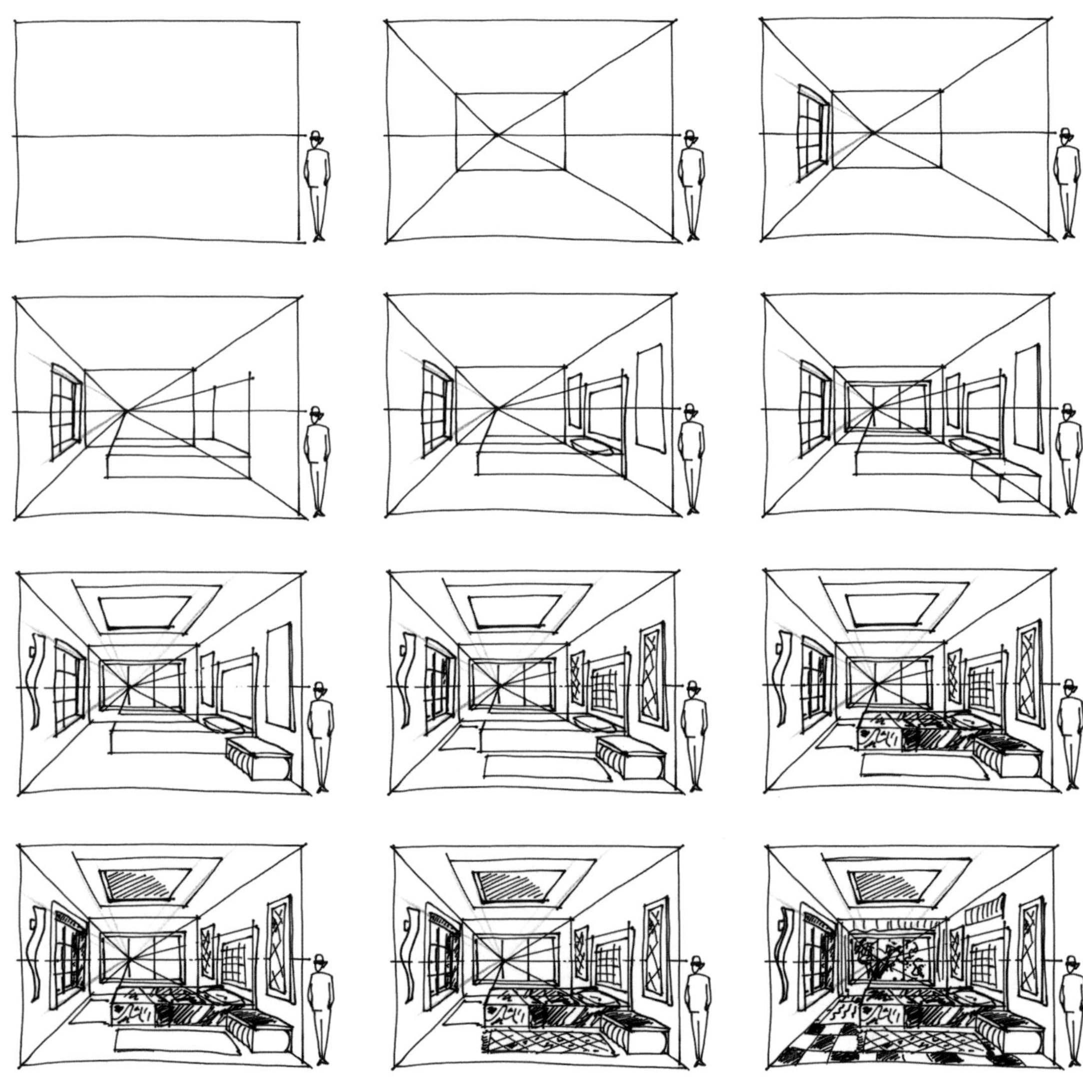

Wenn Sie auf ein Gebäude blicken und die Vorderseite sowie eine Seite des Gebäudes sehen, befinden Sie sich in der **Zweipunktperspektive**. Sie befinden sich auf Augenhöhe mit dem Horizont. Die Höhe der Horizontlinie ist abhängig von der Höhe, in der Sie sich im Bezug auf das Objekt befinden.

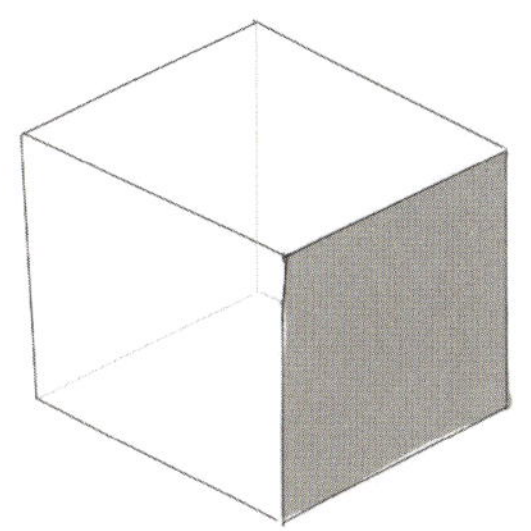

Stehen Sie höher als das Objekt, sehen Sie die obere Fläche, das Dach. Die Seitenflächen mit allen horizontalen Linien treffen sich in den Fluchtpunkten links und rechts von Ihnen auf der Horizontlinie. Dabei verkürzen sich die Linien.

Befindet sich das Objekt auf gleicher Höhe wie Sie, sehen Sie das Dach nicht mehr, können aber vielleicht in das Objekt schauen und das Dach von innen sehen. Die senkrechten Linien bleiben parallel. Die Hauskante, die Ihnen am nächsten ist, ist die längste Linie. Von den Enden dieser Linien gehen die waagerechten Linien ab, um sich in den Fluchtpunkten zu treffen.

Je weiter unten Sie stehen, desto steiler fallen die waagrechten Linien ab.

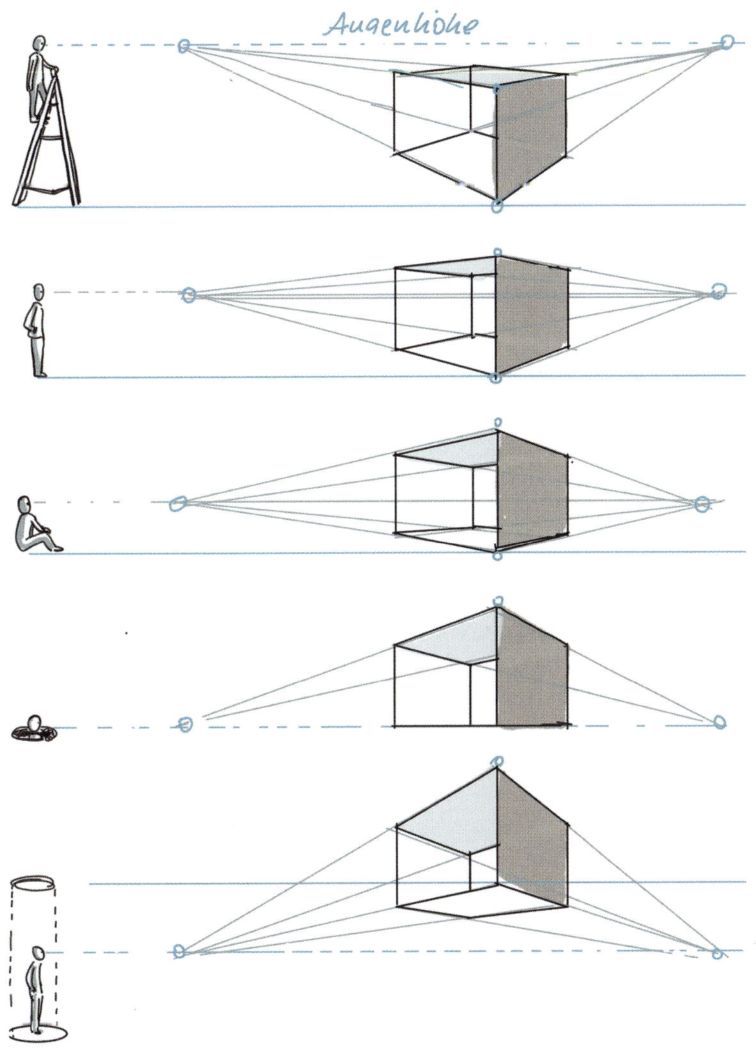

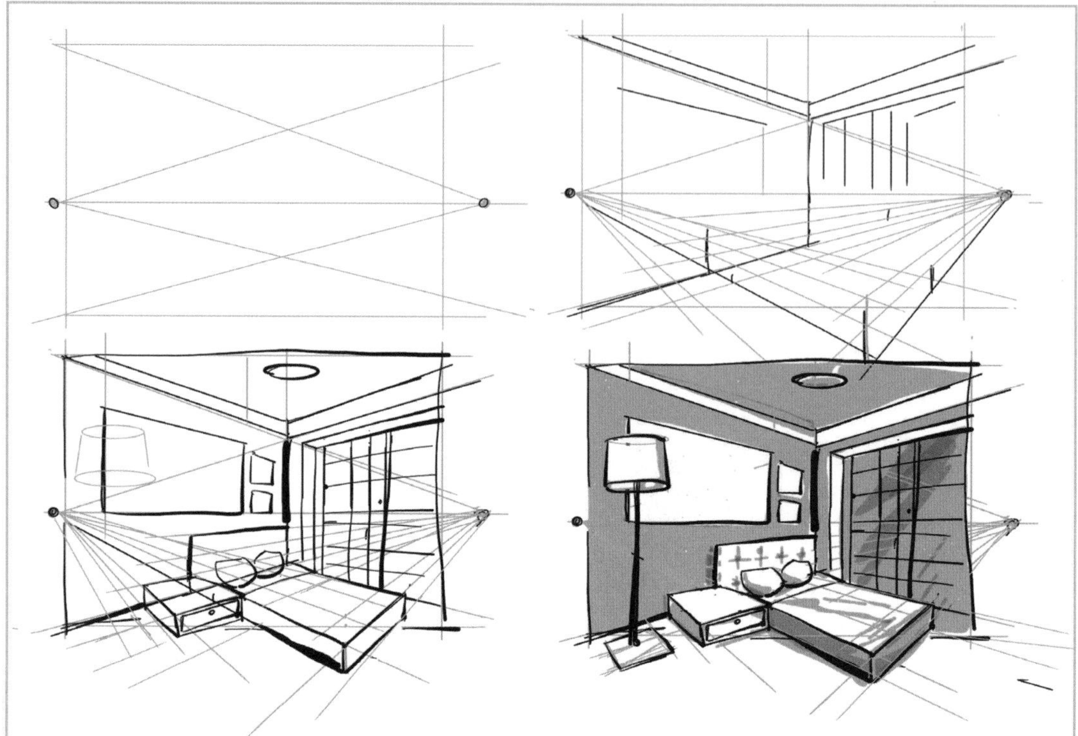

Von der Außenansicht – der Zweipunktperspektive – ist es nur ein kleiner Schritt zur Innenansicht: Eigentlich sind es nur zwei Punkte auf einer Horizontalen und ein paar Hilfslinien.

Wenn diese Punkte festliegen, können Sie den Raum konstruieren. Ein wichtiger Orientierungspunkt ist wiederum die senkrechte Kante, die Ihnen am nächsten ist. Wenn Sie sich nicht sicher sind, überlegen Sie: Woran haben Sie sich in dem Raum am häufigsten gestoßen? In diesem Fall ist es die Bettkante. Nach und nach können Sie weitere Möbel dazu konstruieren.

Perspektive ohne Fluchtpunkte

Diese Darstellungsform könnte Ihnen aus dem Mathematikunterricht bekannt vorkommen: Sie nennt sich Isometrie und ist eine dreidimensionale Darstellungsform ohne Fluchtpunkte. Sie besteht nur aus parallel verlaufenden Diagonalen im 45°-Winkel.

Das Praktische daran ist, dass Sie die Objekte verkleinern, vergrößern und auf dem Blatt verschieben können – und dabei die Objekte immer wieder zusammenpassen werden. Die Isometrie ist gleichmäßig stetig. Die Grundlage dafür ist ein Karopapier. Viele Zeichenprogramme bieten Hilfslinien und Hintergründe mit isometrischem Muster. Die Achsen werden im Verhältnis 1:1 dargestellt und nicht verkürzt.

Die Isometrie eignet sich besonders gut, um Gebäude und Stadtansichten einfach zu zeichnen. Probieren Sie es aus: Beginnen Sie mit einem Würfel, indem Sie auf den vorgezeichnenten Linien ein Karo zeichnen, dann an den Ecken senkrechte Linien und darunter zwei diagonale Linien.

Ergänzen Sie nach Herzenslust Fenster, Türen und was Ihnen noch so einfällt!

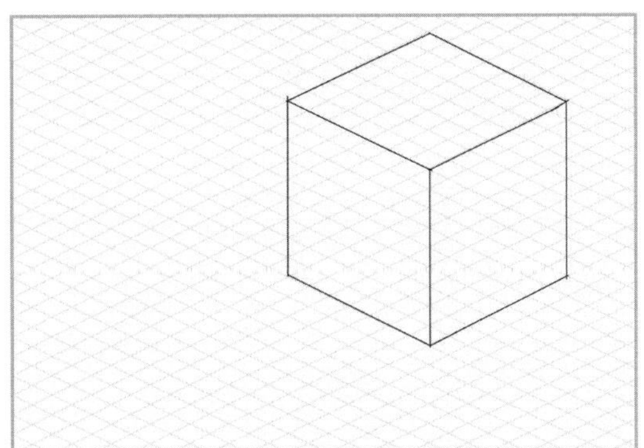

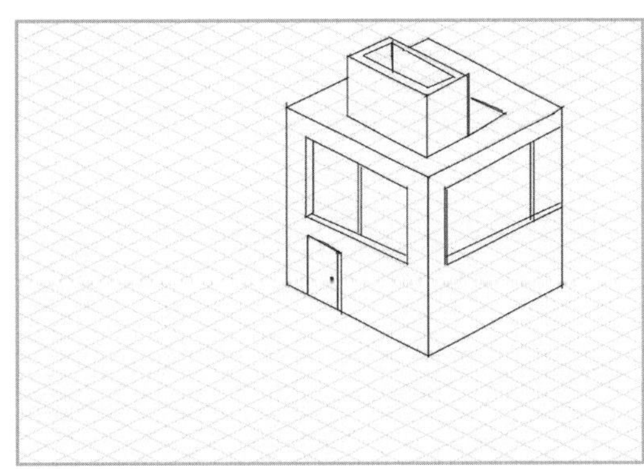

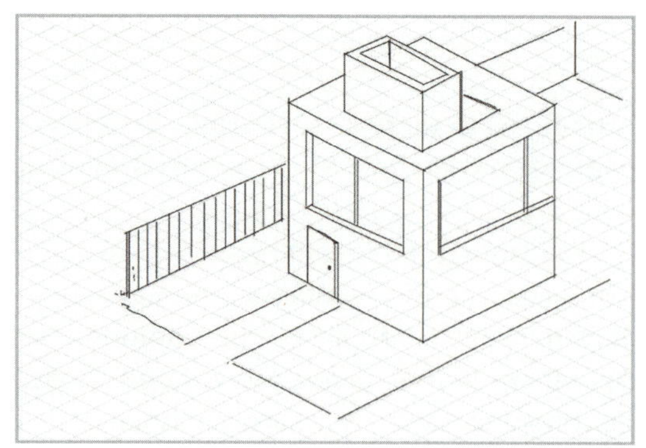

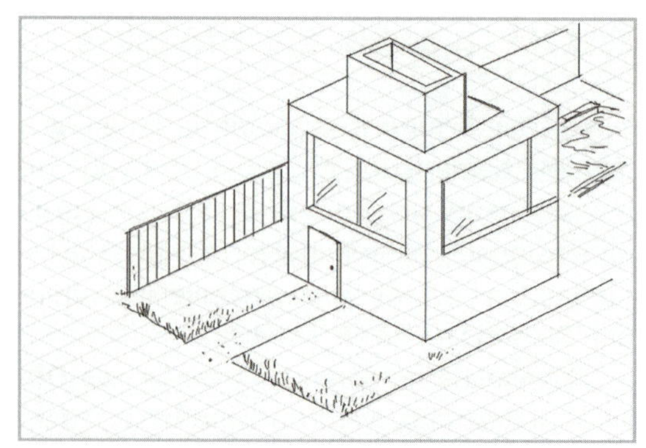

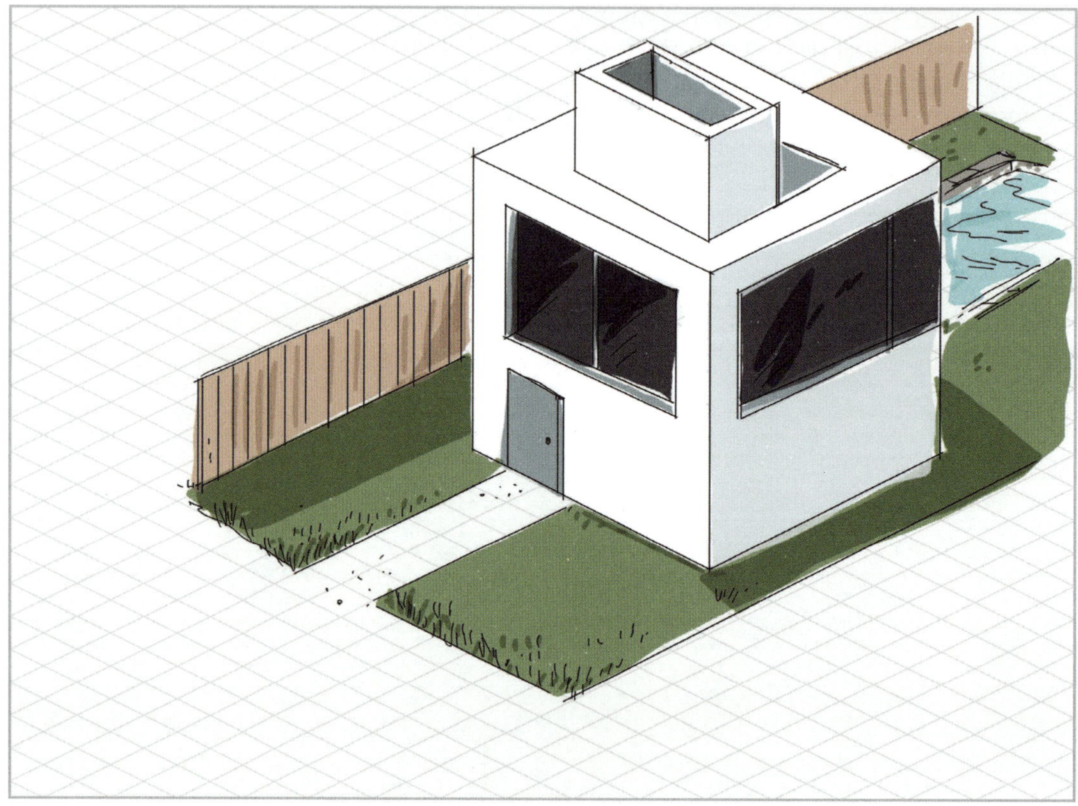

Land

Bäume, überall Bäume

Bäume lassen sich viel einfacher darstellen, als Sie glauben! Im Comic geht es eher um die Baumtypik. Die Grundform des Baumes ähnelt auch meist der Blattform. Vergessen Sie alle Details und achten Sie eher auf das Volumen der Baumkrone. Zeichnen Sie die Grundform mit geometrischen Kreisen vor und fügen Sie mit einem Fineliner die Kontur mit lockerem kurvigem Strich dazu.

Baumstämme sind selten ganz gerade, sie sind an der Wurzel breiter und verlaufen nach oben schmaler. Die räumliche Wirkung erzielen Sie mit Licht und Schatten. Stellen Sie sich dabei eine Kugel vor, denn wie bei einer Kugel ist der Schatten bei Bäumen meist unten und auf einer Seite, je nach Lichteinfall. Die Struktur des Blattwerks können Sie mit ein paar kurzen kurvigen Strichen darstellen. Oft reichen auch ein paar verstreute Punkte.

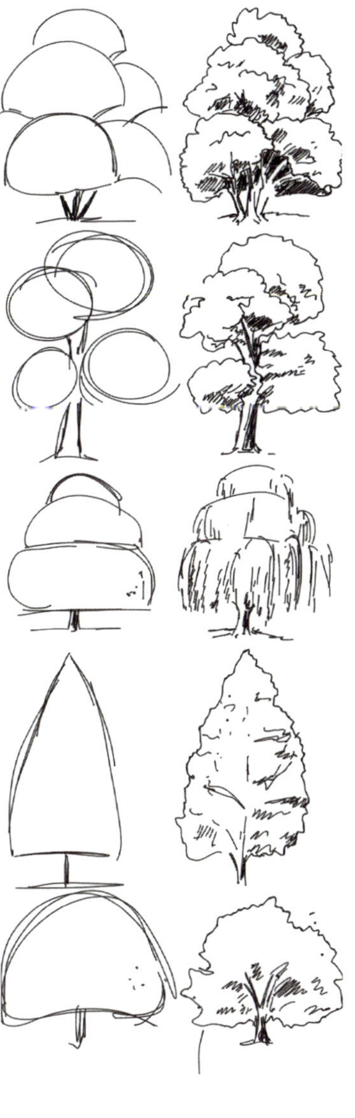

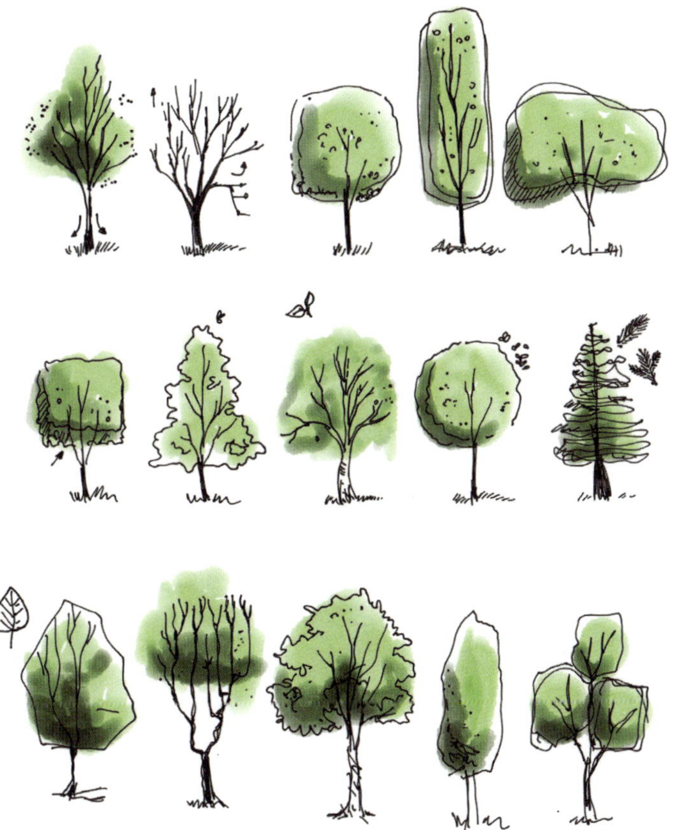

Land, wie Landschaft

Alles, was sprießt und wächst und in der lieben Natur herumsteht, hat seine typische Form und Struktur.

Eine natürliche Darstellung erhalten Sie, wenn Sie Regelmäßigkeiten und Wiederholungen vermeiden, sonst sieht Ihre Landschaft schnell wie ein Teppich aus. Das passiert besonders schnell beim Zeichnen von Gras.

Gras wächst in kleinen Grasbüscheln. Es genügt oft schon, wenn Sie ein paar Striche hintereinander in kleinen Gruppen partiell andeuten. Nur wenn Gras thematisch im Vordergrund steht, sollten Sie die genaue Blattform zeichnen.

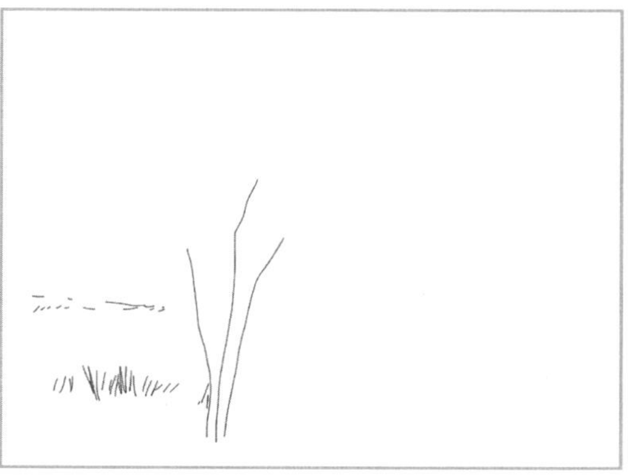

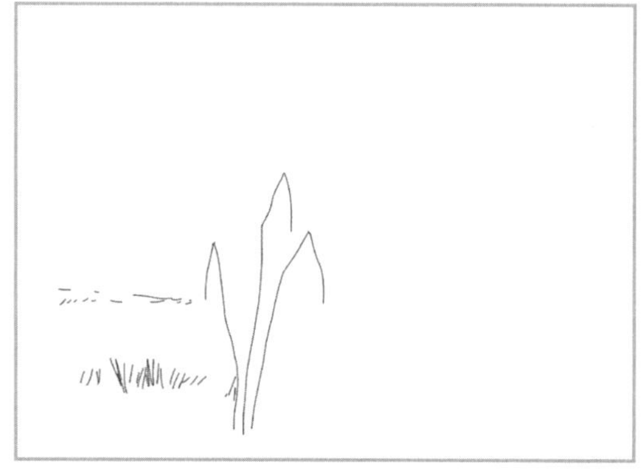

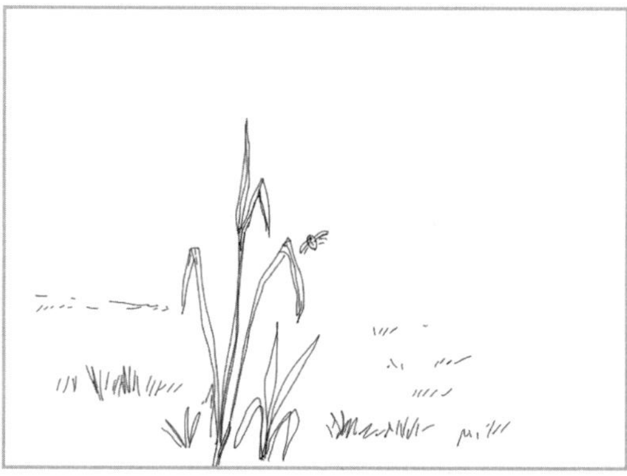

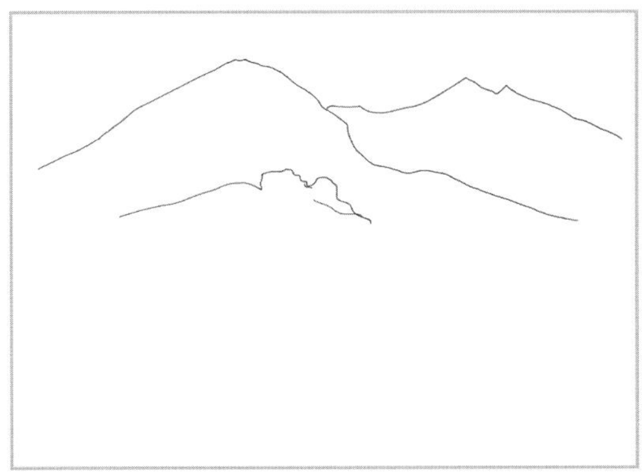

Berge und Felsen gelingen gut mit einer zittrigen Hand. Eine ungerade, zackige und lockere Kontur schafft bereits die Struktur und den Charakter von Bergen und Felsen. Dunkelheit und Schatten sorgen für die Tiefe.

Risse und Kanten erzeugen Sie mit einer Schraffur. Die »Schwere« des Felsens entsteht durch schwarze Objektschatten an den Unterseiten, die noch mehr Plastizität schaffen.

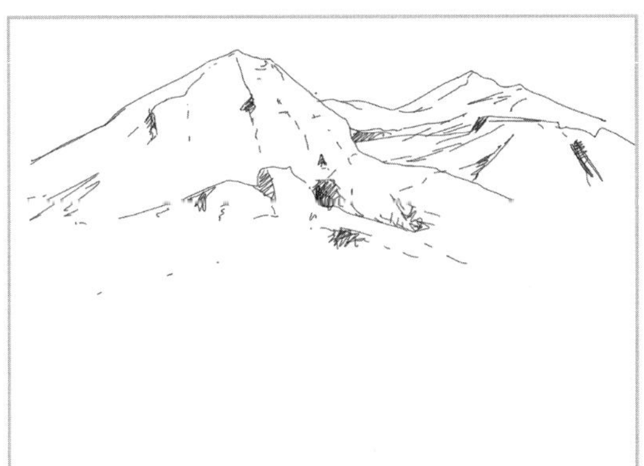

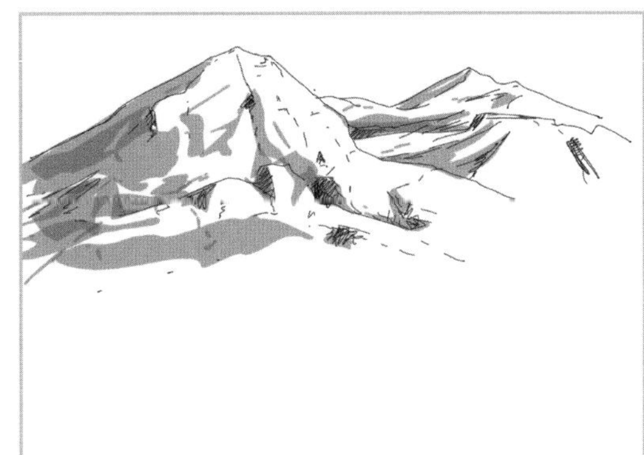

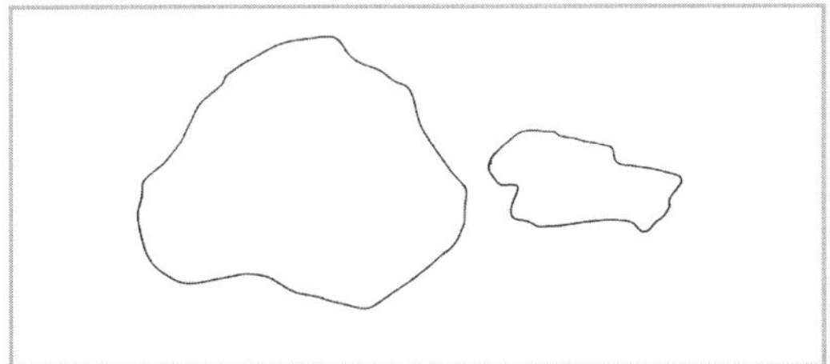

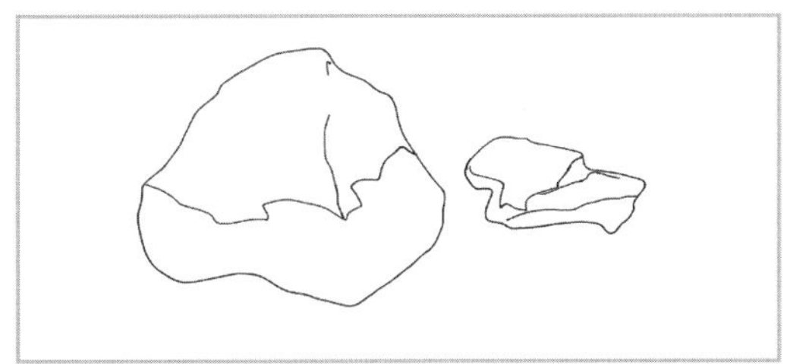

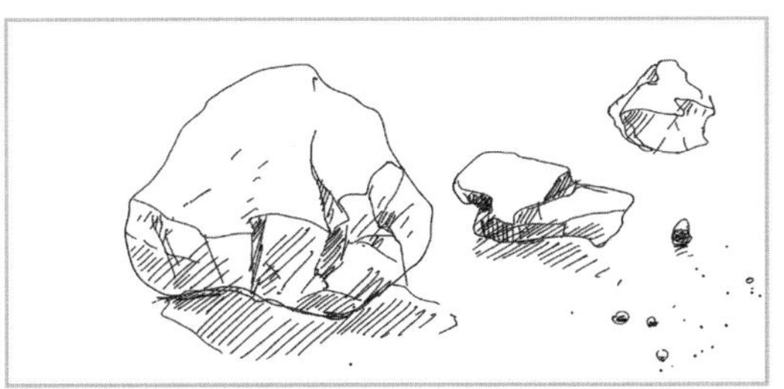

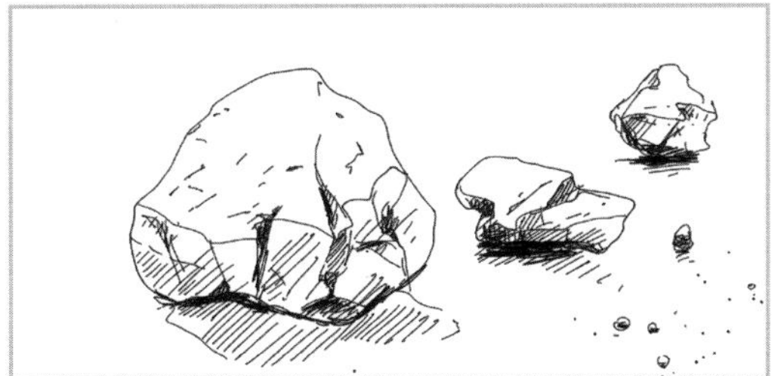

Im Fluss

Fließendes Wasser

Da fließt er in die Unendlichkeit, der Fluss. Wie das geht? Ganz einfach: Eine wackelige Horizontlinie, eine kurvige Linie, daneben noch eine kurvige Linie und noch ein paar Strukturen. Fertig.

Zwei Besonderheiten gibt es allerdings: Am wichtigsten ist, dass die Linien nicht genau parallel sind, sondern aufeinander zulaufen und sich am Horizont treffen.

Kommt Ihnen das bekannt vor? Ja, richtig, es ist wie bei der Zentralperspektive.

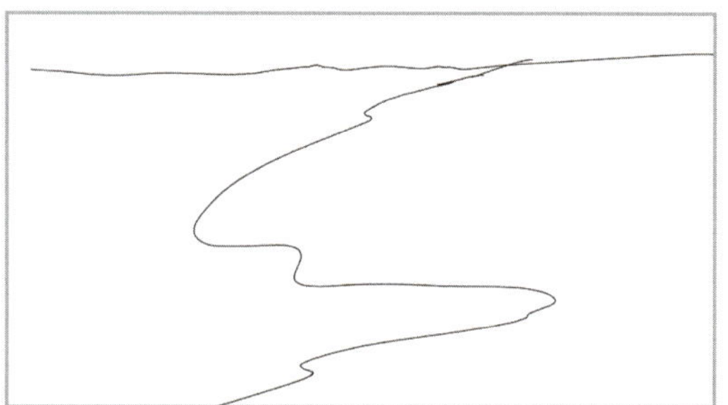

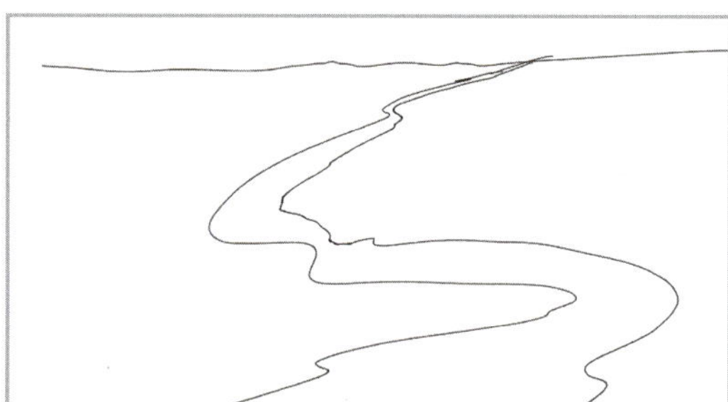

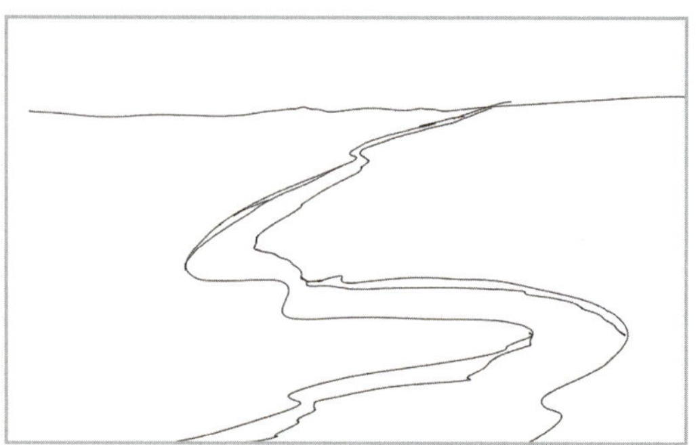

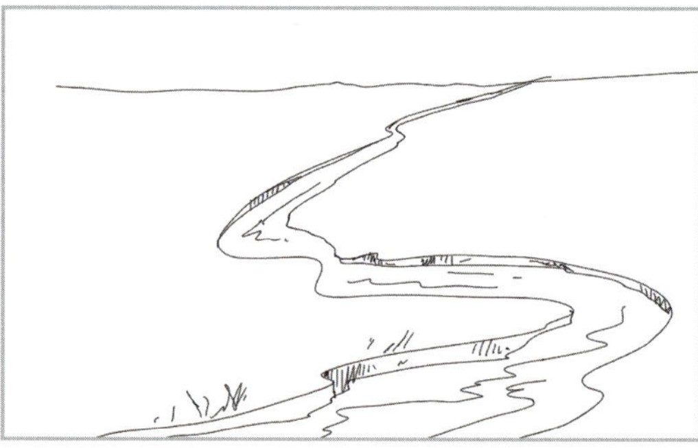

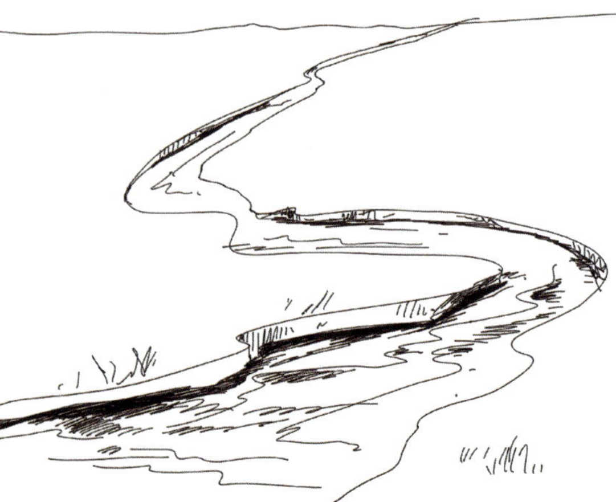

Eine Kante zwischen dem Land und dem Wasser macht den Fluss plastischer und unterscheidet ihn neben der durch Striche angedeuteten Wasserbewegung so mehr von einer Straße. Wenn diese Kante auf das Wasser trifft und richtig schwarz schraffiert wird, wirkt die Zeichnung noch knackiger.

Wasser und Meer

Wasser ist von allen Elementen am schwierigsten zu zeichnen. Ich versuche es Ihnen aber trotzdem leicht zu machen. Ein exakter gerader Strich für den Horizont ist ein guter Anfang. Danach zeichnen Sie flache Kurven für den Übergang zum Strand. In dem Vordergrund können Sie Wellen andeuten, ebenfalls mit flachen kurvigen Linien.

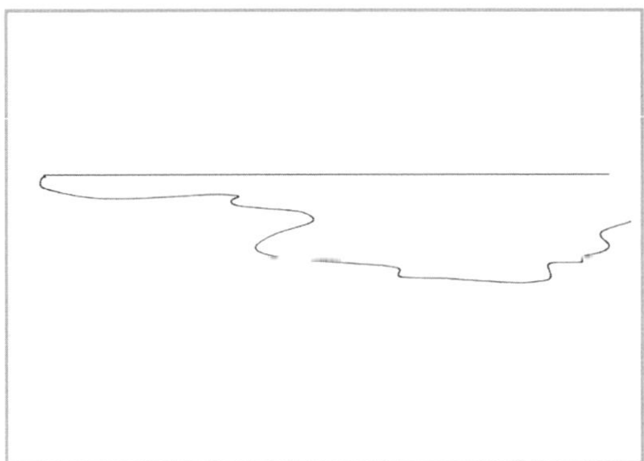

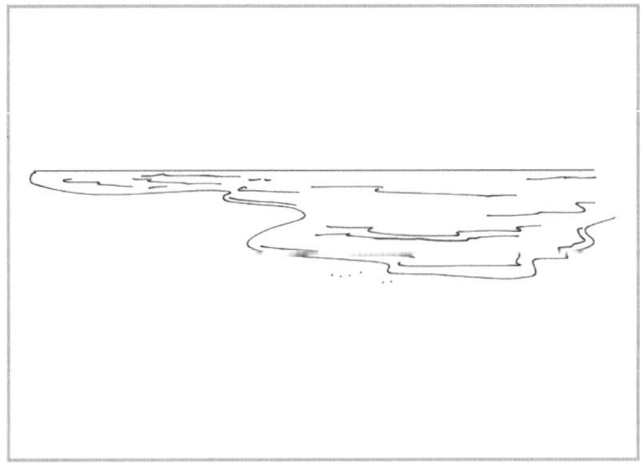

Jetzt können Sie mit Dunkelheiten das Meer »herausarbeiten«. Mit flachen Farbflecken in verschiedenen Graustufen deuten Sie das Wasser an. Mit ein paar Schatten unter den Wellen und unter der Wasserkante wirken die Wellen plastisch.

Wichtig ist die Wasserkante im Vordergrund. Lassen Sie einen schmalen und unterschiedlich breiten Rand weiß, um die Schaumkrone anzudeuten. Mit ein paar Punkten im Vordergrund erzeugen Sie den Eindruck von Sand.

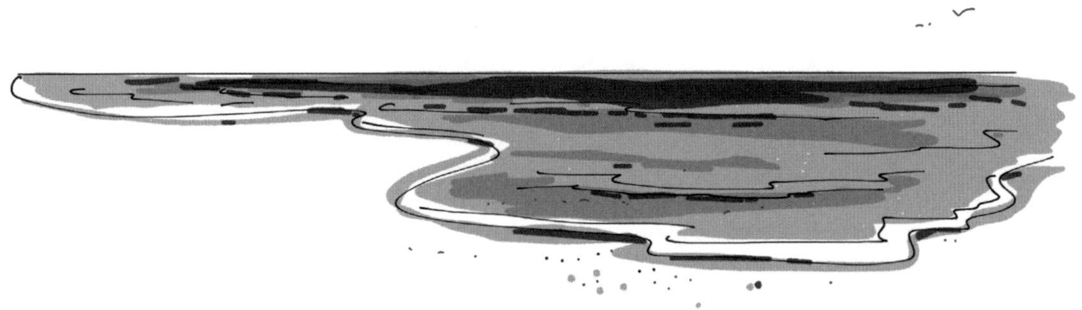

Wasser in Bewegung

Um bewegtes Wasser, Wellen und Spritzer zu zeichnen, ist der richtige Schwung wichtig. Ziehen Sie schwungvolle Striche in die Richtung, in die das Wasser streben soll. Mein Zeichenlehrer sagte einmal: »Du musst zu dem werden, was du malst.« Wasser ist lebendig, schwer zu erfassen, wild. Werden Sie in Ihrer Strichführung genauso wild und gehen Sie mit dem Flow des Wassers!

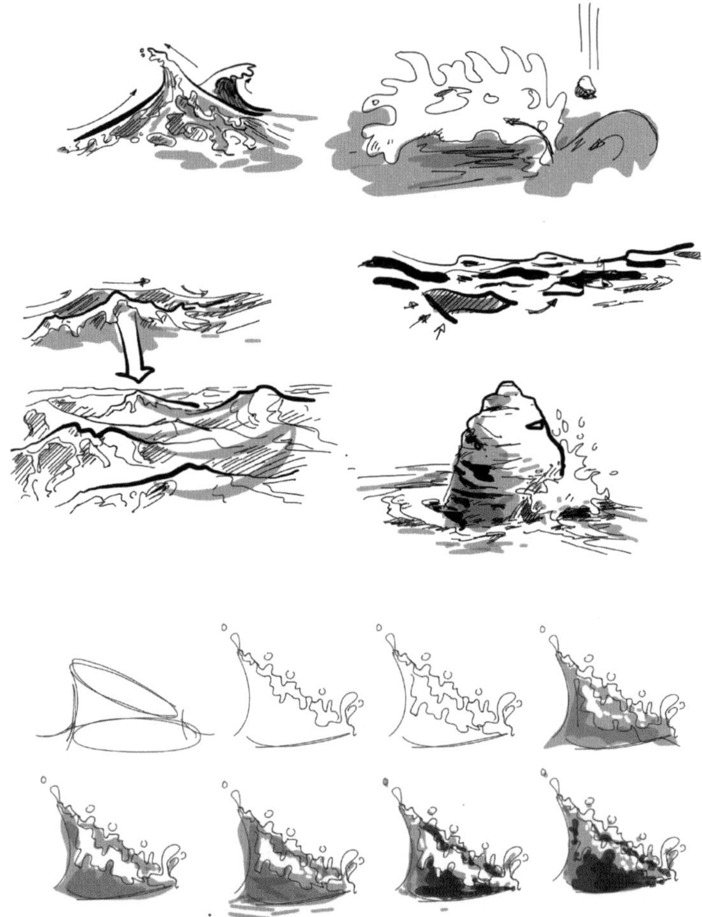

Die vielen kleinen Wellen in unruhigem Wasser sehen aus wie kleine Berge von oben. Sie sind nicht aufgereiht wie eine Perlenkette, sondern sie erheben sich voneinander versetzt. Würden Sie die Flächen mit Strichen verbinden, sähen Sie ein Zickzackmuster.

Die Schattierungen der Wellen ähneln Fahnen. Sie werden perspektivisch verzerrt. Stellen Sie sich viele kleine wehende Fahnen vor, die ins Wasser fallen und von den Wellen hin und her getragen werden.

Plumps! Wenn Sie zeichnen möchten, wie etwas ins Wasser fällt, stellen Sie sich vor, wie der Gegenstand das Wasser verdrängt. Es bildet sich ein Ring um die Eintrittsstelle.

So können Sie auch mit dem Aufbau der Welle beginnen: Zeichnen Sie sich eine Ellipse vor, mit etwas Abstand eine diagonale Ellipse und verbinden Sie die beiden Ellipsen. Den oberen Rand »fransen« Sie mit wabbeligen Linien auf. Mit Dunkelheiten innen und am Seitenrand der Welle machen Sie die Welle rund.

Die Wasserspritzer deuten Sie mit mehreren kleinen Kreisen an und schattieren Sie sie wie eine Kugel: einfach eine runde Dunkelheit in der unteren Hälfte des Kreises setzen.

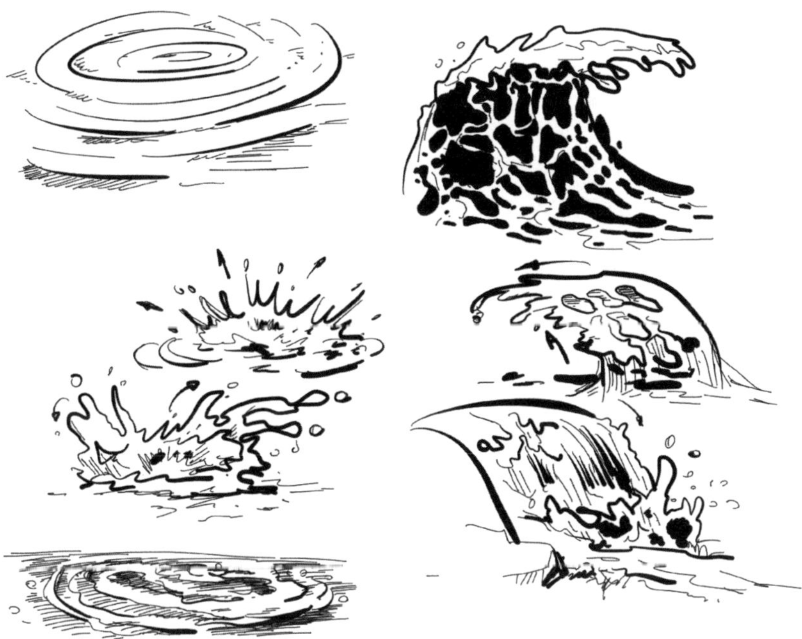

Wasser wirkt schnell plastisch, wenn Sie die Striche und Schraffuren in die Richtung zeichnen, in der das Wasser fließt. Wellen sind an der oberen Stelle immer heller als unten. Setzen Sie Schatten immer unterhalb der Spritzer und Wellenspitzen!

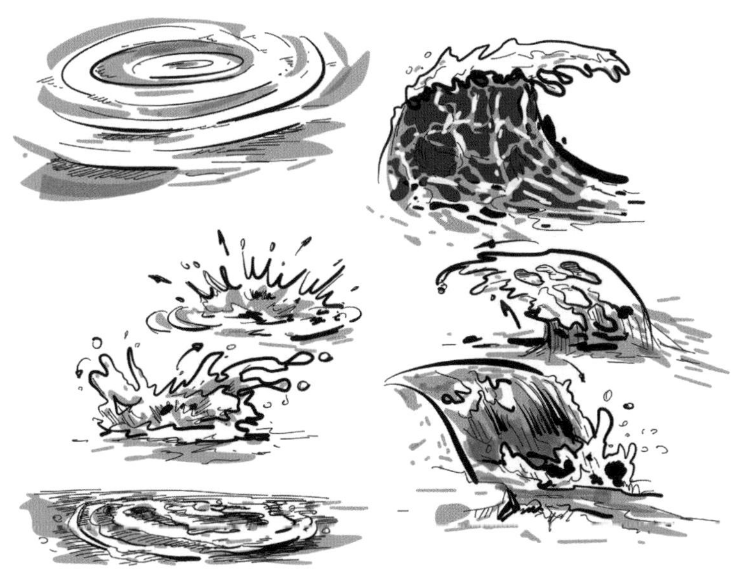

Übung

Jetzt können Sie Stadt, Land, Fluss und Meer souverän zeichnen! Alles zusammen schafft eine wunderbare Atmosphäre, in der Sie bei genauem Hinsehen beinahe den Wind spüren. Sie können Stimmungen erschaffen, in der sich die Betrachter wiederfinden: Stimmungen, die Ihnen helfen, Ihre Geschichte zu erzählen. Versuchen Sie es, indem Sie einfach beginnen, in einem Panel einen Baum in einer Landschaft zu zeichnen. Dann noch ein Panel mit einem anderen Bildausschnitt, dann noch ein Panel und noch ein Panel. Spielen Sie mit verschiedenen Bildausschnitten! Was könnte in der Landschaft passieren? Ergänzen Sie die Landschaft mit Lebewesen Ihrer Wahl. Seien Sie ganz frei und lassen Sie sich auf Ihre Bildwelt ein.

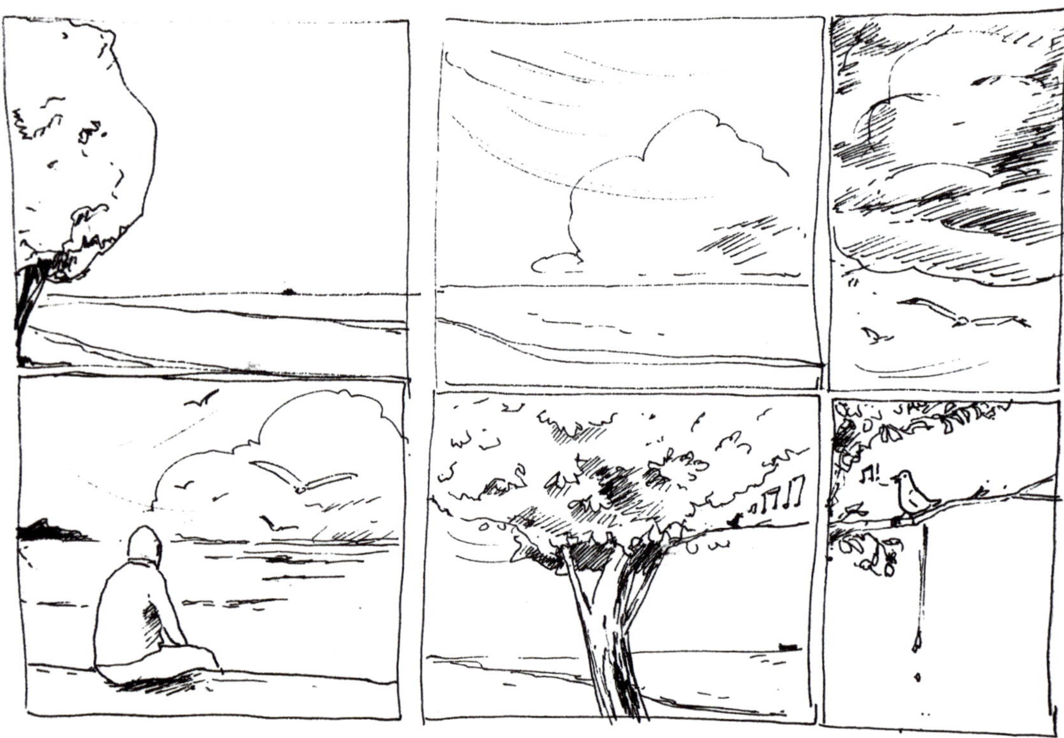

6 Von der Skizze zum fertigen Comic

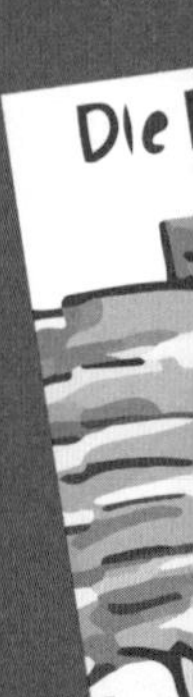

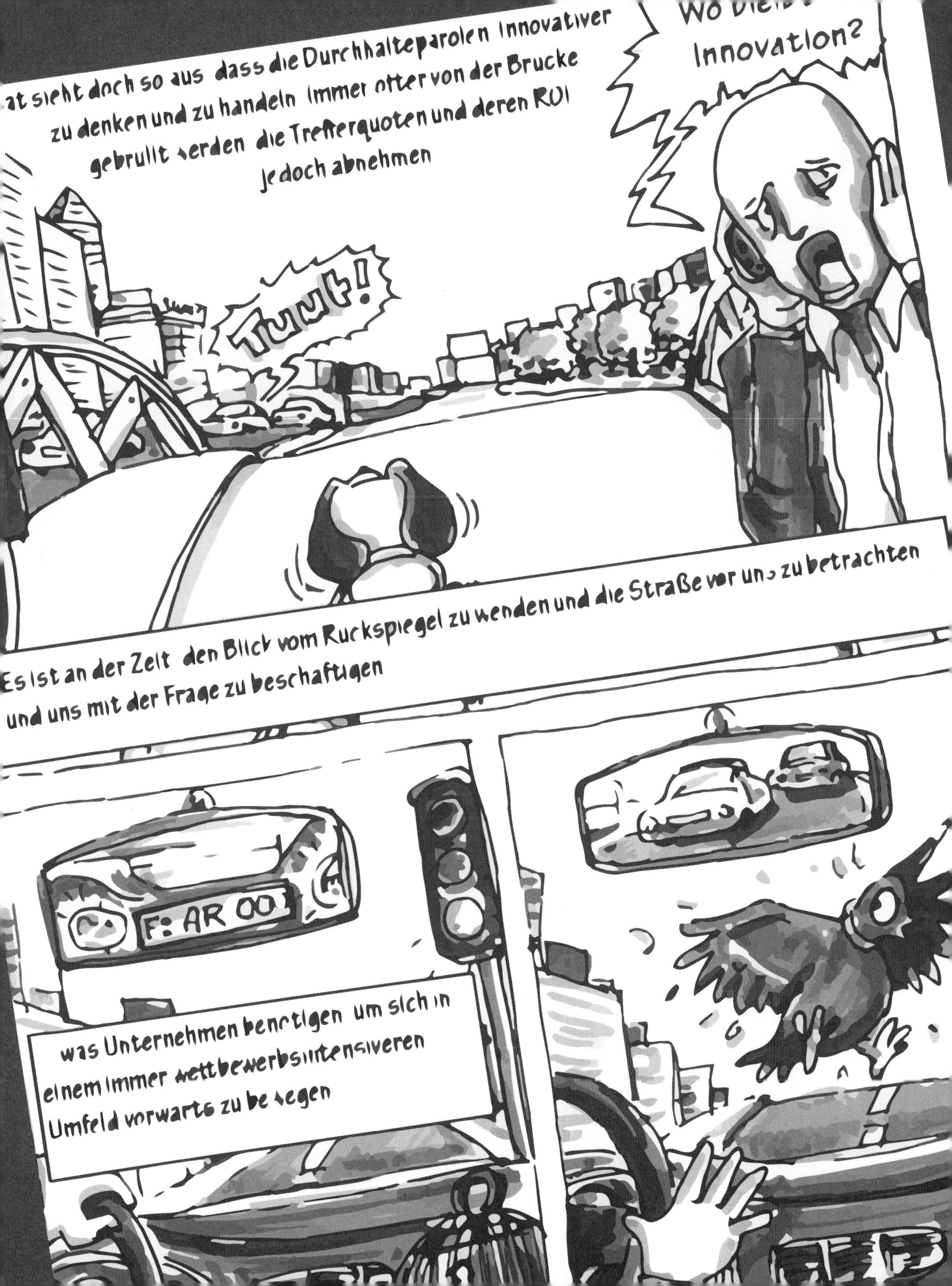

at sieht doch so aus dass die Durchhalteparolen innovativer
zu denken und zu handeln immer ofter von der Brucke
gebrullt werden die Trefferquoten und deren ROI
jedoch abnehmen

Wo bleib
Innovation?

Tuut!

Es ist an der Zeit den Blick vom Ruckspiegel zu wenden und die Straße vor uns zu betrachten
und uns mit der Frage zu beschaftigen

was Unternehmen benotigen um sich in
einem immer wettbewerbsintensiveren
Umfeld vorwarts zu bewegen

Vom Studieren und Schummeln

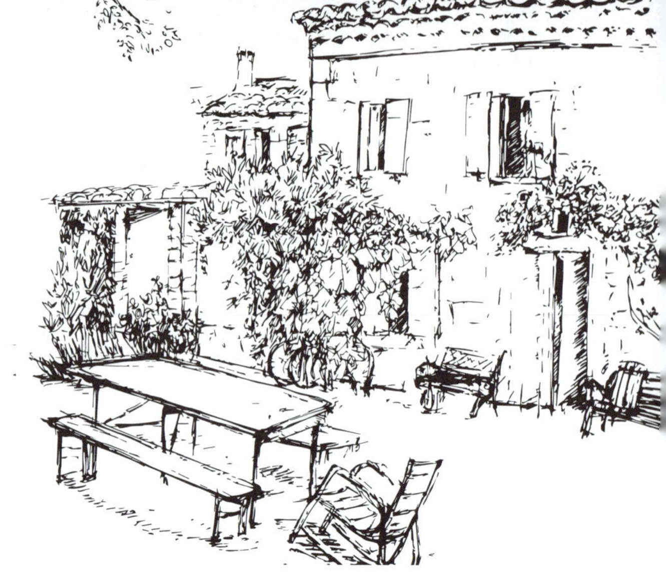

Urban Sketching als Studium

Vor ein paar Jahren sah ich ganz fasziniert eine Reportage über den Alltag eines Manga-Zeichners. Die Reportage beschrieb den stressigen Prozess, unter Zeitdruck einen Manga fertigzustellen und gleichzeitig seitenlange Textänderungen in die Geschichte stimmig einzuflechten. Ich fragte mich, wie man nur so realistisch Stadt- und Actionszenen zeichnen kann. Die Reportage beantwortete die Frage: Der Zeichner lief mit seiner Kamera durch die Stadt und fotografierte interessante Orte aus der Perspektive, aus der er später den Bildauschnitt wählte. Er sammelte Szenen in Parkhäusern, von Hochhausdächern und schmalen dunklen Gassen. So hatte er Vorlagen, die er schnell nachzeichnen oder abpausen konnte.

Doch ganz ohne eigenes Hirnschmalz geht es nicht. Urban Sketching (Zeichenstudien in Städten und in der Natur) helfen Ihnen zu verstehen, wie die Dinge aufgebaut sind. »Zeichnen lernen« ist in erster Linie »sehen lernen«. Das genaue Hinschauen lernt man am besten beim Zeichnen in der Öffentlichkeit, durch den Versuch, etwas richtig abzubilden, Details und Strukturen zu erkennen. Urban Sketching hilft Ihnen, besser zu zeichnen.

Es ist viel leichter, etwas zu zeichnen, was real vor Ihnen steht, als aus Ihrer Erinnerung zu zeichnen. Je öfter Sie in der Welt da draußen zeichnen, umso besser werden Sie. Glauben Sie mir!

Wenn Sie mit Ihrem Block durch die Straße laufen, vergeuden Sie nicht Ihre Zeit mit der Suche nach dem richtigen Motiv. Sie sind sonst schon erschöpft, bevor Sie den ersten Strich gemacht haben. Zeichnen Sie das Erstbeste, das vor Ihrer Nase ist. Beeilen Sie sich, die Situation ändert sich so schnell wie das Wetter im April.

Wählen Sie einen einfachen Bildausschnitt, vielleicht genügt auch für den Anfang ein kleiner Ausschnitt. Schnell eine Tasse Kaffee oder einen Mojito skizziert, dann können Sie den Hintergrund mit lockerem Strich ergänzen.

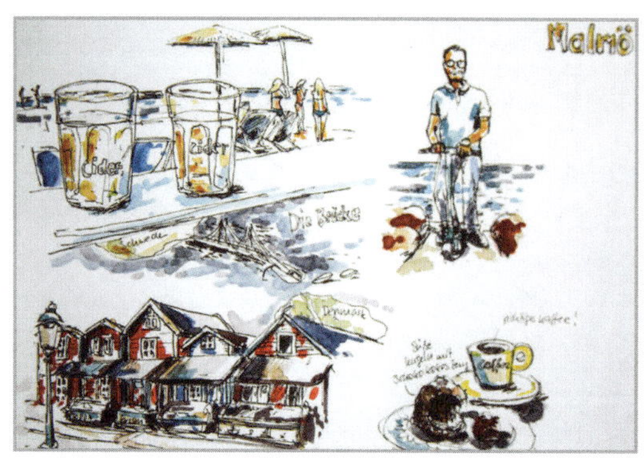

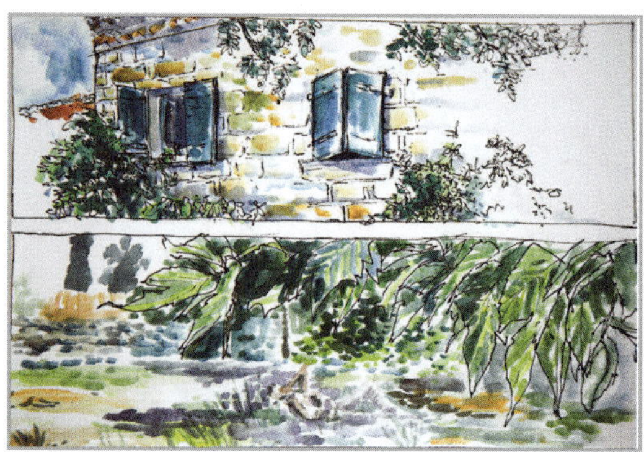

Vom Schummeln und Reduzieren

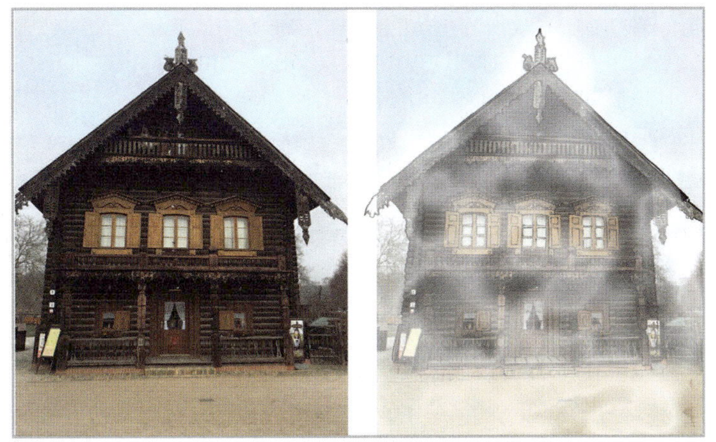

Schummeln ist erlaubt! Vom Abpausen haben Sie ja schon gelesen. Wie Sie die Technik fürs Comiczeichnen nutzen, zeige ich Ihnen anhand dieses entzückenden Hauses in der russischen Kolonie Alexandrowka in Potsdam.

Es gibt zwei Möglichkeiten, ein Foto abzupausen:

Möglichkeit A: Sie drucken ein Foto aus und legen ein Transparentpapier (oder Butterbrotpapier) auf das Foto und zeichnen es nach.

Möglichkeit B: Sie zeichnen es auf einem Tablet ab, indem Sie eine Zeichen-App benutzen, die verschiedene Ebenen anbietet – eine Ebene für das Foto und eine weitere Ebene für Ihre Zeichnung.

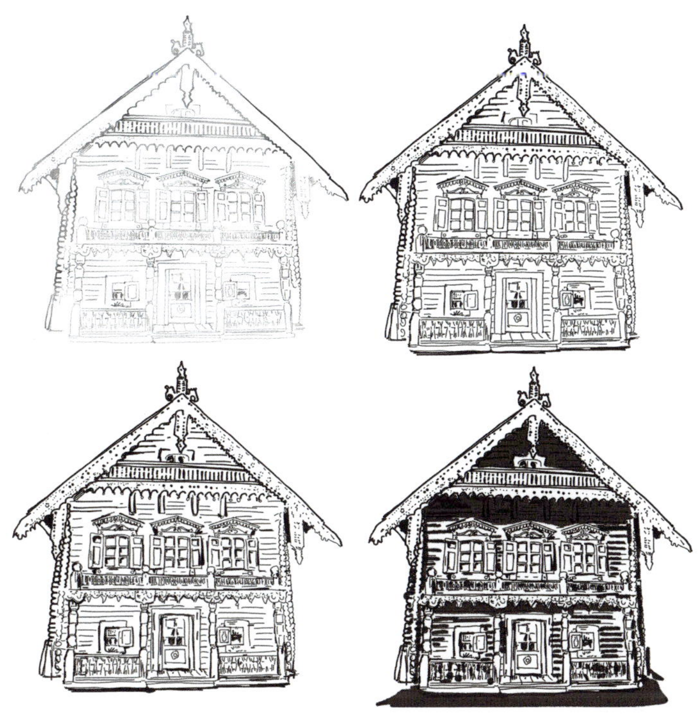

Für welche Technik Sie sich auch entscheiden, beginnen Sie, mit einem Fineliner alle Konturen des Hauses nachzuzeichnen. Dann verstärken Sie die Linien, die Ihnen auf dem Foto besonders auffallen. Schauen Sie nun, an welchen Stellen Dunkelheiten und Schatten sind. Wenn Sie Ihre Augen zusammenkneifen, erkennen Sie diese Bereiche besser. Sehen Sie, dass die Fenster genauso hell sind wie der Himmel? Probieren Sie an mehreren Skizzen, welcher Grad an Dunkelheit für Sie am besten passt.

Toll, Sie haben schon Studien in freier Natur gemacht! Aus solchen Studien können Sie nun im Handumdrehen Ihre eigenen Comicfiguren zaubern.

Dazu reduzieren Sie Ihre Studie aufs Wesentliche. Zuerst finden Sie den geometrischen Aufbau der Figur und dann die Körperhaltung – in dieser Skizze begann ich mit dem massigen runden Körper und zeichnete dann den kleinen Kopf.

Ergänzen Sie die Füße, Flügel und Schnabel. Den Comic-Charakter bekommt Ihre Zeichnung mit Glubschaugen und Elementen wie Spritzer oder andere Albernheiten. Sie finden, das sind noch zu viele Striche? Genau, das ist bei den ersten Comicstudien so. Wenn Sie diese Studie nun noch einmal abpausen, benötigen Sie weniger Striche. Sie haben nun eine reduzierte einfache Comicfigur erstellt.

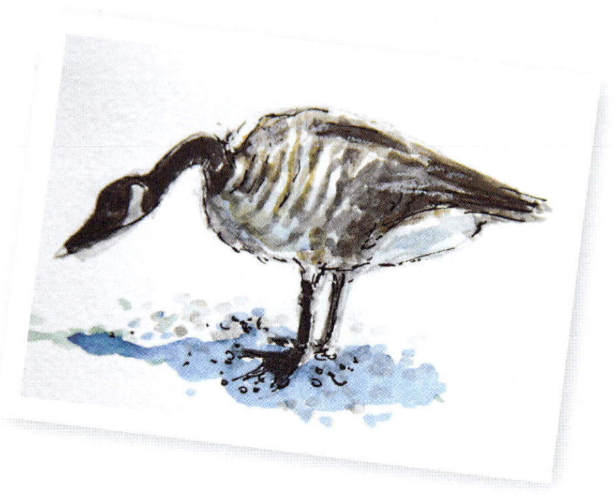

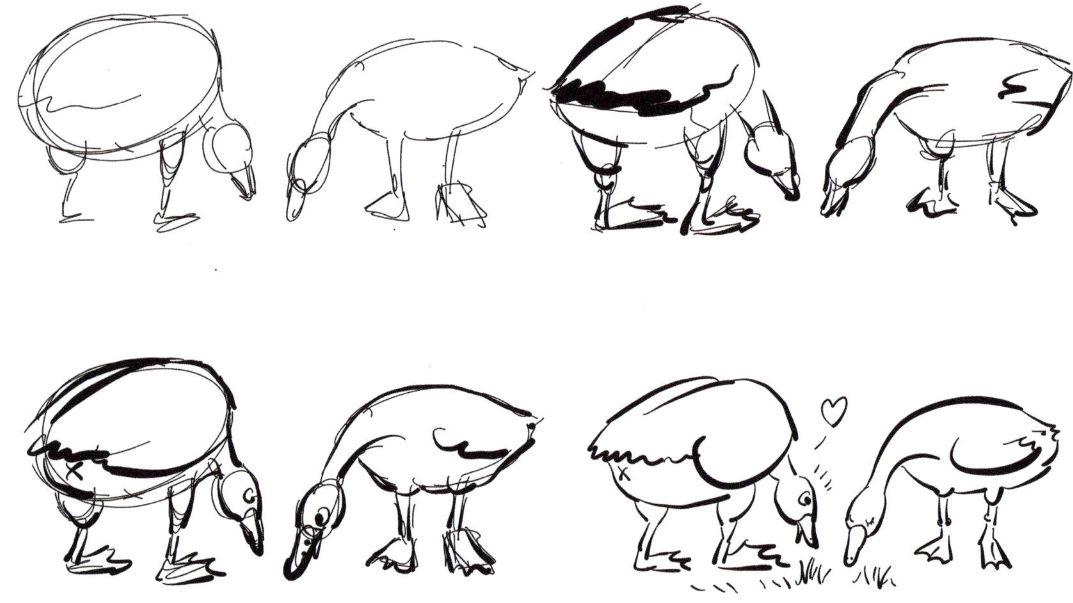

Spannende Kombinationen

Die Wirkung von Licht und Schatten, erklärt vom Flügelschwein

Oink! Licht an, Film ab. Mit Licht und Schatten können Sie besonders starke Bilder erschaffen. Das verändert die Stimmung ungemein. Das erste Bild wirkt, als wäre das Flügelschwein in kriminelle Machenschafften verstrickt. Es ist dunkel und nur durch ein Kellerfenster dringt ein Lichtstrahl. Huh!

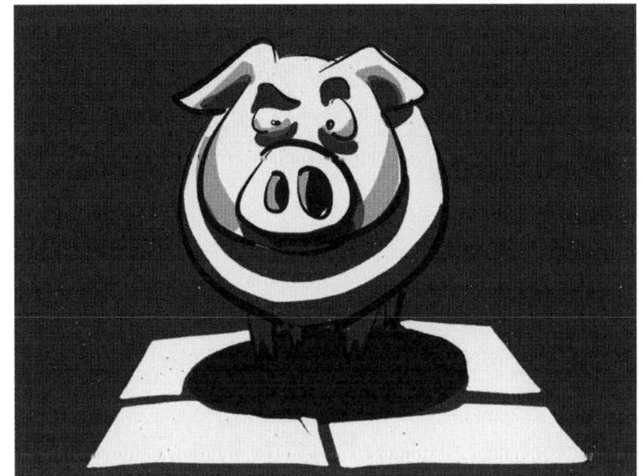

Dabei habe ich unter dem Schwein nur weiße Rechtecke gezeichnet. Ganz harmlos.

Harmlos? Harmlos wirkt hingegen das Schweinchen mit dem Spot von oben. Es steht ganz verloren auf einer Bühne. Zack, das Licht geht an. Und jetzt?

Richtig gruselig und gemein wirkt es, wenn man nur die Augen sieht. Insgeheim plant es etwas Fieses. Noch furchteinflößender sieht das Flügelschwein aus, wenn es eine Taschenlampe unters Kinn hält. Das Böse höchstpersönlich erzählt eine Gruselgeschichte. Harrrhaaarrharr (diabolisches Lachen)!

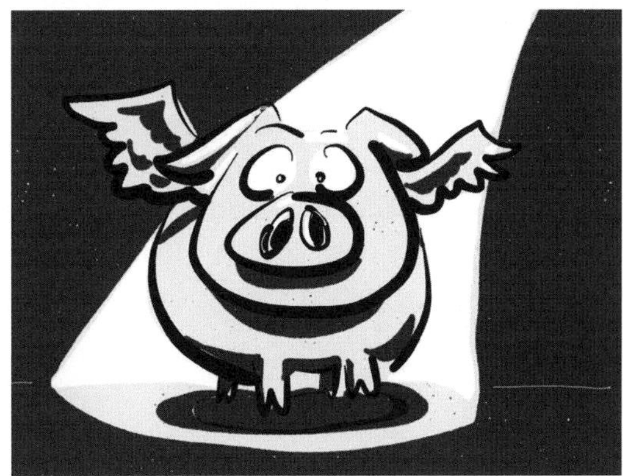

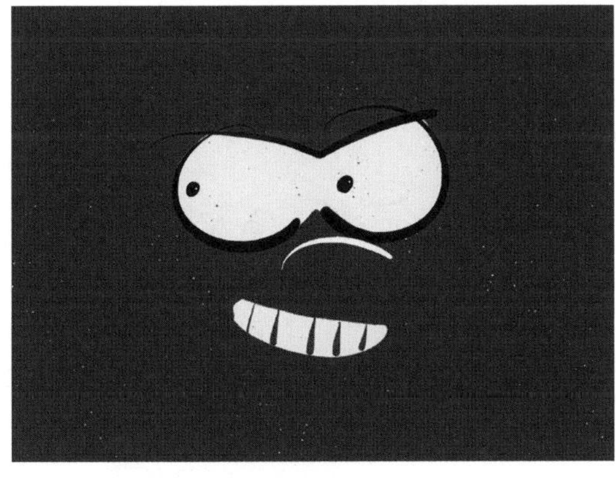

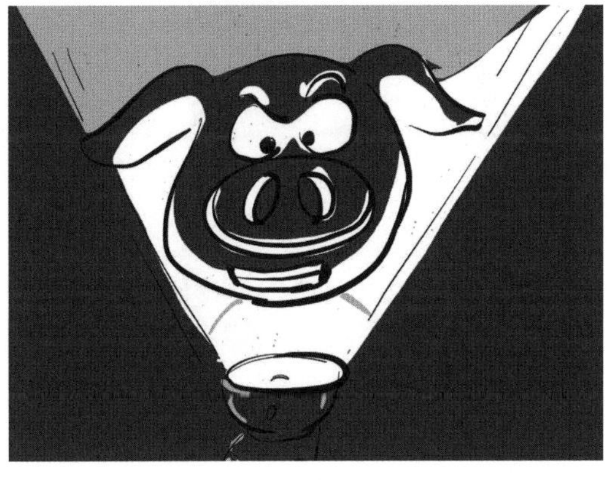

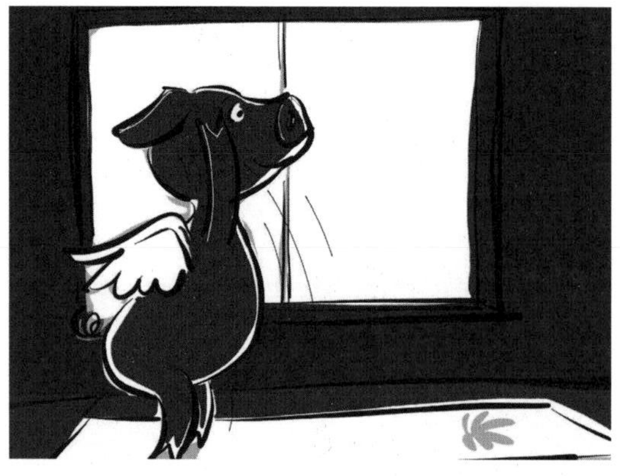

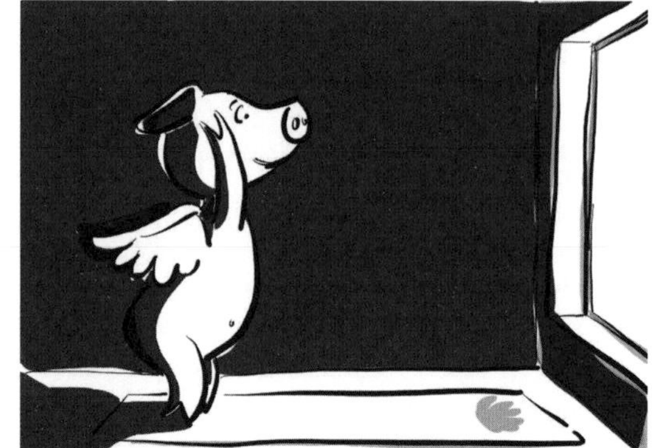

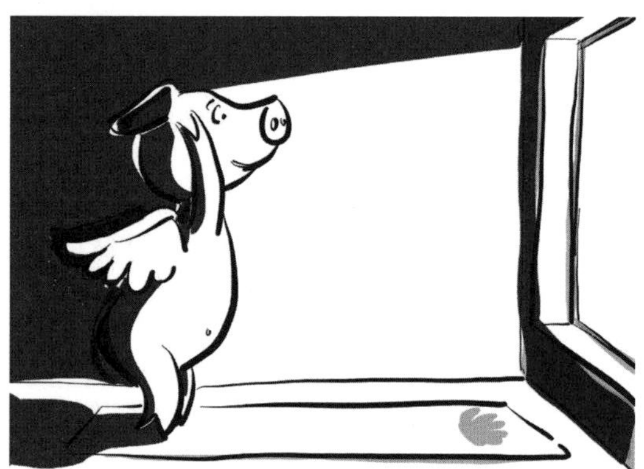

Das Flügelschwein beim Sonnengruß. Die gleiche Szene mit unterschiedlichen Lichteinfällen gezeichnet wirkt dreimal anders: Bild 1 lässt das Schwein nah wirken und es scheint, als wäre es noch nicht ganz hell. Bild 2 wirkt weicher und beinahe romantisch. In Bild 3 ist das Schweinchen schon erleuchtet, ein Sonnenstrahl fällt direkt auf das Schweinchen.

Auf den unteren Bildern wirft das Schweinchen einen langen Schatten. Die Stimmung wirkt unterschiedlich, abhängig vom Größenverhältnis des Schattens zum Schwein und von der Richtung des Schattens in Bezug zur Laufrichtung. In beiden Fällen sieht es nach Aufbruch und Mut aus.

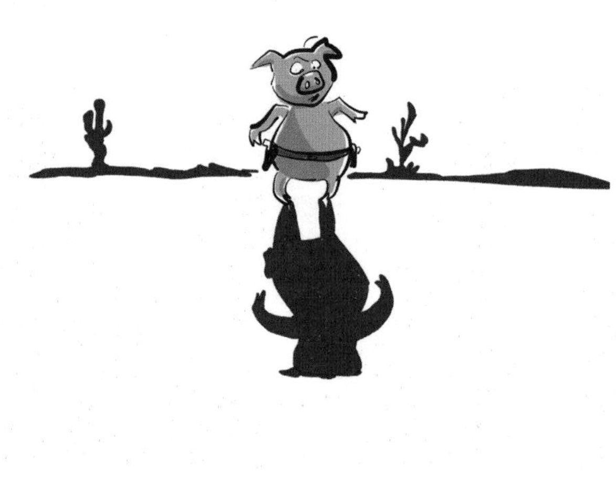

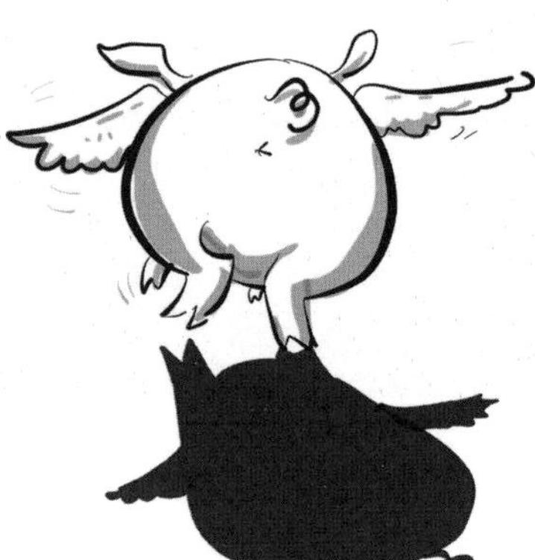

Das Drama mit den Gegensätzen

Mit nichts lässt sich besser spielen als mit Gegensätzen. Runde Formen wirken weich, ungefährlich und gut – eckige, spitze Formen wirken bedrohlich. Das ist der erste Gegensatz: Rund und eckig – gut und böse.

Diese spitzen Formen eignen sich auch für Landschaften, beispielsweise schroffe Felsen eines spitzen Berges im Kontrast zu weichen runden Wolken. Hier trifft rund auf eckig.

Die runde Anordnung der Wolken – hier als Bogen dargestellt – ist ein Trick, um den Himmel realistischer und weiter erscheinen zu lassen. Treffen runde Formen auf runde Formen, wirkt das Bild sehr friedlich und harmonisch.

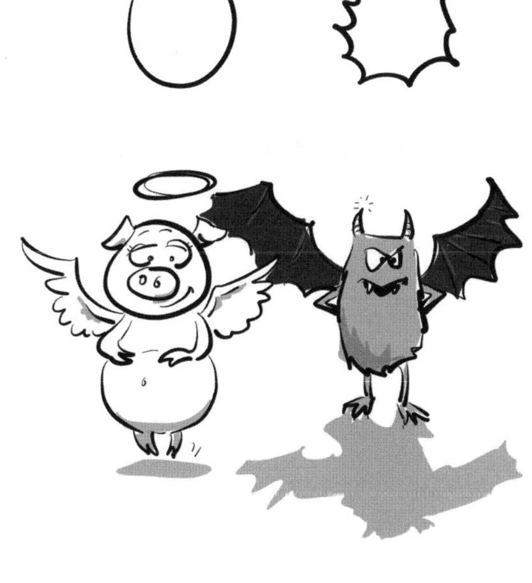

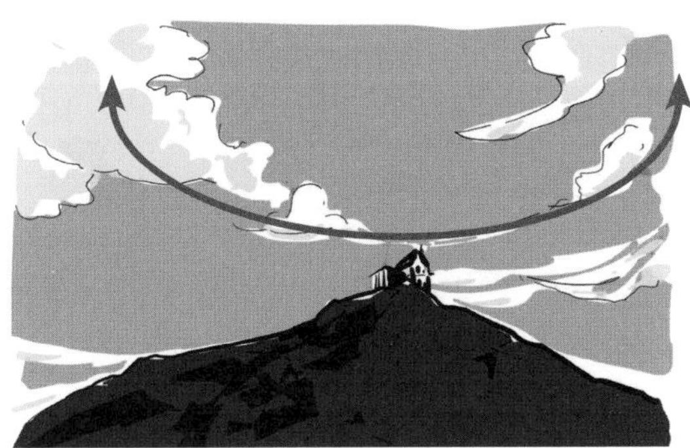

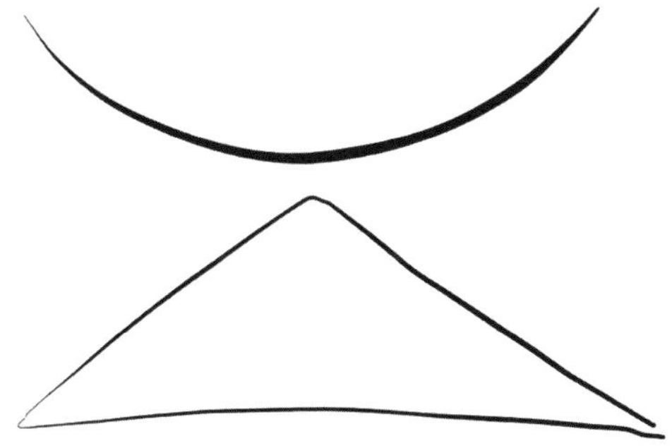

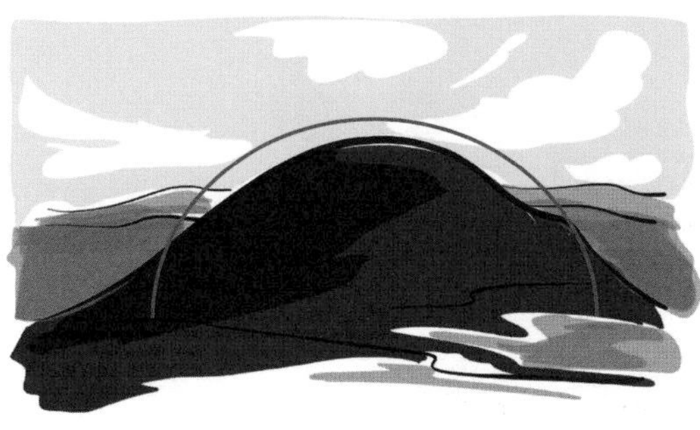

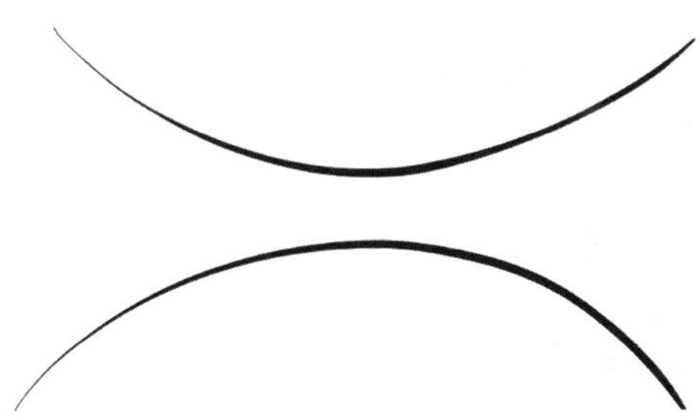

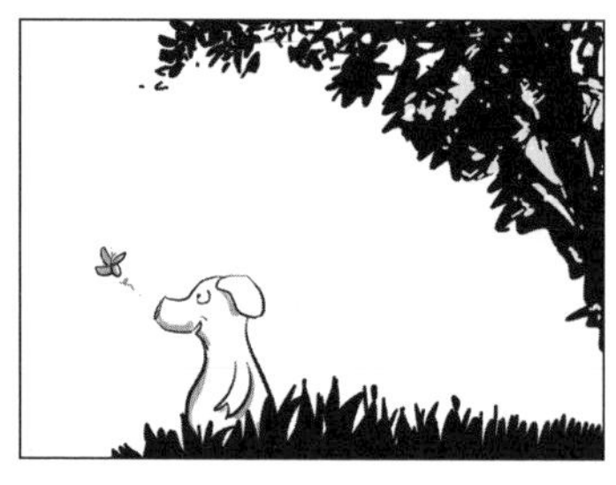
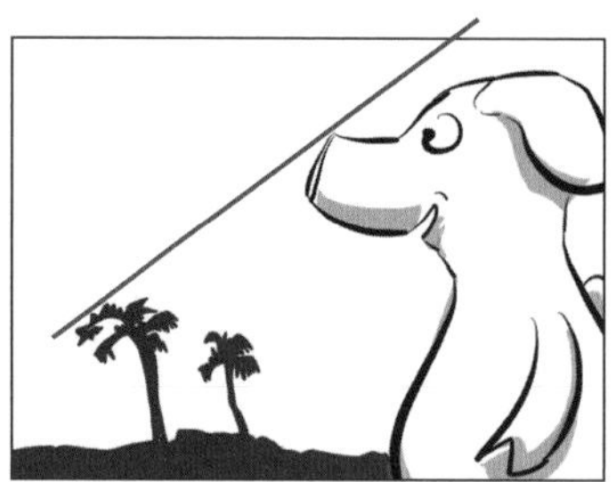
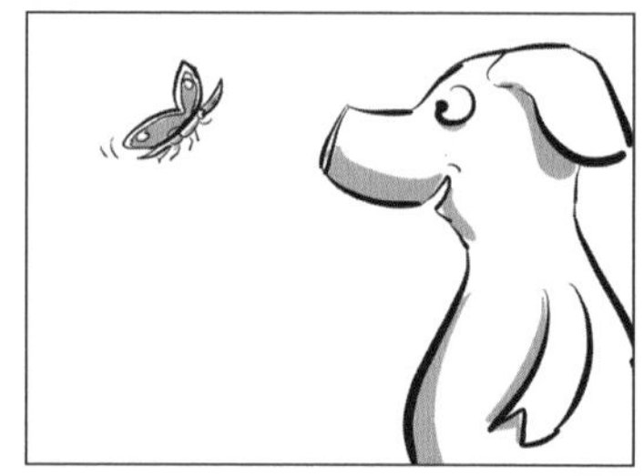

Weitere spannende Gegensätze zeigen Ihnen die drei Bilder oben. Das Spiel von Vordergrund und Hintergrund wird in den ersten beiden Bildern thematisiert: Der dunkle Vordergrund in Bild 1 lenkt den Blick auf das Schweinchen und vermittelt so eine idyllische Atmosphäre.

In Bild 2 steht das Schwein im Vordergrund und zieht die Aufmerksamkeit beinahe magnetisch an. Nutzen Sie diese mit der Diagonalen markierte Komposition, um den Blick auf die Darsteller Ihrer Geschichte zu lenken: Der Blick wandert vom Schweinchen im Vordergrund zu den Palmen im Hintergrund. Diese Gewichtung kann und wird sich im Laufe einer Geschichte ändern, um einen durchgehenden roten Faden zu zeigen und doch lebendig zu bleiben.

Der Kontrast zwischen klein und groß zeigt sich im dritten Bild. Das ist ein gutes Beispiel dafür, wie Sie mit weniger Tiefe arbeiten können, damit eine beinahe zweidimensionale Darstellung und trotzdem eine Spannung erzeugen.

Den Kontrast zwischen klein und groß kennen Sie bereits. Wenn Sie dazu noch mit den unterschiedlichen Gewichtungen an Schwarzanteilen arbeiten, können Sie noch mehr Dramatik erzeugen und die Bilder lassen sich schneller »lesen«.

Bild 4 wirkt einengend, da das Schwein von schwarzen Felsen umgeben ist, nur ein schmaler heller Spalt ist zu sehen. Das wirkt düster – das kleine Schweinchen muss jetzt sehr mutig sein. Bild 5 ist eine Kombination aus Bild 2 und Bild 4: Der Bildaufbau ist diagonal und hat einen hohen Schwarzanteil. Auch hier spürt man die Spannung und der Blick fällt auf das kleine ängstliche Schwein.

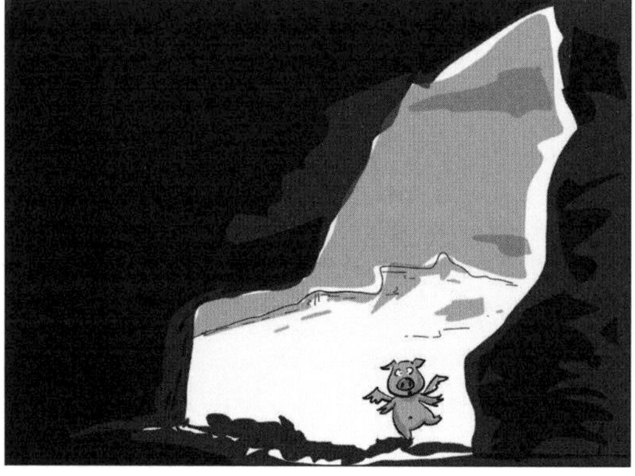
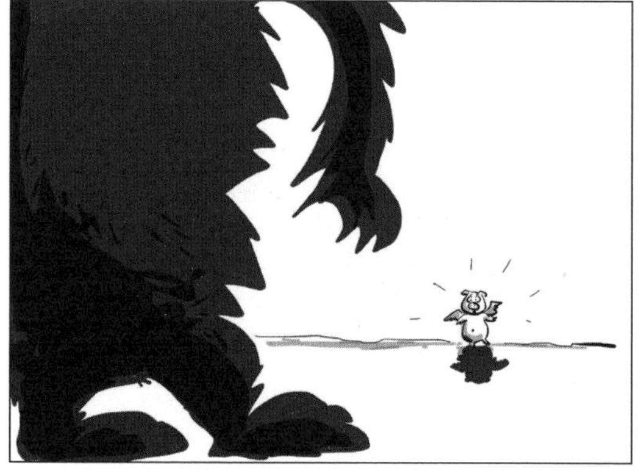

Dynamik ohne Dynamit

Wusch! Geschwindigkeit und Dynamik können Sie mit einem diagonalen Bildaufbau erzeugen. Diagonale Linien, die sich in einem Punkt treffen, führen den Blick auf diesen Punkt.

Nicht nur in der Vorzeichnung, auch in der Reinzeichnung deuten Sie mit Linien eine Bewegungsrichtung an, wie in dem Bild mit dem fliegenden Popcorn. Das Bild wirkt aktionsreich durch die chaotische Anordnung der Umgebung. Wenn die generelle Richtung des Hintergrundes die gleiche Richtung zeigt wie der Vordergrund, wird die Wirkung der Geschwindigkeit verstärkt. Nach oben verjüngende diagonale Flächen wie in der Froschperspektive wirken bedrohlicher. Die Vogelperspektive hingegen wirkt aufstrebend und heldenhaft.

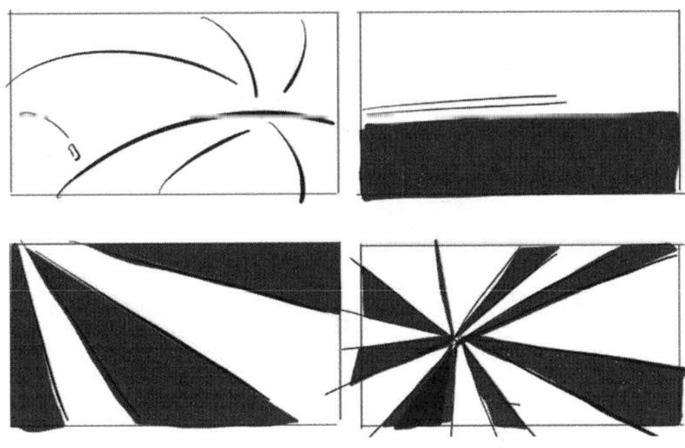

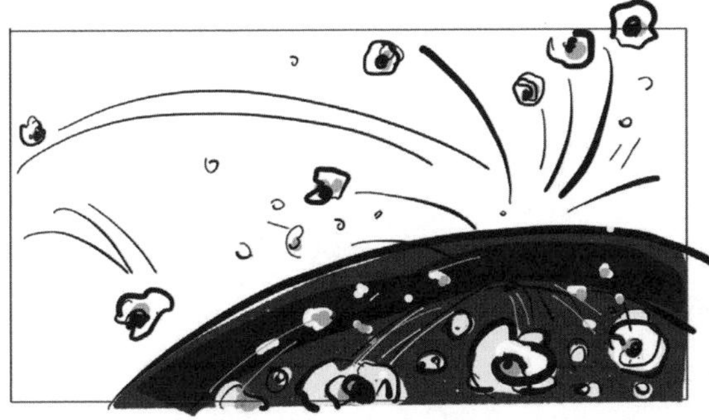

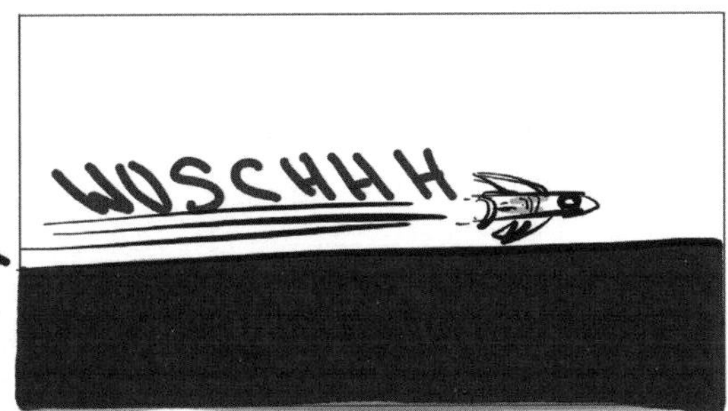

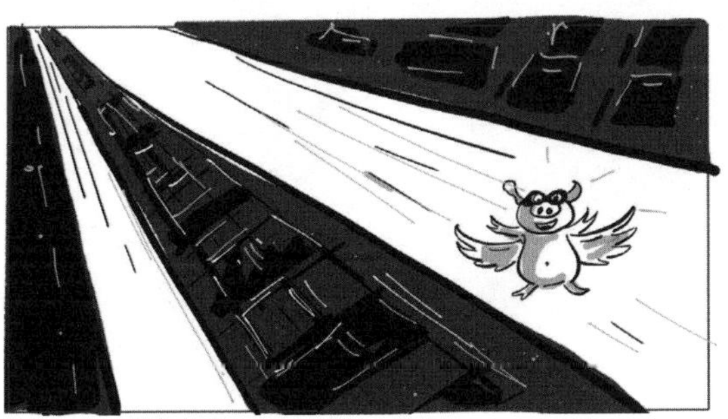

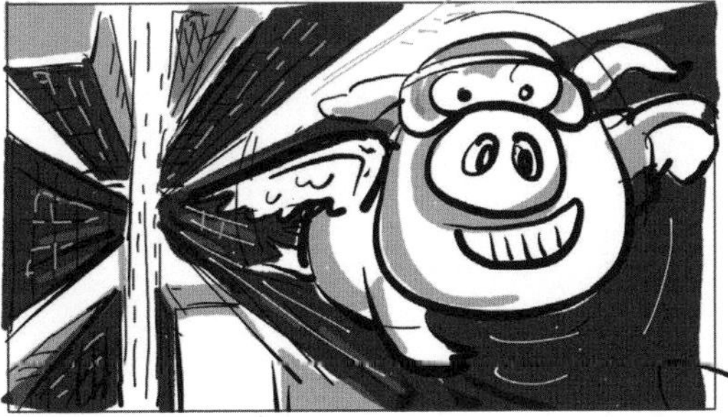

Till Laßmann: Tipps zum Thema „Locker bleiben"

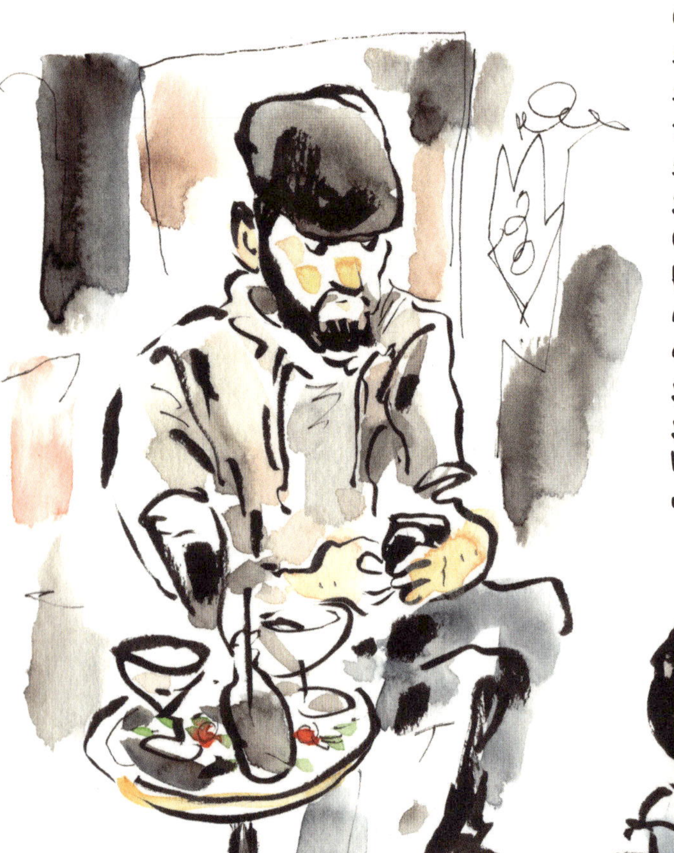

Am besten lassen sich meiner Erfahrung nach Personen zeichnen, die beschäftigt sind und daher eine Weile in einer gewissen Pose verharren: Smartphonenutzer z.B. oder auch Musiker_innen. Zudem sind diese Leute konzentriert bei einer Sache und haben nicht den Anspruch, einen Blick auf die Zeichnung zu werfen, weil sie deren Entstehung nicht mitbekommen. Genau genommen besteht dieser Anspruch sowieso nicht, wie Felix Scheinberger in seinem Werk „Mut zum Skizzenbuch" darlegt - aber der Lockerheit einer Zeichnung ist eben zuträglich, wenn diese unbeobachtet entsteht.

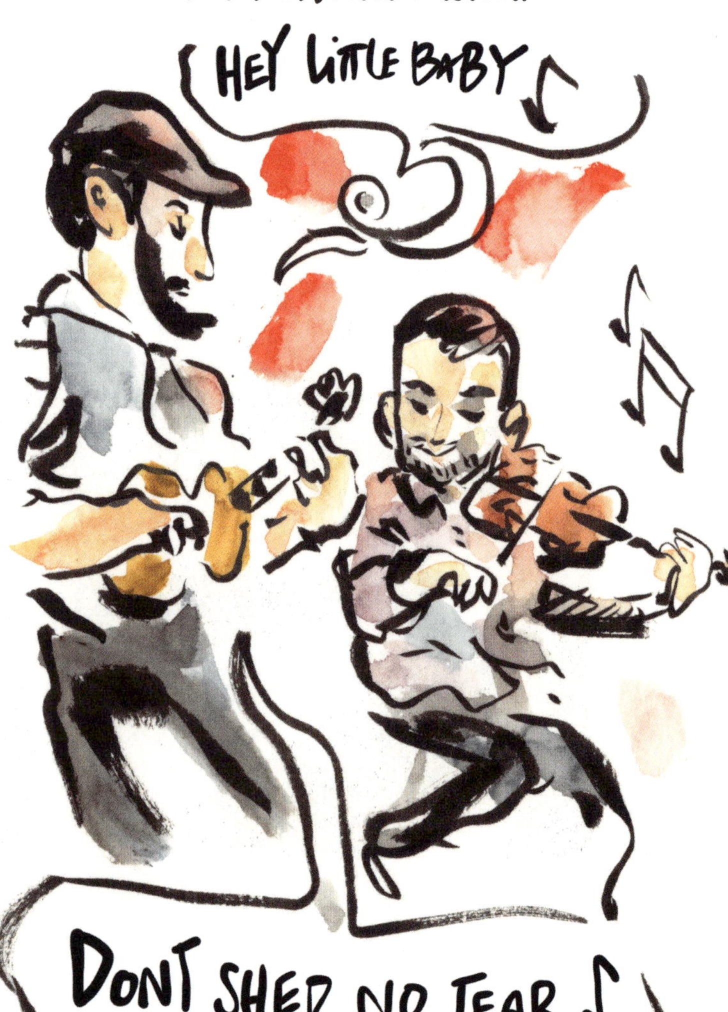

Dennoch ist es schön, wenn man eine Zeichnung, die man für gelungen hält (aber an der man nicht sonderlich hängt), verschenken kann: Positives Feedback gibt Selbstbewusstsein, welches der Lockerheit zukünftiger Zeichnungen sehr zuträglich ist.

Daher zeichne ich gerne auf Blankopostkarten: Die Firma Vang hat mit der Reihe Cascade Aquarellblöcke im Angebot, die dafür super geeignet sind.

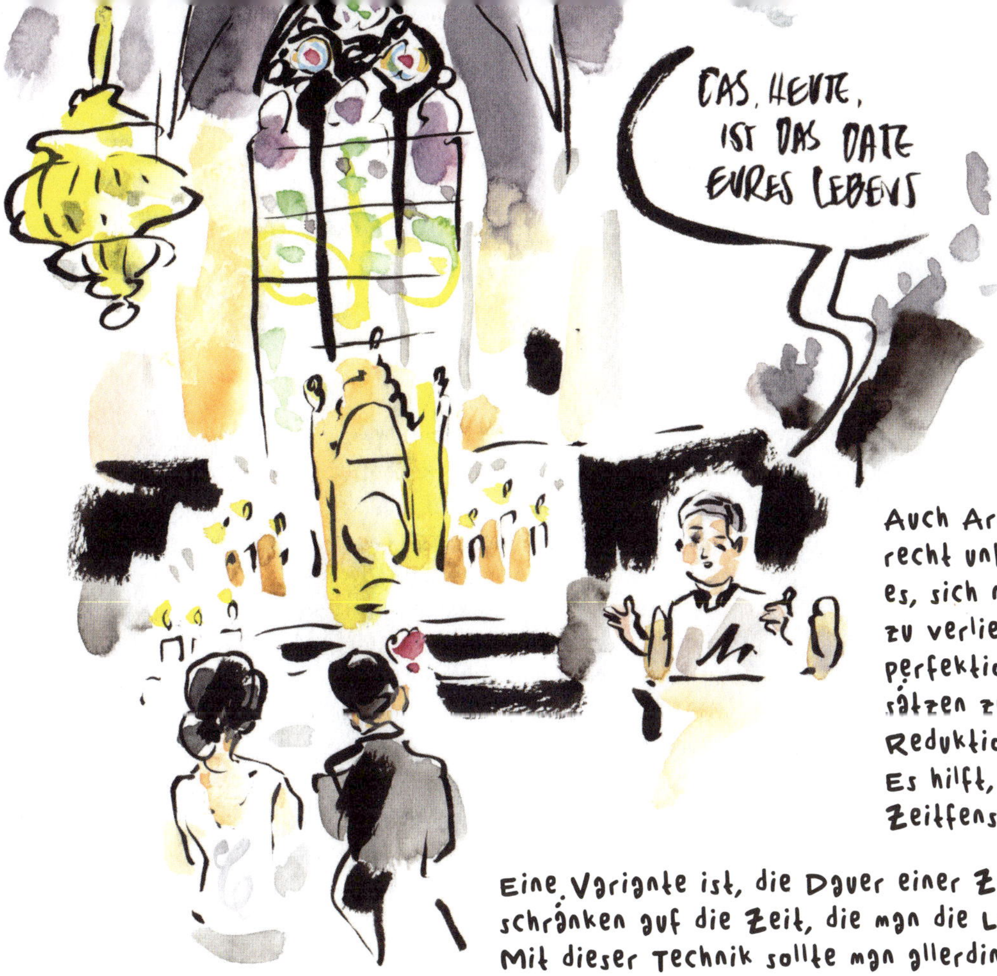

Auch Architektur ist meist recht unbewegt. Hier gilt es, sich nicht in Details zu verlieren und sich von perfektionistischen Ansätzen zu distanzieren: Reduktion ist angesagt. Es hilft, wenn man sich ein Zeitfenster setzt.

Eine Variante ist, die Dauer einer Zeichnung zu beschränken auf die Zeit, die man die Luft anhalten kann. Mit dieser Technik sollte man allerdings vorsichtig sein: Bitte nicht ersticken!

Kirchenfenster und Altäre strotzen vor Details und sind dennoch gut wiedererkennbar, wenn man sie mit wenigen schnellen Strichen skizziert und mit einigen Farbklecksen koloriert. Auch ist die ruhige, gar meditative Atmosphäre in Kirchen der Zeichnerei dienlich. Eine weitere Disziplin und ein ganz anderes Kapitel: Bäume und andere Pflanzen. Hier ist es noch weniger von Bedeutung, die konkrete Form darzustellen – viel wichtiger ist hier die Farbe, und es genügt, die Kontur grob anzudeuten.

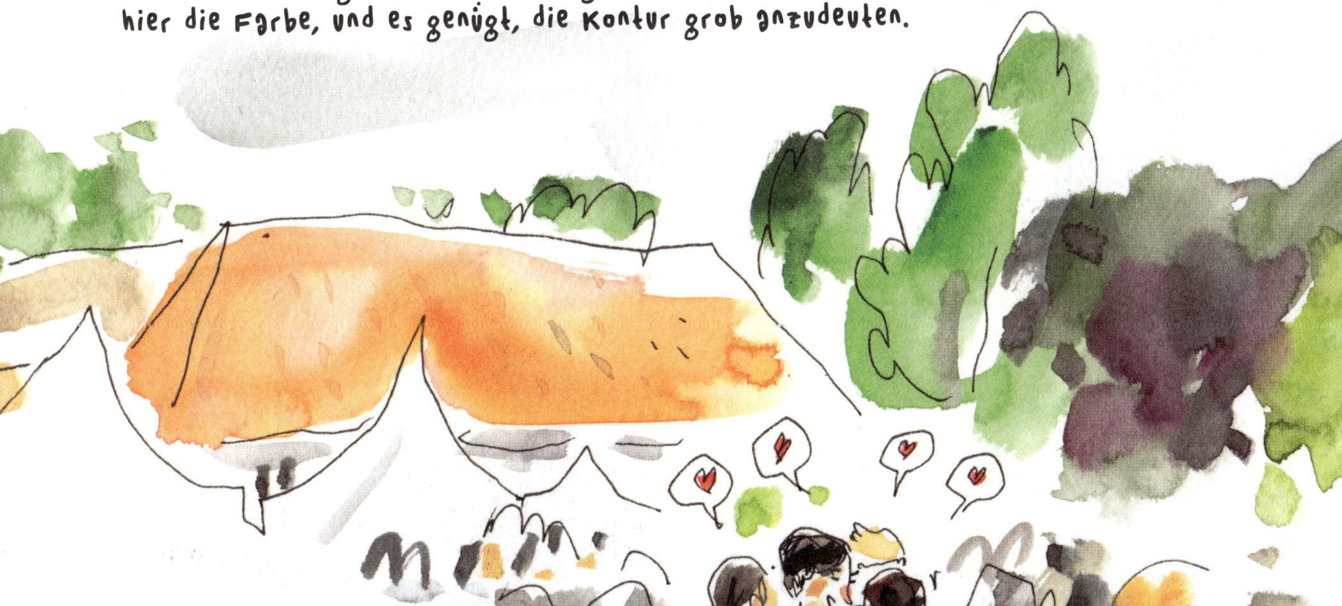

Den eigenen Stil finden

Jede(r) hat eine eigene Handschrift – eine eigene Art, einen Strich zu ziehen. Lange Zeit habe ich versucht, die Techniken von anderen nachzuzeichnen. Genau so habe ich es nie hinbekommen, aber ich konnte meine Fähigkeiten verbessern. Es geht nicht darum, so gut wie der Künstler XY zu werden. Sie können sich zwar so verbessern, aber es wird immer jemanden geben, der besser ist als Sie – das soll Sie nicht entmutigen, sondern im Gegenteil Mut machen, Neues zu probieren und Ihren persönlichen Stil zu finden.

Es dauert nicht lange, denn Sie zeichnen von Anfang an anders als alle anderen. Sie geben dem Bild eine Seele. Auch wenn die Zeichnung unperfekt ist, kann sie verzaubern. Im Kollegenkreis bemerke ich das Phänomen, dass man sich Zeichnungen von anderen anschaut und sagt: »Boah, es ist ja toll, wie du das machst …«, und der Kollege antwortet: »Echt? Ich finde deine Arbeit aber viel schöner.« Fast alle finden die Zeichnungen der anderen besser. Denn alle übertragen ein Stückchen ihrer Persönlichkeit in eine Zeichnung. Das ist das Schöne an der Kunst – egal, ob Sie Anfänger oder Profi sind.

Der jeweilige Stil ist keiner Modeerscheinung unterworfen, sondern ist Ausdruck Ihrer Individualität und davon, wie Sie die Welt sehen. Ihr Stil wird sich etwas verändern, aber immer zum Positiven. Ihre handwerklichen Fähigkeiten verbessern sich, je häufiger Sie zeichnen.Ich zeichne seit ungefähr 20 Jahren und da ist gefühlt immer noch Luft nach oben. Jedes Jahr nehme ich an einem Zeichenkurs teil oder mache einen Malurlaub. Von anderen Künstlern zu lernen, bringt einen neuen Schub. Ich sehe und übe neue Techniken und Herangehensweisen. Im letzten Zeichenkurs habe ich die Aquarelltechnik ganz neu gelernt. Comicbücher und Graphic Novels sammele ich nach wie vor und staune über den Zeichenstil anderer Künstler.

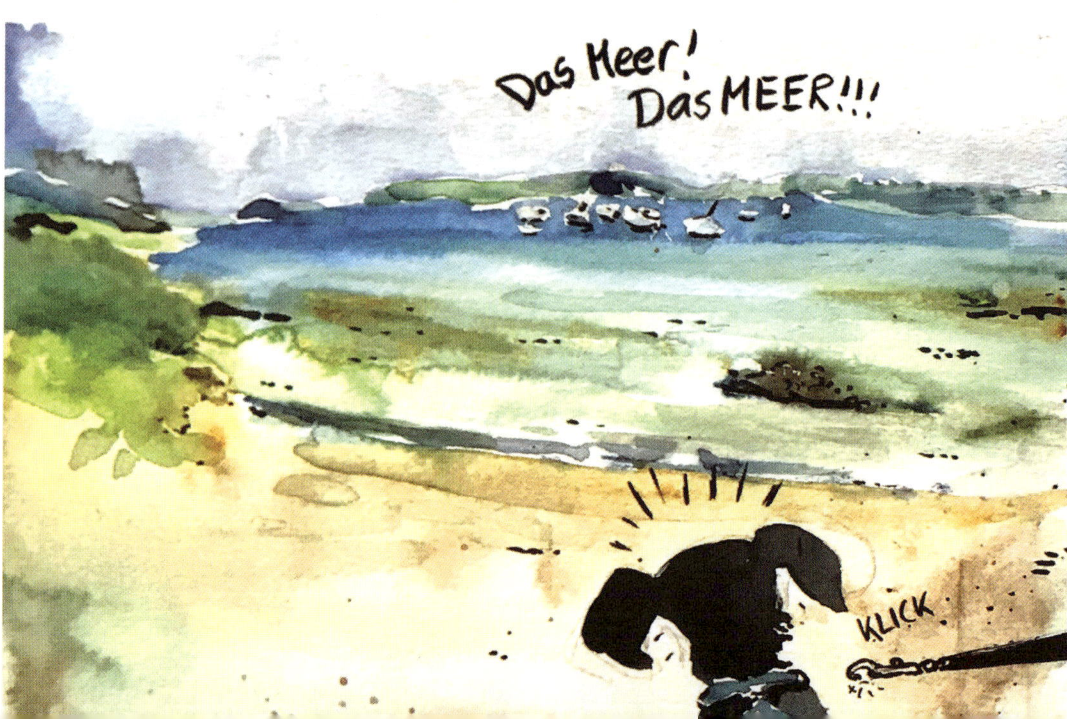

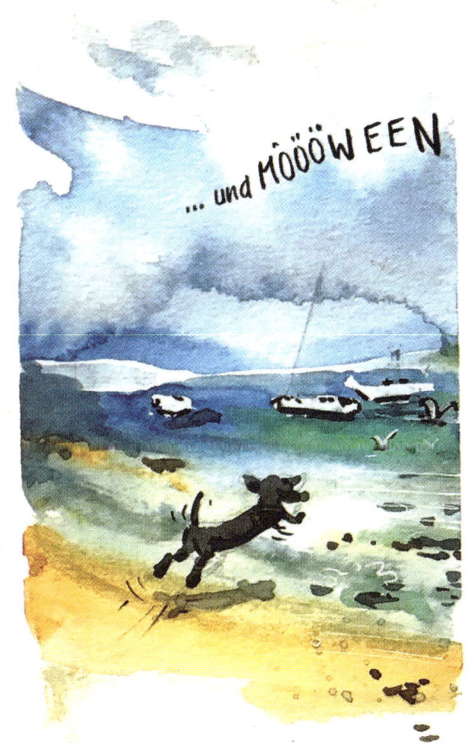
... und MÖÖÖWEEN

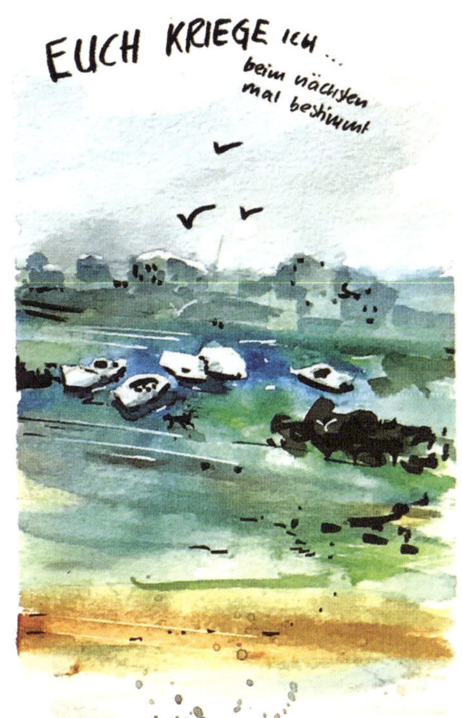
EUCH KRIEGE ICH ...
beim nächsten mal bestimmt

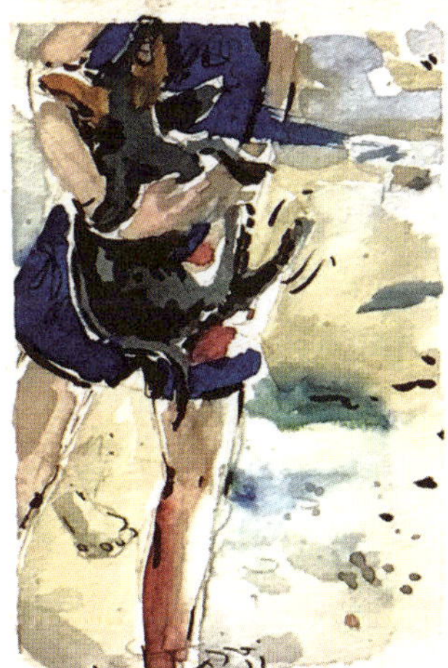
Hey, nein! Frauchen ..

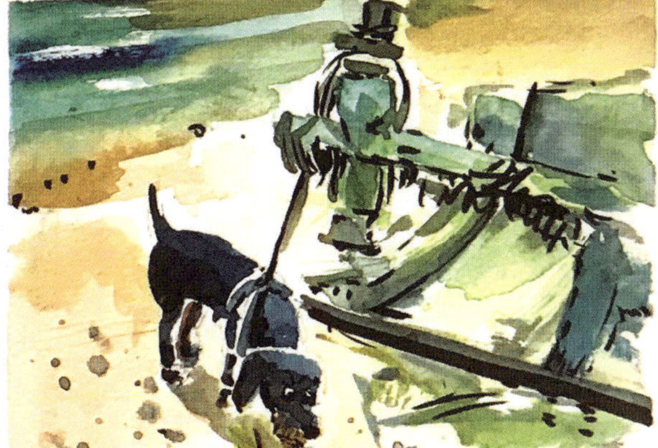
Was soll das? Freiheitsberaubung! Skandal!

Mein Zeichenstil ändert sich auch etwas, wenn ich eine neue Technik anwende oder neues Material verwende. Mein Stil ist etwas anders, wenn ich auf dem iPad zeichne oder wenn ich mit Aquarell male. Meine Schwäche sind Stifte und Marker – in Künstlergeschäften bringe ich meine Kreditkarte regelmäßig zum Glühen. Ich besitze unzählige Marker, Filzstifte, Fineliner und Pinselstifte. Es macht unglaublich viel Spaß, mit neuen Stiften neue Stile zu probieren. Mit manchem Material komme ich gar nicht klar und bei manchen Stiften fließen die Figuren so aus mir heraus. Manche Stifte zwingen mich dazu, weniger Details zu zeichnen und flächiger zu arbeiten, manche sind so zart, dass ich mich zu Schraffuren verleiten lasse.

Zusammengefasst: Jede(r) hat einen eigenen Stil, und Sie können den Stil durch Übung verbessern und mit neuem Material neue Anmutungen schaffen. Durch Kleinigkeiten wie neue Stifte und durch Testen von neuen Darstellungsarten erweitern Sie Ihr Portfolio. Manchmal ist es beispielsweise ein großer Unterschied, wie Sie die Augen Ihrer Comicfiguren zeichnen. Ihr Gefühl leitet Sie, wenn Sie eine Zeichnung als stimmig empfinden, ist es richtig. Wenn Sie eine Figur mehrmals versuchen anders zu zeichnen, wird Ihnen ein Variante leichter von der Hand gehen. Das ist dann Ihr Stil.

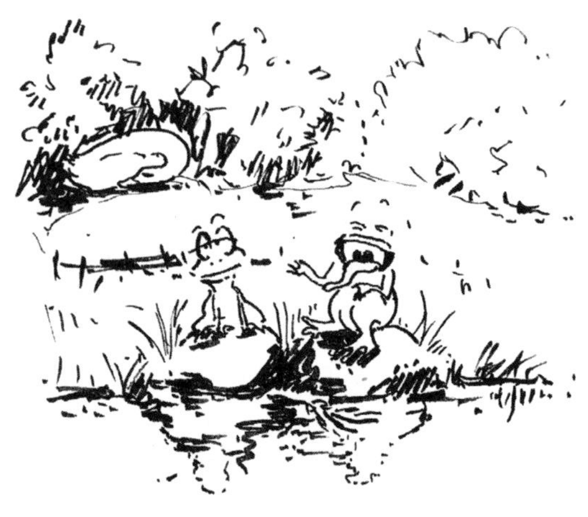

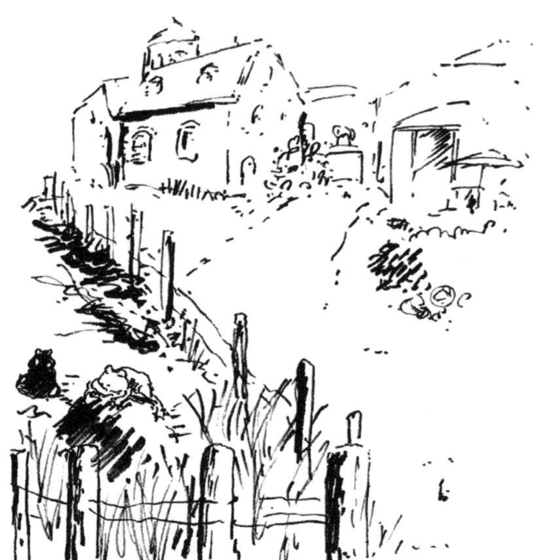

Übung

Klecksen Sie mit Kaffee oder Aquarellfarbe wilde Flecken auf ein Blatt Papier. Was sehen Sie? Ziehen Sie mit dem Pinsel die noch nasse Farbe nach außen und machen so noch deutlicher, was Sie in dem Klecks sehen. Lassen Sie die Farbe trocknen und schauen Sie, was Sie noch ergänzen können!

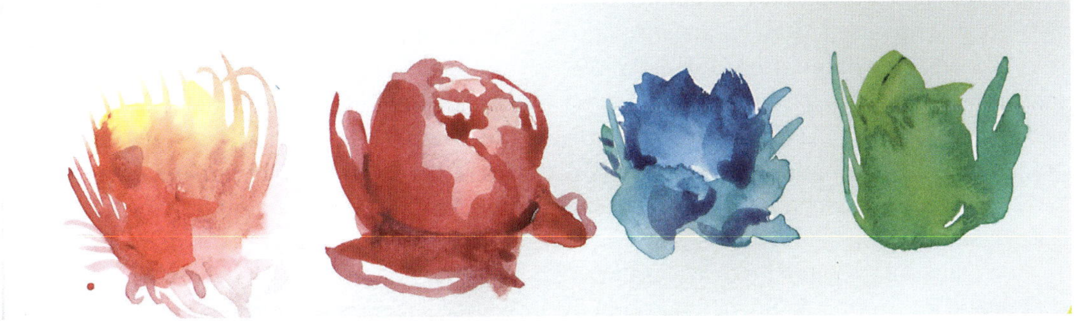

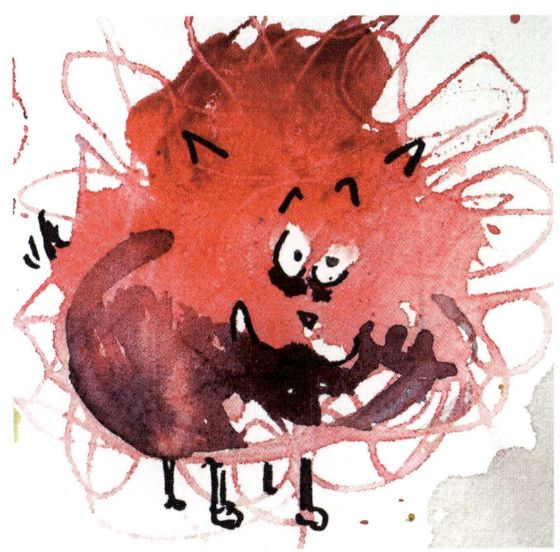

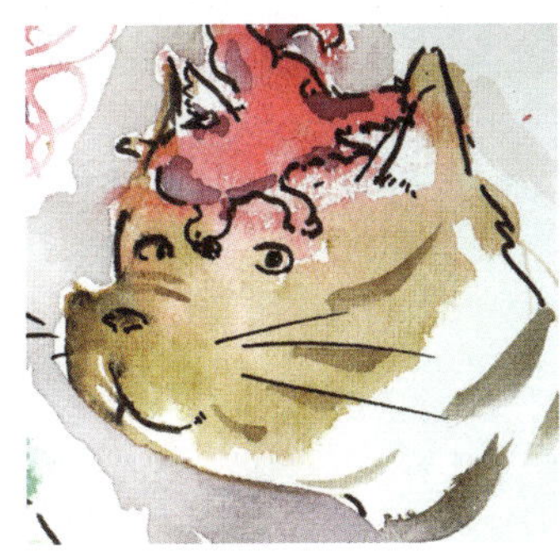

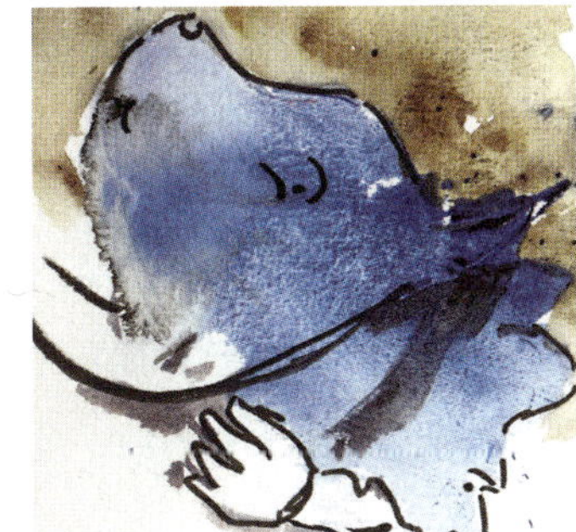

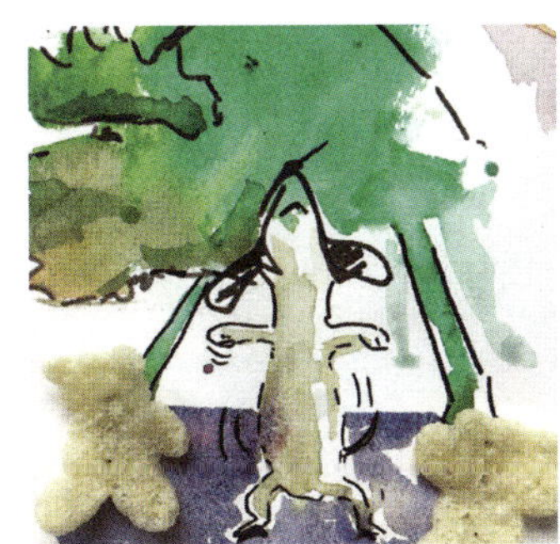

Ich sehe was, was du nicht siehst

Die kreativsten Bilder entstehen bei mir, wenn ich mich gerade bei einem Vortrag oder einer Telefonkonferenz langweile. Ich habe irgendeinen Stift in der Hand und irgendein Papier. Ich beginne mit einer ungeraden Linie, einem Schnörkel, einer Welle, dann schaue ich, was sich dabei entwickelt. Das kann eine Figur sein oder ein Kleidungsstück auf einer Wäscheleine. Das könnte schon der Beginn einer Geschichte sein oder eine neue Charakterfigur. Solche Ideen sammle ich in meinen Skizzenbüchern und bereichere so meine persönliche Bildbibliothek.

Zeit zum Ausarbeiten und Weiterentwickeln habe ich im Urlaub. Bevor ich in Urlaub fahre, kaufe ich neue Stifte und ein besonders schönes Skizzenbuch – passend für meine Handtasche. Dann freue ich mich darauf, im Urlaub am Strand oder im Restaurant zu zeichnen. Neue Stifte – neues Glück! Inspirationen finde ich auch in Speisekarten. In Barcelona war ich in einem Restaurant mit schönen Illustrationen auf der Speisekarte und auf den Papierplatzdecken. Die Illustrationen zeigten jeweils zur Hälfte Meerestiere und zur Hälfte Geschirr oder Besteck. Daraus entstanden ganz neue Fabelwesen. Im Urlaub kann man wunderbar Studien von Menschen anfertigen und sich wilde Geschichten dazu ausdenken.

Ich liebe es, wenn ich heimlich Menschen gezeichnet habe, mit meinem Mann darüber zu rätseln, was die Menschen wohl in der Situation gedacht oder gesagt haben. Die skurrilsten Dialoge ergänze ich dann in meiner Skizze.

Blöd ist nur, wenn die Personen dabei bemerkt haben, wie ich sie zeichne, und dann gerne die Zeichnung sehen möchten. Alles schon passiert!

Auf den folgenden Seiten habe ich Ihnen solche Geschichten zusammengestellt. Fällt Ihnen der unterschiedliche Stil auf?

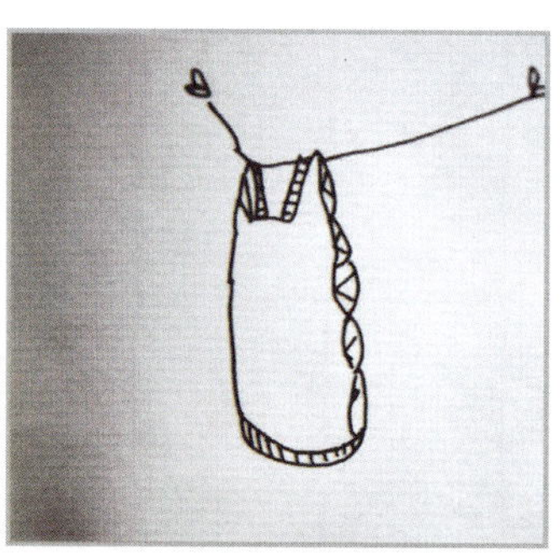

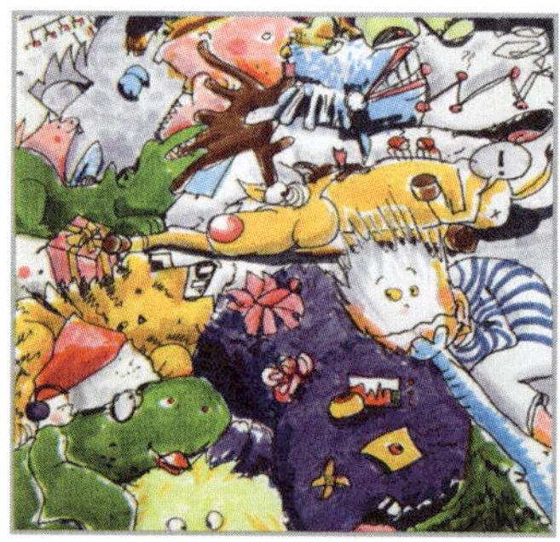

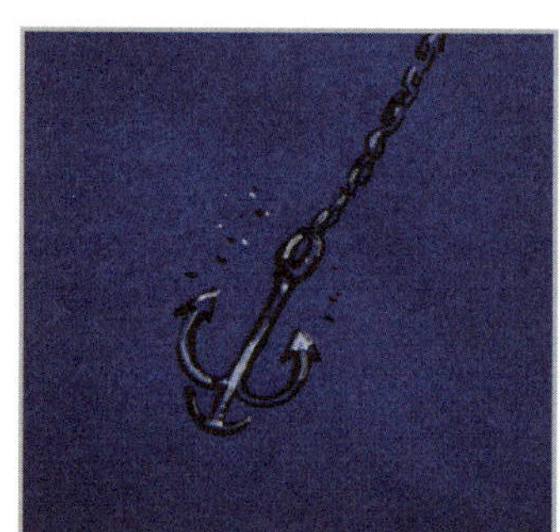

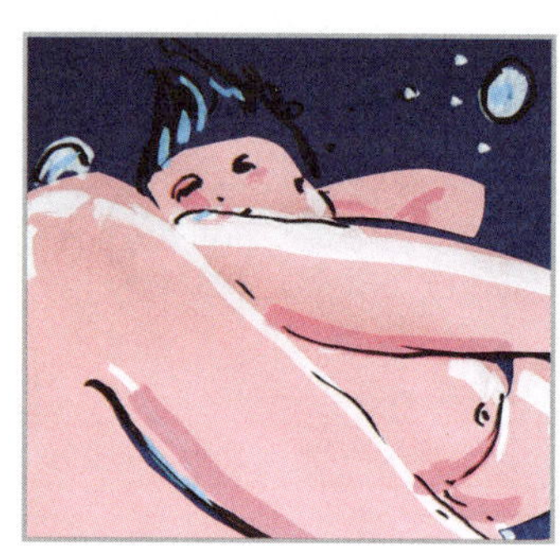

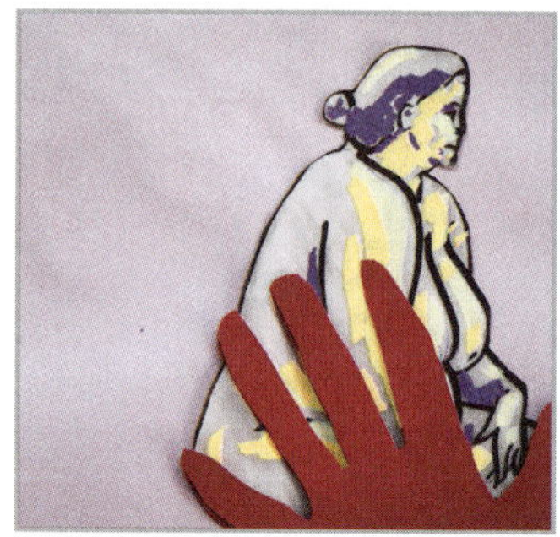

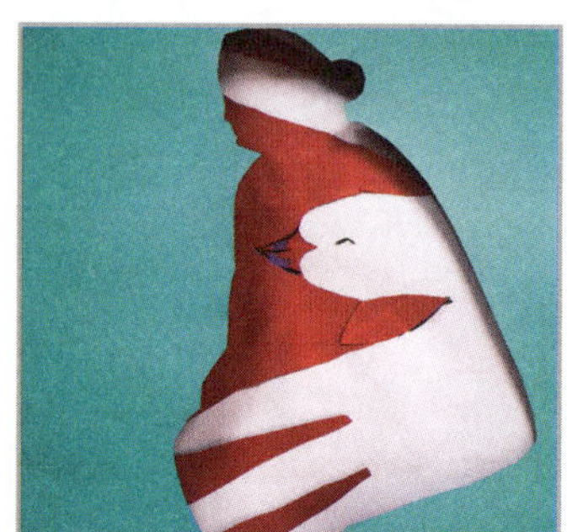

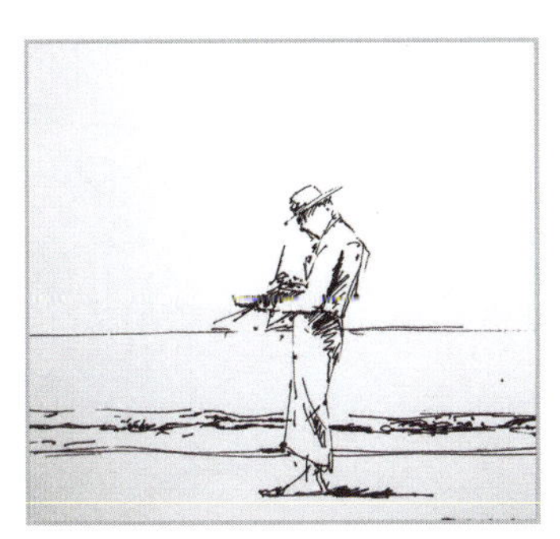

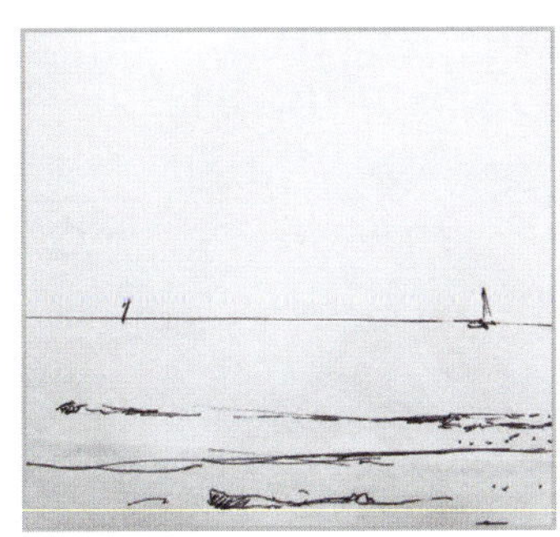

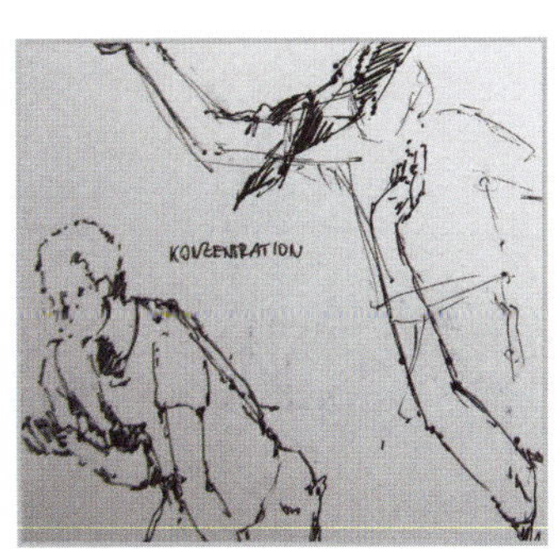
KONZENTRATION

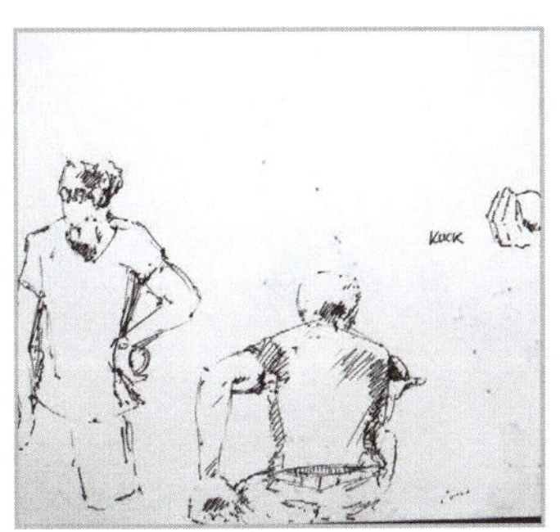

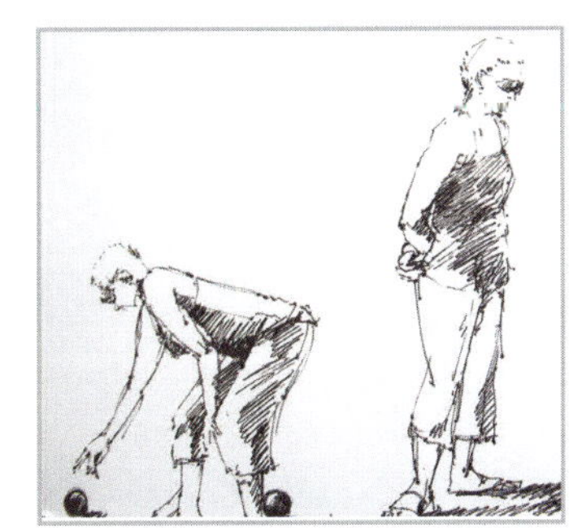

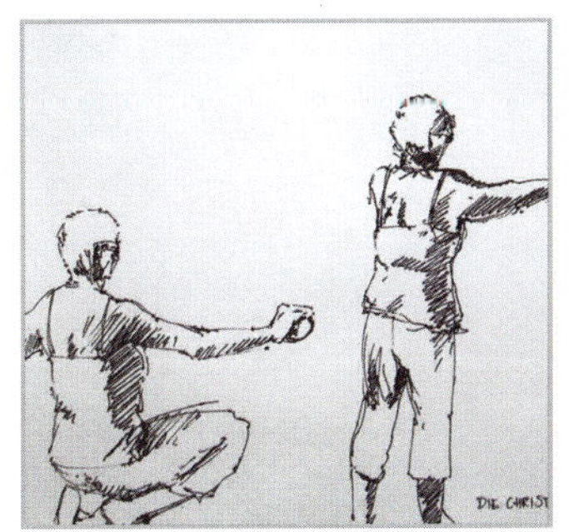

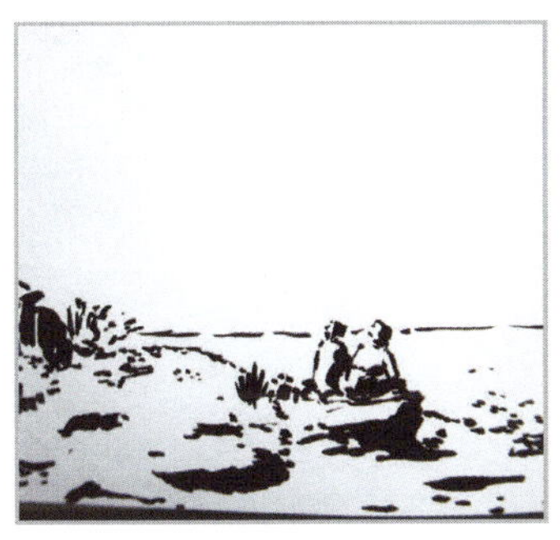

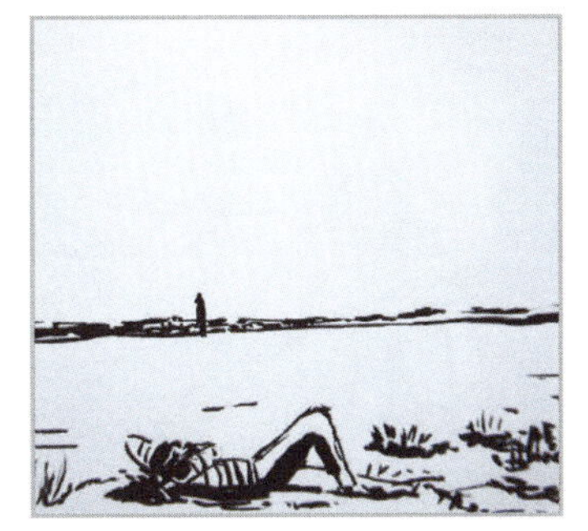

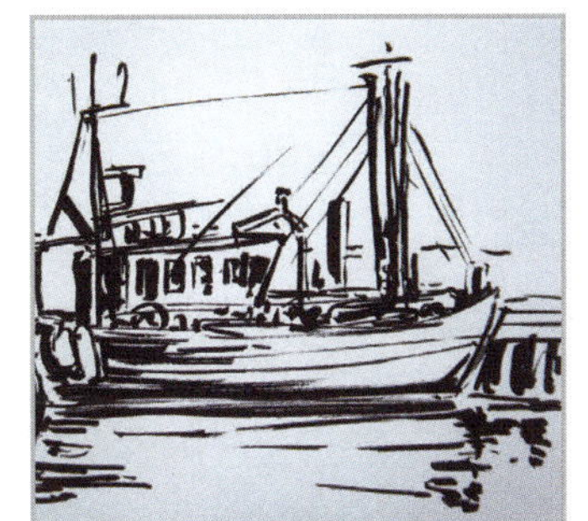

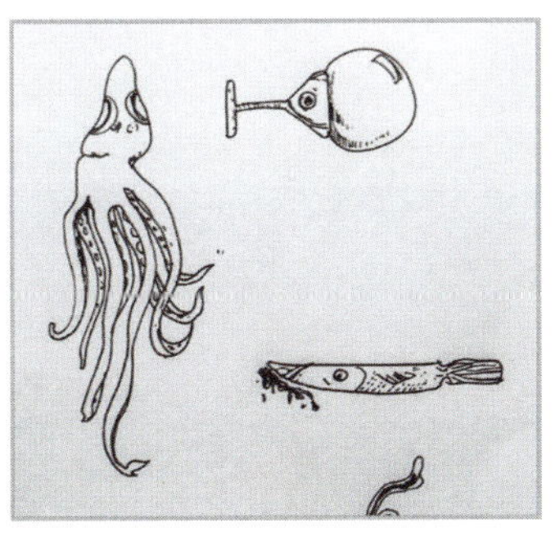

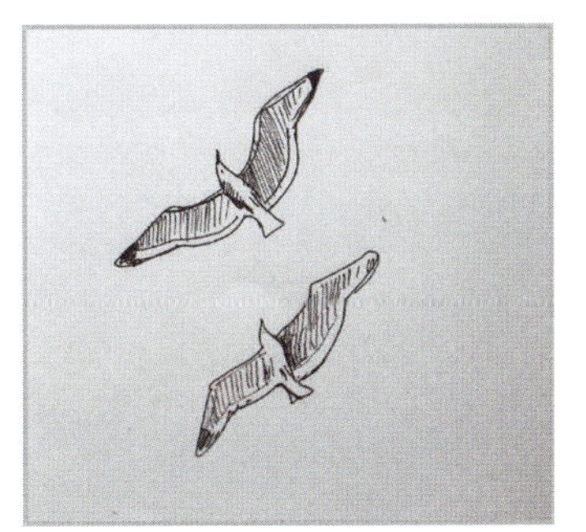

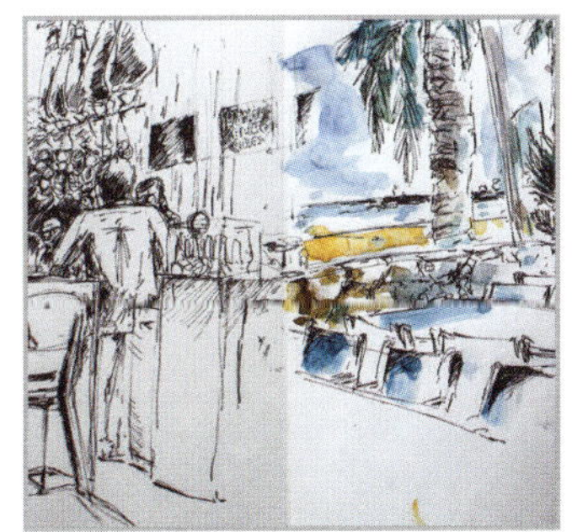

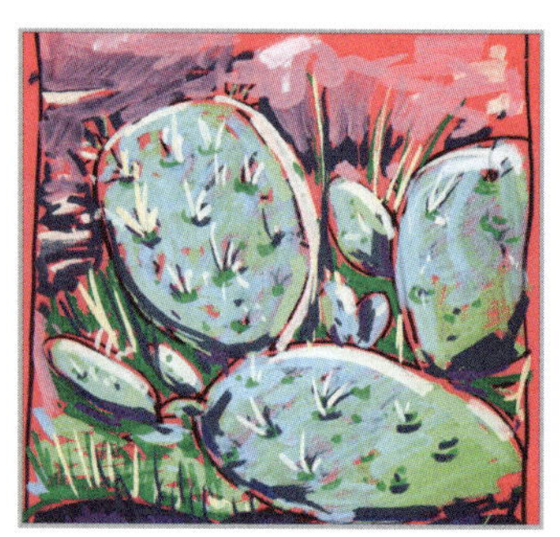

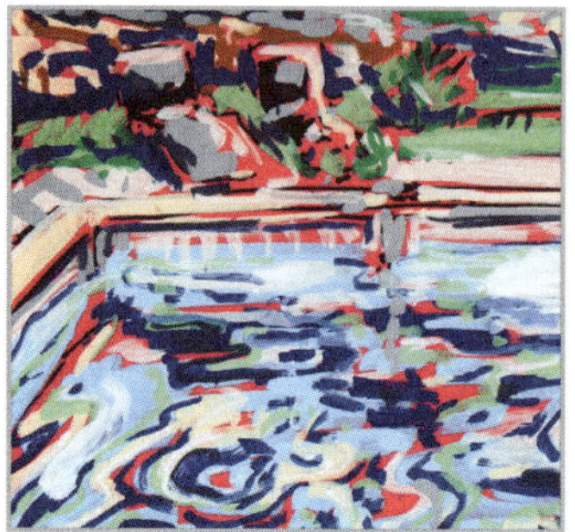

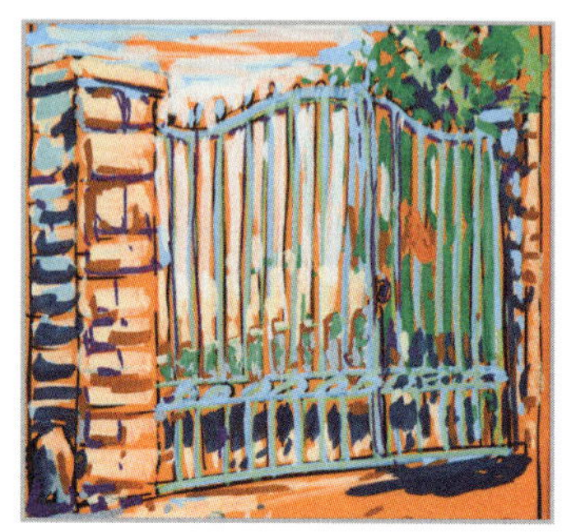

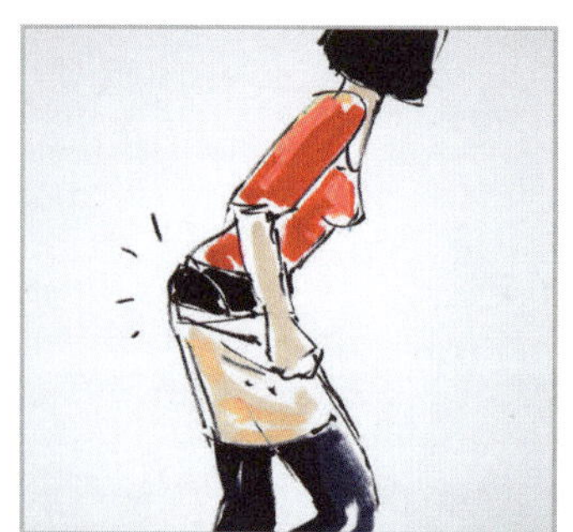

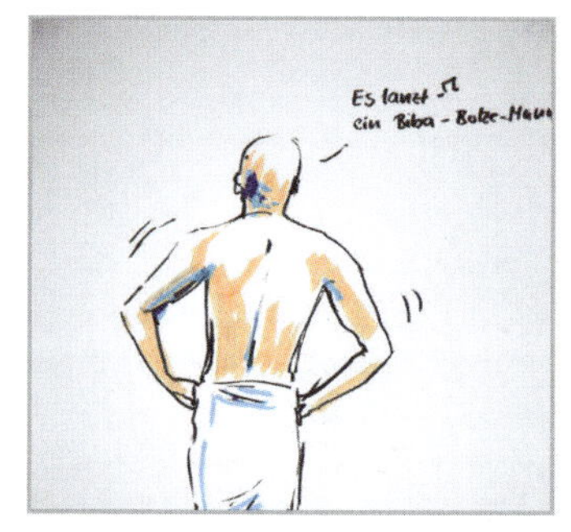

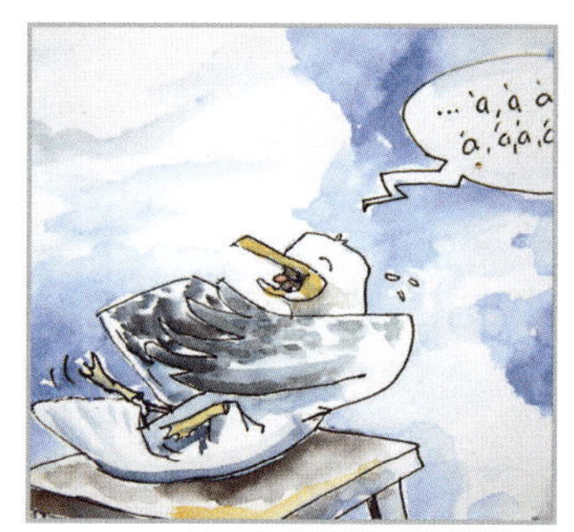

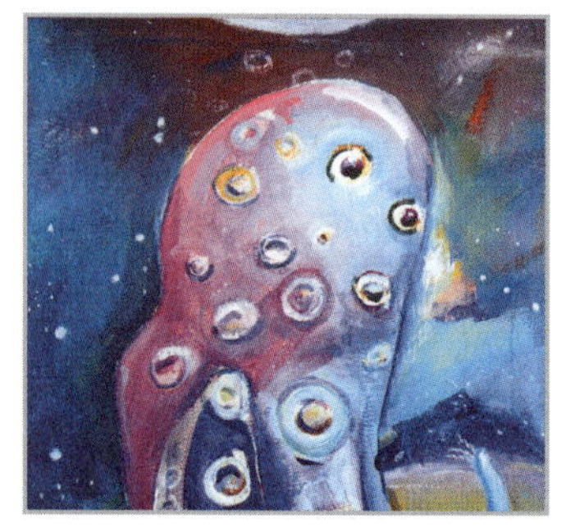

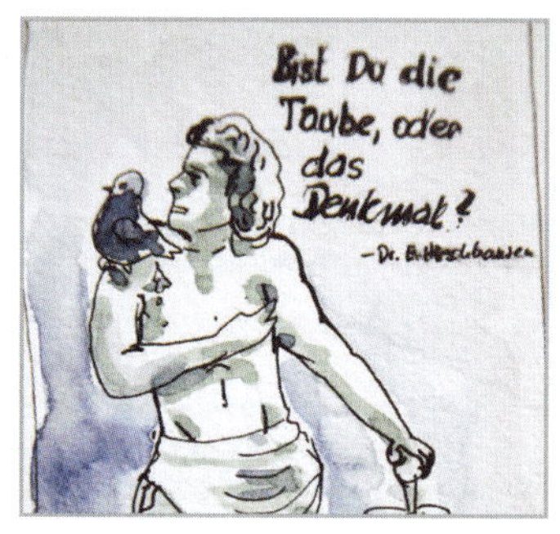
Bist Du die Taube, oder das Denkmal?

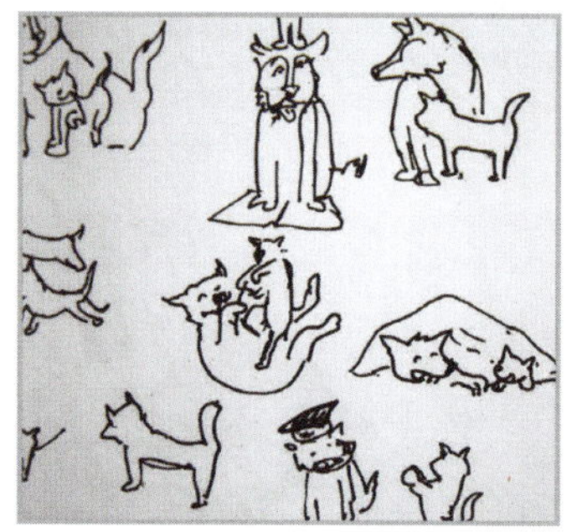

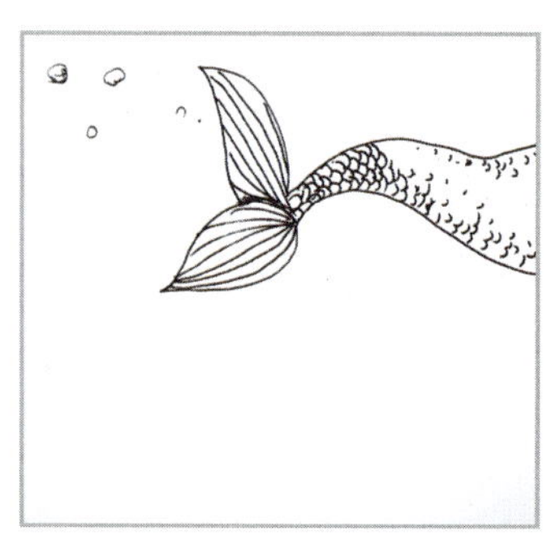

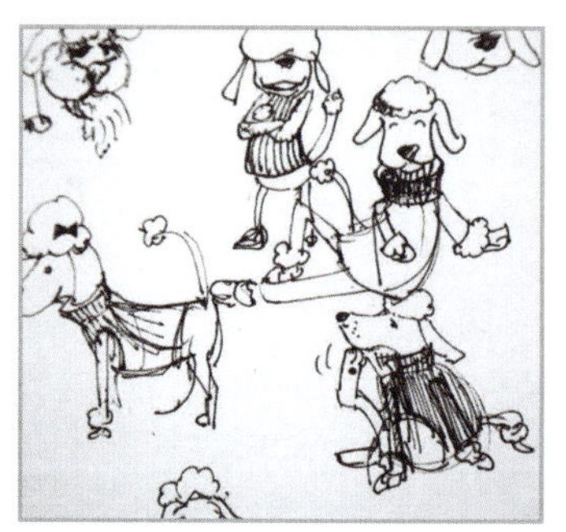

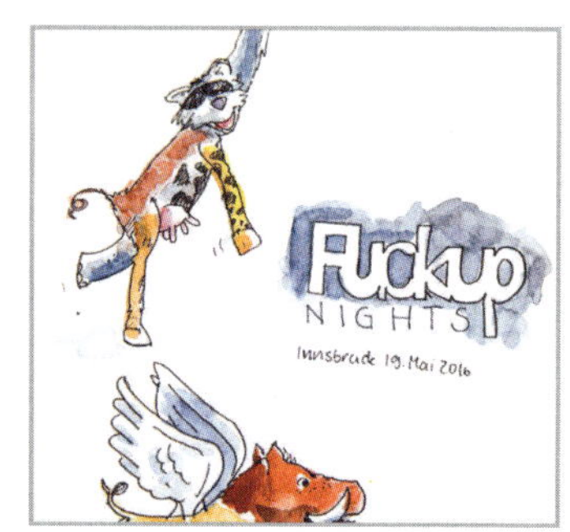
Fuckup
NIGHTS
Innsbruck 19. Mai 2016

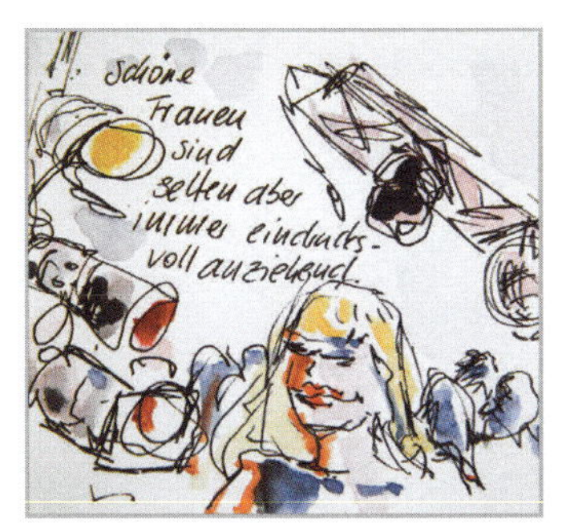
Schöne
Frauen
sind
selten aber
immer eindrucks-
voll anziehend.

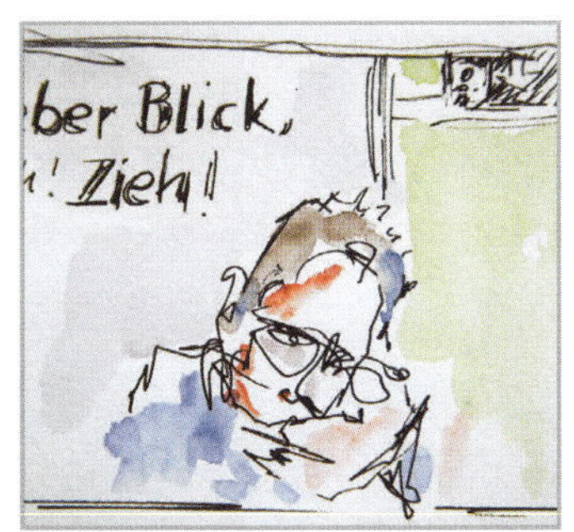
ber Blick,
! Zieh!

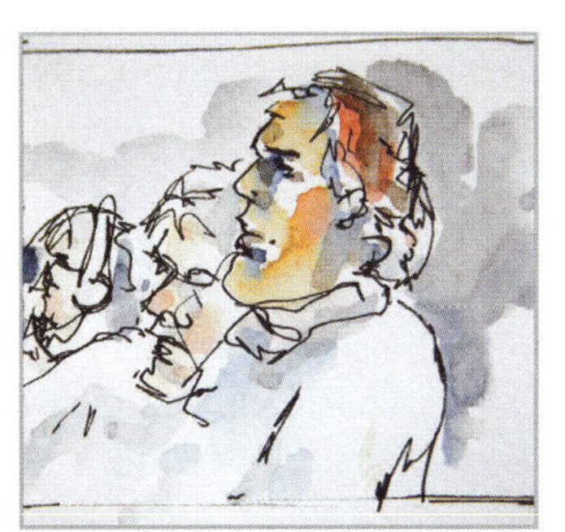

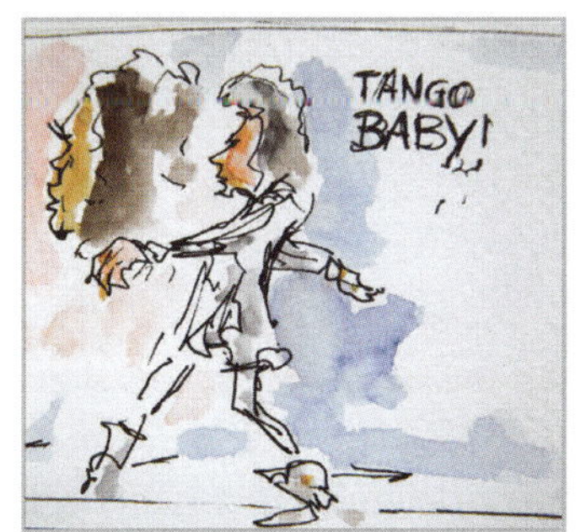
TANGO
BABY!

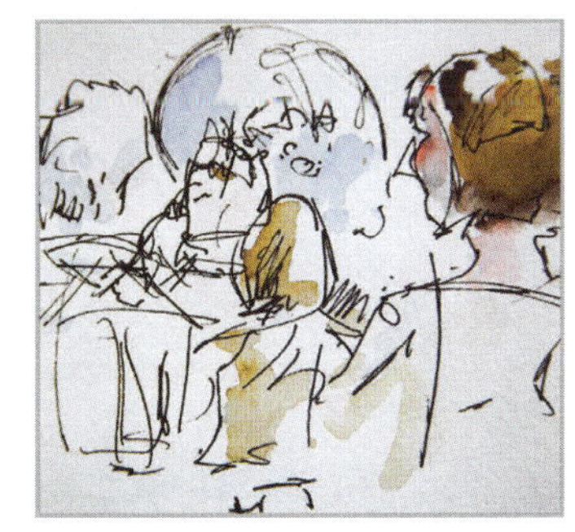

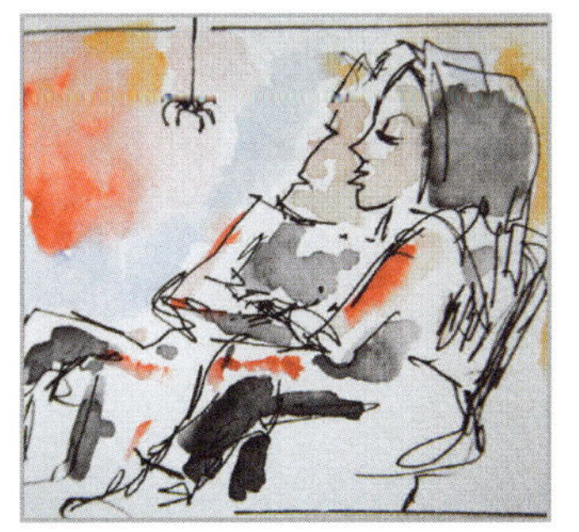

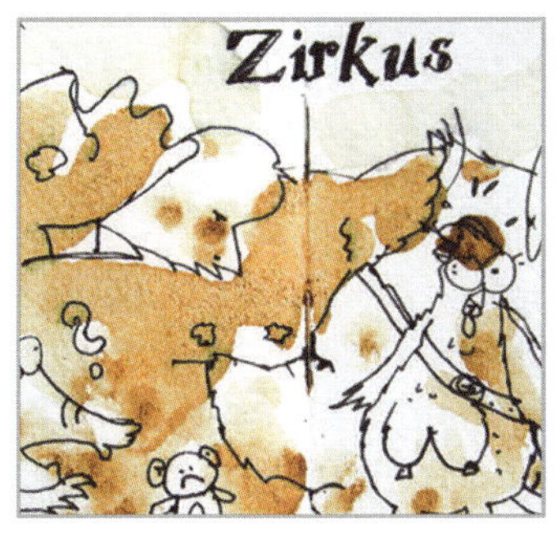
Zirkus

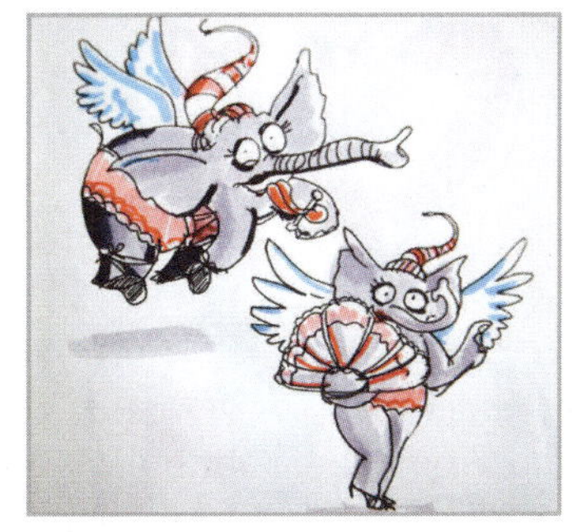

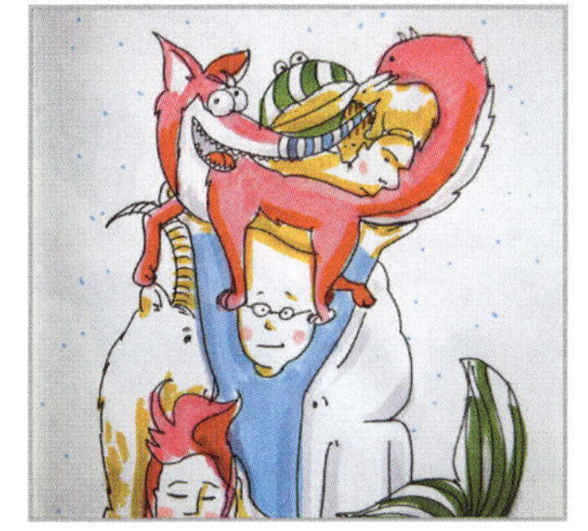

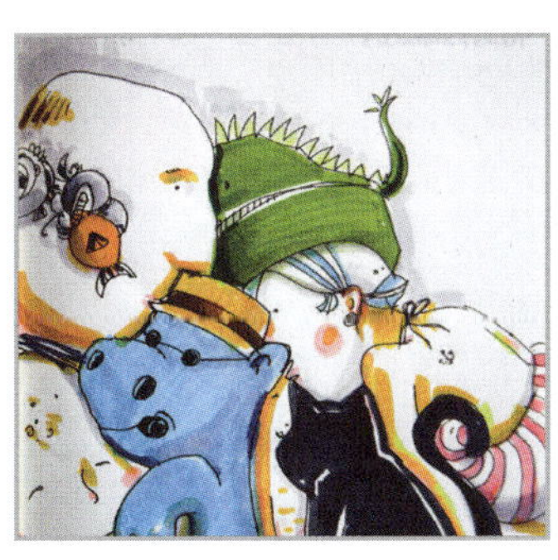

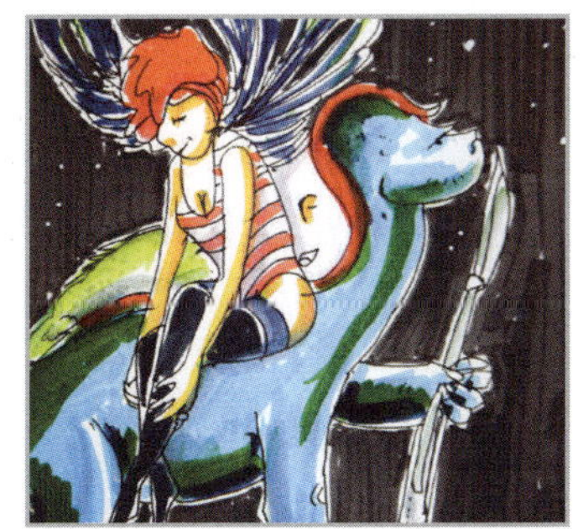

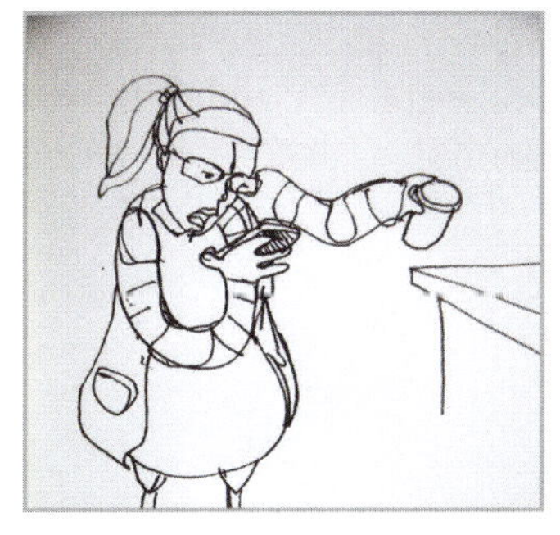

Analoge Comics

Ach, das Gefühl, wie der Stift über das Papier gleitet, wie Schritt für Schritt eine Bildwelt vor dem eigenen Auge entsteht, das ist etwas Tolles. Sie möchten das auch gerne probieren? Super! Ihre Storyline steht grob und Ihre Charakterfiguren haben Sie auch schon getestet, dann kann es losgehen.

Hilfreich ist es, erst einmal Layoutskizzen anzufertigen. Meine Layoutskizzen sehen recht wild aus. Auf einem A3-Blatt zeichne ich die Seiten als Kästen, die mir zur Verfügung stehen. Die Beispielbilder zeigen einen Comic im Anfangsstadium. Voraussetzung war, dass der Comic A5 groß, hochformatig und 16 Seiten lang werden darf. Die Panels sollten nicht zu klein werden, damit noch genug Text in lesbarer Größe reinpasst. Ich entschied mich für eine Einteilung in bis zu vier Panels. Das sollte gut gehen.

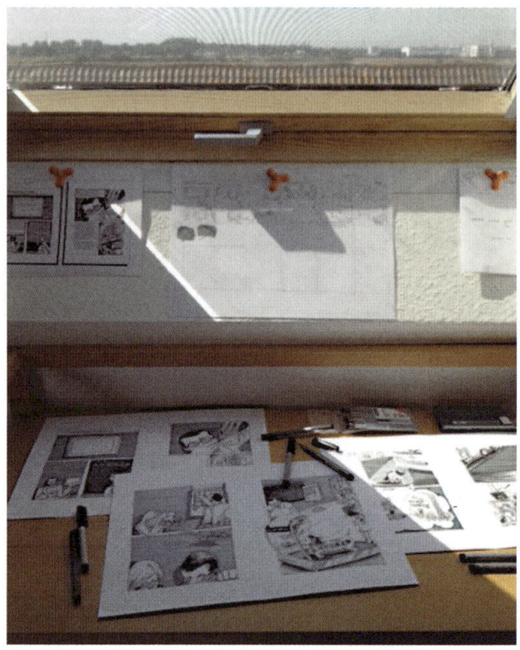

Schritt 1: Skizzieren des Layouts. Wie bekomme ich den Inhalt lesbar und spannend in die Panels? Wie viel Platz braucht der Sprechtext? Das testen Sie in Ihren Layoutskizzen.

Schritt 2: Format wählen. Für den Comic sollten Sie ein Papierformat wählen, das doppelt so groß ist wie das spätere Druckformat. So können Sie einfacher und genauer zeichnen. Ein Vorteil ist, dass später kleine Fehler wie wackelige Striche und die Körnung vom Papier kaum mehr erkennbar sind.

Schritt 3: Blattaufteilung mit dem Bleistift vorzeichnen. Da hilft Ihnen Ihre Layoutskizze enorm!

Schritt 4: Figuren und Umgebung mit Bleistift zeichnen. Achtung, Achtung! Vergessen Sie nicht, Platz für den Text zu lassen! Eine Faustregel empfiehlt ein Drittel Freiraum für den Text .

Schritt 5: Nachzeichnen mit Fineliner oder Tusche. An welchen Stellen sollten Licht und Schatten gesetzt werden, um eine optimale Dramatik zu erzeugen? Dazu empfehle ich Ihnen eine kleine Schwarz-Weiß-Skizze auf einem eigenen Blatt.

Schritt 6: Sichern! Den Comic auf den Kopierer legen oder einscannen. Sie haben schon so viel Herzblut und Liebe in den Comic gesteckt. Arbeiten Sie nun lieber mit einer Kopie weiter. Sonst müssten Sie bei einem Fehler die ganze Seite neu zeichnen.

Schritt 7: Tunen. Auf einer Kopie können Sie testen, welche Stellen noch mehr Dramatik vertragen.

Schritt 8: Sprechblasen und Texte. Auf der Kopie oder in der eingescannten Variante können Sie nun die Texte schreiben, die Sprechblasen herum zeichnen und kolorieren. Fertig!

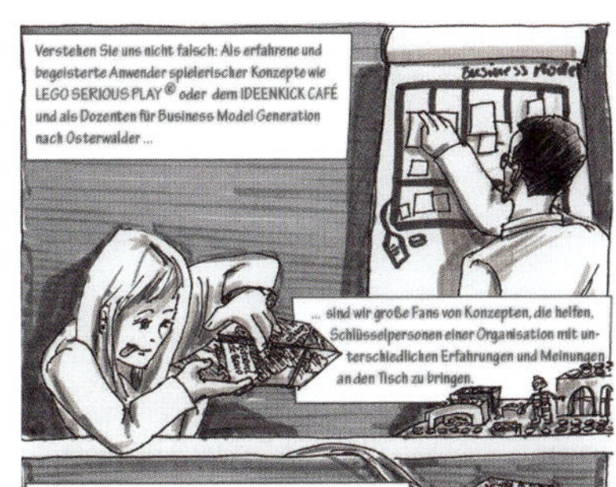

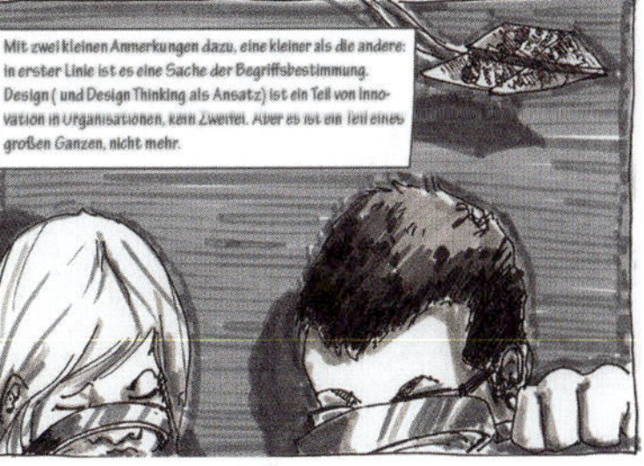

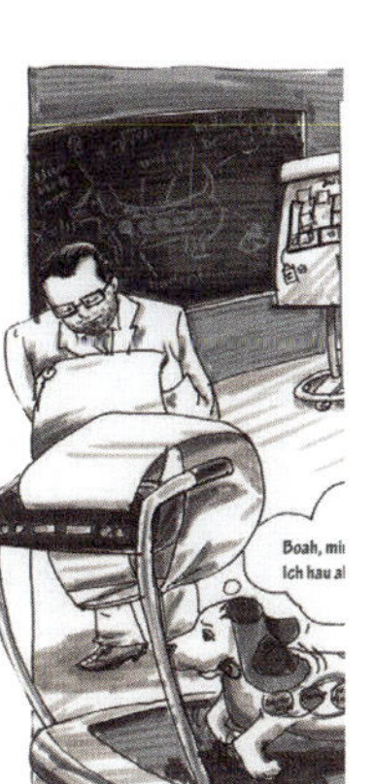

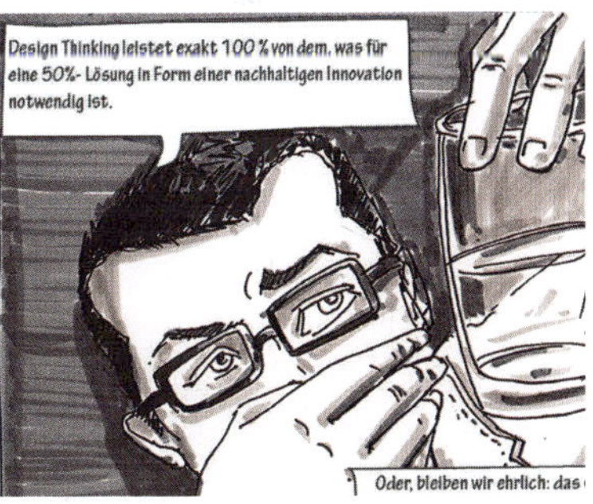

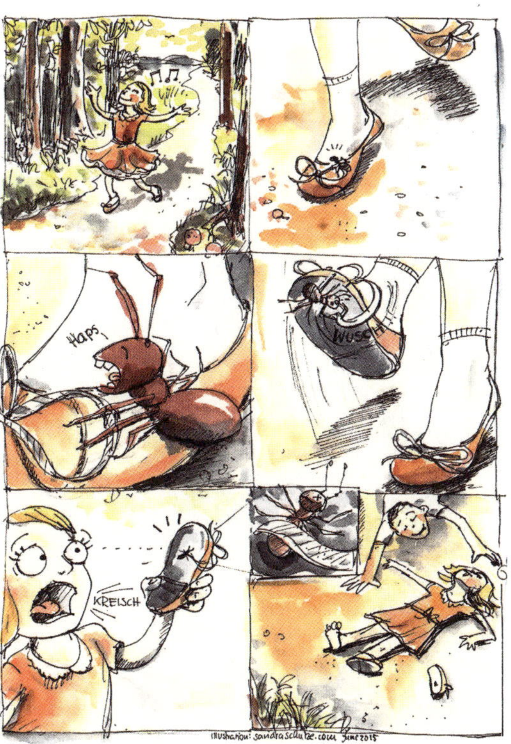

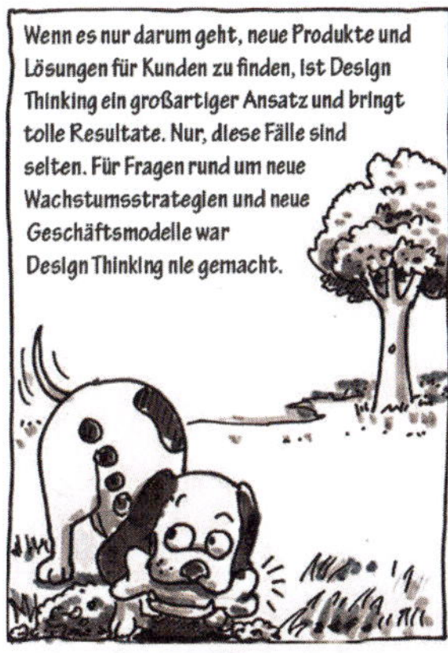

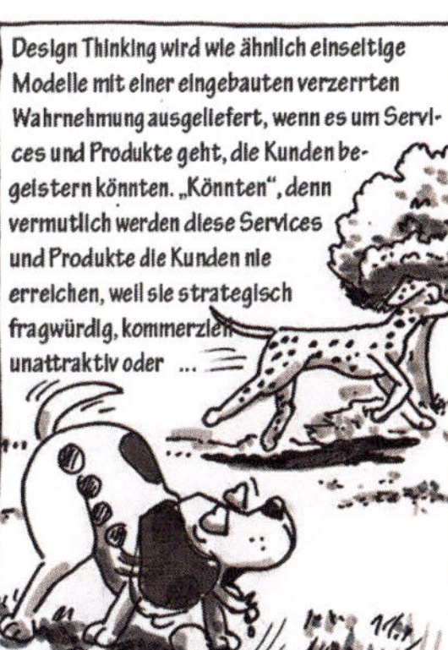

Tipp: Scannen und speichern Sie Ihr Werk mit einer Auflösung von mindestens 300 dpi, dann pixelt es beim Ausdrucken nicht.

Digitale Comics

Einfach digital zeichnen mit Paper

Paper ist für mich eines der einfachsten und schönsten Zeichenprogramme. Es gibt unzählige andere Zeichen-Apps und Zeichenprogramme, die fantastisch sind, wie zum Beispiel Sketchbook (Android und IOS) und Sketch (Android).

Meine Erfahrung als Trainerin für Zeichenworkshops lehrte mich, dass die meisten mit dieser App am besten klarkamen, da sie sich schnell zurechtfanden.

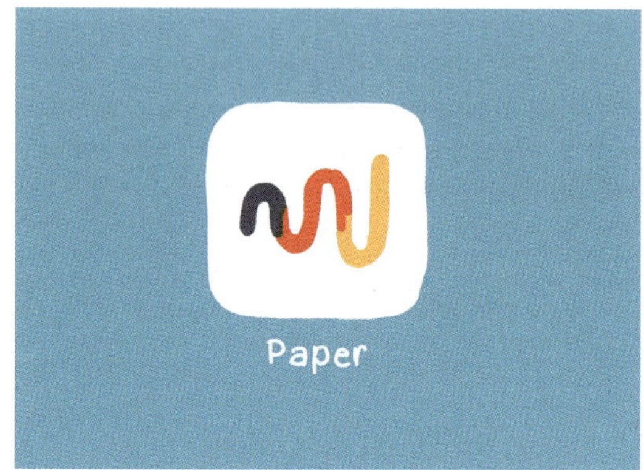

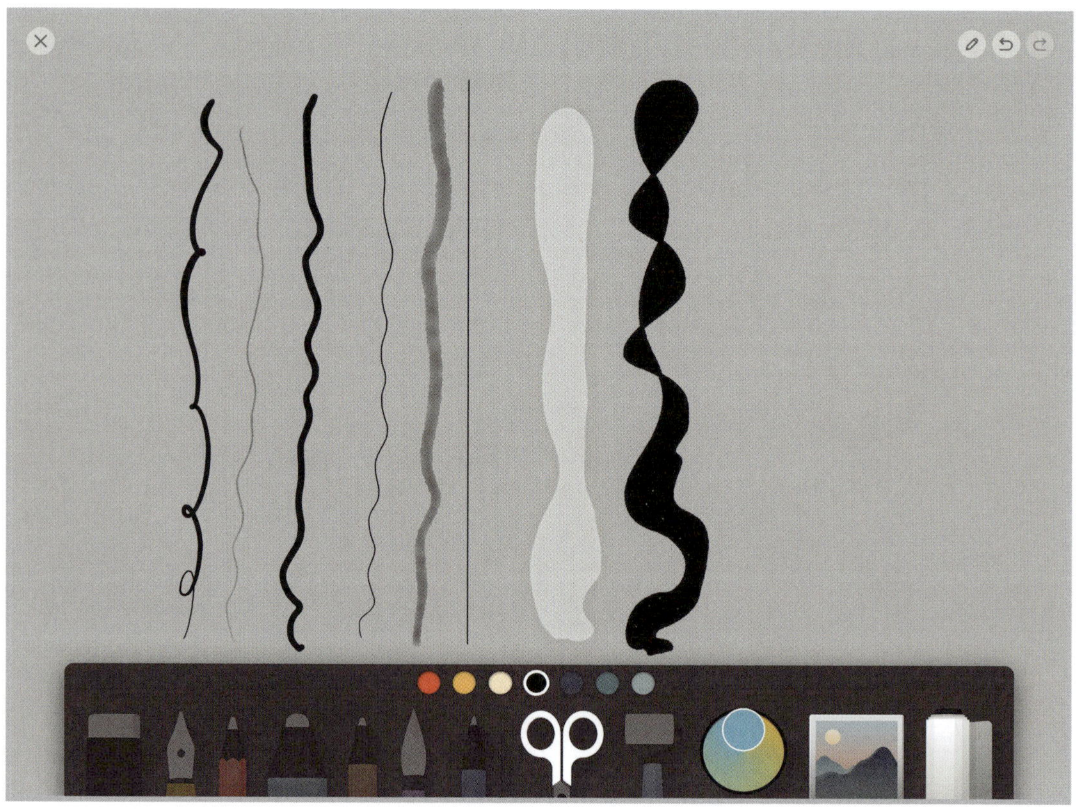

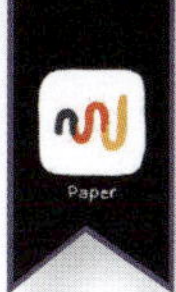

Diese App arbeitet nicht mit Ebenen, es lassen sich aber Fotos und Layoutvorlagen für Storyboards einfügen oder unterschiedlich viele Panels für Comics als Hintergrund anlegen. Ein karierter, linierter oder einfach weißer Hintergrund geht natürlich auch.

Diese Vorlagenfunktion kann man wunderbar nutzen, um mit Bleistift vorzuzeichnen und diese Zeichnungen als Bild zu exportieren. Im Anschluss können Sie über das Werkzeug »Bilder einfügen« die Skizze auf einer neuen Seite positionieren. So können Sie über die Skizze zeichnen und diese später einfach löschen. Sie können radieren, ohne ungewollt die Bleistiftskizze zu beschädigen.

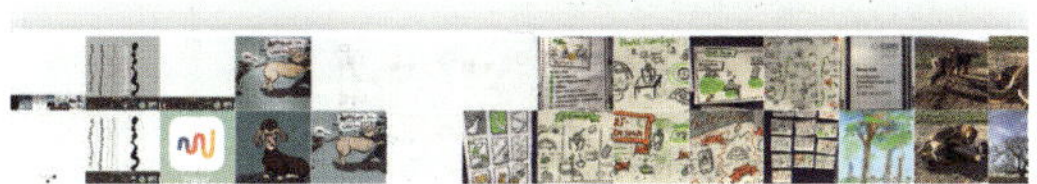

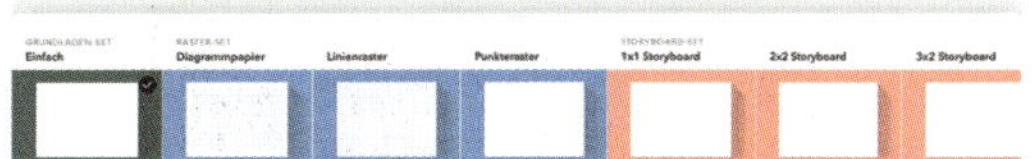

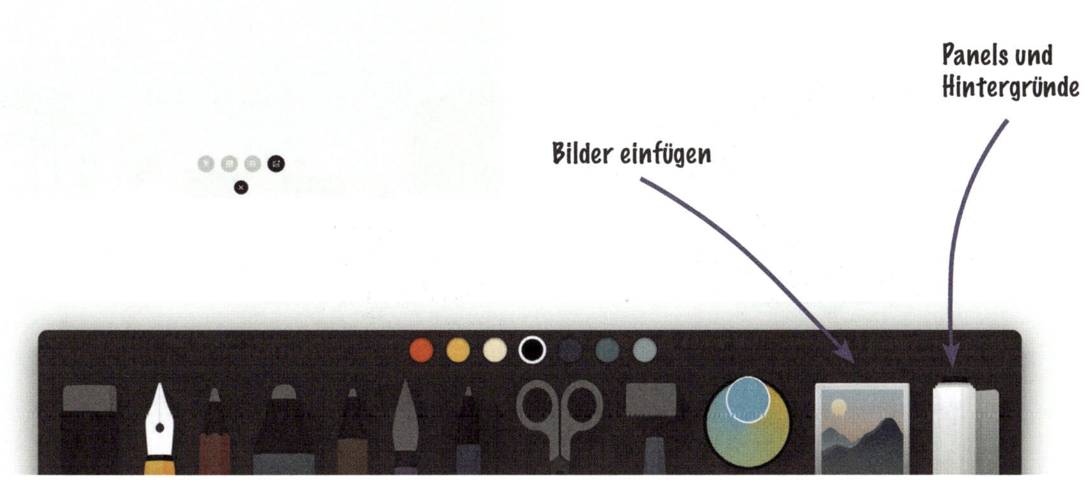

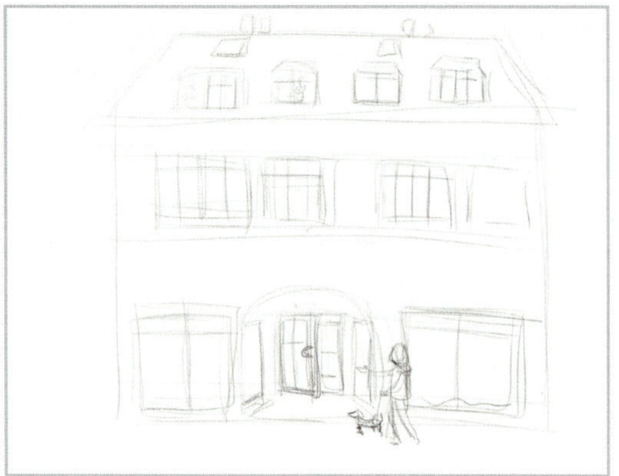

Laden Sie sich die Vorzeichnung als Bild ins Dokument.

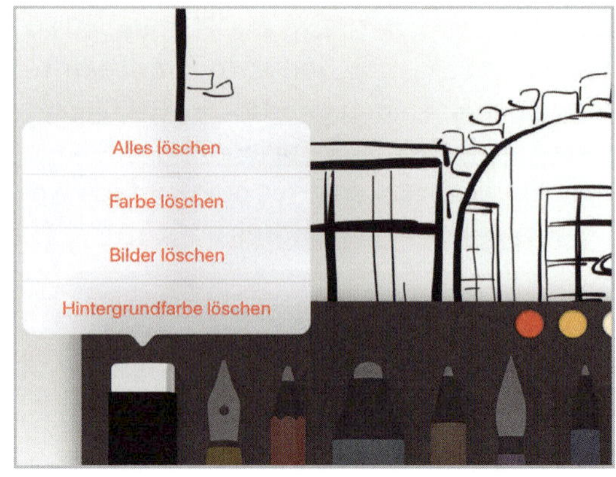

Die Kontur mit der Feder zeichnen und im Anschluss die Bleistiftskizze löschen.

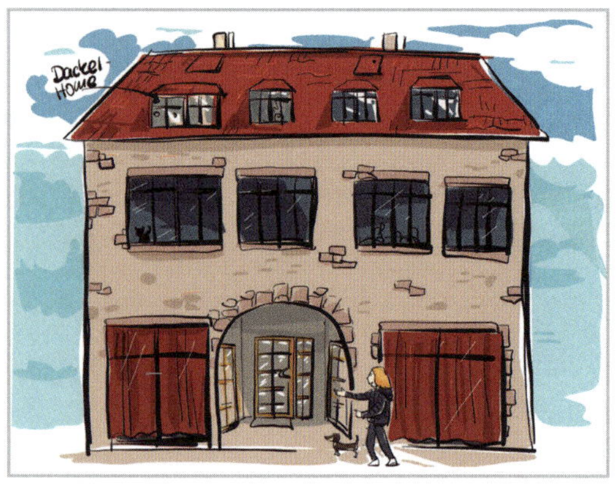

Die Zeichnung kolorieren …

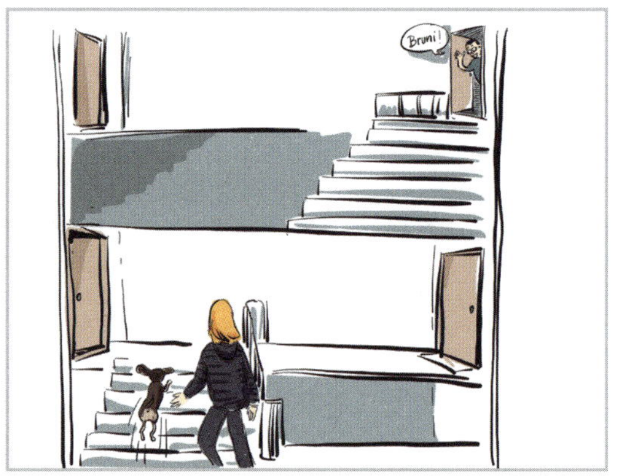

… und je Seite ein neues Bild zeichnen.

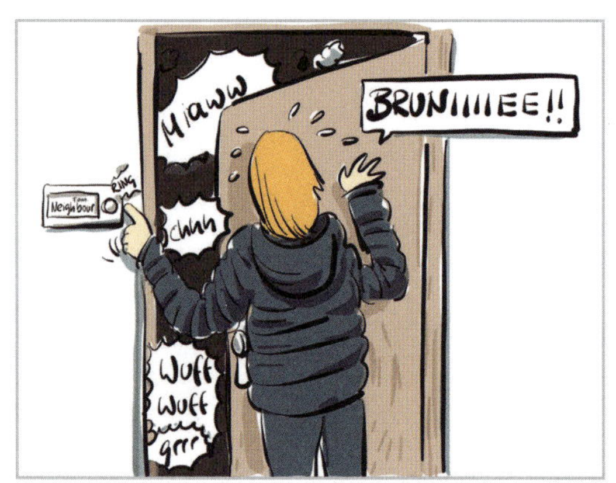

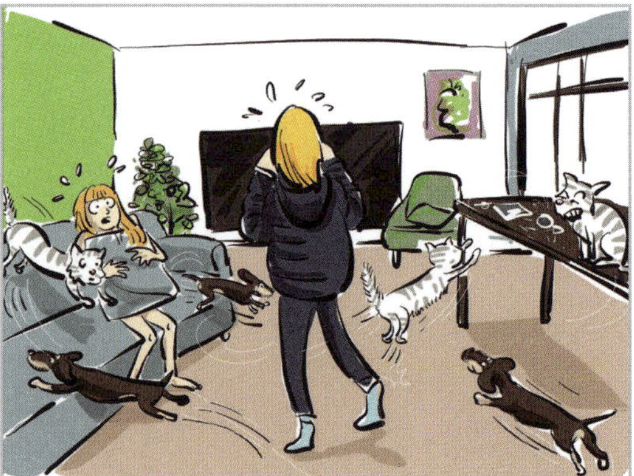

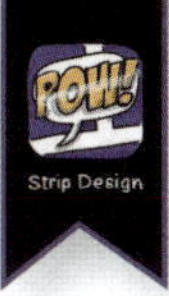

Comics mit »Pow, der Strip Designer«

Eine tolle und einfache App für iPad und iPhone ist »Pow, der Strip Designer« – für Andoid-Geräte heißt sie »Comic«. Sie können damit aus Fotos eine Comicgeschichte gestalten. Fotografieren Sie Ihre handgezeichneten Comics ab und setzen Sie sie ein, oder illustrieren Sie wie ich auf dem Tablet und exportieren Sie die Zeichnungen als Bilder in »Fotos«.

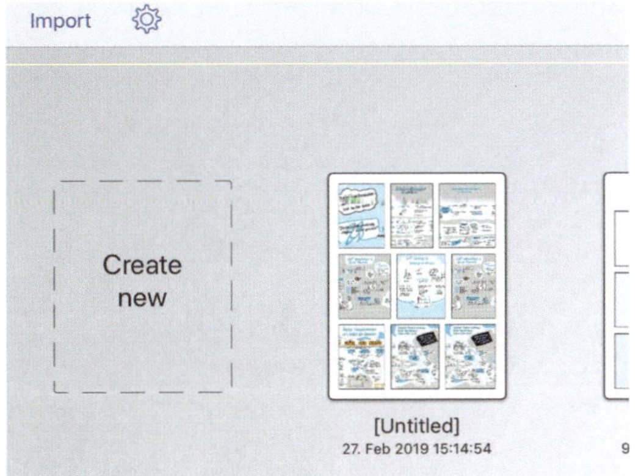

Beginnen Sie mit einem neuen Comic mit einem Klick auf »Create new«.

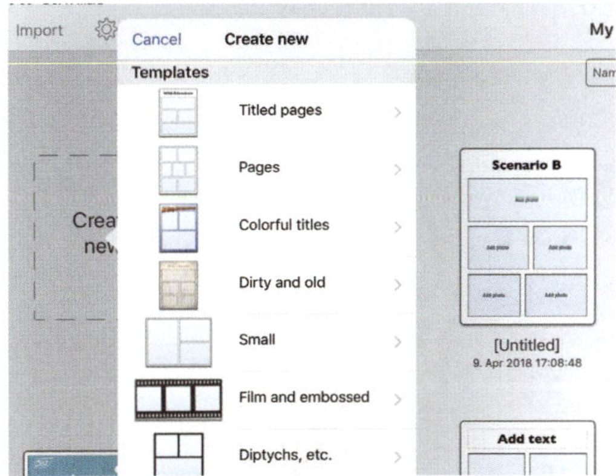

Sie können nun aus mehreren Layoutstilen einen auswählen und dann Panel für Panel ein Bild in das Panel laden …

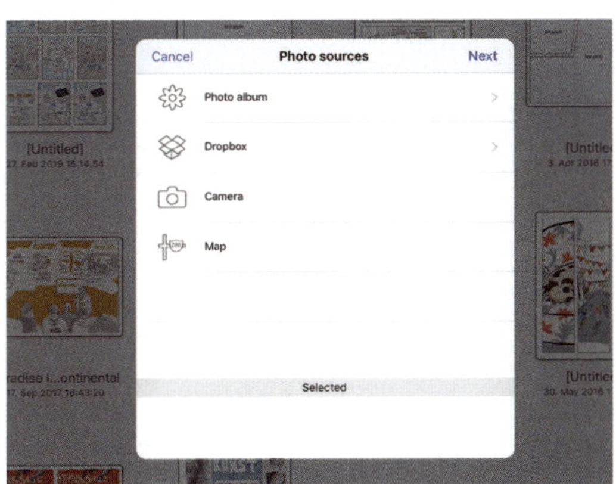

… oder Sie starten direkt mit einer Fotoauswahl und lassen das Programm Ihre Bilder anordnen.

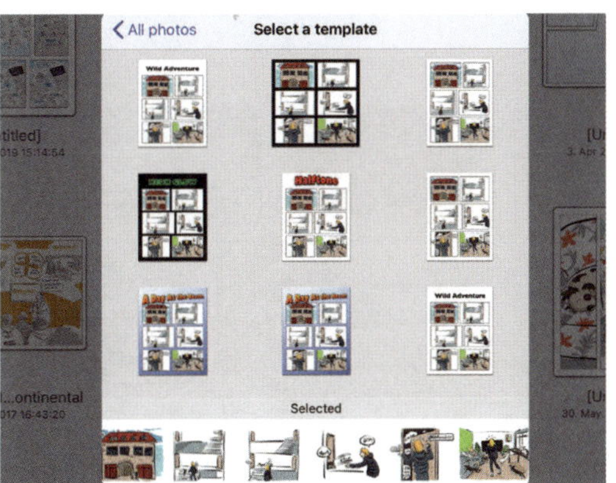

Das Programm zeigt Ihnen nun anhand Ihrer Fotoauswahl ein paar Stilvorschläge.

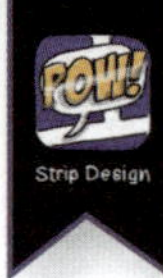

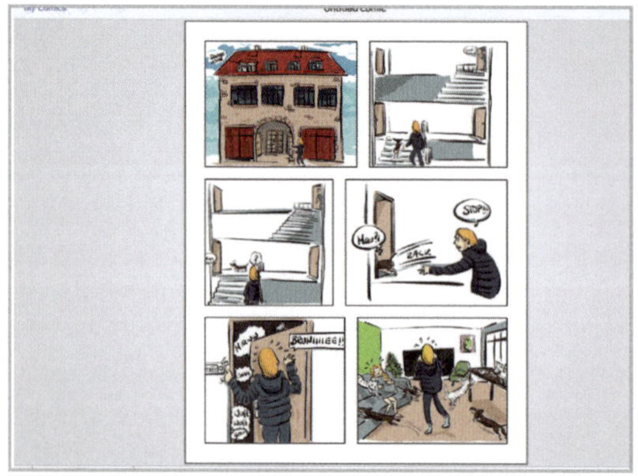

So, Ihre Panels sind gefüllt.

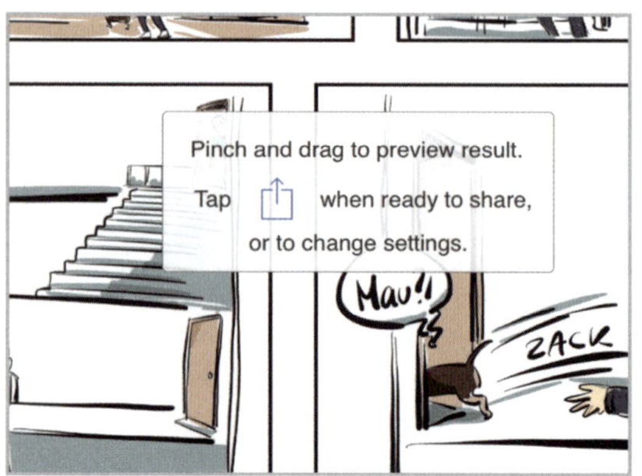

Sie können den Comic jetzt mit der Welt teilen …

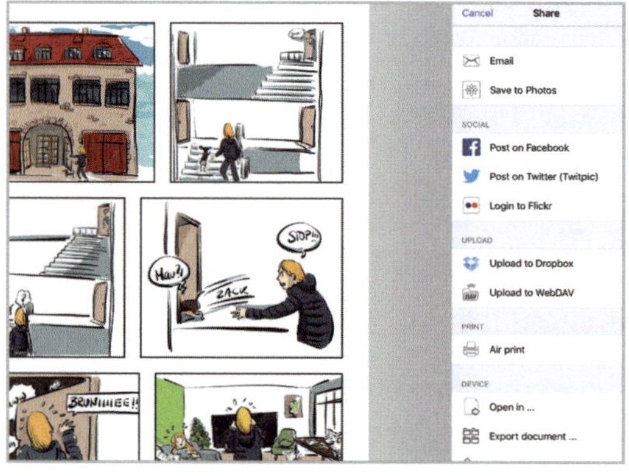

… auf Facebook, per E-Mail als PDF und als JPG.

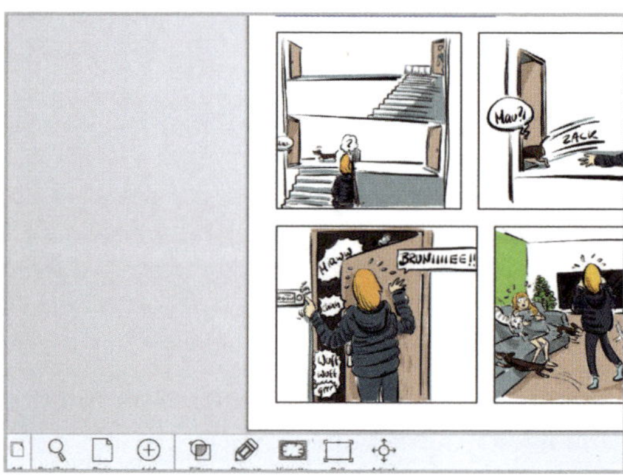

Falls Sie Ihren Comic noch anpassen möchten, können Sie in dieser unteren Werkzeugleiste …

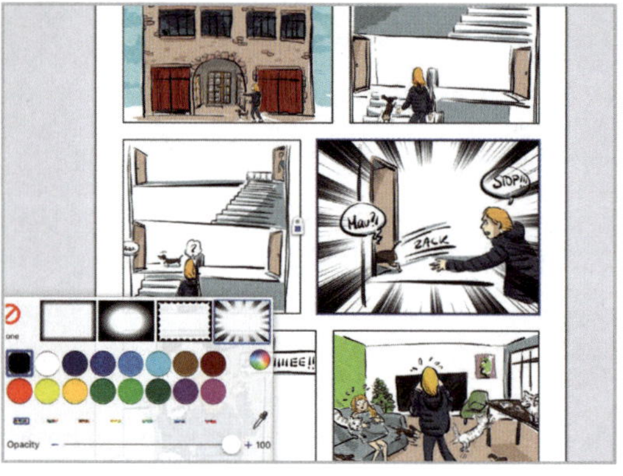

… Panel für Panel Effekte ergänzen …

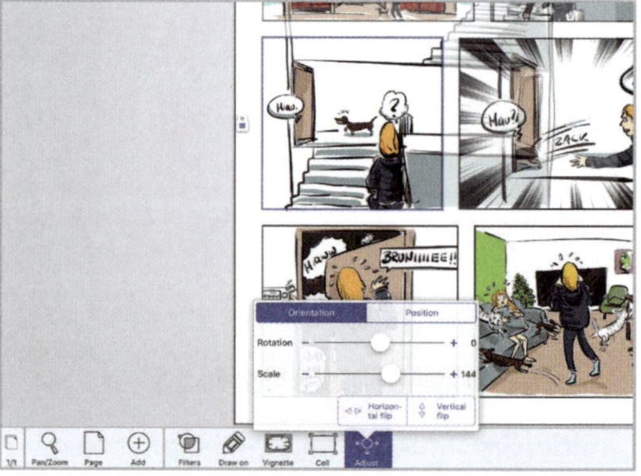

… und mit dem Schieberegler anpassen.

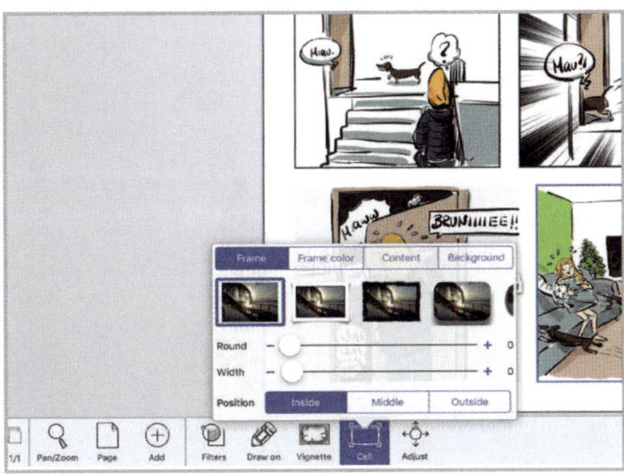

Wenn Sie auf »Cell« tippen, können Sie die Rahmen für Ihre Panels anpassen.

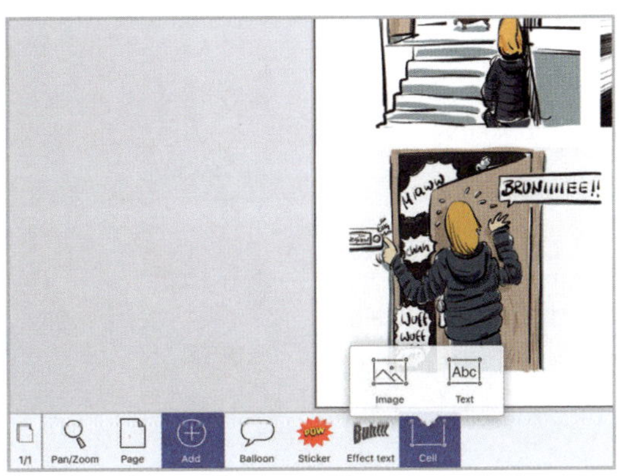

Mit einem Klick auf das Plus-Symbol können Sie Sprechblasen oder ein Bild einfügen.

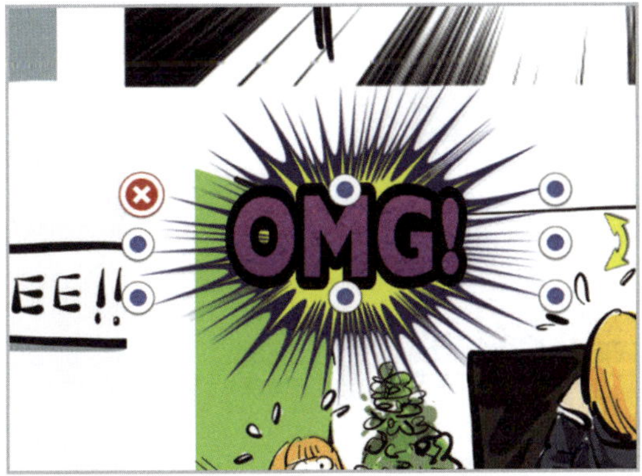

Effekt-Text und Sticker können Sie einfügen und frei skalieren.

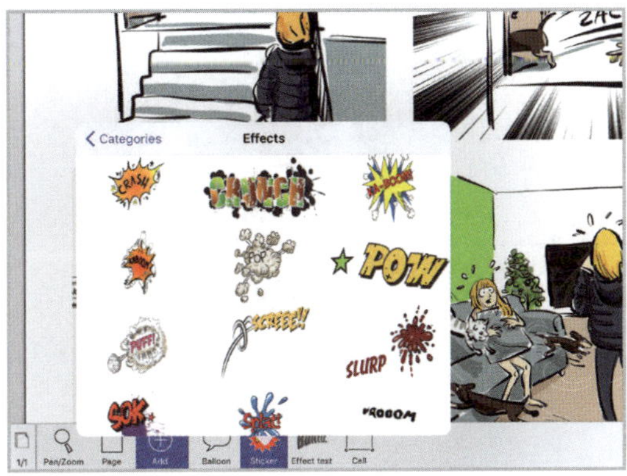

Die Auswahl ist groß.

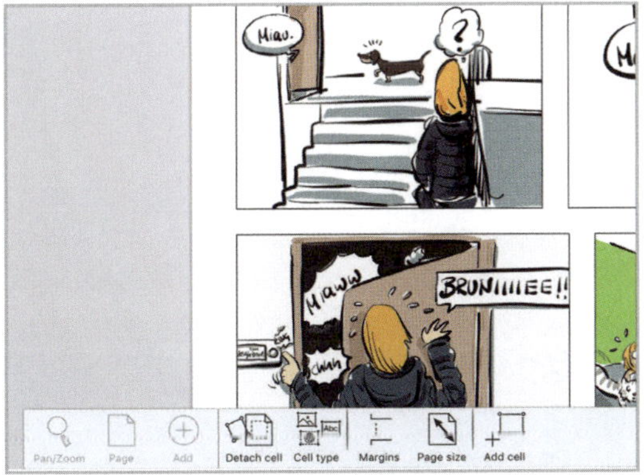

Des Weiteren können Sie über den Cell-Button auch feste und frei bewegliche Rahmen für Texte und weitere Bilder einfügen. Sie

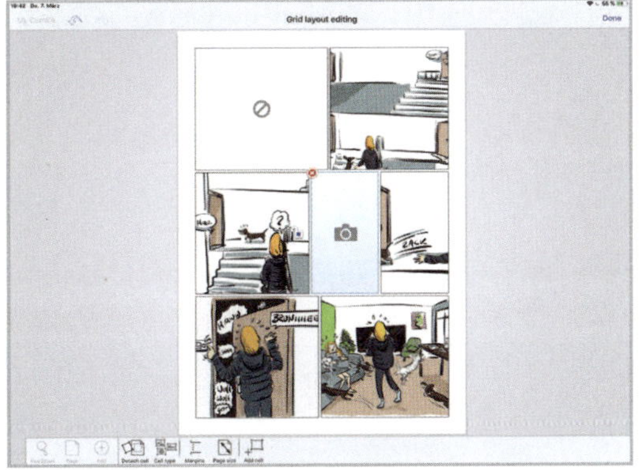

können die Rahmen verschieben und das Programm richtet den Rahmen sauber aus.

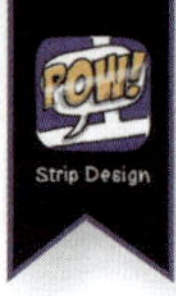

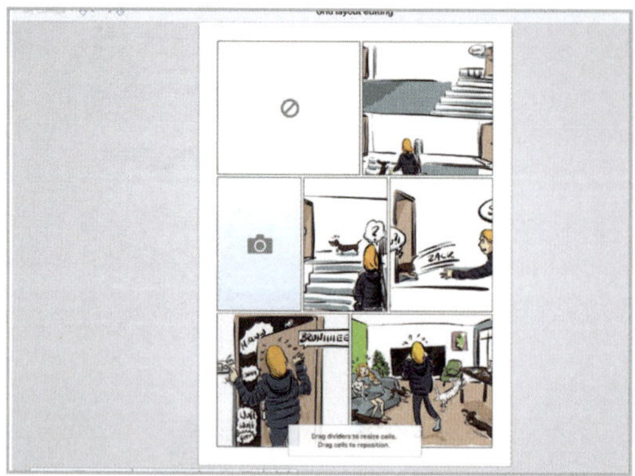

Sie können ein neues Panel für eine Einleitung oder einen Titel benutzen.

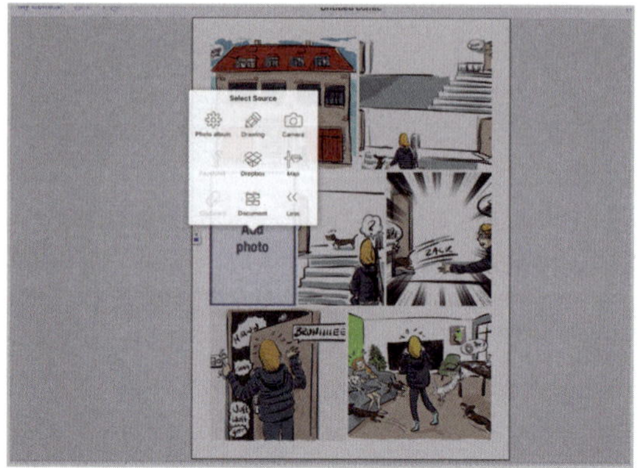

Ein neues Bild-Panel können Sie mit einem Tipp auf das Fotosymbol mit einem Bild laden.

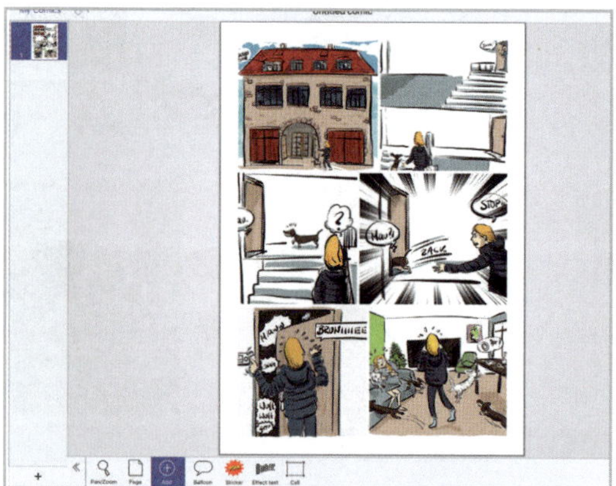

Unten links finden Sie ein Dokument-Symbol. Mit einem Fingertipp darauf können Sie Ihrem Comic noch weitere Seiten hinzufügen.

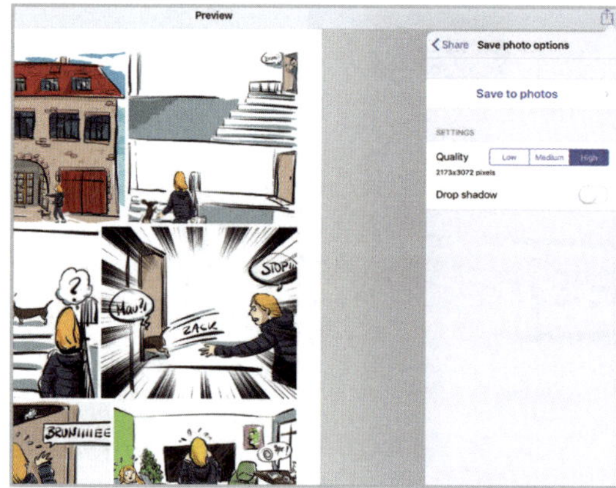

Oben rechts lesen Sie »Share«. Klicken Sie auf das daraufhin erscheinende Symbol, wenn Sie Ihren Comic speichern oder teilen möchten.

Schnell und schmutzig – Comics mit dem Smartphone

Sie haben bestimmt unter Ihren hundert Apps eine zum Aufhübschen von Fotos auf dem Smartphone, na?

Viele dieser Apps haben auch eine Funktion zum Anordnen von Fotos. Ich kann die App »Moldiv« empfehlen. Sie können damit eine Collage aus Fotos erstellen und hochauflösend exportieren.

Und, was mit Fotos geht, geht auch mit gezeichneten Bildern. Anhand der Anzahl Ihrer gezeichneten Bilder wählen Sie ein Layout aus, positionieren das Bild und – zack – können Sie es in der Größe Ihrer Wahl exportieren, in sozialen Medien posten oder drucken und rahmen.

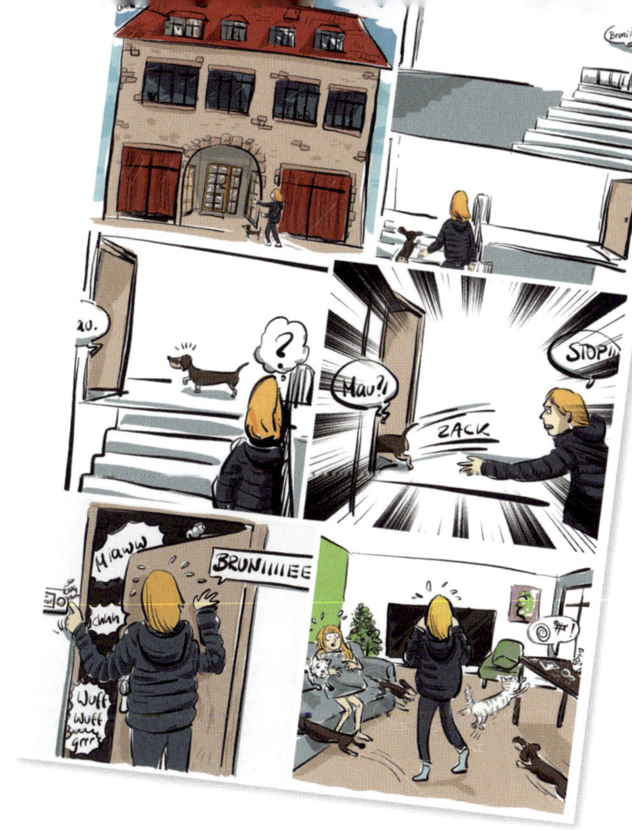

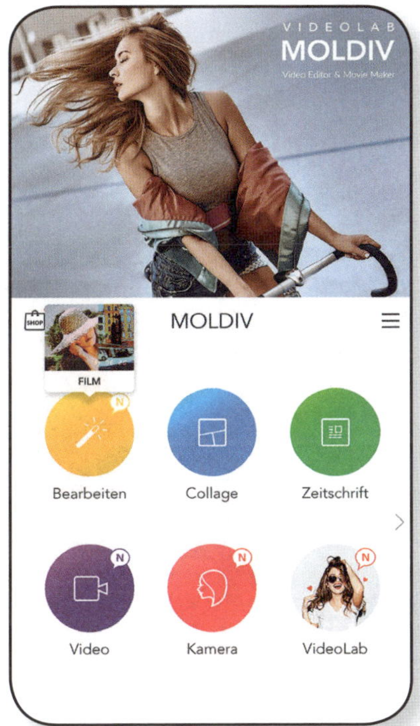

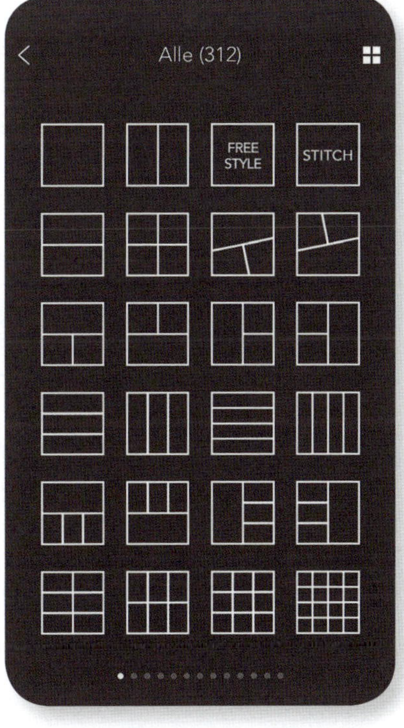

Professionelle Comics mit »Clip Studio«

Für mich die Entdeckung des Jahres: Die Zeichen-App für Tablet und Computer, das Programm »Clip Studio« (Kaufpreis ca. 43 €). Man kann malen, zeichnen, illustrieren, animieren und mehrseitige Comics erstellen. Es ist ein Profiprogramm, also recht komplex. Nach einer kurzen Orientierungsphase ist man in der Lage, einen Comic zu zeichnen. Einen Eindruck von dem, was das Programm kann, zeige ich Ihnen an einem Schweine-Comic.

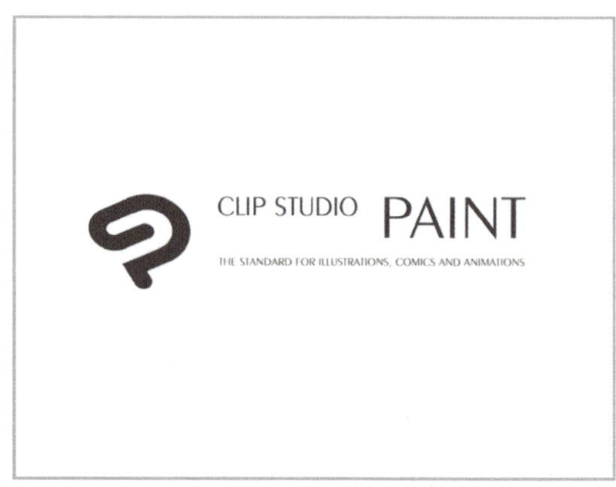

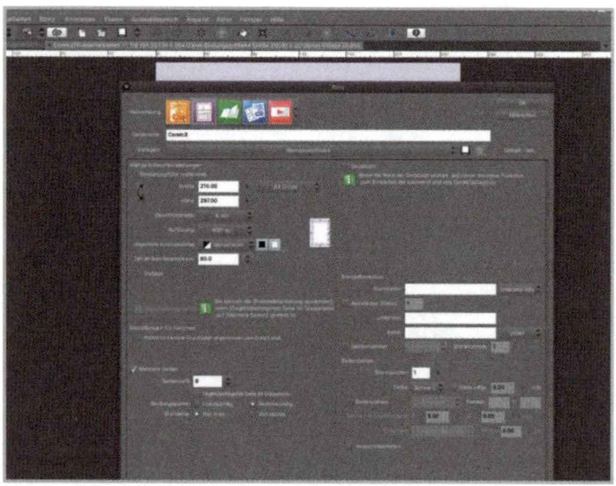

Wenn Sie das Programm öffnen, werden Sie gefragt, was Sie gerne machen möchten. Wählen Sie für einen Comic das Icon mit den Comicpanels aus. Bestimmen Sie die Größe und die Auflösung und ob Sie farbig oder monochrom arbeiten möchten. Sie können auch bereits hier eine Seitenanzahl angeben.

Mit einem Klick auf Ihre erste Seite kann es losgehen. Auf der linken Seite finden Sie die Werkzeuge, die Sie brauchen.

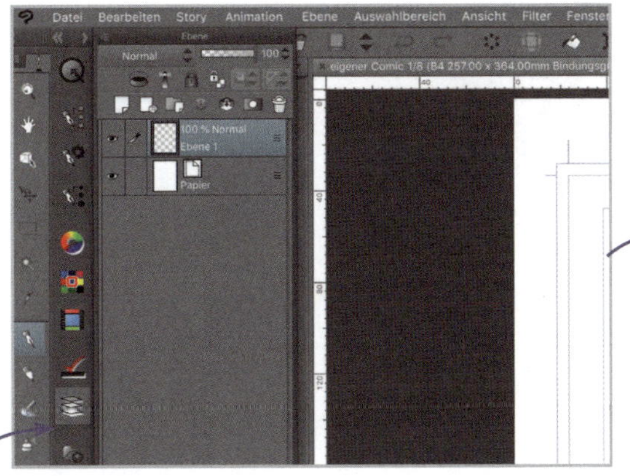

Hier finden Sie Ihre Ebenen. Sie können Ebenen wie Transparentpapier benutzen.

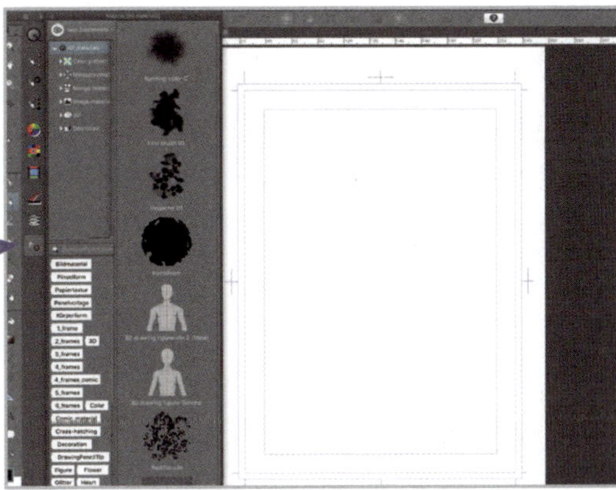

Unter Zusatzmaterial finden Sie eine große Auswahl an Materialien wie Muster, Strukturen und Stempel – sogar formbare 3D-Figuren.

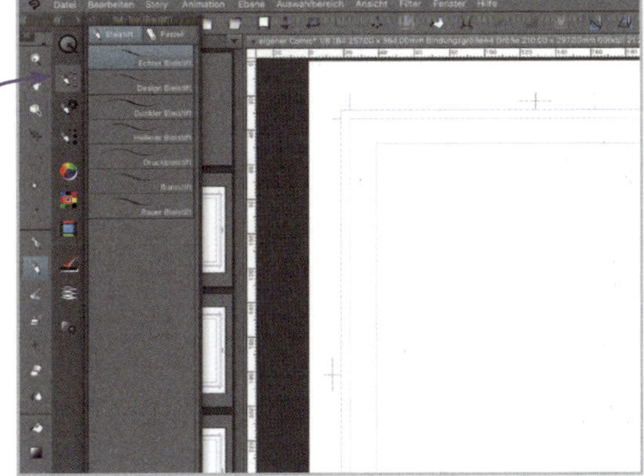

Wie sich Ihr Zeichenwerkzeug verhalten soll, können Sie hier einstellen.

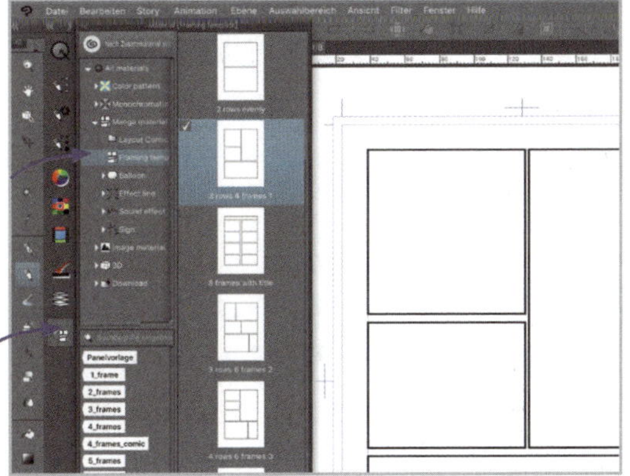

Das Programm bietet ein paar praktische Layoutvorlagen für Comics.

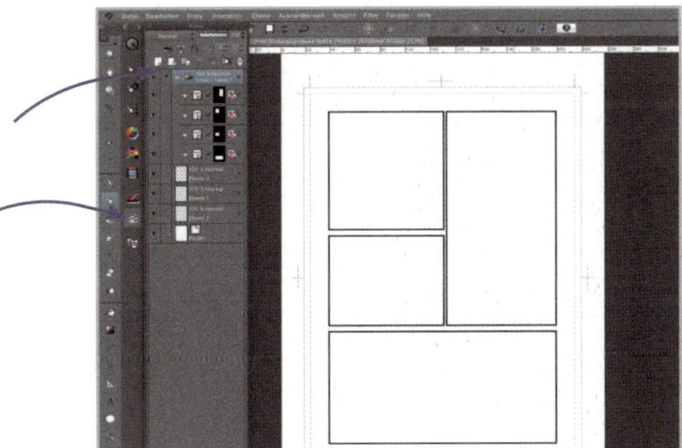

Wenn Sie eine Layoutvorlage gewählt haben, legt das Programm bereits für jedes Panel eine Ebene an. Das schwarz-weiße Kästchen auf der Ebene zeigt das jeweilige Panel. Das Kästchen ist auch ein Symbol für einen Maskierungsmodus. Dieser Modus verhindert, dass Sie beim Zeichnen über das Panel hinauszeichnen.

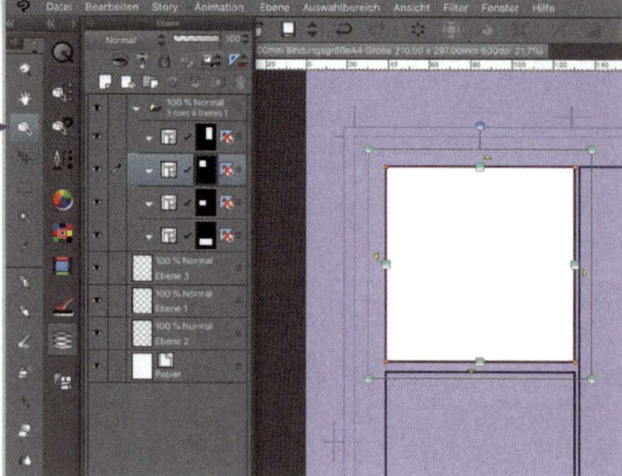

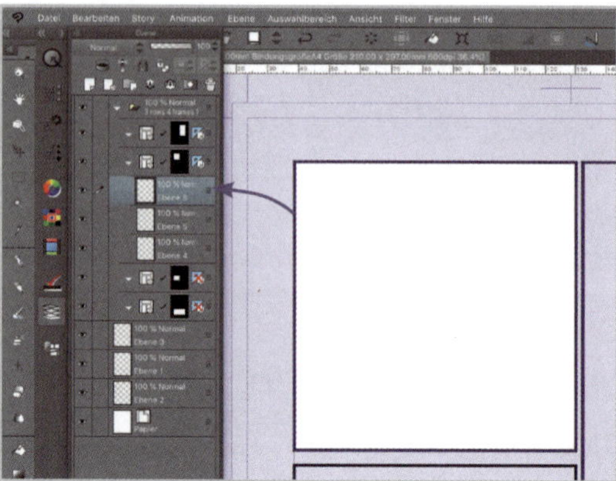

Wenn Sie nun auf eine Ebene klicken, sehen Sie in Ihrem Layout einen lila Rahmen um das Panel. Die lila Fläche ist die Maske, die verhindert, dass Sie über die Kanten zeichnen. Ich empfehle Ihnen, drei weitere Ebenen hinzuzufügen; eine zum Vorzeichnen, eine für die Kontur und eine für die Farbe.

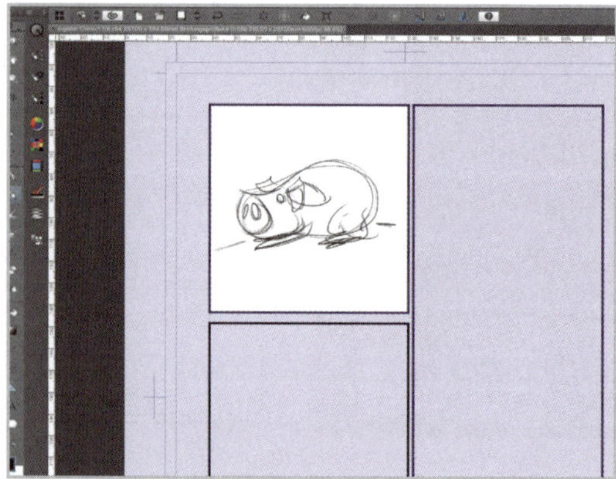

In der Ebenenliste können Sie von Panel zu Panel springen.

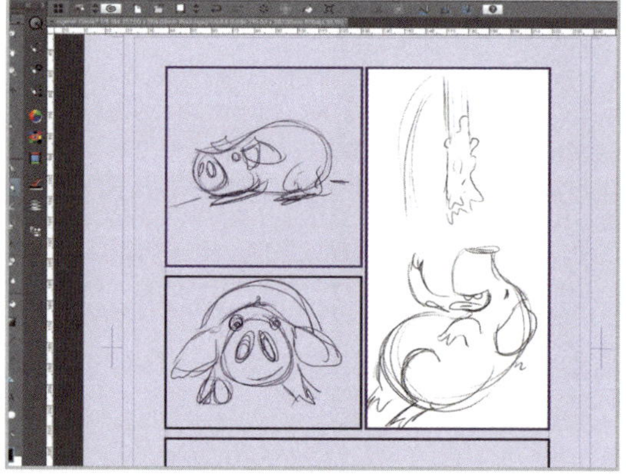

Zeichnen Sie Ihren Comic zuerst mit dem Bleistift ganz grob. Auf einer neuen Ebene zeichnen Sie mit dem Federwerkzeug die Konturen.

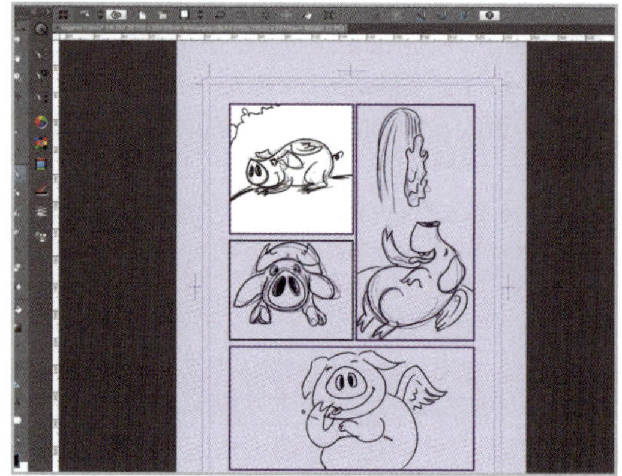

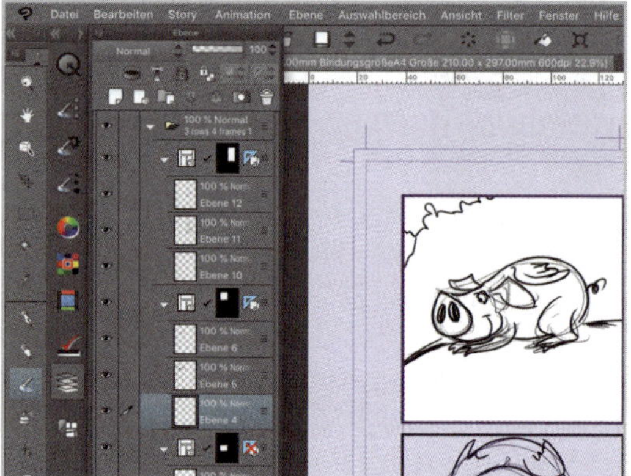

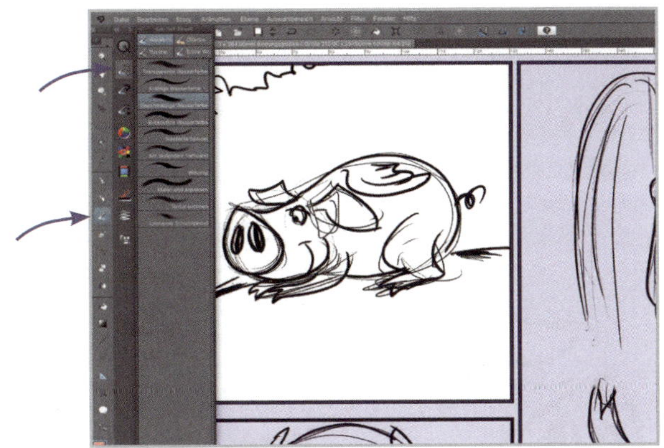

Sie können den Strich Ihrer Werkzeuge noch anpassen. Ich finde die Einstellung »geschmeidige Wasserfarbe« angenehm.

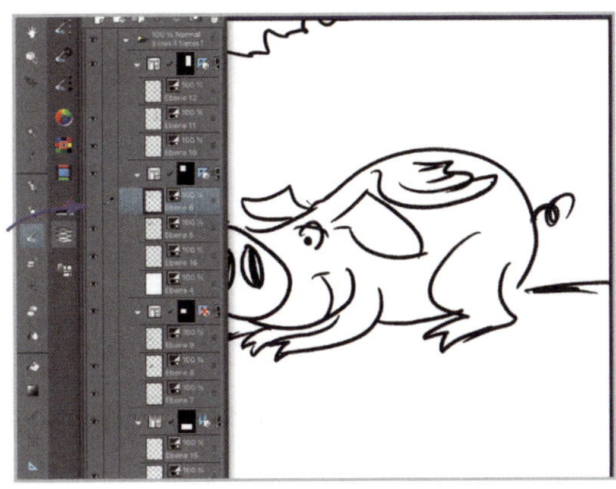

Mit einem Klick auf das Augensymbol können Sie die Vorzeichnung ausblenden.

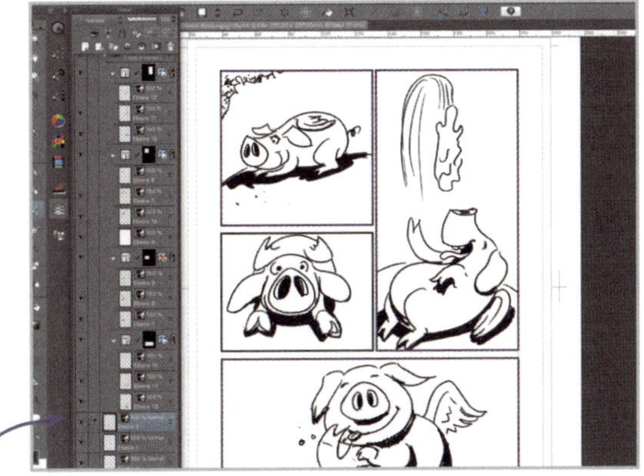

Sie können sich die ganze Seite ohne Masken anzeigen lassen, wenn Sie auf die unteren Ebenen klicken, die nicht eingerückt sind.

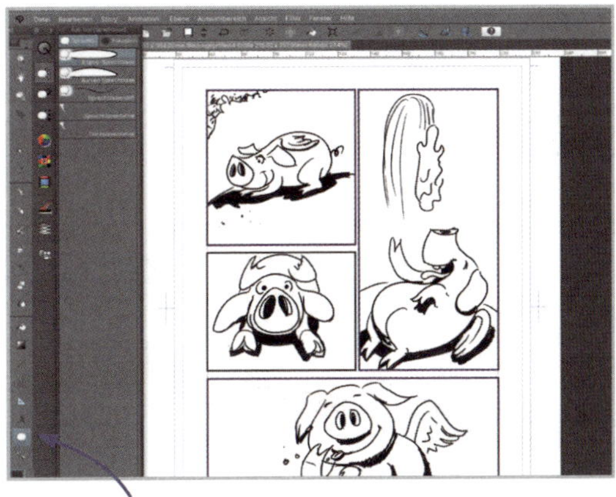

Editierbare Sprechblasen finden Sie hier. Ungewohnt ist, dass Sie erst eine Ellipse ziehen, dann ein Häkchen für die Sprechblase setzen.

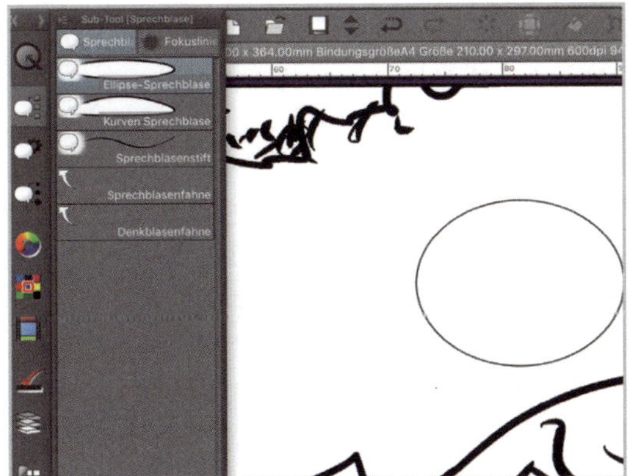

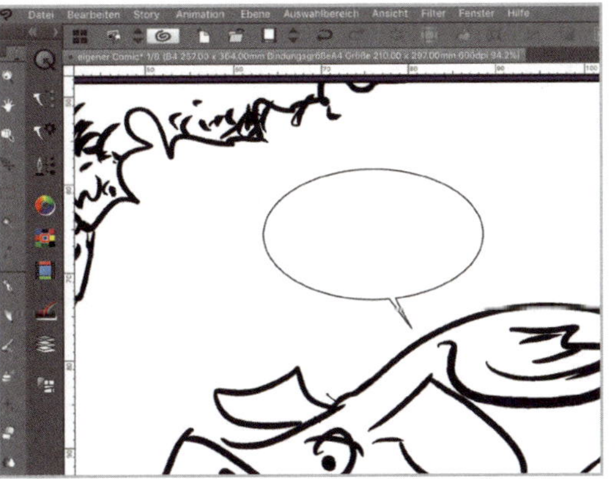

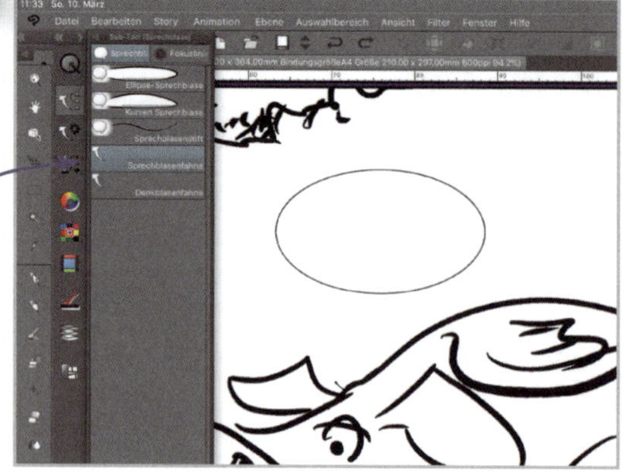

Das Häkchen für die Sprechblase wählen Sie mit dem Werkzeug »Sprechblasenfahne«.

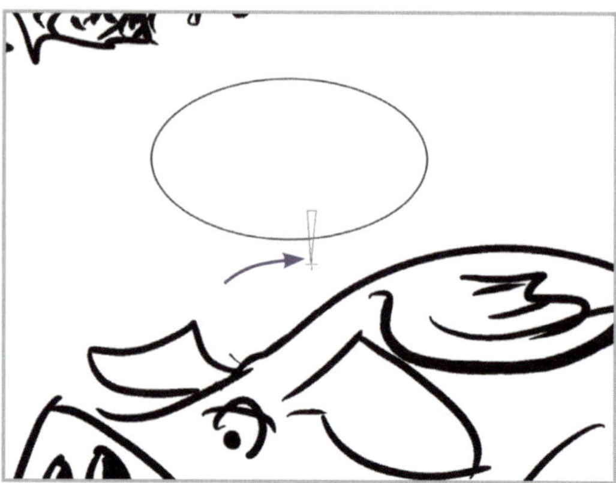

Das Häkchen der Sprechblase können Sie mit dem Kreuz genau positionieren. Das Häkchen verschmilzt automatisch mit der Ellipse.

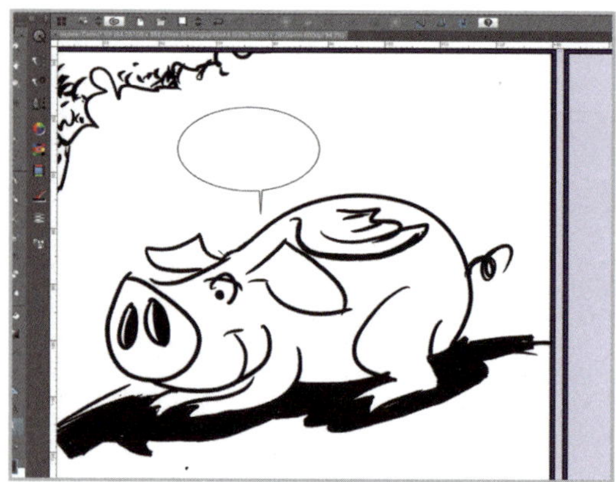

Passt!

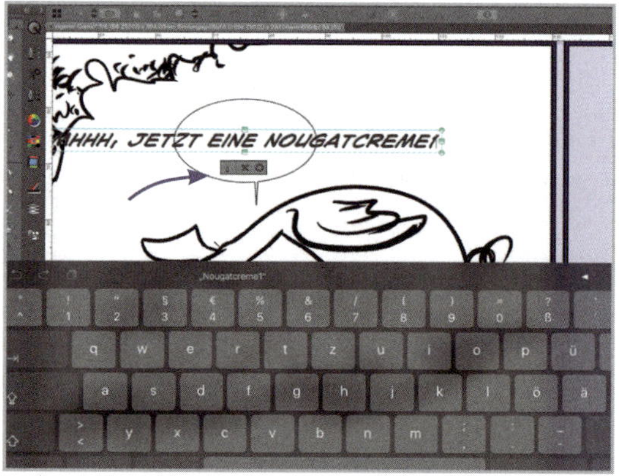

Ein Klick in die Sprechblase und Sie können den Text eintippen, eine Schriftart wählen und den Text skalieren.

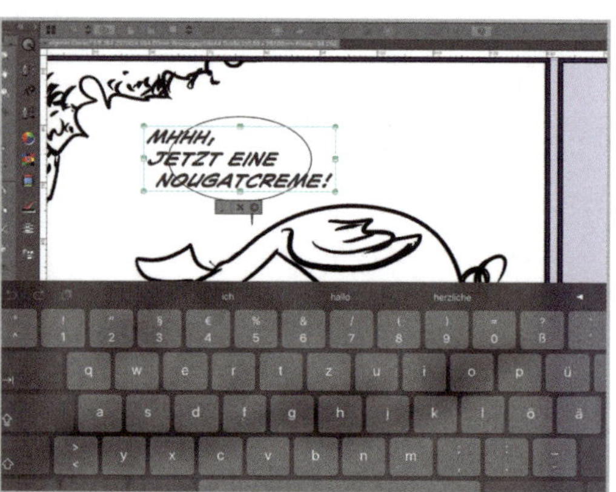

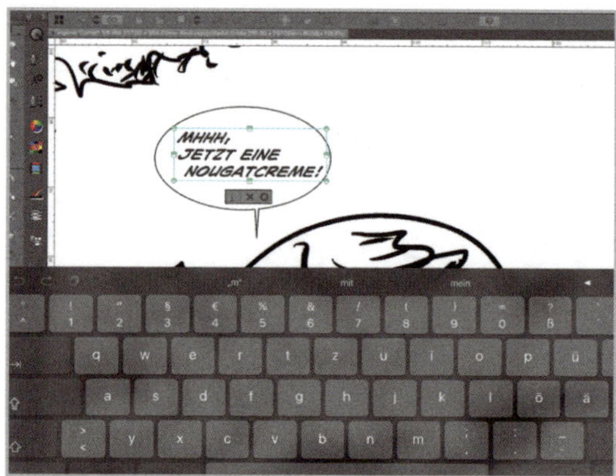

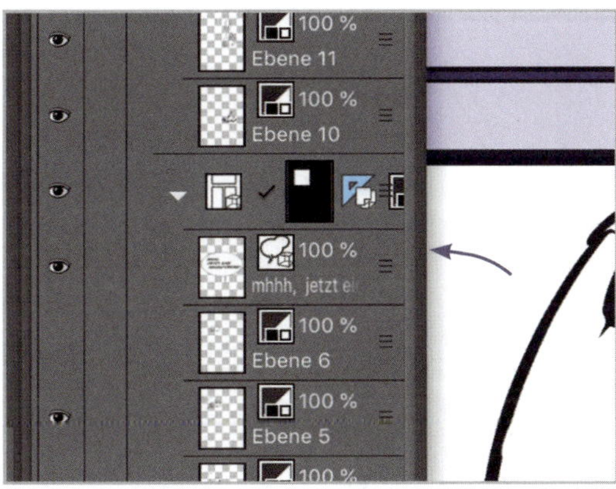

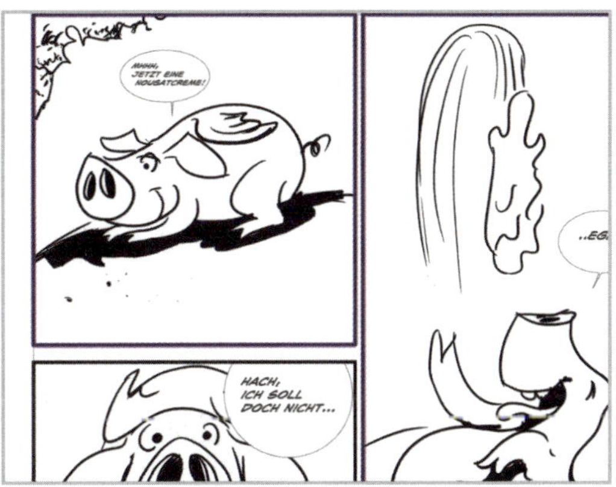

Die Sprechblase bekommt automatisch eine eigene Ebene. So können Sie mit der Auswahl der Ebene die Sprechblase immer wieder verändern. Sie können nun nach und nach alle nötigen Sprechblasen erstellen.

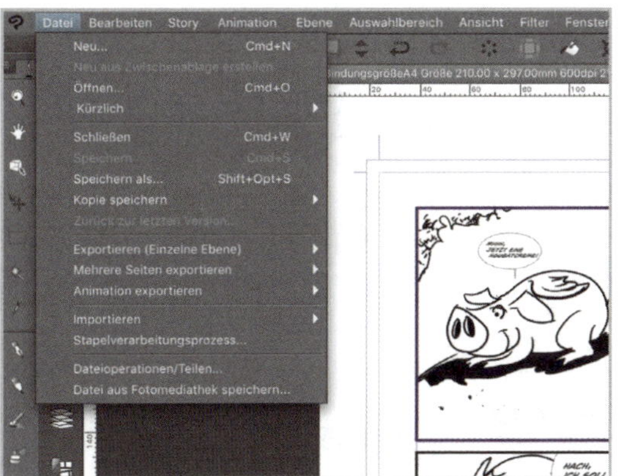

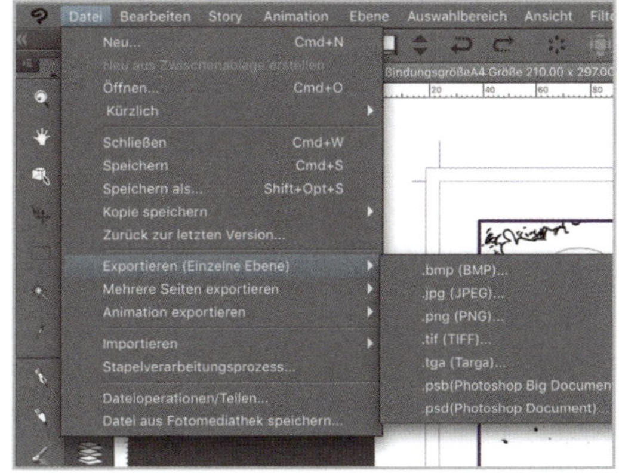

Wenn Sie nun Ihren fertigen Comic exportieren möchten, dann gehen Sie auf »Datei > Exportieren« und wählen Sie Ihr Ausgabeformat aus. Mit einem JPG-Format kann man nichts falsch machen. Wenn Sie im nächsten Fenster auf »Teilen« klicken, landet Ihr Comic in Ihren Fotos.

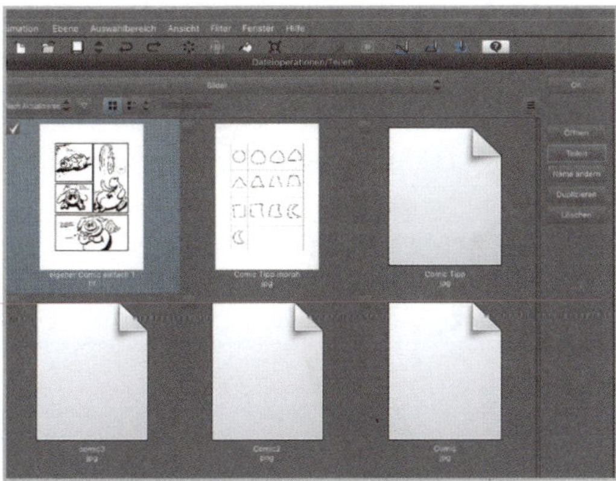

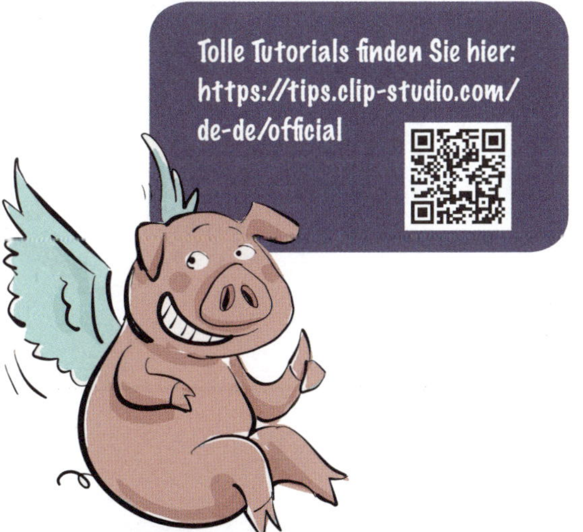

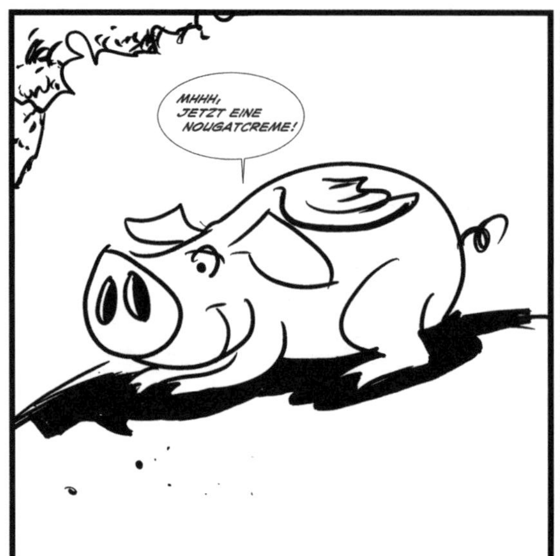
MHHH,
JETZT EINE
NOUGATCREME!

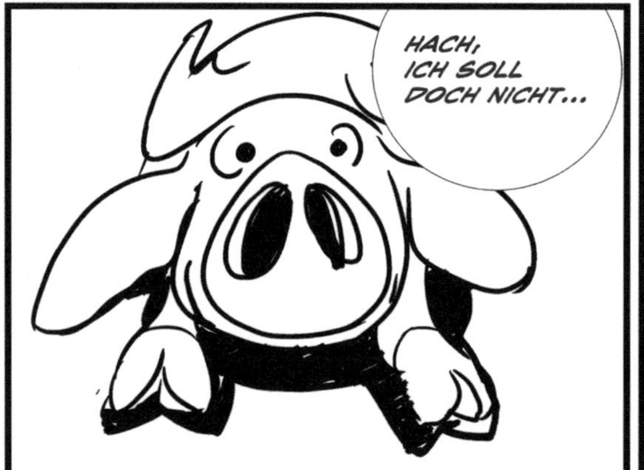
HACH,
ICH SOLL
DOCH NICHT...

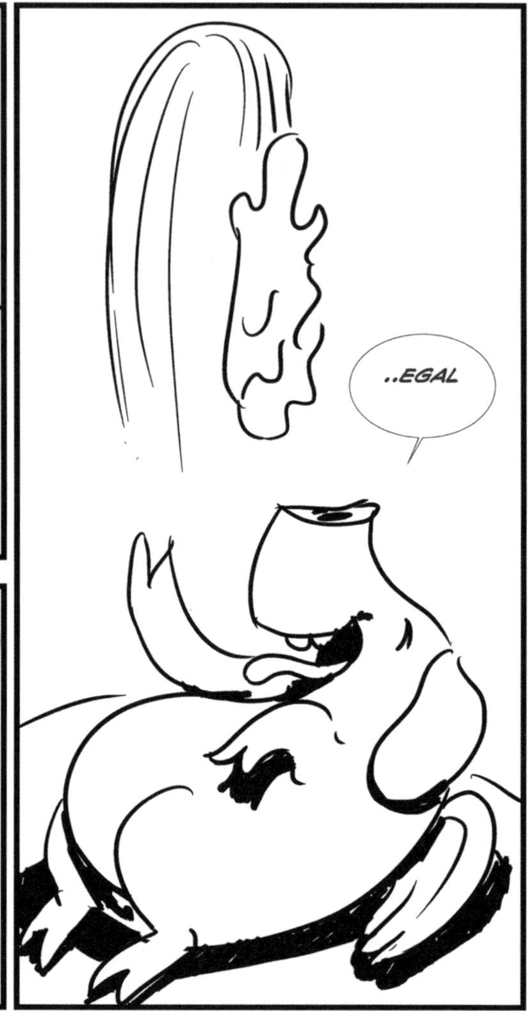
..EGAL

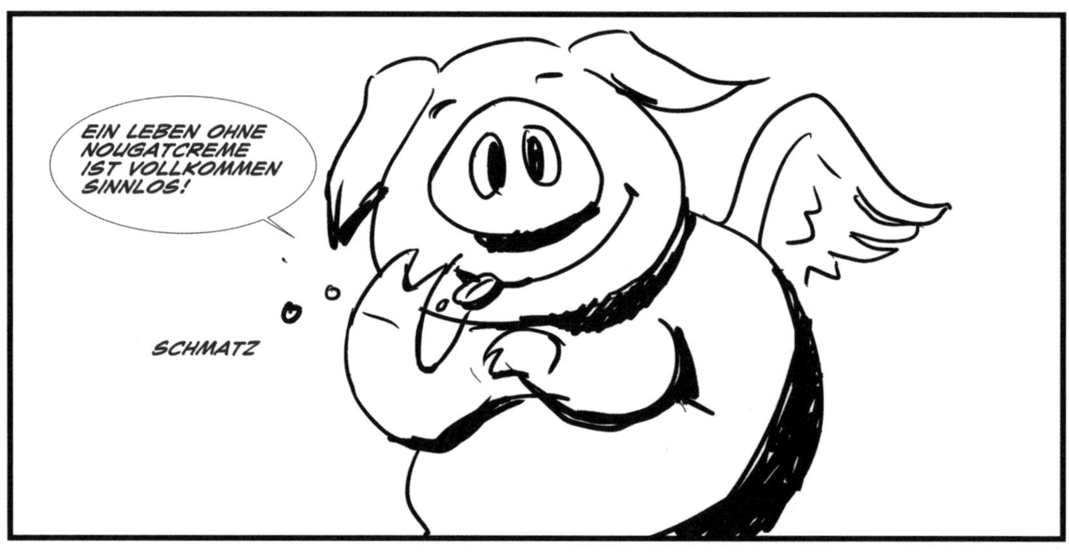
EIN LEBEN OHNE
NOUGATCREME
IST VOLLKOMMEN
SINNLOS!
SCHMATZ

Veröffentlichen oder drucken?

Tadaaa! Da liegt er nun vor Ihnen: Ihr eigener handgezeichneter Comic. Fühlt sich gut an, was?

Wenn Sie es nicht schon getan haben, scannen Sie ihn jetzt mit einer Auflösung von 300 dpi ein. Beim Scannen wird je nach Einstellung des Scanners das Papier nicht ganz weiß, der Kontrast ist auch nicht so satt. Ein Klick in die Werkzeugleiste offenbart noch zwei Möglichkeiten der Verbesserung. Ich benutze oft die Gradiationskurve. In diesem Fenster erscheint ein Koordinatensystem mit einer Diagonalen. Wenn Sie diese in der Mitte mit gedrückter Maustaste nach oben zu einem Bogen ziehen, verbessern Sie den Kontrast und die Sättigung mit einem Handgriff.

Sie haben digital gezeichnet? Dann haben Sie sich schon einen Schritt gespart. Wenn Sie ihn einfach nur online veröffentlichen möchten, dann speichern Sie den Comic als JPG. Wenn Sie ihn an eine Druckerei zum Drucken und Binden geben möchten, freut sich die Druckerei über ein druckoptimiertes PDF – ein PDF umgewandelt in die Druckfarben CMYK.

Ich empfehle Ihnen, eine kleine Druckerei in Ihrer Nähe zu wählen. So können Sie mit den Druckern Ihre Wünsche persönlich besprechen und Sie werden gut beraten, welches Dateiformat und welche Einstellungen zum besten Ergebnis beitragen.

Manche Druckereien übernehmen auch das Scannen und Nachbearbeiten für Sie. Die Druckereien können den Comic als Magazin selbst binden oder kennen gute Buchbinder, falls Sie ein ganz besonderes Exemplar wünschen.

7 Übrigens ...

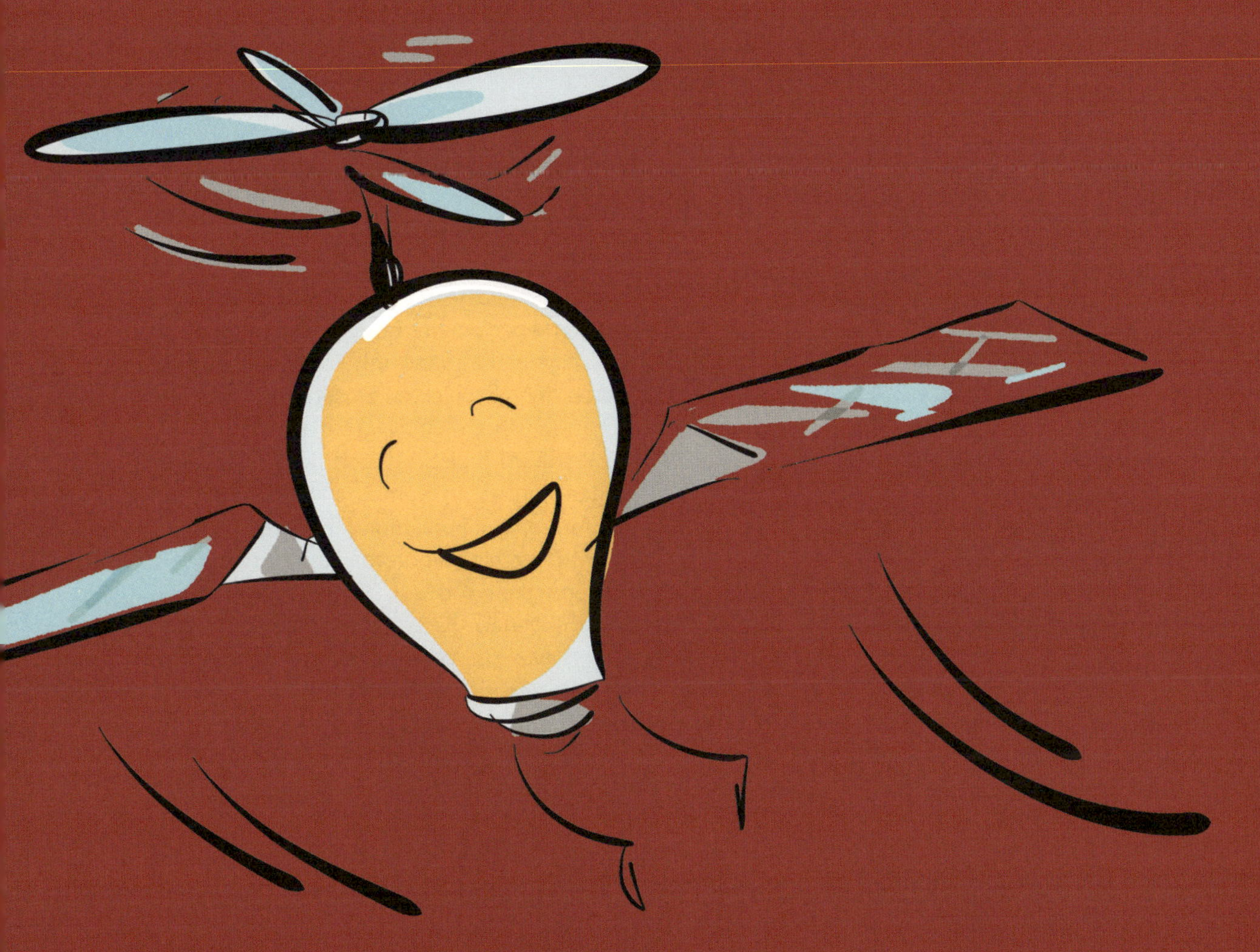

Inspirationen

Comics, von denen man lernen kann

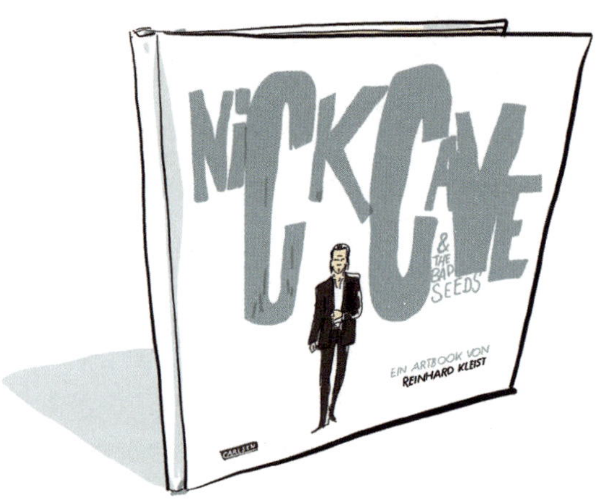

Gebundene Ausgabe: 96 Seiten
Verlag: Carlsen (29. August 2017)
Sprache: Deutsch
ISBN: 978-3551763297
Empfohlenes Alter: ab 14 Jahren
Größe: 30,4 x 1,5 x 30,4 cm

Artbook als Hardcover im Schallplattenformat 30 x 30 cm und ergänzt mit Reinhard Kleists biografischem Comic »Nick Cave – Mercy on Me«, erschienen im September 2017

Reinhard Kleist

Nick Cave And The Bad Seeds: Ein Artbook

Dieses Buch zeigt Reinhard Kleists Studien und seine Herangehensweise zu dem Comic »Nick Cave – Mercy on me«. Es macht deutlich, wie viel Recherche und wie viele Versuche es braucht, um eine gute Charakterfigur zu erschaffen. Seine realistischen Zeichnungen zeugen von einem hohen handwerklichen Geschick im Umgang mit Feder und Tusche. Durch den geschickten Einsatz von Licht und Schatten wirken seine Figuren so echt.

Reinhard Kleist hat sich der realen Figur angenommen. In Kombination mit den gezeichneten Nacherzählungen einzelner Songs entwirft er ein Panorama aus Leidenschaft, Abhängigkeit und Tod. Die Zeichnungen sind verschiedenen Facetten der Persönlichkeit Nick Caves; in Verbindung mit den Songs sind sie wie ein Kaleidoskop. Auch sein Werk »Der Traum von Olympia« ist ein sehens- und lesenswerter Comic des erfolgreichsten deutschen Comic-Künstlers.

Es lohnt sich, ganz genau hinzuschauen, wie er mit schwarzen Strichen und Flächen Tiefen und Stimmungen zaubert. Für mich ist er ein Vorbild für künstlerische Bildgestaltung und Figurenzeichnen.

Reinhard Kleist ist verblüffend schnell. Auf Lesungen zeichnet er live und lässt seine sichere Strichführung mitfilmen und auf eine Leinwand projizieren.

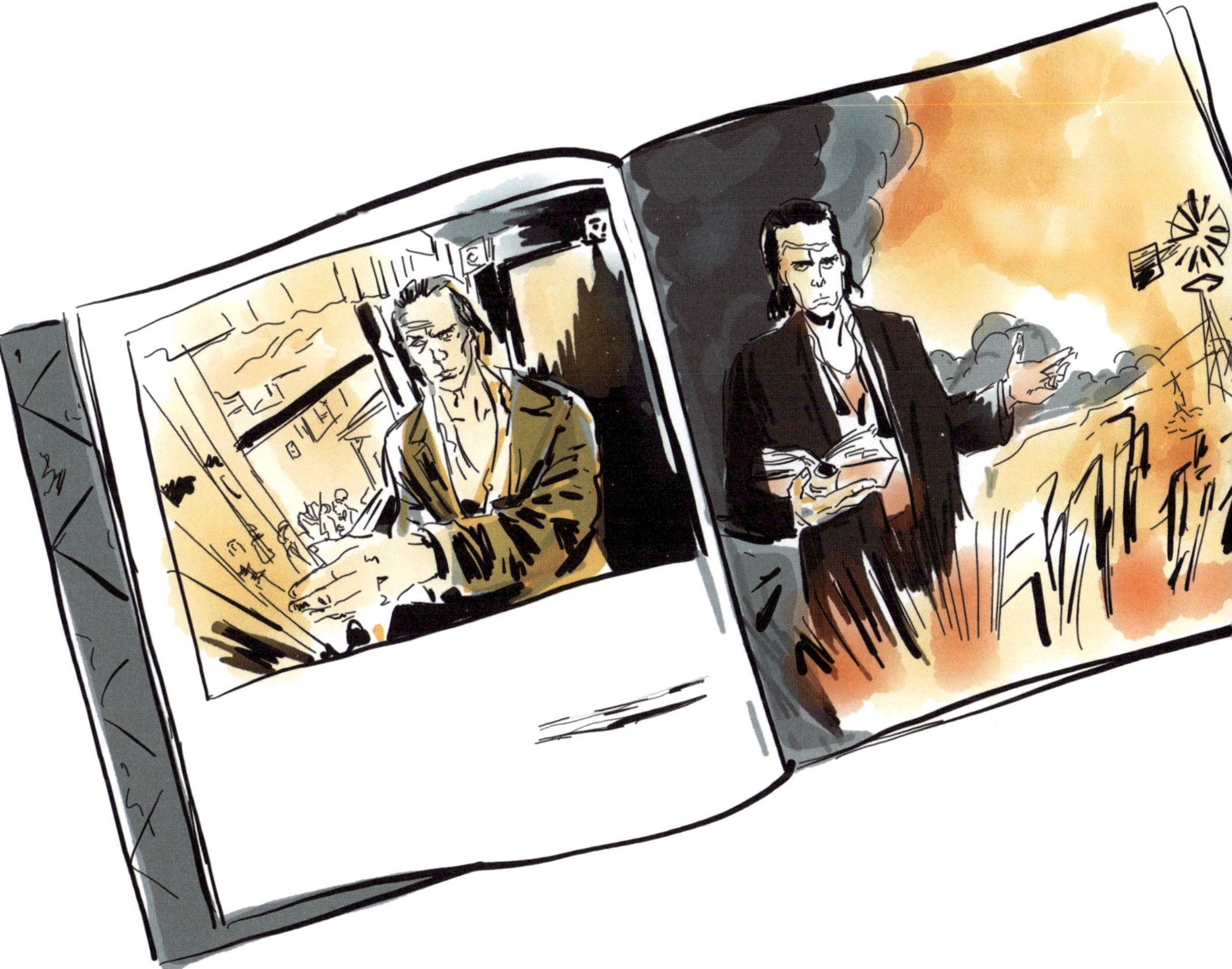

Wilfrid Lupano und Grégory Panaccione

Ein Ozean der Liebe

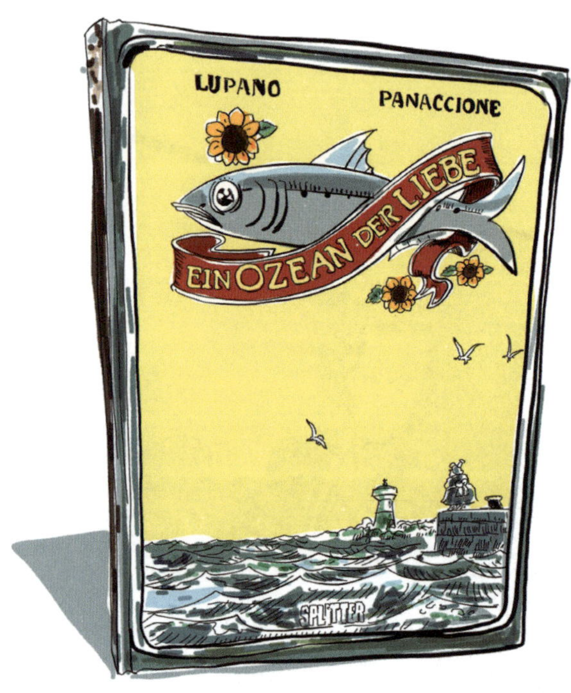

Dieser Comic ist ein Genuss. Schon der Einband ist witzig, denn er sieht aus wie eine Sardinendose. Eine ganze Ladung Sardinendosen hat der alte Seemann an Bord und sie bewahrt ihn vor dem Hungertod. Grégory Panaccione hat liebenswürdige Charaktere entwickelt, in die man sich sofort hineinversetzen kann. Dieses Buch kaufte ich mir wegen des Covers und wegen der Liebesgeschichte – ich gebe es zu!

Gebundene Ausgabe: 224 Seiten
Verlag: Splitter-Verlag (1. Februar 2016)
Sprache: Deutsch
ISBN: 978-3958392311
Empfohlenes Alter: ab 16 Jahren
Originaltitel: Un océan d'amour
Größe: 20,2 x 2,5 x 28,1 cm

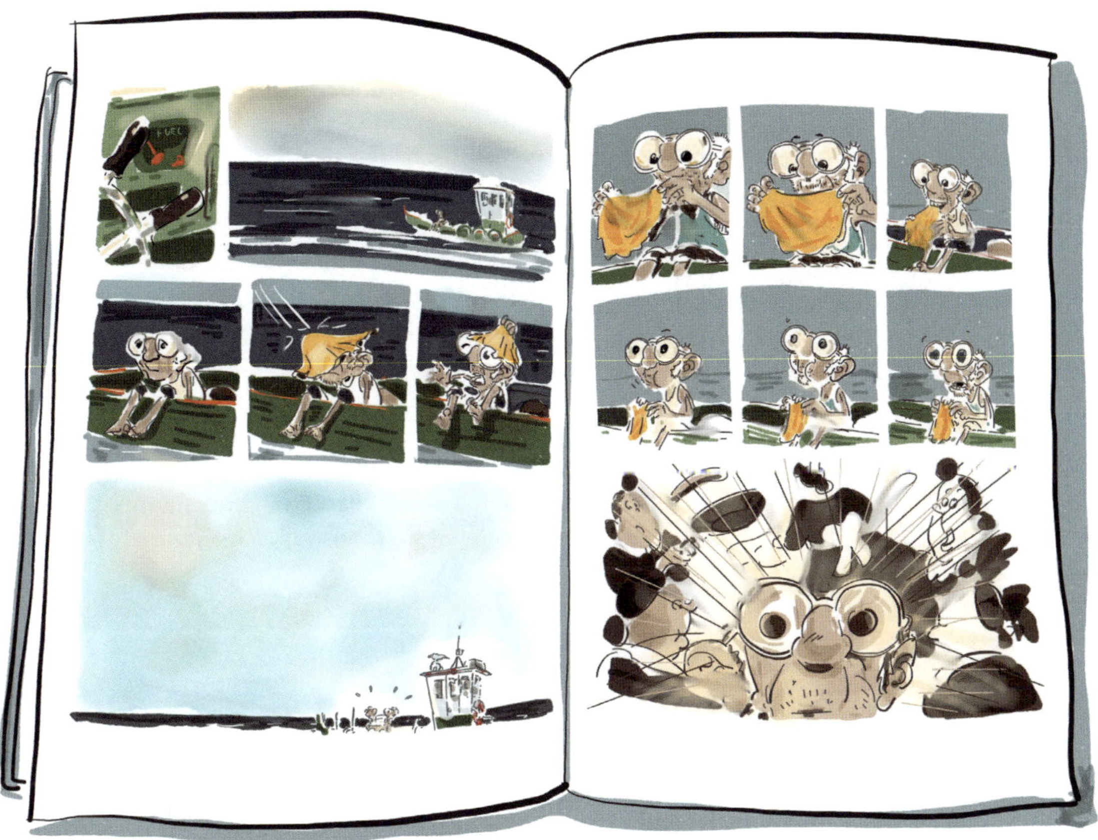

Überrascht hat mich der Witz in den Bildern, kleine Sidekicks wie eine anhängliche Möwe und die Gestaltung der Panels. Die Panels haben keine Rahmen, das Layout ist übersichtlich, aber nicht langweilig. Wunderschön ist auch der Zeichenstil, er erinnert mich an Ölmalerei. ich rätselte lange, wie er das wohl gemacht hat. Dann fand ich das Programm Clip Studio. Von diesem Künstler kann man viel über Charaktergestaltung lernen, über Bilder, die ganz ohne Worte verständlich sind, und die szenenhafte Gestaltung der Panels.

Flix

held-Trilogie

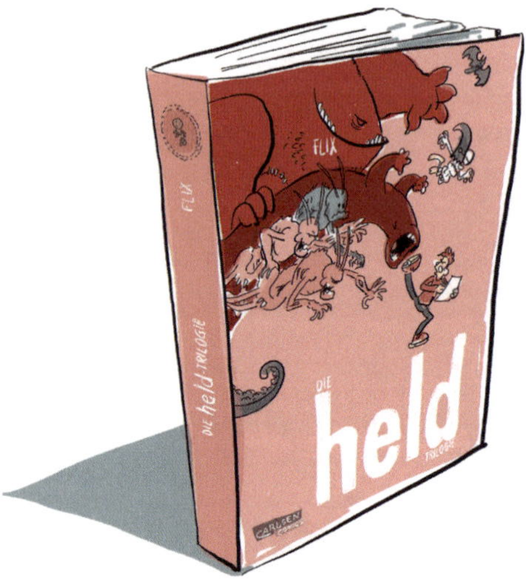

Taschenbuch: 352 Seiten
Verlag: Carlsen (27. Mai 2014)
Sprache: Deutsch
ISBN: 978-3551789907
Empfohlenes Alter: 12–15 Jahre
Größe: 17,4 x 4 x 24 cm

In der preisgekrönten Helden-Trilogie »Held«, »Sag was« und »Mädchen« erzählt Flix aus dem wahren Leben. Seine Figuren sind nicht realistisch gezeichnet, sondern humorvoll aufs Wesentliche reduziert.

Wie Flix textlich und bildlich durch die Geschichte führt, geht ineinander über. Verstärkt wird die Erzählung durch die Panel-Gestaltung. Manchmal gehen Bilder in verschiedenen Panels weiter und manchmal fallen Panels lose aus dem Raster. Flix ist ein Meister des Comiclayouts. Wenn Sie über einem neuen Layout brüten, blättern Sie doch mal durch einen Flix-Comic und staunen Sie, wie viele Gestaltungsmöglichkeiten es in einem Comic gibt!

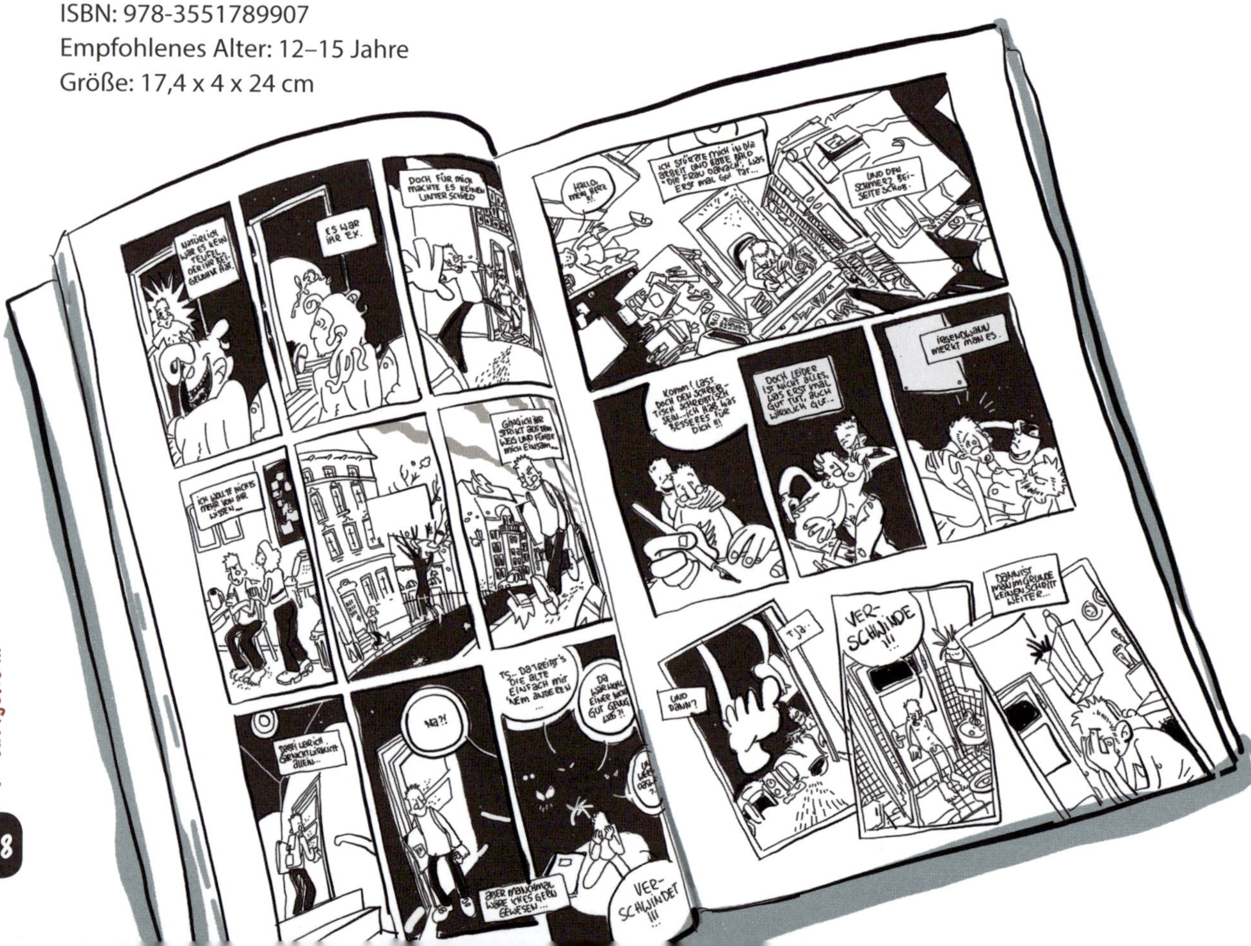

Und das ist erst der Anfang ...

... einer Comicsammlung! Es gibt noch ein paar Comiczeichner, die erwähnenswert sind:

Scott McCloud ist ein US-amerikanischer Comic-Künstler und -Theoretiker. Weltberühmt wurde McCloud durch seine theoretischen Werke zum Comic, die er als Sach-Comic produzierte: »Comics richtig lesen« von 1993 (neu bearbeitet 2001) und »Comics neu erfinden – Wie Vorstellungskraft und Technologie eine Kunstform revolutionieren« von 2000. Diese Bücher erklären, wie Comics funktionieren – und zwar in Form eines Comics! Ich habe ein paar Seiten »gelesen«, aber dann wurde mir die Gestaltung zu unübersichtlich. Schön und übersichtlich ist hingegegen McClouds Graphic Novel »The Sculptor« (»Der Bildhauer«).

Guy Delisle arbeitete in einem Animationsstudio. Seine Arbeit führte ihn nach Europa, wo er für deutsche, belgische und französische Studios arbeitete. Viele Arbeitsschritte zur Herstellung eines Trickfilms werden in Asien in Auftrag gegeben. Delisle beobachtete und kontrollierte diese Arbeiten für die Studios vor Ort und reiste für längere Zeit nach China und Nordkorea. Die in Asien gesammelten Erfahrungen flossen in zwei journalistische Graphic Novels ein, 2000 erschien »Shenzhen«, 2003 folgte »Pyongyang« (»Pjöngjang«). Danach begleitete er seine Frau, die für Ärzte ohne Grenzen arbeitet, nach Jerusalem, auch von dem Aufenthalt zeichnete er eine Graphic Novel.

Ich habe alle seine Bücher gekauft und in einem Zug durchgelesen. Einerseits sind seine Geschichten spannend, jourmalistisch erzählt und gezeichnet, dabei sind die Szenen humorvoll durch die dubiosen Alttagssituationen, Sitten und Gebräuche der Länder. Seine Zeichnungen wirken so ordentlich und durchdacht, ohne künstlich bemüht zu sein.

Pénélope Bagieu ist eine französische Illustratorin und Cartoonistin. Sie wurde berühmt durch ihren Comic-Blog »Ma vie est tout à fait fascinante«, in dem sie einige lustige Momente ihres Lebens in Bildern und mit kurzen Texten beschreibt. 2013 drehte Agnès Obadia nach ihren Comics den Film »Joséphine« mit Marilou Berry in der Titelrolle.

Luke Pearson ist ein britischer Autor und Illustrator von Comics sowie Drehbuchautor und Storyboard-Artist. Bislang zeichnete er acht Comicalben, wovon fünf Teil seiner Hilda-Reihe sind, einer anspruchsvollen Comicreihe für Kinder und Erwachsene, wie Deutschlandradio sie charakterisierte.

Ich besitze fünf von acht Hilda-Comics. Sie sind zauberhaft gezeichnet, ohne kitschig zu wirken. Das ist nicht einfach, wenn es um Trolle und Naturgeister geht. Die moderne und geschmackvolle Farbgestaltung hat es mir bei seinen Comics angetan. Vor den »Hilda-Comics« fiel mir »Everything we miss« in die Hände. Eine kurze herzzerreißende Graphic Novel über das Ende einer Beziehung.

Osamu Tezuka schuf große Werke wie »Mitteilung an Adolf«, »Astro Boy«, »Seikyuki – Die Reise nach Westen« und den neunteiligen »Buddha«-Manga. Dieser Manga ist fast nur in Tusche gezeichnet. Mir ist es ein Rätsel, wie er es geschafft hat, einen jungen Buddha so zu zeichnen, dass man ihn auch noch als alternden Menschen eindeutig wiedererkennt (abgesehen von seiner Frisur).

Er erprobte zahlreiche erzählerische Möglichkeiten und lehnte seine Erzählmuster stark an die Dynamik von Detektiv-, Abenteuerromanen und Hollywoodfilmen an. Er gilt als Urvater des Mangas und wird in Japan sogar als »Manga no kamisam – Gott der Manga« bezeichnet.

Craig Matthew Thompson ist ein amerikanischer Comiczeichner, den ich nicht kannte, bis ich sein Werk »Habibi« las. Eine Liebesgeschichte, die zugleich zeitlos und doch modern ist. Eine Parabel über unsere Beziehung zur Natur, den kulturellen Graben zwischen der »Ersten« und der »Dritten Welt«, das Erbe des Christentums und des Islam. Eine magische Reise durch verschiedene Welten, mitreißend erzählt und zeitlos illustriert. Wie man Zeit und Raum in einem Comic verschwinden lässt, und am Ende doch wieder verknüpft, lernt man in dem Buch »Habibi«.

Anne Simon, französische Comicautorin, hat zahlreiche Comics illustriert. Besonders empfehlenswert sind die Biografien als Graphic Novel über Freud, Marx und Einstein, die sie mit der Autorin und Psychologin Corinne Maier schuf. Abwechslungsreiche Panel-Gestaltung und spannende morphologische Übergänge machen ihre Comics einzigartig.

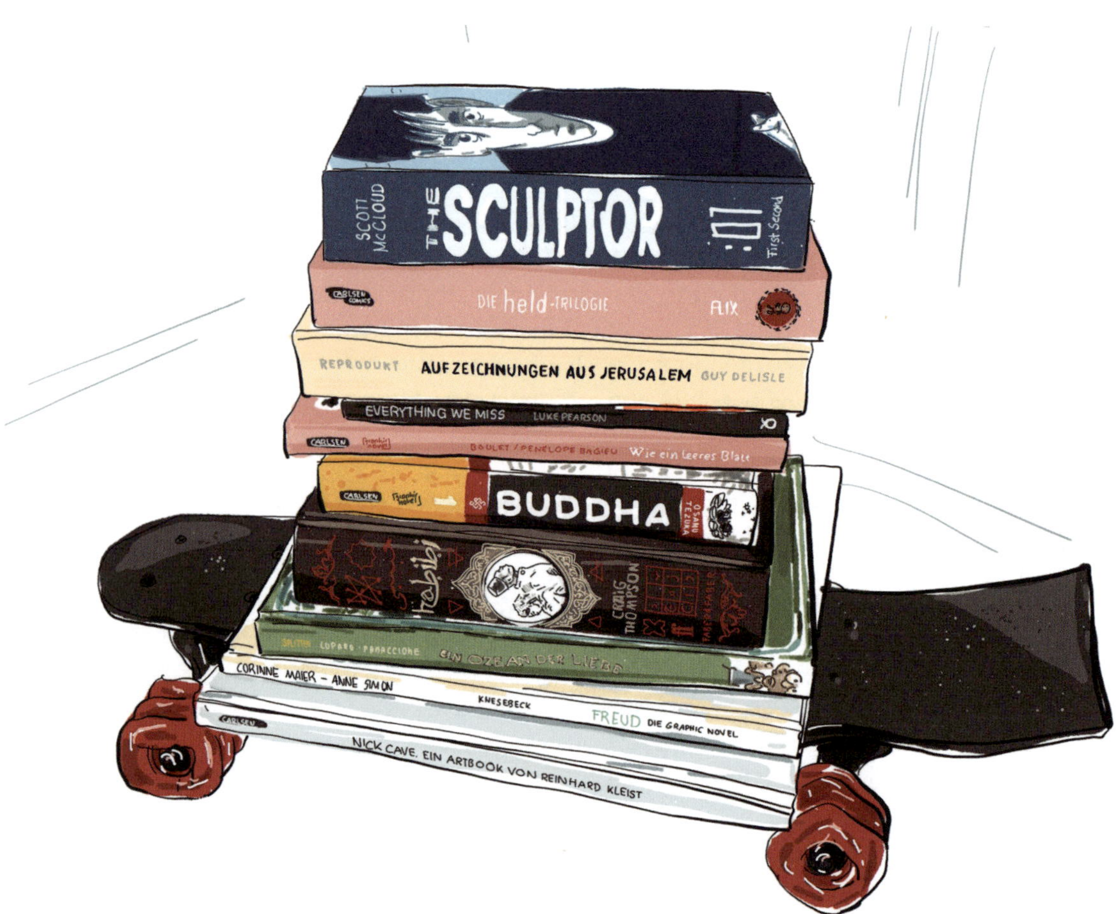

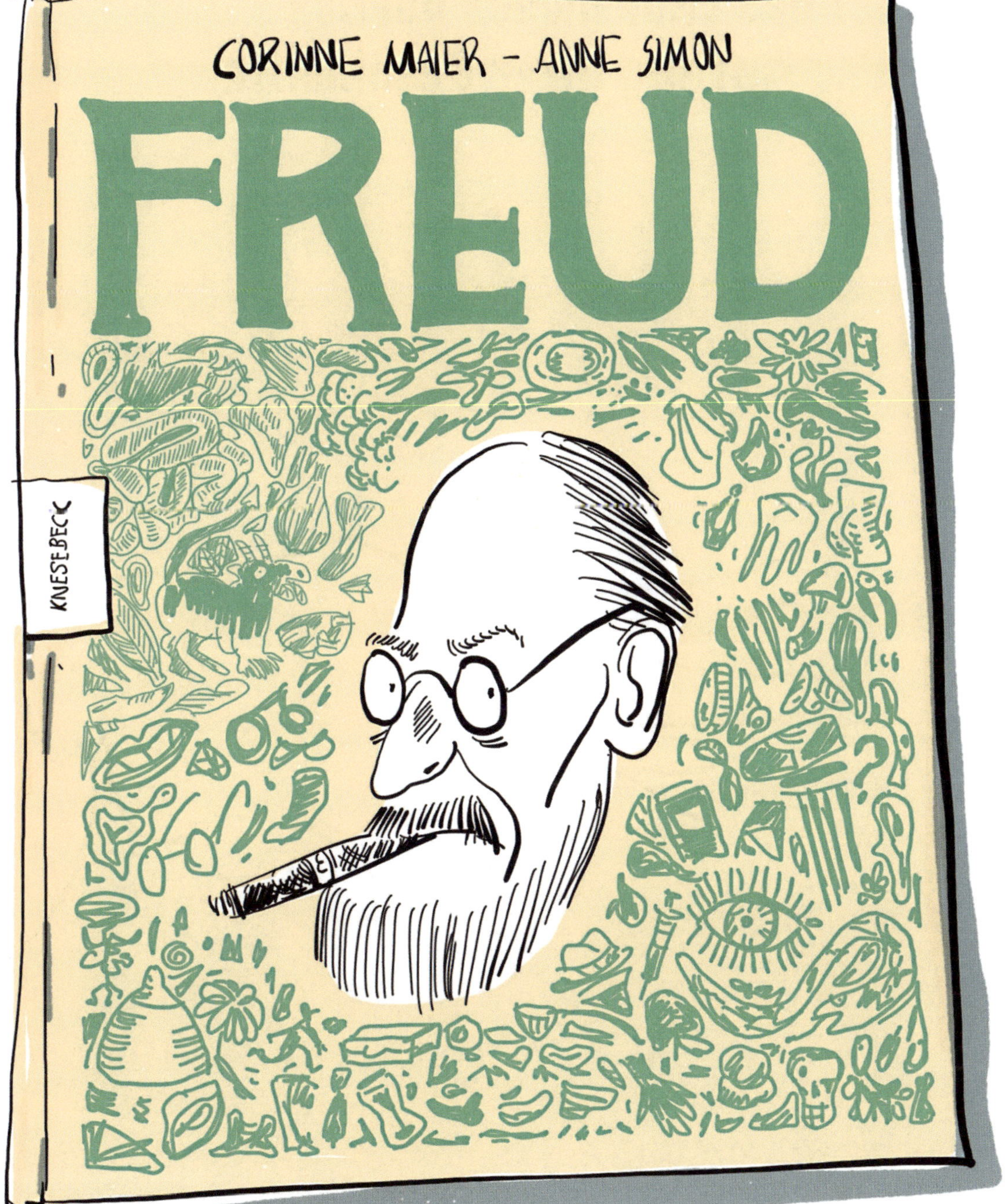
CORINNE MAIER - ANNE SIMON
FREUD
KNESEBECK

Das ist das Ende dieses Buches
und der Anfang Ihrer Geschichte.

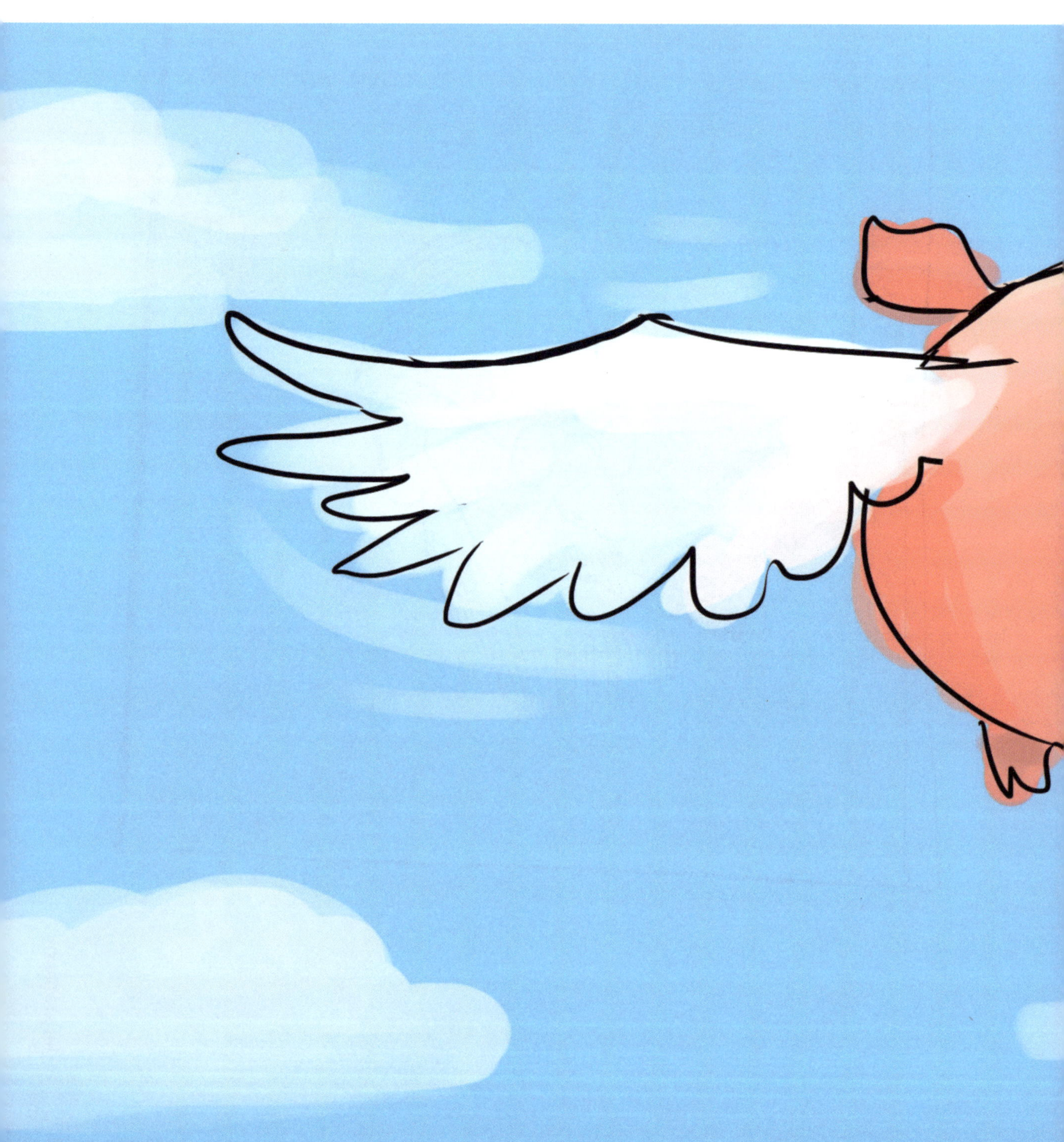

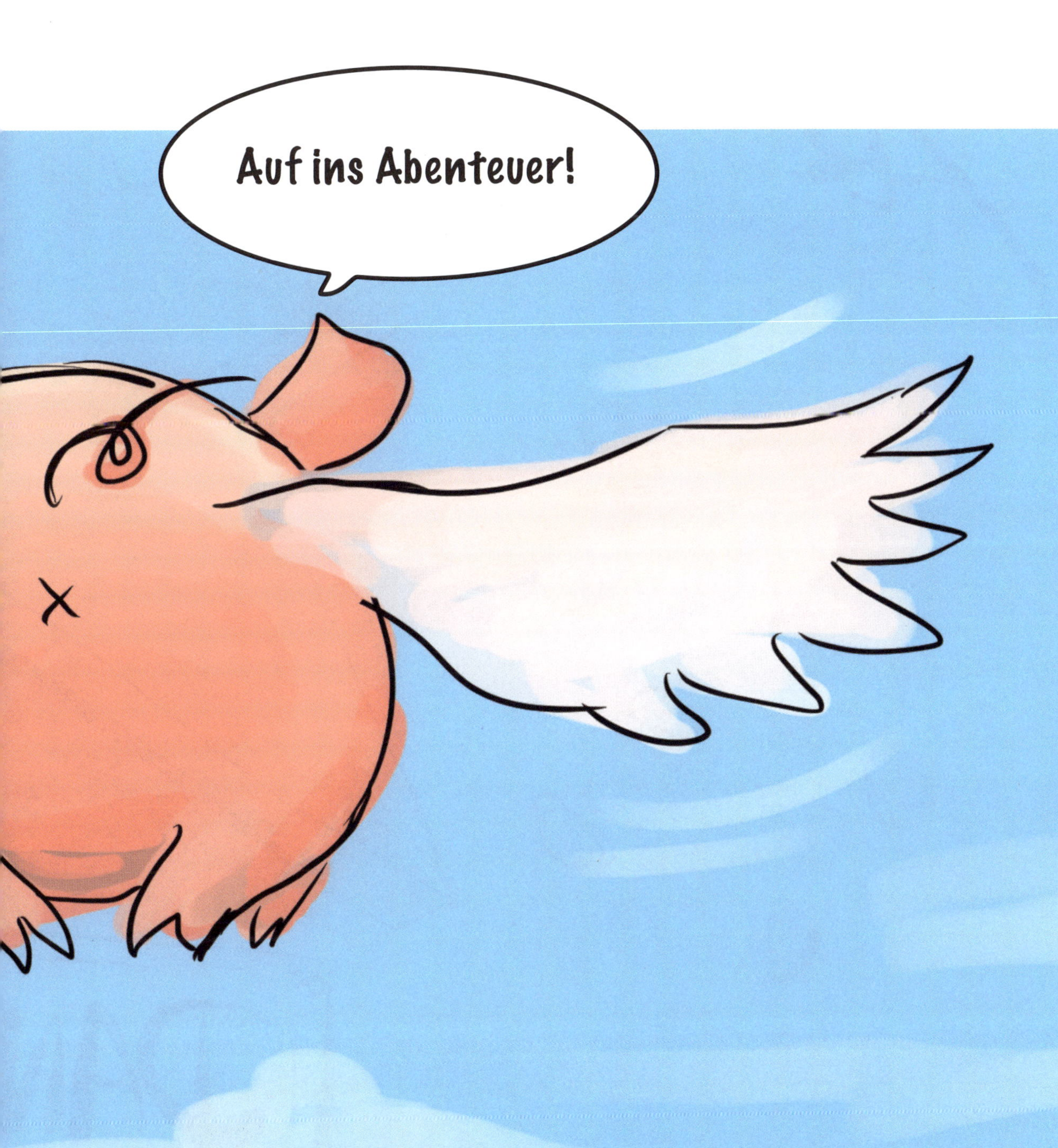
Auf ins Abenteuer!

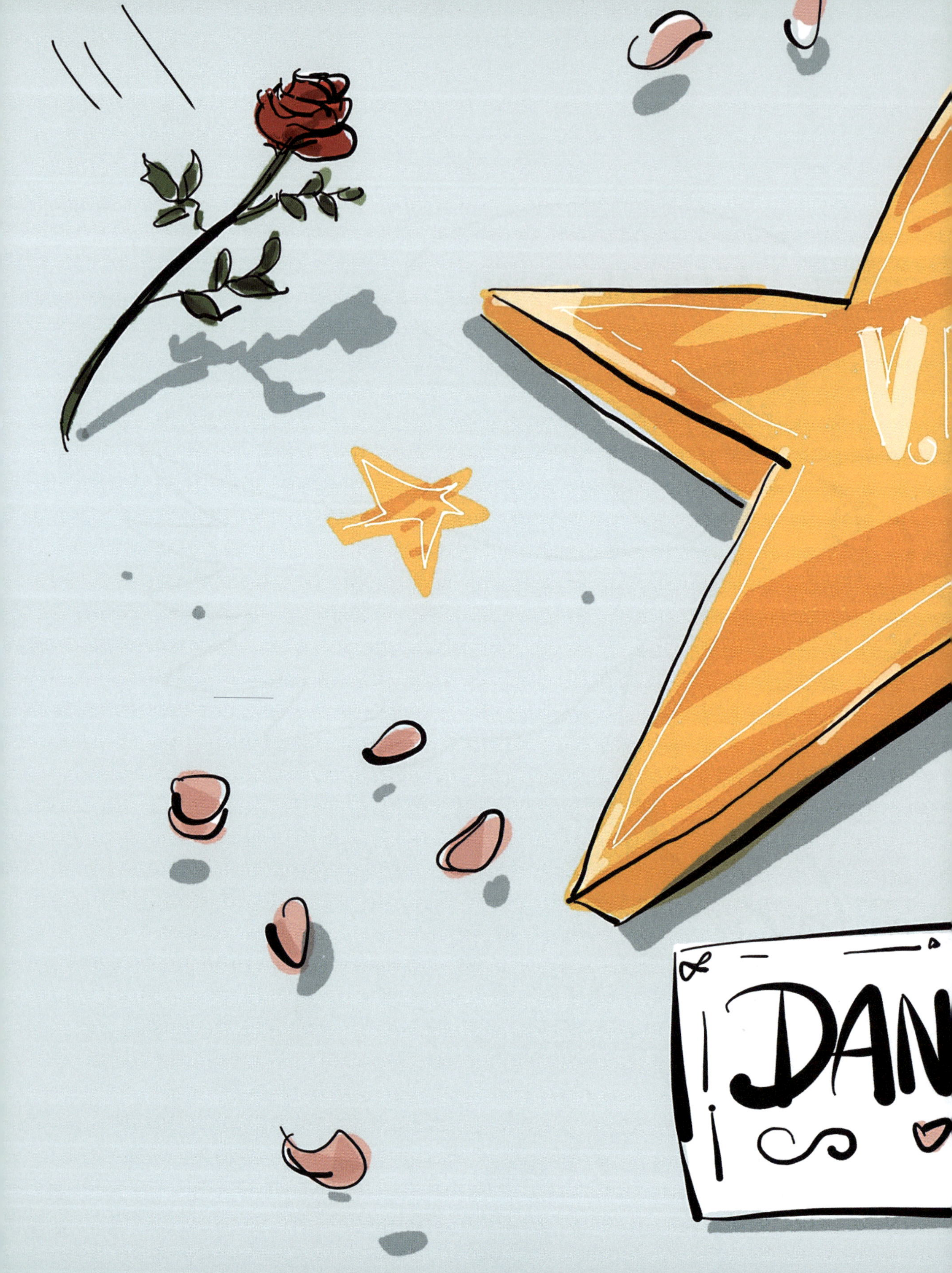
DAN

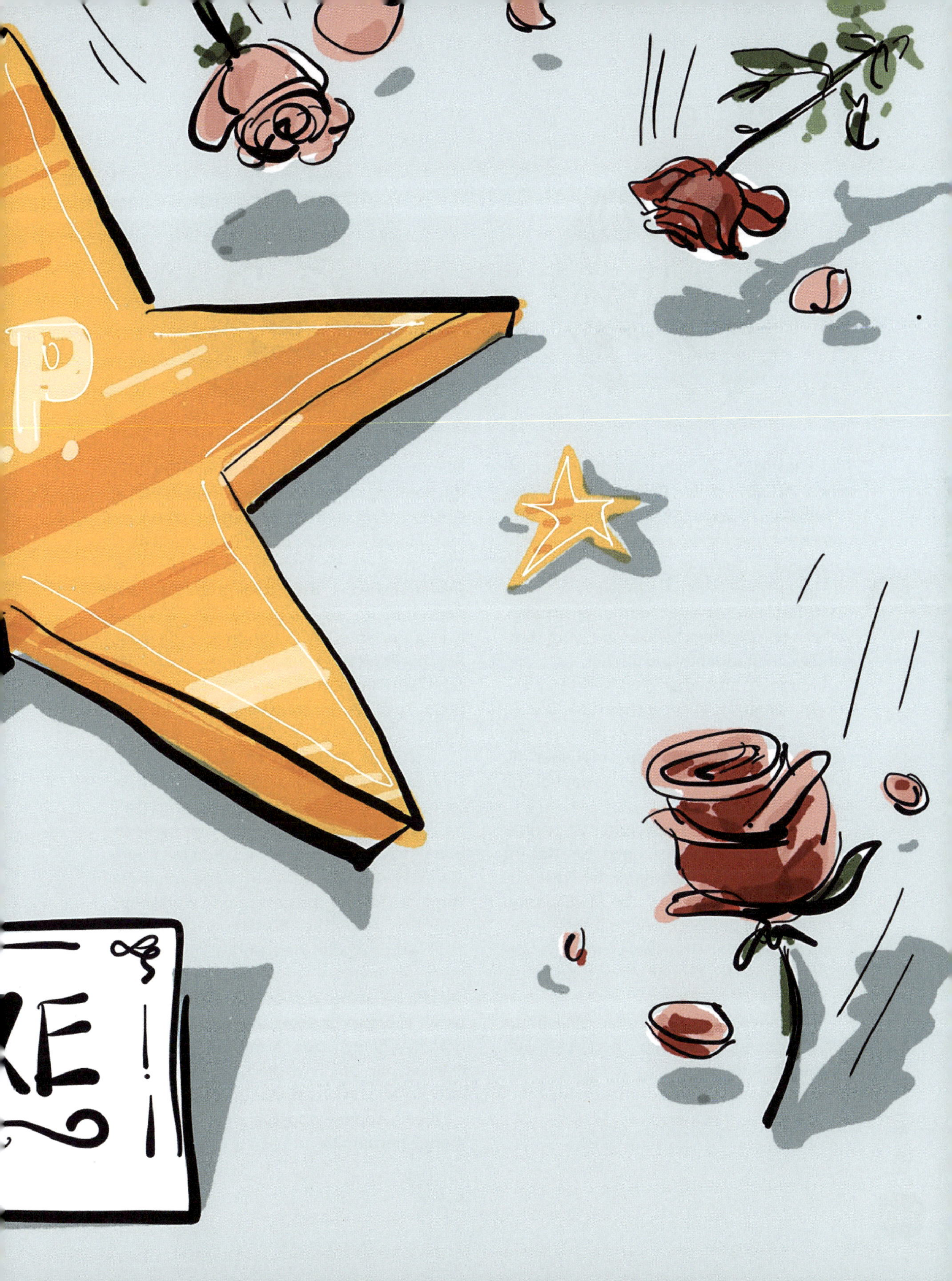

Gästeliste

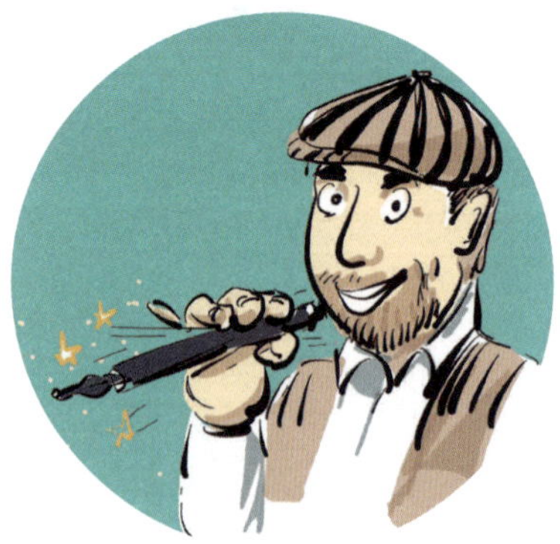

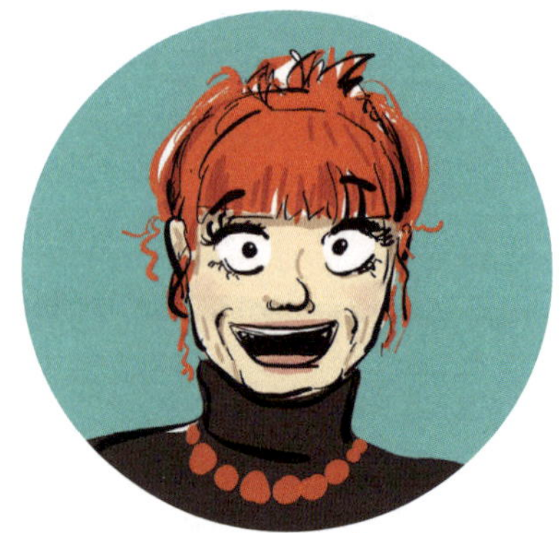

Till Laßmann ist seit 2003 freier Illustrator. Ich kenne ihn als Graphic Recorder in Lichtgeschwindigkeit. Seine Zeichnungen sind sehr humorvoll und locker. Es sieht immer leicht aus, wenn er zeichnet, ganz entspannt und scheinbar ohne Mühe. Doch wenn man ihn einen Tag lang begleitet, wird offensichtlich, woher seine Meisterschaft kommt: vom stetigen Zeichnen – immer und überall.

Besonders zauberhaft sind seine Skizzenbücher, die er als Eventzeichner live und in Farbe auf Hochzeiten anfertigt. Am Ende des schönsten Tag des Hochzeitspaares haben die Turteltauben ein individuelles Unikat von Till Laßmann in der Hand.

Seine unermüdliche Leidenschaft zeigt er auch in eigenen Ausstellungen, als Dozent an der Designschule Schwerin, der Fresenius Schule in Hamburg oder der Mediadesign Hochschule in Berlin, als Mitherausgeber des Comicmagazins »Herrensahne« und als Vorsitzender des Hamburger Vereins »Initiative ComicKunst e.V.« (2006).

Sie können ihn buchen oder einfach nur sein spannendes Portfolio anschauen auf: **till-lassmann.de**

Margit Hertlein ist die humorvolle Expertin für Führung, Kommunikation und Neugier. Geschichten haben Margit Hertlein schon immer interessiert. Aber damit Geld verdienen? Also studierte sie Ethnologie sowie – zum Geldverdienen – BWL und gründete nach dem Studium als leidenschaftliche VW-Bully-Fahrerin einen VW-Zubehörversandhandel. Anschließend leitete die Mutter zweier Kinder zehn Jahre lang ein Autohaus, um dann durch puren Zufall als Dozentin bei einem Bildungsträger zu landen.

Seit über 20 Jahren ist Margit Hertlein als Rednerin, Trainerin, Coach und Buchautorin tätig – mit viel Humor, Leidenschaft und ebenso viel Erfolg! Sie hält weit mehr als hundert Vorträge im Jahr und geht mit ihrem Margit-Hertlein-Trainerteam ungewöhnliche Wege bei Trainingsprozessen und Workshops und hat zahlreiche Bücher veröffentlicht. 2013 wurde Margit Hertlein als Vortragsrednerin des Jahres ausgezeichnet und 2017 in die »Hall of Fame« des deutschen Rednerverbands (German Speakers Association) aufgenommen. Eine Auszeichnung, die sie sich zum Beispiel mit Ulrich Wickert, Roman Szeliga oder Eckart von Hirschhausen teilt.

Kleine Appetithappen finden Sie auf: **margit-hertlein.de**

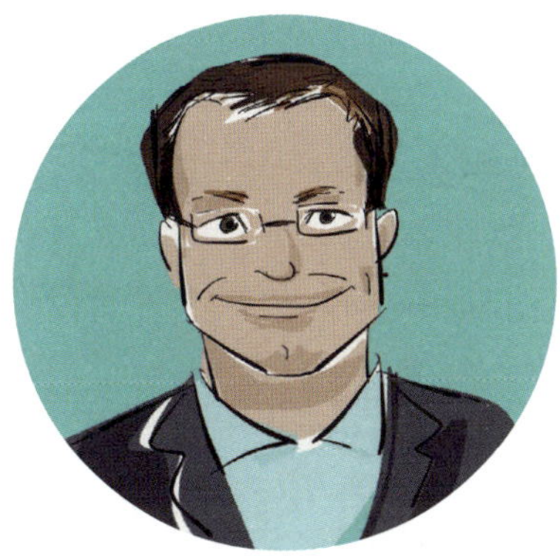

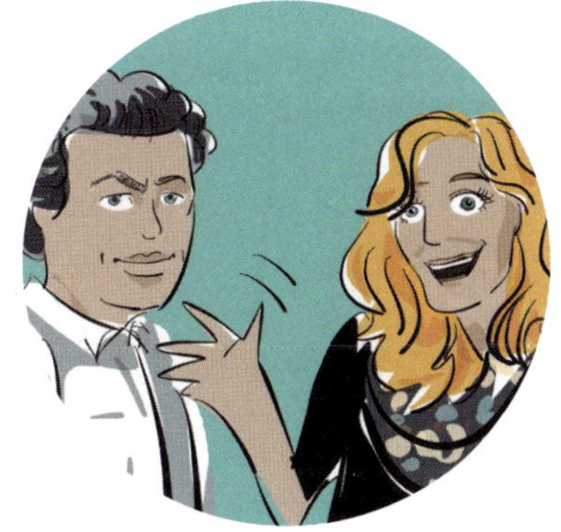

Dr. Reinhard Ematinger ist mein geliebter Ehemann. Mit ihm herumzublödeln und Geschichten zu erfinden, ist jedes Mal ein großes Vergnügen für mich. Beruflich setzt er auf die sinnvolle Verbindung erprobter Werkzeuge aus Business Model Generation, Customer Value Design, Jobs to be Done und LEGO SERIOUS PLAY®, um seinen Kunden und Studierenden brauchbare Impulse zur Gestaltung und Umsetzung funktionierender Geschäftsmodelle und begeisternder Value Propositions anzubieten.

Er promovierte zum Thema »Facilitating Business Model Generation emphasizing Customer Value through a Serious Play Approach« an der Mendel-Universität Brünn. Seit 2016 ist er Gastprofessor für Betriebswirtschaft an der Universidad Autónoma de Guadalajara in Villahermosa. Internationale Aufträge als Referent und Berater, über 100 Semester Lehraufträge an 15 staatlichen und privaten Hochschulen in Deutschland und Österreich, mehrere Sachbücher und 22 Jahre Konzernerfahrung in IT-Beratung, Business Development und Corporate Universities stellen Relevanz und Anspruch der Vorträge und Workshops von Reinhard Ematinger sicher. Seine Expertise finden Sie auf: **ematinger.com**

Stefan Hillebrand und Isolde Fischer erzählen seit vielen Jahren vor und hinter der Kamera Geschichten, die ihnen viele internationale Auszeichnungen einbrachten. Seit über 25 Jahren entwickeln sie mit dem Improvisationstheater »DRAMA light« live, spontan und im Moment Bühnengeschichten zusammen mit dem Publikum. Und in ihren Trainings und Coachings helfen sie Unternehmen, Teams und Einzelpersonen dabei, ihre Geschichte positiv weiterzuerzählen. Ein Weg, die Impro-Theater-Experten live zu erleben, führt über ihre Website: **drama-light.de**

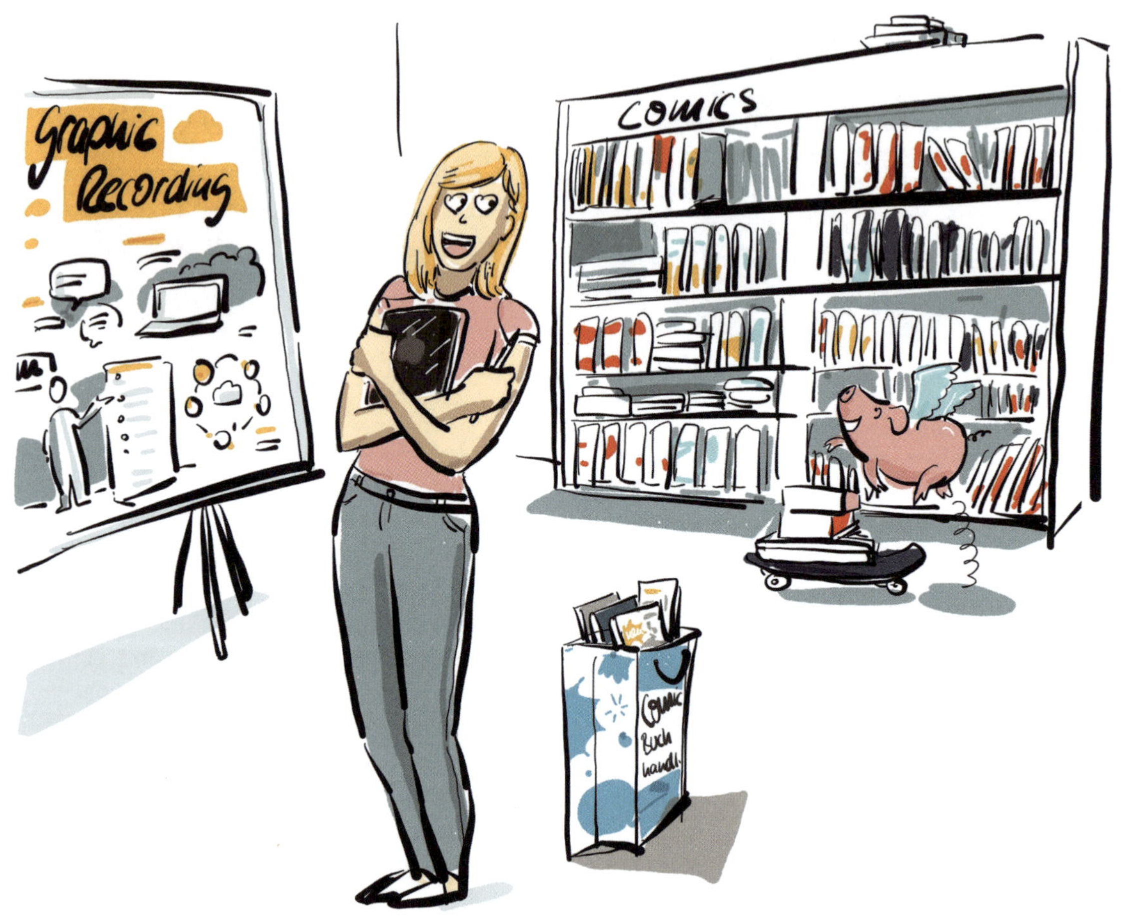

Sandra Schulze ist freiberufliche Illustratorin und Graphic Recorder. Seit 2010 visualisiert sie live für mittelständische Unternehmen. Durch Ausbildung und Studium in Kommunikationsdesign, Erfahrung aus eigener freiberuflicher Arbeit mit mittleren und großen Unternehmen entwickelte sie die Leidenschaft, Ideen einzufangen und so zu visualisieren, dass die Aussage mitten ins Herz trifft. Ihre große Liebe zu Comics schlägt sich in ihrem neuen Buch nieder, in dem sie locker und originell wie in »Auf dem Tablet erklärt« in das Comiczeichnen einführt.

www.sandraschulze.com